·高等学校经济管理类主干课程教材·

Caizheng Jinrongxue Jiaocheng

财政金融学教程

（第四版）

朱 青 庄毓敏 编著

中国人民大学出版社
·北京·

图书在版编目（CIP）数据

财政金融学教程/朱青，庄毓敏编著．--4 版．--北京：中国人民大学出版社，2020.1
高等学校经济管理类主干课程教材
ISBN 978-7-300-27668-7

Ⅰ.①财… Ⅱ.①朱… ②庄… Ⅲ.①财政金融—高等学校—教材 Ⅳ.①F8

中国版本图书馆 CIP 数据核字（2019）第 255579 号

高等学校经济管理类主干课程教材
财政金融学教程（第四版）
朱 青 庄毓敏 编著
Caizheng Jinrongxue Jiaocheng

出版发行 中国人民大学出版社
社 址 北京中关村大街 31 号 邮政编码 100080
电 话 010-62511242（总编室） 010-62511770（质管部）
010-82501766（邮购部） 010-62514148（门市部）
010-62515195（发行公司） 010-62515275（盗版举报）
网 址 http：//www. crup. com. cn
经 销 新华书店
印 刷 北京密兴印刷有限公司
开 本 787 mm×1092 mm 1/16 版 次 2007 年 3 月第 1 版
2020 年 1 月第 4 版
印 张 20 印 次 2023 年 11 月第 5 次印刷
字 数 468 000 定 价 45.00 元

第四版前言

《财政金融学教程》从2007年与读者见面到现在已经十余年，其间已修订过两次。上一版出版至今已三年有余，其间财税制度和金融理论实践都发生了一些改革和变化，为了与时俱进，我们对教材进行了更新。

本书为第四版，在第三版总体框架保持不变的基础上，注重理论与实际结合，紧密联系当前经济社会的实际现象和问题，尽量吸收最新的财政金融改革成果，把我国财政金融改革，特别是财税改革和实践中出现的新理论、新现象、新问题、新规定尽量反映在教材中。我们对教材部分章节的文字内容和数据进行了删除、调整、补充和更新，基本上能够做到与财政金融领域的发展同步，让读者能够学到这个领域的一些最新知识。当然，这只是我们修订本教材的初衷，能否使读者满意还需要广大读者来评判，我们也非常诚恳地希望读者对本教材提出指导意见。

本书可作为高等院校经济管理类专业学生的教学用书，同时也可作为从事经济管理工作人员的参考读物以及大众的财政、金融知识普及读物。

作者

2019年11月01日

第一版前言

记得在20世纪80年代和90年代，“财政金融”这门课在大专院校经济类专业中十分流行，是一门重要的必修课。后来由于种种原因，“财政金融”在许多学校被分成了两门课，即“财政学”和“货币银行学”或“金融学”。这种“一分为二”加大了每门课程的学时，使学生可以更多地学到一些相关知识。但随着我国本科教育逐步转向“宽口径、厚基础”的素质教育培养目标，许多高校加大了教学计划中的课程门数，让学生在本科学习期间多接触到一些知识领域，在这种情况下，将财政和金融两门课程“合二为一”又有了新的市场。对于那些非财政、金融专业的经济类或管理类的学生，本科教学计划应当能让他们接触到财政金融的基本理论和基础知识，但又没有必要让他们像本专业的学生那样用那么多课时进行学习，这时就可以通过“财政金融”一门课程，用少量课时来达到上述目的，从而把更多的课时让给其他课程。我们编写这本《财政金融学教程》就是为了适应高等学校本科教学计划的这种调整而做的一项工作。

财政和金融是两个既有联系又有区别的学科和知识领域，它们最大的共同点就是资金融通（finance）。财政学（public finance或government finance）研究的是以政府为主导的公共部门的资金融通，包括政府的资金筹集和使用等；而金融学（financial economics）研究的是以市场为主导的私人部门的资金融通，包括银行借贷、资本市场等。另外，财政和金融之间还有一些共同的东西：一是，它们都可以对市场上的资金流通产生影响；二是，国家可以通过财政和金融手段调控宏观经济；三是，财政和金融之间有一些业务联系，例如国有金融机构的一部分资本金是由财政拨款形成的，财政可以向中央银行借款来弥补赤字，等等。正是由于财政和金融之间具有上述共同点和联系，所以我国过去一度把财政学和金融学合在一起作为一门课来讲授。我们认为，这种做法虽没有什么必然性，但也未尝不可。在课时有限的情况下，进行这样的“合并同类项”是有一定意义的。

我们在编写本教材时注重了以下三点：一是“简”，既然是为非财政、金融专业的本科生编写的教材，所以在内容上就没有必要过深，特别是理论部分许多都没有深入地展开，只是点到为止；二是“全”，虽然我们不追求理论深度，但力求教材的内容要全面，尽量将财政、金融领域的理论和知识点囊括进本教材，不留知识盲点；三是“新”，即教材中反映的理论、制度、办法和数据都尽量要新，让学生了解到我国财政、金融领域最新的动态。

本教材的财政部分由朱青编写，金融部分由庄毓敏编写。鉴于这种“二合一”的教材传统写法都是财政在先、金融在后，所以我们也不再别出心裁，仍采用了这个顺序，同时编著者的名字也按此排序。尽管我们已在自己的领域“耕耘”了二十来年，但水平仍十分有限，加之时间仓促，所以这本教材中难免会有一些错误或疏漏之处，恳请读者提出宝贵意见。

编著者

目　录

第 1 章
财政的职能与作用

第一节　财政的概念

一、什么是财政

在日常生活中，我们经常听到“财政”一词，比如，财政局、财政补贴、财政拨款、财政预算、财政赤字、财政困难，等等。那么，究竟什么是财政？从中文的字面意思上看，“财”是一切钱财货物的总称；“政”则是指行政事务。所以，如果从字面上解释，“财政”就是指钱财货物方面的行政事务。不过，目前人们通常所说的财政，则是国家财政或政府财政的简称。在我国，人们似乎已约定俗成，一说起财政，就是指国家（政府）钱财货物方面的行政事务；而企业、单位钱财货物方面的行政事务则一般被称作“财务”。例如，企业负责资金方面的部门被称为财务处或财务部；企业的资金、成本核算被称作企业财务核算；等等。有的人认为“财政”一词中的“政”是指政府，认为“财政”字面上的意思就是政府理财，这种理解是不准确的。其实，在中文里，以“政”字结尾的词还有不少，比如“家政”“行政”“邮政”，在这里，“政”字都不代表政府。

中文里使用“财政”这个词是从近代开始的。历史上，人们把政府的财政事务称作“国用”“国计”“度支”等。1898 年清朝光绪皇帝进行戊戌变法，他在“明定国是”的诏书中提出要“改革财政，实行国家预算”。据考证，这是我国政府文件中最早使用“财政”一词。1903 年，清政府又设立了财政处，从此官方开始使用“财政”这个名称。

二、财政概念的不同表述

（一）国家财政

从上面的论述我们知道，财政特指政府的钱财事务，而政府是国家权力机关的执行机关，所以财政与国家权力是密不可分的。正因为如此，人们又把政府财政称为国家财政。

根据马克思主义的国家观，国家是阶级矛盾不可调和的产物和表现，是阶级统治的工具。在现实社会中，国家是由军队、警察、法庭、监狱、官吏等统治机构组成的，并以“公共权力”的面貌出现而凌驾于社会之上。国家统治机构统治和管理国家的活动是非生产性的，不创造社会产品，但国家为了维持其统治机构的存在和国家机构行使职能，就需要占有和消耗一部分社会产品。可以说，离开了对社会产品的占有，国家政权一天也不能存在。在国家不直接占有社会生产资料的情况下，通过按资分配取得一部分社会产品以满足自己的需要是不可能的，因此，国家必须凭借手中的政治权力从物质生产领域强制和无偿地征收一部分自己所需的社会产品。正如恩格斯所指出的：“为了维持这种公共权力，就需要公民缴纳费用——捐税。捐税是以前的氏族社会完全没有的。但是现在我们却十分熟悉它了。”[①] 从以上国家对社会产品的需要和占有的角度看，财政实质上是一种对社会产品的分配活动。在社会经济活动中，分配活动多种多样，但财政是以国家为主体的、凭借国家政治权力强制性参与的对社会产品的一种分配活动。这种财政分配活动与人们凭借对生产资料的占有以及劳动贡献所进行的分配是截然不同的。

（二）公共财政

从20世纪90年代后期起，“公共财政”的概念在我国开始流行起来。自从我国提出经济体制转向社会主义市场经济的目标以来，人们便开始全面反思我国政府的财政分配活动，并积极探索与市场经济体制相适应的财政运行模式。为此，有些学者提出，为了区分市场体制与计划体制下的政府财政，应当分别将它们冠以不同的名称：如果说计划经济体制下的政府收支活动叫“财政”，那么市场经济体制下的政府收支活动则应称为“公共财政”。在名称上做上述区分的理由似乎是市场体制下的政府收支活动具有明显的公共性，即：政府通过支出向公民提供的是“公共产品”，支出的目的是满足“公共需要”，政府收支预算的确定要经过“公共选择”程序，政府的一收一支要接受“公共监督”，等等。这种观点认为，由于我们国家已经转而实行市场经济，因此政府的收支活动也应改称为“公共财政”。其实，深入研究以后我们就会发现，“公共财政”与“财政”在我国应当同属一个概念，它们都是从英文“public finance”一词翻译过来的，只不过译法不同而已。上面提到，我国“财政”一词的使用，是从光绪皇帝“明定国是”的诏书开始的，诏书中的“财政”概念是当时维新派从日本“进口”的，而日文里“财政”一

① 马克思，恩格斯．马克思恩格斯文集：第4卷．北京：人民出版社，2009：190.

词又译自英文的"public finance"。[①] 显然，过去100多年来我国使用的"财政"概念是对英文"public finance"一词的一种约定俗成的译法。现在把它改译为"公共财政"，甚至还将"公共财政"定位为市场经济体制下政府财政的制度模式，应当说这不是一种很科学、很严谨的做法。事实上，任何社会形态下的政府收支活动都具有上面所说的"公共性"特征。即使是在计划经济时期，政府提供的国防、行政管理、基础设施建设、教育、医疗卫生等服务在性质上也都属于公共产品或准公共产品，政府支出的目的也是为了满足广大人民群众的公共需要，政府的预算收支在理论上也要接受人民群众的监督。而我国实行社会主义市场经济要求政府财政加大对教育、卫生、社会保障等领域的开支，则属于政府职能转型下的财政支出结构调整问题，这种支出结构的调整并不一定要伴随着"财政"名称的转换。

第二节 经济中为什么需要政府财政

财政是以国家为主体的分配，现实生活中它表现为政府的收支活动。由于财政与政府的活动密不可分，所以经济中为什么需要财政的问题实际上也就成了经济中为什么需要政府的问题。现代经济理论认为，政府虽然不创造社会产品，但提供公共产品，获取和消费这种公共产品是人们的一种社会公共需要。另外，在市场经济条件下，市场机制在资源配置、收入分配等方面都起着决定性作用，但市场机制也不是万能的，它在许多方面存在缺陷，需要由政府来弥补。总之，提供公共产品和弥补市场缺陷是经济中政府存在的两个重要理论依据，也是经济中之所以需要政府财政的原因所在。

一、公共产品

（一）什么是公共产品

现代经济理论在分析政府的作用时，把政府也作为一个经济部门来看待，政府在履行国家政权职能和执行社会经济职能时所从事的各项活动也被视为一种广义的经济活动。这样，社会的经济活动部门就可以分为三大类，即居民（家庭）、企业和政府。居民和企业部门属于私人经济部门，政府则属于公共经济部门。公共经济部门提供的许多产品（劳务）具有一些独特性，例如，政府提供的国防、环境保护、收入再分配等产品（劳务），可以使公众普遍受益，而且某人在得到国防、环境保护、收入分配公平的利益时并不会影响其他人从中受益，同时也不存在一些人受益大就会导致另一些人受益小的问题。像这种在消费上不存在一些人消费就排斥和减少其他人消费的产品，就是经济学上所称的公共产品或公共物品（public goods）。

① 陈共．财政学．4版．北京：中国人民大学出版社，2004：24.

（二）公共产品的特征

公共产品的特征是相对于私人产品而言的，它包括以下几个方面：

（1）消费的非排他性。即某些人对一种产品的消费不会阻碍其他人同时对该产品的消费，或者要想阻碍的话成本很高。上面提到的国防、环境保护等就具有消费的非排他性。此外，灯塔、无线电广播等也都具有消费的非排他性。相比之下，私人产品则不具有消费的非排他性。例如，一件衣服张三穿着李四就不能再穿；一个面包张三吃掉李四就不可能再吃了。衣服、面包在这里都不具有消费的非排他性，所以它们属于私人产品，不是公共产品。由于公共产品具有消费的非排他性，从而引发了“免费搭车”问题，即公共产品的消费者即使不交费也可以进行消费。在这种情况下，公共产品就不能由私人部门采用一手交钱、一手交货的方式提供，而只能由政府出面来提供。

（2）消费的非竞争性。即某些人对一种产品的消费不会减少其他人对该产品的消费量。例如，政府采取措施治理了空气污染，使空气变得清新，这时，张三享受政府的空气污染治理并不会减少住在同一地区的李四从政府的环保措施中受益的程度，两人都可呼吸到同样清新的空气。显然，私人产品不具有这种属性。比如，一个面包，张三多吃几口李四就得少吃几口，在面包的消费量上具有明显的竞争性。一种产品如果具有消费的非竞争性，说明该产品不会因消费者的增加而增加产品的边际成本，或者说，这时因消费者增加而需要增加产品供应的成本等于零。从资源有效利用的角度看，这种消费上具有非竞争性的产品应当由政府向全社会提供。

（3）效益的外溢性。即这种产品的消费不仅可以使消费者本身受益，而且可以使其他人也间接受益。

在公共产品的上述特征中，消费的非排他性和非竞争性是最重要的。同时具备这两大特征的产品属于纯公共产品，比如国防、环境保护、治安等。还有一些产品不具有明显的消费的非排他性和非竞争性，但是具有明显的效益外溢性，政府出于增进社会效益的考虑也可提供这类产品，人们称这类产品为半公共产品或准公共产品。例如高等教育，由于大学容纳的学生人数有限，所以高等教育不具有消费的非排他性和非竞争性。但高等教育既可以提高受教育者自身的素质，增强其未来的收入能力，同时又可以为国家培养有用的人才，使整个社会从中受益，所以一般认为高等教育属于准公共产品。国外许多国家的高等教育既有私人提供的（私立大学），也有政府提供的（公立大学），就是因为高等教育是兼有私人产品和公共产品特性的准公共产品。

需要注意的是，公共产品与公共部门提供的产品是不尽相同的。公共产品主要是由公共部门提供的，但公共部门提供的产品并不都是公共产品。在实践中，政府也可以提供一些私人产品。比如，住房和医疗就属于具有消费排他性和竞争性的私人产品，但政府为了社会福利的目标也可以向低收入者提供医疗和住房，我们不能把政府提供的住房和医疗视为公共产品。

二、市场机制的缺陷

在市场经济条件下，市场机制这只“看不见的手”在许多方面对经济发挥着调节作用。但市场机制并非尽善尽美，在一些领域也存在失灵的问题。这种“市场失灵”主要表现在以下几个方面：

（一）资源配置低效

社会的资源（包括人力、物力和财力）如何在经济中的各部门、各产品之间进行配置，这是经济运行中的一个基本问题。在市场经济条件下，资源配置主要由市场机制来完成，市场在资源配置中起决定性作用，这是市场经济区别于计划经济的最主要特征。但在市场经济条件下把资源配置的任务完全交给市场来完成也有一定的问题，因为在一些领域由市场来配置资源是无效或低效的。这种低效表现在以下两个方面：

(1) 公共产品的数量。由于公共产品具有消费的非排他性和非竞争性等特征，所以由私人部门在市场机制的调节下向社会有效地提供公共产品是不大可能的，市场提供的公共产品的数量一定会大大少于社会所需要的数量。

(2) 外部效应问题不好解决。所谓外部效应，又称外部性，是指私人部门在提供一种产品时，其私人成本与社会成本之间、私人效益与社会效益之间存在的非一致性。在这里，私人成本和私人效益是企业生产某种产品所直接承担的费用和直接得到的收益，社会成本和社会效益是指企业生产该种产品给整个社会带来的负担和效益。如果一种产品的私人成本小于社会成本，则该产品具有负的外部效应（或者称外部不经济）；而如果一种产品的社会效益大于私人效益，则该产品的生产就具有正的外部效应（或者称外部经济）。外部效应问题在现实中是很常见的。例如，卷烟厂生产香烟要有一定的成本和费用开支，而香烟的消费会给消费者的身体健康带来一定的危害，社会由此发生的医疗等开支就会加大，但卷烟厂并不需要负担这笔费用，所以香烟生产的私人成本就小于社会成本。如果完全由市场机制来调节卷烟的生产，政府不加任何干预，则卷烟的生产量就可能会大于社会所需要的量。换句话说，社会资源在卷烟生产上的配置就不是最优的。我们还可以举出正外部效应的例子，上面曾经提及的教育就是一个例子。私人部门提供教育劳务可以从受教育者身上收取一定的费用，从而使教育的提供者有一定的经济效益，而与此同时，私人部门提供教育也可以给社会带来许多效益，如社会文明程度、生产力水平的提高等。私人部门在收取教育费时并不考虑其给社会带来的诸多效益，所以，如果由私人部门提供教育，其私人效益就会小于社会效益。如果教育完全听任市场机制进行调节，政府不加干预，则教育的提供量势必要小于社会对教育的需求量，这样，资源在教育领域的配置就不是最优的。

（二）收入分配不公

社会产品生产出来以后要在社会成员之间进行分配，在商品货币经济条件下，社会产品的分配问题实际上就是国民收入的分配问题。在市场经济中国民收入的分配主要由市场机制来完成。市场机制的收入分配法则是市场要按照人们对产出的贡献来支付报酬。根据这一法则，不同生产要素所有者之间的收入分配是根据各种要素的稀缺程度来进行的，稀缺要素的边际产出大（边际产出是指每新增加一个单位的要素投入所带来的产出的增加），其所有者得到的收入水平就高；而充裕要素的边际产出小，其所有者得到的收入水平就低。例如，在劳动力过剩的国家，劳动力的报酬（工资、薪金等）相对于资本、技术和管理要素的报酬来说就比较低。而对于同一种生产要素所有者之间的收入分配，市场在很大程度上要根据要素的质量来进行。这样，对劳动力这种要素来说，劳动者的个人天赋和能力就成为影响人们收入水平的重要因素。人们受的教育越多，工作能力越强，对产出的贡献越大，则取得的收入就越多；反之亦然。从经济的角度来看，市场机制造成的人们收入差距的拉大是必然的，也是有它的道理的；但从社会的和道德的角度来看，市场分配造成的贫富悬殊状况又是不公平的，是社会所不能接受的。另外，社会成员的收入差距过大，也会给社会带来不稳定因素，最终会影响市场经济的稳定发展。

（三）宏观经济失衡

在市场经济条件下，生产和消费主要是由市场机制这只“看不见的手”来自发调节。由于市场机制自发调节存在着盲动性，社会总供给和社会总需求之间并不一定能够达到最佳的平衡，国民经济就可能发生周期性的波动与失衡，从而出现失业、通货膨胀等问题。这种宏观经济的失衡会给生产者和消费者带来一定的损失，社会的经济发展也会受到不利的影响和干扰。

第三节　政府财政的职能

我国实行社会主义市场经济，而市场经济在市场机制这只“看不见的手”的自发作用下存在着资源配置低效、收入分配不公以及宏观经济失衡等“市场失灵”问题。所以，政府应当通过财政等手段对经济进行干预和调节。“市场失灵”的内容决定着财政在社会主义市场经济条件下应具有以下职能。

一、资源配置职能

政府通过税收等手段把财政收入用于为提供公共产品筹资，这实际上是把一部分经济资源（包括人力资源和物力资源）配置到了社会的公共部门。当然，究竟应当有多少资源配置到公共部门，以及各种公共产品的供应量应当是多少，这显然与把资源配置到私人产品上的情况有很大的不同。市场上私人产品的供应量是由供求关系决定的。而从“求”的一方看，它是由消费者用货币投票来决定的。对某一种商品而言，消费者购买时愿意从钱包里掏出的钞票越多，表明市场对这种商品的需求就越大，从而也会激发生产者提供更多的这种商品。但公共产品的供应量不能由这种方式来决定。由于公共产品具有消费的非排他性，人们在对其消费时可以“免费搭车”（即不付费也可以享受），所以人们对公共产品的真实需求就无法用货币准确地表达出来。例如，城市里过节进行的焰火表演就是一种地方性的公共产品。如果这种表演由私人公司通过市场安排来提供，即遵照谁付钱谁观看的原则，那么很多人就不会愿意出钱观看；由于烟花放得很高，人们即使不付钱也能观看得到，这样就导致市场对焰火表演的货币需求很小，从而使私人公司最终难以提供这种产品。看来，社会在公共产品提供量的问题上只能另辟蹊径，用一种政治程序来替代市场机制。这种政治程序就是让代表广大人民群众的民意代表（在我国就是各级人民代表大会的代表）通过投票表决政府的财政预算，从而使配置到公共产品上的资源数量和结构尽量符合大多数人民的意愿和需求。仍以上面的焰火表演为例，焰火表演由政府出资提供，资金由税收来解决，焰火表演的规模和费用由当地的人民代表大会来决定，这样就可以避免私人公司提供焰火表演时出现的各种问题。

二、收入分配职能

社会的基本经济问题不仅包括生产什么（产品），还包括为谁生产。这里的“为谁生产”，就是所谓的收入分配问题。因为社会产品（劳务）在货币形态上要表现为国民收入（有时称为国民生产总值或国内生产总值），它要在社会成员之间进行分配。人们分到了一定量的货币收入，实质上就是分到了一定量的社会产品（劳务）。在市场经济条件下，人们的收入分配也是由市场机制来主导的。市场机制是按每个社会成员所拥有的生产要素种类（劳动力、土地、资本、技术、管理等）以及该要素的价格来分配收入的。拥有稀缺要素的社会成员由于要素的价格较高，所以就可能分到较多的收入；反之，拥有过剩要素的社会成员就只能分到较少的收入。拥有同一种要素的社会成员其收入的高低则要看要素的质量。比如，同是劳动力，就有低级和高级之分：没有受过良好教育的熟练劳动力（所谓熟练工），属于简单的低级劳动力，这种劳动力由于供应量较大，所以不可能有较高的收入；而受过良好教育或培训的劳动力（通常称为“白领”），属于复杂的高级劳动力，这种劳动力在市场上相对稀缺，所以可以得到较高的收入。

尽管市场分配机制有它固有的规律，但从社会公平的角度看，其分配结果并不总是令人满意。也就是说，市场分配机制很容易造成人们收入两极分化和贫富悬殊的问题。特别是那些丧失劳动能力的“老弱病残”群体，他们在市场分配机制下很可能会陷入无法生存的境地。收入差距过大和贫富悬殊不仅不符合社会公正的理念，而且也很容易造成社会的动荡。正如耶鲁大学的希勒教授在他的《金融新秩序》一书中所指出的：“如果不平等加剧，会产生对社会充满怨恨的阶层，从而改变社会的性质。这种冲击会给我们的生活带来灾难。”显然，在这种情况下，政府就要“挺身而出”，干预市场分配机制带来的收入分配不公的后果，使收入和财富在社会成员之间的分配基本上符合社会公平或公正的原则，从而维护社会的稳定。政府手中的财政工具在这个领域具有得天独厚的作用：一方面，政府可以通过个人所得税、财产税、消费税等税种从高收入者那里获取一部分收入，其结果是使富人穷一些；另一方面，政府可以将从高收入者那里取得的税收收入通过社会保障、社会福利等支出转移给低收入者，其结果是使穷人富一些。上述一收一支，就可以达到在贫富阶层之间转移收入的目的。例如，我国在改革开放前，社会成员之间的收入分配是比较均等的，基尼系数仅为0.2左右。但随着改革开放的深入，市场机制在收入分配中所起的作用越来越大，社会成员之间的收入差距逐渐拉大，基尼系数也不断攀升到2008年的0.491。党的十七大报告提出要“逐步扭转收入分配差距扩大趋势”，党的十八届三中全会更进一步要求“努力缩小城乡、区域、行业收入分配差距，逐步形成橄榄型分配格局”，而且国家近些年来也在税收制度特别是社会保障支出方面进行了政策调整，所以基尼系数从2009年开始呈下降趋势，2015年已经降为0.462，但2016年以后又有所提高。

三、稳定经济职能

由于市场机制自发作用不能保证宏观经济的平稳运行，因此在市场经济条件下，政府应当利用财政手段实现经济的稳定和增长。宏观经济稳定通常包括充分就业、物价稳定和国际收支平衡三个方面的内容，而要实现宏观经济的稳定，关键是要做到社会总供给与社会总需求之间的基本平衡（包括总量平衡和结构平衡）。如果二者之间出现失衡，经济稳定必然会遭到破坏。例如，如果社会总需求超过了社会总供给，这表明流通中的货币量已经超过了流通中的货币必要量，或者说社会各方面的货币购买力已经超过了当时市场上商品物资的可供量，这时社会的物价水平必然全面上涨，即出现通货膨胀的现象。而一旦出现社会总需求小于社会总供给的情况，企业的产品难以出售，库存积压产品增多，这时企业就会降低生产计划，裁减工人，社会的失业率就会提高，充分就业的目标也就难以实现。所以，财政要实现稳定经济的职能必须尽力保持社会总供求的基本平衡。

在保持社会供求平衡方面财政有以下两个基本手段。

（一）预算政策

政府可以根据供求关系的具体情况，通过平衡预算、结余预算或赤字预算来实现社会总供给与总需求之间的平衡。例如，当社会总需求大于社会总供给时，政府应当编制平衡预算或者结余预算，因为这时企业和居民个人对市场上的商品（劳务）的需求量已经很大，如果政府预算再搞赤字（即预算支出大于收入），则政府的需求就会人为地加大，这给社会总需求过大的局面必然带来火上浇油的后果。如果政府这时能够安排平衡或结余的预算，而且预算结余不被动用，社会总需求就会得到一定的抑制。反之，当社会总供给大于社会总需求时，政府可以编制赤字预算，有意识地扩大政府的需求规模，以弥补私人部门需求的不足，从而使社会总供求最终达到平衡。例如，2012年以后，由于内外需求不足，我国经济增速开始放慢，2012年和2013年国内生产总值的增幅分别为7.9%和7.8%，2014年为7.3%，2015年为6.9%，2016—2018年分别为6.7%、6.9%和6.6%。为了实现宏观经济的平衡，我国的积极财政政策开始发力，国家预算中财政赤字占GDP的比重从2012年的1.59%逐步提高到2015年的2.3%，2016年更将其提高到2.93%。2017年和2018年赤字率有所降低，分别为2.87%和2.6%，但2019年国家预算安排的赤字率为2.8%。

（二）“自动稳定器”

财政的“自动稳定器”是指财政税收制度中一些有助于自动“熨平”经济波动的制度性安排。当经济不稳定时，政府不用刻意采取一些预算政策方面的措施，而是听任“自动稳定器”来发挥调节作用，使经济自动达到稳定的效果。财政的“自动稳定器”主要包括累进所得税和失业保险制度两个方面：

（1）累进所得税制度。当社会总需求大于社会总供给从而经济出现通货膨胀时，一般来说，企业和个人的名义收入水平也会相应提高。如果企业和个人适用累进的所得税制度，这时其适用的边际税率就可能提高，与通货膨胀前的情况相比，企业和个人就可能要缴纳更多的税收，他们的税后实际收入就会下降，这对于抑制总需求的增长是十分有利的。

（2）在经济高涨时期，失业率会下降，政府的失业救济金支出会减少，这有利于减小社会的总需求。反之，当经济衰退、社会总需求出现不足时，企业和个人的收入水平就会下降，随之其所适用的所得税税率也可能要下降，这种情况会增加企业和个人的税后实际收入，有利于扩大企业和个人的有效需求。同时，在失业保险方面，由于经济衰退导致失业工人增多，政府的失业救济金支出也会增加，这对于扩大社会总需求是有利的，而且也有助于刺激经济的复苏。例如，2012 年我国经济进入下行区间后，失业保险金支出也开始不断增加，2012 年为 181 亿元，到 2017 年就增加到 318 多亿元。

复习思考题

1. 如何理解公共产品？公共产品与私人产品有何不同？
2. 市场失灵表现在哪些方面？
3. 政府财政可能发挥哪些职能？
4. 财政调节供求总量平衡的手段是什么？

第2章 财政支出

财政支出是国家对通过各种形式筹集的财政收入进行分配和使用的过程，它是整个财政分配活动的第二阶段。之所以将财政支出这一章放在财政收入前面，是由于从逻辑顺序上看，只有当政府有支出的需求时才会通过税收等手段筹集财政收入，即如果没有财政支出的需求，政府就没有必要取得财政收入。正因为这个逻辑顺序，目前国内外财政学的教科书一般都把财政支出放在财政收入之前来写，本教材也不例外。

第一节 财政支出的分类

财政资金如何使用直接反映在政府的财政支出结构上，而财政支出结构又是建立在财政支出分类的基础上的。只有对财政支出进行一定的分类，我们才能对财政支出的结构进行分析。

财政支出有不同的分类方法，但各国常用的分类方法有两种：一是按政府功能（functions of government）分类；二是按支出的经济类型（economic type）分类。过去我国的政府预算一直采用按支出的经费性质和具体用途分类的方法，即将财政支出分为基本建设、企业挖潜改造、地质勘探、科技三项费用、流动资金、农林水等部门事业费、文教科卫事业费、国防费、行政管理费、政策性补贴等大类，但这种分类方法并不能集中反映政府在某一方面（例如教育、卫生等）的全部支出情况。为了全面反映市场经济条件下的政府收支活动，继续深化部门预算、国库集中收付、政府采购等各项改革，增加预算的透明度，以及更好地进行预算收支的国际比较，我国从2007年起改革政府支出的分类方法，也开始采用国际通行的按政府功能和按经济类型分类的方法。此外，财政支出还可以按支出项目与资本投资的关系以及支出是否直接购买商品或劳务进行分类。

一、按政府功能分类

按政府功能分类，就是按政府的主要职能对财政支出进行分类。运用这种分类方法考察政府的财政支出结构，人们可以全面了解政府的活动范围和职能重心。但我国财政支出按政府功能分类的方法与国外略有不同。例如，国际货币基金组织（IMF）根据政府的功能将财政支出分为一般公共服务、国防、公共秩序和安全、经济事务、环境保护、住房和社区康乐设施、健康、娱乐及文化与宗教、教育、社会保护等 10 大类支出。而我国按功能分类的财政支出有 25 大类，实际上在做这种分类时既考虑了政府的功能，也考虑了政府的部门划分，这样的分类比国外要细。例如，我国将“经济事务”方面的支出细化为农林水支出、交通运输支出、资源勘探信息等支出、商业服务业等支出、金融支出等五大类，这实际上是按大的经济部门进行分类；将外交支出从一般公共服务中独立出来也是考虑了部门的因素。我国的这种分类方法虽便于实施部门预算，但从严格意义上说它已不完全是按政府功能划分财政支出了。此外，在这种分类方式下，过去按经费性质和用途分类的财政支出如基本建设支出、事业费、行政管理费等，实际上都分解到了各个按功能分类的支出科目中。例如，在教育支出中就包括用于教育的基本建设支出、事业费支出等传统支出科目。

我国的全口径预算包括一般公共预算、政府性基金预算、国有资本经营预算和社会保险基金预算。我国一般公共预算支出按政府功能分类包括如下 25 类支出：

（1）一般公共服务支出。

一般公共服务包括人大事务、政协事务、政府办公厅（室）及相关机构事务、发展与改革事务、统计信息事务、财政事务、税收事务、审计事务、海关事务、人力资源事务、纪检监察事务、商贸事务、知识产权事务、工商行政管理事务、质量技术监督与检验检疫事务、民族事务、宗教事务、港澳台事务、档案事务、民主党派及工商联事务、群众团体事务、党委办公厅（室）及相关机构事务、组织事务、统战事务、对外联络事务等等。

（2）外交支出。

外交支出包括外交行政管理、驻外机构、对外援助、国际组织、对外合作与交流、对外宣传、边界勘界联检等支出。

（3）国防支出。

国防支出反映政府用于现役部队、国防后备力量、专项工程、国防动员等方面的支出。

（4）公共安全支出。

公共安全支出反映政府维护社会公共安全方面的支出。它包括武装警察、公安、国家安全、检察、法院、司法行政、监狱、强制隔离戒毒、国家保密、缉私警察、海警等支出。

（5）教育支出。

教育支出包括教育管理事务、普通教育、职业教育、成人教育、广播电视教育、留学教育、特殊教育、进修及培训、教育费附加安排的支出等。

（6）科学技术支出。

科学技术支出反映各级政府科学技术管理事务方面的支出。它包括政府用于科技管理事务、基础研究、应用研究、技术研究与开发、科技条件与服务、社会科学、科技普及、科技交流与合作、科技重大项目等方面的支出。

（7）文化体育与传媒支出。

文化体育与传媒支出包括政府在文化、文物、体育、新闻出版、广播影视等方面的支出。

（8）社会保障和就业支出。

社会保障和就业支出包括人力资源和社会保障管理事务、民政管理事务、财政对社会保险基金的补助、补充全国社会保障基金、行政事业单位离退休补助、企业改革补助、就业补助、抚恤、退役安置、社会福利、残疾人事业、自然灾害生活救助、红十字事务、最低生活保障、临时救助、特困人员供养、补充道路交通事故社会救助基金、其他生活救助等方面的支出。

（9）医疗卫生与计划生育支出。

医疗卫生与计划生育支出包括医疗卫生与计划生育管理事务、公立医院、基层医疗卫生机构、公共卫生、医疗保障、中医药、计划生育事务、食品和药品监督管理事务等方面的支出。

（10）节能环保支出。

节能环保支出包括环境保护管理事务、环境监测与监察、污染防治、自然生态保护、天然林保护工程、退耕还林、风沙荒漠治理、退牧还林、已垦草原退耕还草、能源节约利用、污染减排、可再生能源、循环经济、能源管理事务等方面的支出。

（11）城乡社区支出。

城乡社区支出包括城乡社区管理事务、城乡社区规划与管理、城乡社区公共设施、城乡社区环境卫生、建设市场管理与监督等方面的支出。

（12）农林水支出。

农林水支出包括农业、林业、水利、南水北调、扶贫、农业综合改革、农业综合开发、普惠金融发展、目标价格补贴等方面的支出。

（13）交通运输支出。

交通运输支出包括公路水路运输、铁路运输、民用航空运输、成品油价格改革对交通运输的补贴、邮政业、车辆购置税支出等方面的支出。

（14）资源勘探信息等支出。

资源勘探信息等支出包括资源勘探开发、制造业、建筑业、工业和信息产业监管、安全生产监管、国有资产监管、支持中小企业发展和管理等方面的支出。

（15）商业服务业等支出。

商业服务业等支出包括商业流通事务、旅游业管理与服务、涉外发展服务等方面的支出。

（16）金融支出。

金融支出包括金融部门行政、金融部门监管、金融发展、金融调控等方面的支出。

（17）援助其他地区支出。

援助其他地区支出包括在一般公共服务、教育、文化体育与传媒、医疗卫生、节能环保、农业、交通运输、住房保障等领域对其他地区的援助支出。

（18）国土海洋气象等支出。

国土海洋气象等支出包括国土资源事务、海洋管理事务、测绘事务、地震事务、气象事务等方面的支出。

(19) 住房保障支出。

住房保障支出包括保障性安居工程、住房改革、城乡社区住宅等方面的支出。

(20) 粮油物资储备支出。

粮油物资储备支出包括粮油事务、物资事务、能源事务、粮油储备和重要商品储备支出。

(21) 预备费。

预备费即预算上安排的没有指定用途的一笔备用金。

(22) 转移性支出。

转移性支出包括返还性支出、一般转移性支出、专项转移支出、调出资金、年终结余、债务转贷、援助其他地区等方面的支出。

(23) 债务还本支出。

债务还本支出包括中央政府国内债务还本、中央政府国外债务还本和地方政府一般债务还本等方面的支出。

(24) 债务付息支出。

债务付息支出包括中央政府国内债务付息、中央政府国外债务付息和地方政府一般债务付息等方面的支出。

(25) 债务发行费用支出。

债务发行费用支出包括中央政府国内债务发行费用、中央政府国外债务发行费用和地方政府一般债务发行费用等支出。

我国的政府性基金预算支出按照功能分类分为以下 15 类支出:

(1) 科学技术支出。

主要包括核电站乏燃料处理处置基金支出。

(2) 文化体育与传媒支出。

主要包括国家电影事业发展专项资金及对应专项债务收入安排的支出。

(3) 社会保障和就业支出。

主要包括大中型水库移民后期扶持基金支出和小型水库移民扶助基金及对应专项债务收入安排的支出。

(4) 节能环保支出。

主要包括可再生能源电价附加收入安排的支出以及废弃电器电子产品处理基金支出。

(5) 城乡社区支出。

主要包括政府住房基金及对应专项债务收入安排的支出、国有土地使用权出让收入及对应专项债务收入安排的支出、城市公用事业附加及对应专项债务收入安排的支出、国有土地收益基金及对应专项债务收入安排的支出、农业土地开发资金及对应专项债务收入安排的支出、新增建设用地土地有偿使用及对应专项债务收入安排的支出、城市基础设施配套及对应专项债务收入安排的支出、污水处理费及对应专项债务收入安排的支出。

(6) 农林水支出。

主要包括农业(种植业、畜牧业、渔业、兽医、农机、农垦、农场等)、林业和草原、水利、南水北调、扶贫、农业综合开发、农村综合改革、普惠金融发展等方面的支出。

（7）交通运输支出。

主要包括公路水路运输、铁路运输、民用航空运输、成品油价格改革对交通运输的补贴、邮政业、车辆购置税和其他交通运输方面的支出。

（8）资源勘探信息等支出。

主要包括资源勘探开发、制造业（纺织、轻工、化工、医药、机械、冶炼、建材、交通运输设备、烟草、兵器、核工、航空、航天、船舶、电子及通信设备等）、建筑业、工业和信息产业监管、国有资产监管、支持中小企业发展和管理等方面的支出。

（9）商业服务业等支出。

主要包括旅游发展基金支出。

（10）金融支出。

主要包括金融调控支出。

（11）其他支出。

主要包括彩票发行销售机构业务费安排的支出、彩票公益金及对应专项债务收入安排的支出、烟草企业上缴专项收入安排的支出。

（12）转移性支出。

主要包括政府性基金转移支付、调出资金、年终结余和债务转贷支出。

此外还有（13）债务还本支出、（14）债务付息支出和（15）债务发行费用支出。

国有资本经营预算支出按照功能分类分为以下三大类支出：

（1）社会保障和就业支出。

主要指补充全国社会保障基金的支出。

（2）国有资本经营预算支出。

主要包括解决历史遗留问题及改革成本支出、国有企业资本金注入、国有企业政策性补贴、金融国有资本经营预算支出等。

（3）转移性支出。

主要包括国有资本经营预算转移支付和调出资金。

我国的社会保险基金预算支出按功能分类主要包括基本养老保险基金支出、失业保险基金支出、基本医疗保险基金支出、工伤保险基金支出、生育保险基金支出、新型农村合作医疗基金支出、城镇居民基本医疗保险基金支出、城镇居民基本养老保险基金支出和其他社会保险基金支出。

二、按经济类型分类

按支出的经济类型分类也是国际上通行的做法。国际货币基金组织将政府财政支出按经济类型分为 8 大类，即雇员报酬、商品和劳务的使用、固定资本的消耗、利息、补贴、赠款、社会福利津贴和其他开支。我国对财政支出按经济类型分类的方法与国际货币基金组织略有不同，共分成了以下 9 大类：

（1）工资福利支出。

工资福利支出是财政拨款给各单位用于发放在职职工和临时聘用人员的各类劳动报酬，以及为上述人员缴纳各项社会保险费的支出。它具体包括基本工资、津贴补贴、奖金、社会保障缴费、伙食补助费、绩效工资和其他工资福利支出。

（2）商品和服务支出。

商品和服务支出是财政拨款给各单位用于购买商品和服务的支出。它的具体内容包括办公费、印刷费、水电费、取暖费、交通费、差旅费、会议费、租赁费、培训费、公务招待费、专用材料费、专用燃料费、委托业务费、工会经费、福利费、公务用车运行维护费等，但不包括用于购置固定资产的支出、战略性和应急储备支出。

（3）对个人和家庭的补助。

对个人和家庭的补助包括离休费、退休费、抚恤费、生活补助、救济费、医疗费、助学金、奖励金、生产补贴、住房公积金、购房补贴、采暖补贴、物业服务补贴等。

（4）对企事业单位的补贴。

对企事业单位的补贴包括企业政策性补贴、事业单位补贴、财政贴息等。

（5）转移性支出。

转移性支出（即我国学术界所称的"转移支付"）是指不同级或同级政府之间的转移性支出。

（6）债务利息支出。

债务利息支出反映政府及各预算单位的债务利息支出。它包括国库券付息、向国家银行借款付息、向国外政府借款付息、向国际组织借款付息等。

（7）基本建设支出。

基本建设支出是指各级发展与改革部门集中安排的用于购置固定资产、战略性和应急性储备、土地和无形资产，以及购建基础设施、大型修缮所发生的支出。它具体包括房屋建筑物购建、办公设备购置、专用设备购置、基础设施购置、大型修缮、信息网络购建、物资储备、公务用车购置、其他交通工具购置等支出。

（8）其他资本性支出。

其他资本性支出是指不是由各级发展与改革部门集中安排的用于购置固定资产、战略性和应急性储备、土地和无形资产以及购建基础设施、大型修缮所发生的支出，以及财政支持企业更新改造所发生的支出。它的具体内容与基本建设支出基本相同。

（9）其他支出。

其他支出包括预备费、预留、补充全国社会保障基金、赠予、贷款转贷等支出。

三、按支出项目与资本投资的关系分类

财政支出按支出项目是否与资本投资有关可以分为经常性支出和资本性支出两大类。经常性支出是政府用于经常项目的开支，包括政府雇员的工资薪金支出、为政府雇员交纳的社会保险费支出、公用经费支出、社会保障津贴支出、利息支出、国有企业经营性亏损补贴支出等。资本性支出是指政府用于资本项目的支出，包括政府购置固定资产和

无形资产的投资支出、政府战略储备支出、用于资助企业购置固定资产或增加企业金融资本或弥补企业资本损失的资本转移性支出等。

四、按支出是否直接购买商品或劳务分类

财政支出按是否直接购买商品（劳务）来分类，还可以分为购买性支出和转移性支出。购买性支出是指政府直接在市场上购买进行日常政务或公共投资必需的商品或劳务而形成的开支。例如，政府的基本建设支出、国防支出、行政管理费支出等都属于购买性支出。转移性支出是指政府把筹集到的财政资金无偿转移给企业或家庭，由它们再到市场上购买所需商品或劳务而形成的财政支出，如政府的社会保障支出、利息支出以及企业补贴支出。

第二节　市场体制下的财政支出结构

财政支出是政府履行职能的工具，它反映政府活动的方向。在预算规模一定的情况下，政府在各个开支项目之间分配预算资金，结果将形成一定的财政支出结构。而政府财政支出的结构如何，主要取决于政府的职能范围和职责重心。由于在不同的经济体制下，政府的职能范围和重心有所不同，所以一定的经济体制往往会有一个特定的财政支出结构相对应。这种对应关系说明在财政支出结构与经济体制之间存在一定的内在联系。

当然，从影响财政支出结构的法律程序上看，由于各国的国家预算都要经过立法机构批准，而按照公共选择理论，立法机构中的政治家又要反映选民的意志，因此，从某种意义上说，一国财政支出的结构是由一定的政治程序决定的。

市场经济是社会资源配置以市场机制为主导的一种经济模式。这种经济体制下的财政支出结构一般具有以下几个特征。

一、在政府的财政支出中，经济支出不占主要地位

在市场经济条件下，社会的经济活动主要应由自主经营的企业在市场机制的调节下进行，政府不是社会经济活动的直接组织者，而且一般也不直接干预企业生产经营的具体事务；政府的经济职能主要表现为在宏观上对社会经济活动进行间接的调节和管理。根据市场经济的内在要求，经济职能不应成为政府的主要职能。尽管在现代市场经济条件下政府的经济职能有着十分重要的意义，但从市场经济的本质出发来看待政府的职能排序，政府的经济职能应处于一个次要的地位，在一定条件下它应让位于政府的社会职能。与市场体制下政府的职能状况相适应，政府在财政预算领域的支出重点就不应是各类经济支出，政府的财政资金主要应当用于教育、卫生、社会保障等社会支出项目，以

便为社会的经济活动创造一个良好的外部环境。

我们可以结合市场经济国家的实际情况来进一步说明市场体制下财政支出结构的上述特征。从各国政府财政统计资料可以看出，市场经济国家财政支出中经济支出占的比重普遍较低。例如，1990年中央（联邦）政府财政支出中经济支出所占的比重，澳大利亚为7.1%，荷兰为7.4%，瑞典为7.6%，奥地利为9.9%，美国为10.2%，韩国为17%，印度为20.8%。而当时还实行计划经济体制的罗马尼亚和捷克斯洛伐克这一比重则高达38.3%和46.1%（1985年罗马尼亚该比重甚至高达61.9%）。与经济支出的状况形成鲜明对比的是，市场经济国家尤其是发达国家政府的社会支出在财政支出中一般占有较大比重。从各级政府总的财政支出情况来看，目前发达国家的社会支出所占的比重一般也都在50%以上。例如，2015—2016年[①]各级政府用于教育、健康和社会保护方面的支出在财政总支出中的比重，英国为68.2%，丹麦为72.6%，澳大利亚为60.4%，德国为69.1%，荷兰为67.2%，挪威为68.2%。[②] 发达国家政府的社会支出所占比重较大，主要原因是政府在社会保障和社会福利方面的开支很大，这类支出一般要占到全部社会支出的60%～80%。实行市场经济的发展中国家由于没有大搞社会福利，目前社会支出在财政支出中所占的比重相对于发达国家来说较低，一般只占30%左右。但这些国家重视教育支出，许多国家政府的教育支出在社会支出中占50%～70%。

二、资本性支出特别是经营性资本支出一般不在财政支出中占重要地位

在市场经济条件下，企业是独立的生产经营者，政府一般不直接经营企业。同时，市场经济还从根本上要求自主经营的企业拥有扩大再生产的投资权，而且企业的投资资金主要靠企业自身的利润积累或从金融市场来解决，政府一般不包揽企业投资的资金供应。因此，市场经济中的政府不应是生产领域的主要投资者和企业经营资本的主要提供者。政府在投资方面的主要任务是对铁路、港口、电力、通信等基础设施进行直接投资，以填补企业在这些方面的投资空白。此外，政府还应适当地利用相应措施来引导企业投资方向，实现国家的产业政策。

由于在市场体制下政府不承担大量的经营性投资，财政支出中资本性支出一般不应占很大比重，除非政府需要对基础设施进行大规模的投资。为了说明这个问题，我们再来看看市场经济国家的财政支出情况。在市场经济国家中，发达国家资本性支出占财政支出的比重普遍较低，从主要国家财政支出来看一般不超过10%。例如2013年，OECD成员政府资本性支出占财政支出的比重平均为7.8%，其中意大利、西班牙、奥地利、希腊、葡萄牙、比利时、爱尔兰等国还不到5%。[③] 发展中国家资本性支出占财政支出的比重一般都高于发达国家，有的国家该比重甚至高达40%以上。造成这种情况的原因，主要是发展中国家基础设施落后，长期投资不足，基础设施成为经济发展的瓶颈。为了摆脱这一局面，政府

① 英国、德国的数字为2015年的，其余国家的数字为2016年的。

② IMF, *Government Finance Statistics Yearbook 2017*.

③ OECD, *Government at a Glance 2015*.

十分重视对社会基础设施的投资。许多资本性支出比重大的国家，基础设施的投资一般要占到全部资本性支出的70%～80%。可见，市场经济体制对政府的资本性支出特别是其中的经营性资本支出的规模有一定的客观限度和要求，在基础设施建设发展到一定水平以后，为了保证市场经济的有效运行，这类支出在财政支出中占的比重不宜过大。

我国在经济改革以前，财政支出结构具有典型的计划经济特征。财政支出中经济建设支出（包括对经济部门的基本建设支出、流动资金支出、国营企业挖潜改造资金支出、科技三项费用支出、地质勘探费支出、支援农村生产支出、农工交商等部门的事业费支出、城镇青年就业费支出等）所占的比重长期保持在50%以上，资本性支出（包括基本建设支出、挖潜改造资金支出、流动资金支出、科技三项费用支出、支农生产支出、国家物资储备支出等）在财政支出中占有的比重也很大。尤其是在传统体制下，属于国有企业经营资本的固定资金和流动资金绝大部分靠财政拨款供应，因而财政支出中国家对产业部门的资本性支出一直占有很高的比重。以固定资产投资为例，改革以前国有企业固定资产投资资金的60%以上来自财政预算内拨款，仅财政对国有工业企业的固定资产投资支出在财政支出中就占到30%以上。

经济改革以后，我国的财政支出结构发生了很大变化。经济建设支出占财政支出的比重已由1978年的63%下降到2005年的26%左右；资本性支出占的比重已由1978年的52%左右下降到2005年的16.3%（均不含国家物资储备支出）。与此同时，财政对国有企业的固定资产投资也大幅度下降。不难看出，我国财政支出结构的变化从总体上来说符合经济体制向市场经济转轨的客观要求。但需要注意的是，我国目前还是一个发展中国家，经济发展正在起步，因而在实行市场经济的过程中，财政支出结构不可能也不应该与发达的市场经济国家完全相同，因而财政在一定时期内仍有必要保持一定的基建支出比重。而到2005年，我国基本建设支出占财政支出的比重已从1978年的40%下降到了11.9%，占GDP的比重仅为2.2%。即使考虑到企业挖潜改造资金支出，2005年我国财政的资本性支出也只占GDP的3%，这个比重甚至接近或低于一些发达国家。例如，英国2003—2004年度公共部门的投资占GDP的比重为2.8%，而在20世纪70年代和80年代，这个比重均高于6%。此外，在市场经济条件下，财政虽然不应成为国有企业经营资本的主要供应者，但国家有必要通过资本转移支出诱导国有企业的投资方向。由于我国国有经济成分的比重较大，财政要发挥这种诱导作用，资本转移支出占的比重也不能过低。

第三节　我国主要财政支出分析

一、教育支出

政府财政为什么要介入教育领域是财政学需要研究的一个重要问题。从理论上说，政府要提供公共产品，那么教育是否属于公共产品？公共产品具有消费的非竞争性和非排他性，而教育显然具有消费的竞争性和排他性。例如，学校里的教室座位是有限的，如果学生人数过多，站到了过道上，就会影响其他学生听课和学习的效果。也就是说，对于教育这种产品来说，张三的消费有时也会影响李四的消费，这就是消费的竞争性。另外，学校和教室并非可以随便出入，这表明教育的消费可以排他。从这个意义上说，教育是一种私人产品，而不是公共产品。但教育这种产品又具有一定的正外部性，即它的社会效益大于私人效益（办学带来的经济收益）。教育可以提高一个民族的文化素质，特别是技能教育还可以提高人们的劳动生产率。劳动生产率提高了，人们的收入水平和生活水平就可以提高，这就是教育给社会带来的效益。特别是现代经济增长理论认为，经济的高速增长不仅需要一定量的劳动力投入，而且需要劳动力具有一定的质量，即具有较高的文化水平和技术水平，教育对一个国家的经济增长可以起到至关重要的作用。另外，人们如果接受了一定程度的教育，其犯罪的可能性还会降低，社会成员的安全感就会提高，政府治理犯罪的成本也会有所降低。可见，教育这种产品，张三消费并不仅仅是张三从中获益，整个社会也会从中受益。因为教育产品具有正的外部性，所以人们往往把它归入公共产品的行列，或称其为半公共产品，并认为教育产品不应该完全由市场来提供。因为如果把教育完全当成私人产品，那么社会上贫困家庭的孩子就没有能力进行消费。而教育产品也不像住房可以作为银行贷款的抵押品，这样通过银行融资也不能彻底解决教育产品消费的筹资问题。这就需要政府出面，用公共财政资金为社会成员提供一定程度的教育，通常被称为义务教育。《中华人民共和国义务教育法》第二条就规定，“国家实行九年义务教育制度。义务教育是国家统一实施的所有适龄儿童、少年必须接受的教育，是国家必须予以保障的公益性事业。实施义务教育，不收学费、杂费。国家建立义务教育经费保障机制，保证义务教育制度实施。”在高等教育阶段，我国也采取政府办学为主的方针，公立大学占主导，学生适当缴费，国家财政给予补贴。政府办教育，不仅可以让更多的孩子接受教育，提高全民族的文化水平和劳动生产率，而且在知识经济时代还可以改善社会的收入分配状况，使贫困家庭的子女不会因为贫困上不起学，进而通过知识改变自己的命运。

正是由于上述原因，现代国家的政府都十分重视教育支出。即使是发展中国家，政府每年对教育也投入了大量的资金。例如，据世界银行统计，2013年，政府教育支出（含国际援助资金）占GDP的比重，阿富汗为4.6％，贝宁为5％，不丹为5.6％，布隆迪为5.4％，哥伦比亚为4.9％，洪都拉斯为5.9％，牙买加为6.3％，摩洛哥为6.3％，尼泊尔为4.1％，卢旺达为5％，南非为6％，泰国（2012年）为4.9％，越南（2012年）为6.3％。

改革开放后，我国财政不断加大对教育的投入。1995年9月1日起施行的《中华人民共和国教育法》第五十四条规定，“国家财政性教育经费支出占国民生产总值的比例应当随着国民经济的发展和财政收入的增长逐步提高”，“全国各级财政支出总额中教育经费所占比例应当随着国民经济的发展逐步提高”。1993年2月国务院发布的《中国教育改革和发展纲要》更明确提出，要“逐步提高国家财政性教育经费支出（包括：各级财政对教育的拨款，城乡教育费附加，企业用于举办中小学的经费，校办产业减免税部分）占国民生产总值的比例，本世纪末达到百分之四”。但由于种种原因，到1999年，国家财政性教育经费占国内生产总值的比例仅为2.79%，并没有达到4%的目标。以后，尽管国家财政不断加大对教育的投入，但由于其他领域尤其是社会保障领域对财政资金的需求也不断加大，所以直到2012年国家财政性教育经费占国内生产总值的比例才突破4%的大关，为4.28%。2017年，国家财政性教育经费（主要包括公共财政预算安排的教育经费，政府性基金预算安排的教育经费，企业办学中的企业拨款，校办产业和社会服务收入用于教育的经费等）为34 207.75亿元，占国内生产总值的比例为4.16%。目前财政用于教育的经费投入包括公共财政预算安排的教育经费、政府性基金预算安排的教育经费、企业办学中的企业拨款、校办产业和社会服务收入用于教育的经费等，其中公共财政预算的教育经费支出占大头。2017年，全国公共财政的教育支出为30 153.18亿元，占全国财政性教育经费的88.1%。应当看到，尽管这些年来我国财政对教育的支出数额不断加大，但其规模（占GDP的比重）还不尽如人意。4%出头的比重大体仅相当于发达国家20世纪60年代的水平。例如，1960年，政府教育支出占GDP的比重，意大利为3.6%，美国为4%，英国为4.3%，联邦德国为2.9%，日本为4.1%。但到了20世纪90年代，发达国家政府教育支出占GDP的比重普遍超过了5%。特别是我国与一些发展中国家相比财政教育支出的规模还存在不小的差距，这就需要国家财政今后在收入规模提高的同时，继续加大教育支出的占比，尤其是公共预算中教育支出的比重，真正落实《国家中长期教育改革和发展规划纲要（2010—2020年）》中提出的“各级政府要优化财政支出结构，统筹各项收入，把教育作为财政支出重点领域予以优先保障”。事实上，目前我国义务教育的基础设施仍存在投资不足的问题。根据《2017年全国教育事业发展统计公报》，我国普通中、小学体育运动场（馆）面积达标的学校分别只有90.35%和84.77%，体育器械配备达标的学校分别为93.97%和89.99%，数学自然实验仪器达标的学校分别为94.11%和89.57%，都没有达到100%。只有不断加大政府的教育投入，教育基础设施不足的问题才能得到彻底解决。

财政在增加教育投入的同时，也要积极支持民办教育。这实际上是政府和市场的关系问题。一方面，教育具有半公共产品的性质，需要政府给予一定的投入；另一方面，私人部门也可以提供教育这种半公共产品，这样也可以缓解国家教育经费不足所带来的问题。《国家中长期教育改革和发展规划纲要（2010—2020年）》就提出要大力支持民办教育。民办教育是教育事业发展的重要增长点和促进教育改革的重要力量，各级政府要把发展民办教育作为重要的工作职责，鼓励出资办学，促进社会力量以独立举办、共同举办等多种形式兴办教育。要健全公共财政对民办教育的扶持政策。政府委托民办学校承担有关教育和培训任务，应拨付相应教育经费。县级以上人民政府可以根据本行政区域的具体情况设立专项资金，用于资助民办学校。

二、社会保障支出

（一）市场经济中为什么需要社会保障

社会保障是国家向丧失劳动能力、失去就业机会以及遇到其他经济事故而面临生活困难的公民提供的基本生活保障。社会保障作为一种经济保障形式，有两个基本特征：

第一，社会保障是由政府在社会范围内组织实施的，因而不同于劳动者就业单位自己为职工举办的经济保障计划；第二，社会保障的受益人为公民中遇到生、老、病、残、失业等经济事故而亟待获得物质帮助者，这种受益人的选择性，是社会保障区别于政府举办的、旨在使公民普遍受益的一般公共福利事业的重要标志。

市场经济是一种效率型经济，它可以使社会的经济资源得到有效的配置，这是市场经济最根本的优点，也是为人称道的原因所在。然而，市场经济也有它的不足之处，其中之一就是市场机制容易造成社会成员之间的收入差距拉大，使一部分人最终在经济上陷入贫困。

市场经济中的收入分配不公问题是由市场机制的收入分配法则造成的，即市场要按照人们对产出的贡献支付报酬。根据市场分配法则，不同生产要素所有者之间的收入分配是根据各种要素的稀缺程度来进行的，稀缺要素的边际产出大，其所有者就会取得较高的收入水平，而充裕要素的边际产出小，其所有者得到的收入水平就较低；对于同一种生产要素所有者之间的收入分配，市场在很大程度上要根据要素的质量来进行。这样，对于劳动力这种要素而言，劳动者的个人天赋和能力就成为影响人们收入水平的重要因素。人们的工作能力越强，对产出的贡献越大，取得的收入就越多。显然，这种鼓励强者的收入分配机制可以刺激人们不断地开拓创新，勇于进取，它对于提高社会的经济效益是有益的。但不劳动者不得食的市场分配法则对于老弱病残等经济上的弱者来说又是很残酷的。在市场分配机制下，这些暂时或永久丧失劳动能力以及失去就业机会的社会成员在最终的收入分配中将得不到什么好处，在激烈的市场竞争中他们将面临市场的无情裁决。

从经济的角度看，市场分配机制造成人们收入差距拉大是必然的，也是有道理的。但从社会的和道德的角度看，市场分配造成的贫富悬殊状况是不公平的，是社会所不能接受的。在现代社会经济条件下，人们已达成了一个共识，即人的生与死，或者说，人的最低生活需要是不应该由市场来裁决的。也就是说，在收入分配方面，市场的裁决不应是最后的，政府应该有所作为。在市场经济条件下，政府虽不能通过行政手段在初次分配领域实现收入的公平分配，但可以采取一些收入再分配措施来缩小人们的收入差距，矫正市场分配的不公。正像有人所说的："社会虽然不能制止老天下雨，却可以生产雨伞。"在这方面，政府的税收是一个重要手段，政府通过开征所得税、财产税等税收，可以把高收入者的一部分收入征收过来。但政府要实现收入再分配，只有税收手段还不行，因为税收只能使富人穷一些，而不能使穷人富一些。所以，政府实施收入再分配计划还必须使用财政支出手段，通过财政支出，向低收入或无收入者转移收入，从而达到使穷人富一些的目的。

(二) 我国社会保障制度的主要内容

我国的社会保障制度主要包括以下三方面内容：

1. 社会保险

社会保险是政府按照保险原则举办的一种社会保障计划，它是现代社会保障制度的核心内容。社会保险与商业保险一样，也要求受保人或其就业单位向社会保障机构缴纳一定的费用，并且也具有风险分担、互助互济的保险功能。但社会保险毕竟不同于商业保险，二者的区别主要有以下几个方面：①社会保险的保险基金除了来自受保人或其就业单位缴纳的保费以外，政府还可以给予一定的资助（例如，在我国，当社会养老保险计划出现入不敷出时，国家财政要用一般财政收入弥补社会保险的赤字）；而商业保险则完全依靠收取保费筹集保险基金。②社会保险的受保人领取保险金的权利与缴纳保险费的义务在数量上有一定的对应关系，但这种对应并不像商业保险那样要遵从对等原则。③社会保险是强制保险，由国家根据立法采取强制行政手段加以实施；而商业保险则一般为自愿保险。

我国目前城镇职工的社会保险计划主要有养老、失业、医疗、工伤和生育五个项目，其中最主要的是养老、失业和医疗保险，俗称“三险”。

（1）养老保险。

养老保险又称社会养老保险或基本养老保险，它的基本制度内容包括：

①保险覆盖范围。养老保险的覆盖面由原来只包括国有企业和一部分城镇集体企业扩大到城镇各类所有制企业。国有企业、城镇集体企业、私营企业、股份制企业、外商投资企业的职工以及城镇个体工商户的帮工，都必须参加养老保险。城镇个体工商户本人、私营企业主、自由职业者也可以参加养老保险。将养老保险的覆盖面扩大到全部城镇职工，其目的在于破除养老保险在用人单位之间的所有制界限，促进劳动力在各类所有制单位之间的合理流动和优化配置，同时也为各类企业创造一个公平的竞争环境。据统计，到2018年12月底，我国已经有3.01亿职工（含实行企业化管理的事业单位的职工）参加了城镇基本养老保险。

②保险费筹集。基本养老保险费用主要由企业和职工个人缴费负担，财政负责弥补养老保险计划的赤字。企业要按照本地区（省、自治区、直辖市）政府规定的企业缴费比例向社会保险机构缴纳保险费。从2019年5月1日起，企业缴费的比例不得超过企业工资总额的16%，个别地区的企业缴费率低于16%；个人养老保险的缴费比例目前全国统一为本人缴费工资的8%。由于人口老化，目前大多数地区的社会养老保险计划已出现收不抵支的问题，为了确保这些地区养老金能按时足额发放，各级财政给予了大量的资金支持。2017年，企业职工基本养老保险基金的缴费收入为26 228亿元，此外还有4 955亿元的财政补贴。

③运行模式。养老保险实行社会统筹与个人账户相结合的运行方式。企业缴费部分进入社会统筹基金，用于向已经退休的职工发放各种退休费用。个人缴费则全部进入职工个人账户。个人账户的存储额每年参考银行同期存款利率计算利息；这部分存储额只能用于职工养老，不得提前支取。职工调动时，个人账户里的存储额全部随同转移；职工或退休人员死亡，个人账户中的个人缴费部分可以继承。

④养老金待遇。新的养老保险制度实施以后参加工作的职工，如果个人缴费年限满15年，在退休后可按月领取基本养老金。基本养老金由基础养老金和个人账户养老金两部分组成。退休后基础养老金的月标准以当地上年度在岗职工月平均工资和本人指数化月平均缴费工资的平均值为基数，缴费每满1年发给1%。个人账户养老金的月标准为个人账户储存额除以计发月数，计发月数根据职工退休时城镇人口平均预期寿命、本人退休年龄、利息等因素确定。个人缴费年限不满15年的，退休后不能享受基础养老金，其个人账户中的存储额一次性地支付给本人。新的养老保险制度实施前已经退休的职工，

仍按国家原来的规定发放养老金，同时执行养老金的调整办法。而对于在新的养老保险制度实施前参加工作、实施后退休而且个人缴费和视同缴费年限累计满 15 年的退休人员，则要按照“新老办法平稳衔接、待遇水平基本平衡”的原则，在发放基础养老金和个人账户养老金的同时，还要发放一定的过渡性养老金。据统计，到 2018 年底，全国领取养老金的离退休职工已达到 11 798 万人，当年养老基金支出约为 3.2 万亿元。

⑤养老基金管理。按照国务院的要求，社会养老保险的统筹应逐步由县、市级统筹向省级统筹过渡，最终实现全国统筹，以便提高统筹的层次，进一步发挥互助互济、风险分担的保险功能，同时这也有利于国家对社会保险的宏观调控。目前做到省级统筹的主要是北京、上海、天津、福建和陕西等少数地区，但大多数地区在县市级统筹的基础上建立了省级资金调剂机制。

2018 年 5 月 30 日，国务院下发《国务院关于建立企业职工基本养老保险基金中央调剂制度的通知》（国发〔2018〕18 号），决定从 2018 年 7 月 1 日起在全国建立企业职工基本养老保险基金中央调剂制度，作为企业职工基本养老保险基金全国统筹的第一步。这项制度有以下几个内容：

第一，中央调剂基金筹集。

中央调剂基金由各省份养老保险基金上解的资金构成。按照各省份职工平均工资的 90%和在职应参保人数作为计算上解额的基数，上解比例从 3%起步，逐步提高。

某省份上解额=(某省份职工平均工资×90%)×某省份在职应参保人数×上解比例

各省份职工平均工资，为统计部门提供的城镇非私营单位和私营单位就业人员加权平均工资。

各省份在职应参保人数，暂以在职参保人数和国家统计局公布的企业就业人数二者的平均值为基数核定。将来条件成熟时，以覆盖常住人口的全民参保计划数据为基础确定在职应参保人数。

第二，中央调剂基金拨付。

中央调剂基金实行以收定支，当年筹集的资金全部拨付地方。中央调剂基金按照人均定额拨付，根据人力资源和社会保障部、财政部核定的各省份离退休人数确定拨付资金数额。

某省份拨付额=核定的某省份离退休人数×全国人均拨付额

其中，

全国人均拨付额=筹集的中央调剂基金/核定的全国离退休人数

第三，中央调剂基金管理。

中央调剂基金是养老保险基金的组成部分，纳入中央级社会保障基金财政专户，实行收支两条线管理，专款专用，不得用于平衡财政预算。中央调剂基金采取先预缴预拨后清算的办法，资金按季度上解下拨，年终统一清算。

各地在实施养老保险基金中央调剂制度之前累计结余基金原则上留存地方，用于本省（自治区、直辖市）范围内养老保险基金余缺调剂。

第四，中央财政补助。

现行中央财政补助政策和补助方式保持不变。中央政府在下达中央财政补助资金和拨付中央调剂基金后，各省份养老保险基金缺口由地方政府承担。省级政府要切实承担确保基本养老金按时足额发放和弥补养老保险基金缺口的主体责任。

2019 年 4 月 1 日，国务院办公厅印发《降低社会保险费率综合方案》。该方案提出，为了加大企业职工基本养老保险基金中央调剂的力度，2019 年将基金中央调剂比例从 3％提高至 3.5％，以进一步均衡各省之间养老保险基金负担，确保企业离退休人员基本养老金按时足额发放。此外，该方案还要求加快推进企业职工基本养老保险省级统筹，逐步统一养老保险参保缴费、单位及个人缴费基数核定办法等政策，2020 年底前实现企业职工基本养老保险基金省级统收统支。

在资金管理上，养老保险基金实行收支两条线管理，即养老保险计划的缴费收入要纳入财政专户存储，支出要专款专用，并要经过严格的审批程序。养老保险基金的结余除预留相当于两个月的养老金开支外，其余全部要购买国家债券和存入专户，不能用于其他营利性投资。据统计，到 2018 年底，全国各地城镇职工基本养老保险基金累计结余约为 5.09 万亿元。

（2）失业保险。

现行失业保险制度的主要内容包括：

①失业保险覆盖范围。根据《失业保险条例》的规定，城镇企业和事业单位均应参加失业保险计划。这里的城镇企业包括国有企业、城镇集体企业、外商投资企业、城镇私营企业以及其他城镇企业。据统计，到 2018 年 12 月底，我国参加失业保险的城镇职工已达 1.96 亿人。

②保险费用筹集。按照《失业保险条例》的规定，城镇企业、事业单位要按照本单位工资总额的 2％缴纳失业保险费；职工个人要按照本人工资的 1％缴纳失业保险费，但城镇企业、事业单位招用的农民合同制工人本人不缴纳失业保险费。随着我国经济下行的压力不断增加，国家出台了一系列减税降费的措施，其中也包括下调失业保险的缴费率，企业和个人的总费率分阶段从 3％下调到 2％，再下调到 1.5％；从 2017 年 1 月 1 日起还可以降至 1％。《降低社会保险费率综合方案》规定，自 2019 年 5 月 1 日起，实施失业保险总费率 1％的省份，延长阶段性降低失业保险费率的期限至 2020 年 4 月 30 日。2018 年，全国失业保险基金收入为 1 171 亿元，支出为 915 亿元，其中失业保险金支出约占 30％，期末累计结余为 5 800 亿元。目前失业保险各地基本能够做到收支平衡。

③失业保险金的发放。失业保险金应按照低于当地最低工资标准、高于城市居民最低生活保障标准的水平发放，具体标准由省、自治区、直辖市政府确定。失业保险金的发放时限与职工单位和本人缴费时限相关联。按照规定，失业人员失业前所在单位和本人累计缴费时间不足 1 年的，不能领取失业保险金；累计缴费时间满 1 年不满 5 年的，领取失业保险金的最长期限为 12 个月；累计缴费时间满 5 年不足 10 年的，领取失业保险金的最长限期为 18 个月；累计缴费时间达 10 年以上的，领取失业保险金的最长期限为 24 个月。单位招用的农民合同制工人连续工作满 1 年而且本单位已经为其缴纳失业保险费的，其劳动合同期满未续订或者提前解除劳动合同的，由社会保险机构根据工龄的长短一次性支付生活补助。另外，失业人员在领取失业保险金期间患病就医的，可以按规定向社会保险机构申请领取医疗补助金。

（3）医疗保险。

医疗保险又称城镇职工基本医疗保险，它的主要内容包括：

①医疗保险覆盖范围。城镇所有用人单位，包括各种所有制企业、机关、事业单位、社会团体、民办非企业单位等都要为职工投保医疗保险；乡镇企业、城镇个体户是否需要为职工投保基本医疗保险，由当地省级政府决定。到 2018 年 12 月底，全国大约有 3.17 亿人参加了城镇职工基本医疗保险。

②保险费用筹集。按照规定，城镇职工基本医疗保险费用由用人单位和职工共同缴纳：用人单位的缴费率应控制在职工工资总额的 6%左右，职工个人（一般不含退休职工）的缴费率一般为本人工资收入的 2%。从实际情况看，目前一些地区的单位缴费率已经远远超过 6%，如北京为 10%，上海为 9.5%，江苏镇江为 9%，海南海口和江苏苏州为 8%，等等；但也有一些地区的缴费率低于 4%。2017 年，全国城镇职工基本医疗保险基金收入为 12 134 亿元，其中缴费收入为 11 224 亿元；支出为 9 298 亿元；期末统筹基金累计结余约 15 669 亿元。基本医疗保险各地目前基本能做到收支平衡，但个别地区也出现收不抵支，2015 年公共预算对城镇职工基本医疗保险补助 75 亿元。

③运行模式。目前我国的基本医疗保险也实行社会统筹与个人账户相结合的运行模式。基本医疗保险基金由统筹基金和个人账户两部分构成：职工个人缴纳的基本医疗保险费全部计入个人账户；用人单位缴纳的基本医疗保险费一部分用于建立统筹基金，另一部分划入个人账户，划入个人账户的比例一般为用人单位缴费的 30%左右，具体比例由统筹地区根据个人账户的支付范围和职工年龄等因素确定。统筹基金和个人账户分别有各自的支付范围，并分别核算。统筹基金的起付标准原则上应控制在当地职工年平均工资的 10%左右，最高支付限额（封顶金额）原则上应控制在当地职工年平均工资的 6 倍左右。起付标准以下的医疗费用从个人账户中支付或由职工个人负担；起付标准以上、最高支付额以下的医疗费用则主要从统筹基金中支付，同时个人也要支付一定的比例。上述标准、限额和比例由各省、自治区、直辖市自己确定。

（4）工伤保险。

工伤保险制度的主要内容包括：

①工伤保险覆盖范围。按照国务院 2003 年 4 月讨论通过的《工伤保险条例》的规定，境内各类企业及有雇工的个体工商户均应参加工伤保险计划，境内各类企业的职工和个体工商户的雇工有权享受工伤保险待遇。到 2018 年 12 月底，全国共有 2.38 亿职工参加了工伤保险，其中农民工有 8 085 万人。

②费用筹集。工伤保险基金的收入全部由用人单位缴纳的工伤保险费以及工伤保险基金的利息和依法纳入工伤保险基金的其他资金构成，职工个人不缴纳工伤保险费。国家要根据以支定收原则，考虑不同行业的工伤风险程度，并根据工伤保险费使用、工伤发生率等情况在每个行业内确定若干费率档次。目前多数地区缴费率为 0.2%～1%。2017 年，工伤保险基金收入约 832 亿元，支出约 641 亿元，累计结余约 1 590 亿元。

③基金管理。工伤保险基金在直辖市和设区的市实行全市统筹，其他地区的统筹层次由省、自治区人民政府确定。工伤保险基金存入社会保障基金财政专户，用于工伤保险待遇、劳动能力鉴定以及法律、法规规定的用于工伤保险的其他费用的支付。

④工伤保险待遇。职工治疗工伤应当在签订服务协议的医疗机构就医，情况紧急时可以先到就近的医疗机构急救。治疗工伤所需要费用符合工伤保险诊疗项目目录、工伤保险药品目录、工伤保险住院服务标准的，用工伤保险基金支付。职工住院治疗工伤的，

由所在单位按照本单位因公出差伙食补助标准的70%发给住院伙食补助费；工伤职工到统筹地区以外就医的，所需交通、食宿费用由所在单位按照本单位职工因公出差标准报销。工伤职工治疗非工伤引发的疾病，不享受工伤医疗待遇，按照基本医疗保险办法处理。

（5）生育保险。

我国生育保险制度的主要内容包括：

①保险覆盖范围。1995年劳动部颁发的《企业职工生育保险试行办法》要求城镇企业及其职工都要参加生育保险，到2018年12月底参保人数为2.04亿人。

②费用筹集。生育保险费由企业按照工资总额的一定比例（不超过1%，如北京、上海为0.8%，广州为0.85%）向社会保险机构缴纳，职工个人不缴费；对逾期不交费的企业，要按日加收千分之二的滞纳金。另外，生育保险费用实行社会统筹。2017年生育保险基金收入为639亿元，支出为736亿元，累计结存555亿元。

③保险待遇。女职工生育按照法律、法规的规定享受产假，产假期间的生育津贴按照本企业上年度职工月平均工资计发，由生育保险基金支付。女职工生育的检查费、接生费、手术费、住院费和药费由生育保险基金支付，超出规定的医疗服务和药费（含自费药品和营养药品的药费）由职工个人负担。

党的十七大报告提出我国社会保障制度改革和完善的总目标是“全覆盖”，即建立“覆盖城乡居民的社会保障体系基本建立，人人享有基本生活保障”，“努力使全体人民学有所教、劳有所得、病有所医、老有所养、住有所居，推动建设和谐社会”。党的十八大报告强调社会保障制度的建设要在全覆盖的基础上注意可持续性，提出“要坚持全覆盖、保基本、多层次、可持续方针，以增强公平性、适应流动性、保证可持续性为重点，全面建成覆盖城乡居民的社会保障体系。”党的十九大报告也提出：要按照兜底线、织密网、建机制的要求，全面建成覆盖全民、城乡统筹、权责清晰、保障适度、可持续的多层次社会保障体系；要全面实施全民参保计划，完善城镇职工基本养老保险和城乡居民基本养老保险制度，完善统一的城乡居民基本医疗保险制度和大病保险制度。为了结束长期以来只有城镇职工可以享受社会保险的局面，近年来，国家开始在城乡居民中推行基本养老保险和基本医疗保险制度。早在2003年1月，国务院办公厅就转发了卫生部等部门《关于建立新型农村合作医疗制度的意见》，决定实行新农合试点，到2010年，实现在全国建立基本覆盖农村居民的新型农村合作医疗制度的目标。据我国卫生计生委统计，截至2015年末，全国参加新型农村合作医疗的人口数达6.7亿人，参合率为98.8%。2007年7月，国务院下发《国务院关于开展城镇居民基本医疗保险试点的指导意见》，决定通过试点到2010年在全国全面推广城镇居民基本医疗保险，使其覆盖全体城镇非从业居民。据统计，到2015年末，参加城镇居民基本医疗保险的人数为3.77亿人。2016年1月12日《国务院关于整合城乡居民基本医疗保险制度的意见》（国发〔2016〕3号）发布，此后各地区都开始按照国务院的要求进行制度整合，目前多数地区已完成了这种合并，2018年仍留在新型农村合作医疗计划中的人数仅为1.3亿人，而城乡居民基本医疗保险参保人数已达9亿人。2009年11月国务院下发《国务院关于开展新型农村社会养老保险试点的指导意见》，决定在2020年之前基本实现将农村适龄居民纳入社会养老保险的覆盖范围。2011年6月，国务院下发《国务院关于开展城镇居民社会养老保险试点的指导意见》，决定到2012年基本实现城镇居民养老保险制度全覆盖。据国家人力资源和社会保障部的统计，到2018年底，我国城乡居民基本养老保险参保人数已达5.24亿人，其中实际领取待遇人数为1.59亿人。

我国城乡居民的基本养老保险和基本医疗保险的运行模式基本相同，它们采取的都是自愿参加、个人缴费、政府补贴的模式，这与城镇职工的基本养老保险和基本医疗保险参与的强制性有明显的不同。《中华人民共和国社会保险法》规定职工应当参加基本养老保险和基本医疗保险，但对城乡居民并没有强制参加的要求。为了鼓励城乡居民积极参加政府举办的基本养老保险和基本医疗保险，国家采取了个人缴费、政府补贴的筹资办法，甚至保费由政府财政出大头。例如，2019年，城乡居民基本医疗保险个人缴费为每人每年250元，而人均财政补助标准每人每年不低于520元；城乡居民基本养老保险缴费档次分为12档，即每年100元、200元、300元、400元、500元、600元、700元、800元、900元、1 000元、1 500元和2 000元，省（自治区、直辖市）人民政府可以根据实际情况增设缴费档次；政府对符合领取城乡居民养老保险待遇条件的参保人全额支付基础养老金（2019年为每月88元）；地方人民政府应当对参保人缴费给予补贴，对选择最低档次标准缴费的，补贴标准不低于每人每年30元；对选择较高档次标准缴费的，适当增加补贴金额；对选择500元及以上档次标准缴费的，补贴标准不低于每人每年60元，具体标准和办法由省（自治区、直辖市）人民政府确定。这种由政府财政补贴来鼓励和诱导个人参与的自愿保险模式虽然有它的优点，却难以避免保险学上的逆向选择问题，即年纪轻、身体好的个人可能因为不容易生病而不愿意参加医疗保险，而那些年事已高、体弱多病的个人可能会因为生病的概率大而积极参加医疗保险，这样长久发展下去医疗保险计划的财务就可能发生困难，政府调整补贴的金额也会不断加大，保险计划的可持续性就会面临问题。

2. 社会救济

社会救济是国家财政通过财政拨款，向生活确有困难的城乡居民提供资助的社会保障计划。我国的社会救济由民政部门进行管理，其内容主要包括：

（1）城乡居民最低生活保障（简称“低保”）。这是地方政府实施的确保城乡居民基本生活的救济项目，即当一个家庭人均收入达不到当地规定的“低保线”时，当地政府要对该家庭进行补贴，使其人均收入达到当地的“低保线”，而“低保”计划所需的资金全部为财政拨款。至2018年底，全国城镇居民的低保对象约为1 008万人，其中大多数为灵活就业或失业职工的家庭，全国城镇低保标准北京平均为每人每月1 100元，新疆平均为每人每月441.2元；各省之间以及各省内部地市县之间低保标准各不相同，全国平均标准为每人每月590.6元；农村居民的低保对象约为3 520万人，低保标准各地区也高低不一，平均每人每月北京市为1 100元，云南省为309.3元，人均补助支出水平为每人每月412.8元。

（2）农村“五保户”救济。这是指对农村中“五保户”（即享受保吃、保穿、保住、保医、保葬的孤寡老人、残疾人）的集中供养以及对分散供养提供的定期定量资助，又称农村特困人员救助。2018年底全国农村居民的特困人员救助供养人数约为455万人，2017年财政供养支出为269亿元。

（3）城乡医疗救助。即各级政府（民政部门）对收入很低、没钱看病的城乡居民在医疗方面给予的救济。据统计，2017 年全年累计救助城乡居民 3 517 万人次，全年用于城乡医疗救助的财政性资金为 266 亿元。

3. 优抚安置

国家民政部门提供的社会福利，主要是对盲聋哑和鳏寡孤独的社会成员给予各种物质帮助，其资金大部分来源于国家预算拨款。在各项民政社会福利项目中，社会福利院（孤儿院、敬老院、精神病福利院等）、烈属和残废军人抚恤金以及孤老复员军人定期、定量补助属于社会保障。至 2017 年底，需要国家抚恤或补助的各类优抚对象有 858 万人，各级财政共支出抚恤事业费 827.3 亿元。

（三）我国社会保障制度改革需要研究和解决的几个问题

1. 养老保险的筹资模式

综观世界各国的养老保险的筹资模式，可分为现收现付式和基金式两大类。现收现付式是指当期的缴费收入全部用于支付当期的养老金开支，不留或只留很少的储备基金。基金式又分为完全基金式和部分基金式两种。完全基金式是指当期缴费收入全部用于为当期缴费的受保人建立养老储备基金，储备基金的目标应当是能够满足未来向全部受保人支付养老金的资金需要。部分基金式则是介于现收现付式和完全基金式之间的一种筹资模式，当期的缴费一部分用于应付当期的养老金开支，另一部分用于为受保人建立养老储备基金。按照世界银行的标准，当一个非完全基金式的养老保险计划的储备基金可以满足 2 年以上的养老金支出需要时，则该养老保险计划属于部分基金式。

从资金角度看，现收现付式的养老保险是一种靠后代养老的保险模式，上一代人并没有留下养老储备基金的积累，其养老金全部需要下一代人的缴费筹资，实际上这种保险靠的是代与代之间的收入转移；完全基金式是一种自我养老的保险模式，各代之间不存在收入转移，每一代人都是靠自己工作期间缴纳的保险费所积累起来的养老储备基金来维持老年生活；而部分基金式的养老保险则是自我养老和后代养老相结合的一种养老模式。

我国目前社会统筹和个人账户相结合的基本养老保险计划从筹资模式上看属于现收现付式。尽管最初设立个人账户的目的之一是建立起一定的养老储备基金，但从实际运行情况看，完全靠社会统筹基金中的缴费收入远远不能满足当期养老金的开支需要。为了确保养老金的发放，目前各地（做实个人账户的试点地区除外）只得把个人账户中的缴费收入也用于支付当期养老金的开支，即便如此，很多地区的基本养老保险计划仍然入不敷出。所以，我国当前的养老个人账户实际上是“空账”运行，它仅发挥记账的功能，而没有发挥积累资金的功能。由于我国面临严重的人口老龄化趋势，所以许多人担心这种现收现付式养老保险计划未来将无法应付巨额的养老金开支需要。因此，有人建议将我国的社会养老保险的筹资模式逐步转为部分基金式，即所谓做实个人账户。其实，国家早在 2001 年就开始在辽宁、黑龙江以及吉林三省进行试点，并于 2006 年在中部八省扩大试点范围，先后已有 13 个省份参加做实个人账户试点，至 2015 年底共积累（做实）个人账户基金 6 000 亿元左右。但养老保险筹资模式的转轨并非轻而易举，主要矛盾是养老金的隐性负债会导致在职职工的双重负担问题。养老金隐性负债是指现收现付式养老保险计划向已经退休的职工和在职职工所作的没有相应养老储备基金对应的发放养老金的承诺。这种养老金的隐性负债在筹资模式转轨过程中会直接导致在职职工的双重负担，即为了积累储备基金，在职职工既要为已经退休或即将退休的老职工缴费，又要为自己今后的退休生活缴费。这种双重负担问题成为养老保险筹资模式转轨的最大障碍。另外，养老基金的保值增值问题也是做实个人账户无法回避的问题。所以，目前国家已经不再强调做实个人账户，将其作为名义账户进行管理。

2. 开征社会保障税

按照1999年国务院发布的《社会保险费征缴暂行条例》的规定，社会保险费既可以由劳动保障行政部门征收，也可以由税务部门征收。目前全国已有26个省份由税务部门征收社会保险费。但无论由哪个部门征收，社会保险费目前都不是一种税收，因为即使它是由税务部门征收的，也基本上是委托代征模式，征缴基数并不由税务部门核定。既然不是税收，社会保险费就不适用《中华人民共和国税收征收管理法》（简称《税收征收管理法》）的相关规定。按照该法，企业如果不交税，税务部门可以采取税收保全、强制执行、限制相关人员离境等措施，这样就有利于保证国家税款按时、足额地征收。而社会保险费不适用该法，企业和单位如果拒不缴费，税务部门也不能根据该法采取强制执行和处罚手段。而在现实中，企业和单位拒不缴费的现象还比较普遍。从这个角度看，在我国开征社会保险税有利于社会保障制度的资金筹集和顺利实施。2018年7月，中共中央办公厅、国务院办公厅印发了《国税地税征管体制改革方案》，该方案不仅提出合并省级和省级以下国税地税机构，而且还要求划转社会保险费和非税收入征管职责，明确从2019年1月1日起，将社会保险费交由税务部门统一征收。但由于企业目前普遍面临经济下行的压力，所以国家决定社会保险费征管职能的划转实行“成熟一省移交一省”，不搞一刀切。

3. 我国社会保障制度的可持续发展问题

社会保障是政府举办的公共福利计划，无论是社会保险模式还是社会救助模式，都是需要政府财政①出钱的，所以社会保障制度的可持续发展实际上是一个财政能力问题。而在我国财政的四大预算中，最主要的是一般公共预算，2017年总收入约为17.26万亿元，占当年GDP的21%，其中税收收入占GDP的17.6%；当年社会保险基金预算的缴费收入约为4.24万亿元，占GDP的5.2%。与国外相同口径的宏观税负②为22.8%，与多数发达国家相比，这个宏观税负水平是比较低的。例如，如2017年各国的宏观税负分别为：丹麦46%，法国46.2%，比利时44.6%，芬兰43.3%，奥地利41.8%，挪威38.2%，德国37.5%，英国33.3%，加拿大32.2%，美国27.1%。发达国家尤其是宏观税负较高的国家，其社会支出③占GDP的比重就比较高。例如，2017年社会支出占GDP的比重，丹麦为28.1%，法国为31.8%，比利时为29.2%，芬兰为28.9%，奥地利为27.1%，挪威为25.3%，德国为25.1%，英国为20.8%。④ 显然，从发达国家的财政情

① 我国政府财政包括四大预算，即一般公共预算、政府性基金预算、国有资本经营预算和社会保险基金预算，而政府的社会保障资金主要来自一般公共预算和社会保险基金预算。政府性基金预算的收入80%左右要用于与国有土地相关的支出（即取之于地，用之于地），而国有资本经营预算目前仅有2 000多亿元的规模。

② 宏观税负是指税收收入占GDP的比重，税收收入中含社会保险费。

③ 社会支出是公共部门向个人或家庭提供津贴或资助以帮其改善生活状况而发生的支出，其中最主要的是社会保障支出。

④ OECD. Stat.

况看，宏观税负越高的国家，其能够提供的社会保障的财力水平也就越高。也就是说，一国的社会保障水平应当与该国的宏观税负水平呈正相关关系。我国宏观税负目前仅为22.8%，如果我国不考虑税负因素，一味地向发达国家的社会保障水平看齐，就会出现希腊所遭遇到的债务危机问题。希腊在欧盟国家中宏观税负是比较低的，2000—2010年期间基本上在30%左右，但希腊的社会保障支出规模并不比高税负的欧盟国家低，例如2011年，公共养老金支出占GDP的比重，法国为12%，奥地利为11.4%，德国为8.5%，比利时为8.2%，丹麦为6.2%，英国为5.5%，而希腊高达12.2%。但这样一来，希腊的财政赤字以及随后而来的债务问题就非常严重，2011年，希腊政府的债务已经达到GDP的172%，2018年更高达GDP的181%。

事实上，发达国家的社会保障制度发展到今天，“从摇篮到坟墓”以及“人人皆年金，人人皆保险”的全民高福利阶段也都经历过一个相当长的发展过程。例如，从医疗保险立法到全覆盖，德国经过了127年。德意志帝国首相俾斯麦在1883年推行强制性的社会医疗保险，当时覆盖的人口仅占总人口的5%～10%，这个比例在1910年达到37%，1930年达到50%，1950年达到70%，直到2000年社会医疗保险才基本实现了全覆盖（达到了总人口的88%，还有一部分富裕人口按照法律可以参加私人医疗保险而不必参加社会医疗保险）。其他发达国家的医疗保险实现全覆盖也经历了类似的过程，例如：比利时经历了118年，以色列经历了84年，奥地利经历了79年，卢森堡经历了72年。亚洲的日本在1922年通过强制性的社会医疗保险法，当时只适用于部分企业职工；1938年，日本在农村和小企业推行国民健康保险（自愿性），覆盖的人口达到了总人口的51%；到1945年，日本60%的人口有社会医疗保险；1958年日本通过立法要求实行强制性的医疗保险，从1922年社会医疗保险立法到1961年实现全覆盖，其间经历了近40年。

我国目前正处在经济起飞阶段，虽然国内生产总值（GDP）已经排到世界第二位，但人均GDP仍排在世界第八九十位。在这种情况下，我国的社会保障制度出于“共享”发展的理念虽然有必要覆盖全部人口，但保障的标准不宜过高，而且也没有能力制定得过高。《中共中央关于制定国民经济和社会发展第十三个五年规划的建议》提出，要“建立更加公平更可持续的社会保障制度”，并指出未来社会保障制度发展的总体思路：一是实施全民参保计划，基本实现法定人员全覆盖；二是坚持精算平衡，完善筹资机制，分清政府、企业、个人等的责任；三是完善社会保险体系。在需要与可能存在一定矛盾的情况下，今后我国要大力发展商业保险，使其与社会保险一道，承担起社会成员的经济保障重任。2014年8月，《国务院关于加快发展现代保险服务业的若干意见》提出，“把发展现代保险服务业放在经济社会工作整体布局中统筹考虑，以满足社会日益增长的多元化保险服务需求为出发点……使现代保险服务业成为完善金融体系的支柱力量、改善民生保障的有力支撑”；“商业保险要逐步成为个人和家庭商业保障计划的主要承担者、企业发起的养老健康保障计划的重要提供者、社会保险市场化运作的积极参与者。支持有条件的企业建立商业养老健康保障计划。支持保险机构大力拓展企业年金等业务。充分发挥商业保险对基本养老、医疗保险的补充作用”。国外的实践表明，商业保险与社会保险之间存在着相互替代的关系，如果一个国家社会保险制度比较完善，商业保险的发展就会受到一定的限制；反之，社会保险相对不够发达的国家，其商业保险的发展就十分迅速。在欧洲，英国实行全民免费医疗，瑞典医疗也几乎免费（个人仅支付3%的医疗费），所以英国和瑞典的商业健康保险就发展不起来，2010 年两国健康保险保费收入仅占全部保费收入的 2.27％和 2.28％。相反，在德国，只有低收入者被强制参加政府的疾病保险基金计划，高收入者自愿参加政府计划，也可以参加商业医疗保险，所以德国健康保险保费收入占全部保费收入的 18.61％。荷兰的医疗保障计划也实行双轨制，对于慢性病特别是长期住院的患者，由政府举办的强制医疗保险提供帮助。但对于门诊小病治疗，则由私人商业保险公司负责保险，个人必须参加，荷兰大约有 40％的医疗费由这些商业保险公司提供，政府的保险计划弥补大约 30％的医疗费用。由于这种体制，荷兰 2010 年健康保险的保费收入占全部保费收入的 50.6％。美国 65 岁以上的老人可以享受政府的医疗保险（HI），年轻人虽然需要缴费但一般不能享受政府的医疗保险，只能购买商业医疗保险。2012 年，美国商业健康保险保费占总保费收入的 38％。我国目前由于各方面的原因，商业健康保险并没有跟上保险行业的整体发展步伐。2017 年，健康保险原保费收入为 4 389.46 亿元，仅占总体原保费收入的 12％，远低于成熟市场国家的水平。为了促进商业健康保险的发展，2017 年 4 月，财政部、税务总局、保监会联合下发《财政部　税务总局　保监会关于将商业健康保险个人所得税试点政策推广到全国范围实施的通知》（财税［2017］39 号），规定“对个人购买符合规定的商业健康保险产品的支出，允许在当年（月）计算应纳税所得额时予以税前扣除，扣除限额为 2 400 元/年（200 元/月）。单位统一为员工购买符合规定的商业健康保险产品的支出，应分别计入员工个人工资薪金，视同个人购买，按上述限额予以扣除。”为了促进商业养老保险事业的发展，财政部、税务总局、人力资源社会保障部、中国银行保险监督管理委员会、证监会在 2018 年 4 月下发《财政部　税务总局　人力资源社会保障部　中国银行保险监督管理委员会　证监会关于开展个人税收递延型商业养老保险试点的通知》（财税［2018］22 号），规定自 2018 年 5 月 1 日起，在上海市、福建省（含厦门市）和苏州工业园区实施个人税收递延型商业养老保险试点，对试点地区个人通过个人商业养老资金账户购买符合规定的商业养老保险产品的支出，允许在一定标准内税前扣除；计入个人商业养老资金账户的投资收益，暂不征收个人所得税；个人领取商业养老金时再征收个人所得税。相信这两个税收优惠政策对推动我国商业健康保险和商业养老保险的发展一定会起到一定的推动作用。

复习思考题

1. 财政支出有几种分类方法？
2. 市场经济体制下政府的财政支出结构有哪些重要特征？
3. 改革开放后，我国财政支出结构发生了哪些变化？
4. 我国财政为什么应该不断加大教育投入的力度？
5. 我国社会保障制度的主要内容是什么？
6. 当前为什么要强调社会保障的可持续发展问题？
7. 当前国家为什么要鼓励发展商业保险？

第3章
财政收入

第一节　财政收入的形式和构成

一、我国财政收入的形式

财政收入的形式是指按一定的标准对财政收入进行的分类，不同的财政收入形式反映着政府不同收入的来源和性质。按照我国最新的收支分类方法（从2007年起施行），我国财政收入的形式主要有以下几类：

（一）税收收入

税收是国家凭借政治权力强制、无偿地取得财政收入的手段。国家财政的支出绝大多数属于无偿性的支出，而税收的强制性、无偿性使它最适合为政府筹集财政收入。因此，在世界各国税收都是政府取得财政收入的主要工具。我国的情况也不例外，2018年，我国的财政（一般公共预算）收入中有85%来自各项税收，税收收入为156 401亿元。再从财政支出角度看，2018年全国一般公共预算支出为220 906亿元，其中70.8%是靠税收收入筹集资金，非税收入筹集的资金占12.2%，从其他预算调入资金及使用结转结余占支出的6.7%，还有10.3%靠债务收入筹资。可见，税收收入是我国财政最主要的收入形式。

（二）社会保险基金收入

社会保险是由政府举办的主要由企业和职工缴费筹资的社会保障计划，其缴费收入是政府重要的财政收入。从性质上看，社会保险基金收入具有“捐”的性质，它是一种强制性的专款专用的财政收入形式，其收入要专项用于政府社会保险计划的开支。目前我国的社会保险基金收入按项目划分可分为基本养老保险基金收入、失业保险基金收入、基本医疗保险基金收入、工伤保险基金收入和生育保险基金收入。其中每个保险基金收入项目又分为保险费收入、财政补贴收入和基金的其他收入（主要是基金的利息收入）。2018年社会保险费收入约为5.25万亿元。

（三）非税收入

（1）政府性基金收入。政府性基金收入是指各级政府及其所属部门根据法律、行政法规以及中央、国务院有关文件规定，向公民、法人和其他组织无偿征收的具有专项用途的财政资金（包括基金、资金、附加和专项收费）。它包括农网还贷资金收入、铁路建设基金收入、民航发展基金收入、国有土地使用权出让收入、彩票公益金收入、车辆通行费等20多项，其中约有80%来自土地出让收入。从国家预算的编制来看，政府性基金收入目前不是一般公共预算的收入科目，而是基金预算的收入科目（目前国家预算包括一般公共预算、政府性基金预算、国有资本经营预算和社会保险基金预算四部分）。

（2）专项收入。专项收入包括教育费附加收入、地方教育附加收入、文化事业建设费收入、残疾人就业保障基金收入等。目前专项收入为一般公共预算非税收入中的重要组成部分。

（3）行政事业性收费收入。行政事业性收费收入又称规费收入，是指国家机关或政府部门依据国务院、国务院有关部门或地方政府的法规、规章或者规定，在向居民或单位提供某些服务时收取的工本费和手续费等。例如，公民出入境证件费、诉讼费、公证费、企业注册登记费、商标注册费、人才流动中心收费、普通高中学费、采矿登记费、房屋所有权登记费、婚姻登记证书工本费等。该项收入也是一般公共预算非税收入的重要来源。

（4）罚没收入。罚没收入是指各级政府的执法机关依法收缴的罚款（罚金）、没收款、赃款以及没收的物资和赃物的变价款收入。它具体又包括公安罚没收入、法院罚没收入、工商罚没收入、税务罚没收入、海关罚没收入、卫生罚没收入、交通罚没收入、审计罚没收入、证监会罚没收入、缉毒罚没收入等。

（5）国有资本经营收入。国有资本经营收入是指人们经营、使用国有财产等而向政府上缴的收入。它包括国有企业向政府上缴的国有资本投资收益（利润、股息、红利）、清算收入、国有企业计划亏损补贴以及产权转让收入。其中，国有企业计划亏损补贴实质上是财政的一项支出，但在账目上是作为预算收入退库来处理的，这样该项支出在预算上就表现为一种负的财政收入。国有资本经营收入目前既是一般公共预算的非税收入项目，也是国有资本经营预算的非税收入项目。一般公共预算中的国有资本经营收入主要是中国人民银行上缴收入、国有金融企业上缴的利润以及股利、股息收入和个别企业（如烟草企业）在特定情况下上缴的专项收入；而国有资本经营预算中的国有资本经营收入则是一般国有企业（如石油石化企业、电力企业、电信企业、钢铁企业等）向出资人上缴的国有资本收益。例如，2019年上半年，随着国家各项减税政策的落实到位，一般公共预算中的税收收入同比只增长了 0.9%，但非税收入同比增长了 21.4%，这样才能保证 10.7%的一般公共预算支出增长的资金需求。根据财政部公布的数字，上述非税收入 21.4%的增速并不是靠增加专项收入和行政事业性收费收入取得的，而是由中央和地方财政多渠道盘活国有资金和资产从而带动相关收入增加得来的。2019 年上半年，中央财政增加特定国有金融机构和央企上缴利润 1 685 亿元，体现在一般公共预算的国有资本经营收入中，占全国一般公共预算非税收入增收额（2 720 亿元）的 62%，拉高全国非税收入增幅 13.3 个百分点。

（6）国有资源（资产）有偿使用收入。国有资源（资产）有偿使用收入是指政府有关部门向企业或个人有偿转让国有资源（资产）而收取的使用费收入。它包括海域使用金收入、场地和矿区使用费收入、非经营性国有资产收入（含国有资产出租和处置收入）和利息收入等。其中的利息收入是指国库存款利息收入、有价证券利息收入及其他利息收入。

（7）捐赠收入。捐赠收入是指以政府名义接受的捐赠收入，包括接受的外国政府捐赠和非政府组织的捐赠收入。

（8）政府住房基金收入是政府按《住房公积金管理条例》等规定收取的住房基金收入，包括住房公积金管理机构上缴的管理费用和计提的公共租赁住房资金、公共租赁住房租金收入、配建商业设施租售收入等。

上述第（2）项到第（8）项收入均为一般公共预算中的非税收入。政府性基金收入在 2011 年之前属于政府的预算外收入，之后被纳入政府性基金预算进行管理。

（四）债务收入

债务收入是指国家通过发行公债（包括债券和借款两种形式）而取得的财政收入。由于债务收入是国家凭借国家信用方式筹集的，所以它不具有税收的无偿性特征，而是一种必须偿还的收入。这样，债务收入就不应作为政府的正常财政收入来看待。

二、财政收入的构成

（一）财政收入的价值构成

社会产品生产出来以后要在政府、企业和居民个人之间进行分配。政府财政以货币形态分得的社会产品价值即为财政收入。按照马克思主义的经济原理，社会产品的价值可以分为 C、V、M 三个部分，其中财政收入主要来自 M 部分，或者说，财政收入主要是社会剩余产品的价值。为什么我国的财政收入主要来自社会产品价值中的 M 部分？首先我们先来看 C 部分。社会产品价值中 C 部分由两部分组成，一是折旧，即固定资产磨损并转移到产品价值中去的那部分价值；二是产品生产所消耗的原材料等劳动对象的价值。显然这两部分价值都不宜上缴财政，否则社会的简单再生产就不能维持。社会产品价值中的 V 部分是劳动力再生产的价值，在实践中它表现为物质生产领域中职工的工资。由于我国职工的工资水平还普遍较低，所以我国财政收入目前不可能大量来自 V 这一部分。近年来，随着职工工资水平的提高，来自个人收入部分的财政收入及其比重已呈上升的趋势。例如，1994年个人所得税只占我国税收收入的1.5%，而到2018年，该比重已达到8.9%，个人所得税收入中约70%来自工薪所得税。不过，2018年10月我国进行个人所得税改革以后，由于工资、薪金的费用扣除标准（即媒体通常所说的“起征点”）从每人每月3 500元提高到5 000元（每年60 000元），缴纳个人所得税的职工在职工总人数中的占比也从44%降低到15%。2019年1月1日施行六项专项附加扣除以后，纳税人数的比例有可能进一步降低到11%左右。

（二）财政收入的部门构成

财政收入按经济部门分类可分为来自农业、工业、建筑、交通运输、商业等部门的财政收入。

农业是国民经济的基础，也是财政收入的基础。农业对财政的直接贡献主要是农业各税上缴，但这部分收入一直占我国全部税收收入的不到4%。特别是国家为了减轻农民负担，从2004年起取消了除烟叶外的农业特产税，从2006年起取消了农业税，这样从表面看起来农业对财政的贡献并不大。但农业部门除了农业各税之外还有一个对财政做贡献的间接渠道，这就是所谓的工农业产品“剪刀差”。由于许多农产品是工业品的原材料，而农产品的价格往往较低，特别是计划经济时期有的甚至低于其成本，这样农业部门的一部分利润实际上就通过工业部门的利润上缴转移到了财政手中。农业通过这种间接渠道上缴财政的收入是不可低估的。此外，我国的税收60%左右来自流转税，农民购买商品和劳务时也要负担一部分流转税，这实际上也是农业部门对财政做贡献的重要渠道。

工业是国民经济的主导，也是我国财政收入的主要来源。此外，建筑、交通运输、商业等部门也是我国财政收入的重要来源。

（三）财政收入来源的所有制结构

财政收入来源的所有制结构是指各种所有制的经济成分上缴的财政收入占全部财政收入的比重。由于“经济决定财政”，所以，财政收入来源的所有制结构必然会反映一国经济的所有制结构。我国自经济改革以来，所有制结构发生了重大变化，由过去的“一大二公”、国有经济占主导地位，变为国有、集体、个体、外资等多种经济成分共同发展。相应地，我国财政收入来源的所有制结构也发生了很大变化。这种变化突出表现在国有和集体经济上缴财政收入的占比大幅度下降，而外资、股份制等其他经济成分上缴的财政收入所占比重大幅度提高。例如，1992年，财政收入来自国有经济的占比高达71.3%，来自集体经济的占比为17.1%，而来自外资、股份制等其他经济成分的占比仅为6%；而到2017年，我国税收收入中来自国有企业的只占9.5%①，来自集体企业的占0.44%，来自私营企业的占13%，来自外商投资企业和港澳台投资企业的占18.7%，来自股份有限公司、有限责任公司、股份合作企业以及联营企业的占49.7%。上述财政收入来源所有制结构的演变与我国经济所有制结构的演变格局基本上是吻合的。

① 由于资料搜集问题，这里用税收收入替代财政收入，资料来源于《中国税务年鉴（2018）》。

第二节 财政收入的规模分析

财政收入规模是指财政收入的总水平。它一般用财政收入占国内生产总值（GDP）的比重来衡量，这个比重越大，表明财政收入的规模也就越大。一国财政收入规模的大小受各种因素和条件的制约和影响，其中主要的影响因素包括以下几个方面。

一、经济发展水平

经济发展水平的高低是一个国家社会产品丰裕程度和经济效益高低的概括说明，它一般用人均国内生产总值来反映。一国的人均国内生产总值较高，表明该国的经济发展水平相对也较高，这就为该国扩大财政收入规模奠定了基础。可以说，经济发展水平是制约财政收入规模的一个最综合、最基础的因素，这就是人们通常所说的“经济决定财政”的道理。这里的原因很简单，因为企业和个人上缴的财政收入（主要是税收）都与一定量的商品或劳务相对应，这样财政收入就可以被看做货币化的社会产品（劳务），只有经济发展水平提高了，社会产品丰裕了，财政收入的源泉才会扩大。从世界各国的情况来看，发达国家的财政收入规模一般都大于发展中国家，这种情况也充分证明了经济发展水平对财政收入规模的制约作用。

二、政府职能范围

政府取得财政收入是为了履行其职能，显然政府的职能范围越大，政府需要筹集的财政收入规模也就越大。所以，政府的职能范围是决定一国财政收入规模的直接因素，这一点我们从发达国家财政收入规模的发展变化就可以清楚地看出。在资本主义发展的早期，政府的职能范围十分有限，政府的职责主要是国防以及维护国内法律秩序，因而有“夜警国家”之称。在这种“越小的政府是越好的政府”的观念下，自然是“花钱越少的政府是越好的政府”。在这种情况下，发达国家当时的财政收入一般都占国内生产总值的不到10%。例如1929年美国联邦财政收入仅占GDP的3.7%。随着工业化和城市化的发展，社会要求政府提供社会福利和社会保障的呼声日益高涨，到了19世纪后期，发达国家陆续开始实行社会保障制度。后来由于政治、经济等原因，发达国家政府担负的社会福利职能越来越强，相应地，各国政府的财政收支规模也不断地攀升。目前，发达国家的财政收入占GDP的比重一般都在30%以上，如美国各级政府财政收入占GDP的比重已超过30%，有的国家如北欧的丹麦甚至高达50%左右。而这些发达国家财政收入的40%～50%都要用于社会福利和社会保障方面的开支。

三、分配制度和分配政策

国民收入创造出来以后，要在政府、企业和居民个人之间进行一系列的分配和再分配。在社会主义经济条件下，国家制定的国民收入分配制度和分配政策对于政府、企业和个人三方在国民收入分配中各自所占的份额起着重要作用。在传统的计划经济体制下，国家对国有企业实行统收统支的财务管理体制，对城市职工实行严格的工资管理，对农产品实行“剪刀差”的价格政策。在这种分配制度和分配政策下，国民收入的分配格局对政府财政相对有利，政府财政的收入规模较大。但经济改革以后，由于国家改革了收入分配制度，调整了分配政策，国民收入分配格局也因此发生了重大变化。对于国有企业而言，改革很重要的内容就是“放权让利”，通过国有企业利润分配制度的改革，企业上缴财政的税利有所下降。在国有企业改革的同时，国家还大力发展非国有经济成分，对这些非国有经济成分给予了不少税收优惠。另外，经济改革以后，国家为了调动职工的积极性，不断提高城市职工的工资水平，并且在坚持按劳分配的同时，允许存在一定的按要素分配形式。在农村改革方面，国家多次大幅度提高农副产品收购价格，从而使农民个人的收入水平有了一定的提高。经过上述一系列改革政策的出台，原有的国民收入分配格局发生了重大改变。政府财政的预算内收入占GDP的比重由改革前1978年的31.1%下降到1995年的10.8%，下降了近20个百分点。而与此同时，居民个人收入占GDP的比重则由50%上升到将近70%，提高了近20个百分点；伴随着这一变化，企业收入所占的比重也由18%上升为22%。显然，改革开放以来我国财政收入规模的下降与国民收入分配政策的变化是分不开的。值得指出的是，由于在20世纪90年代中期国家提出“振兴财政”的口号，特别是党的十五大报告明确提出要提高财政收入占国民收入的比重，因此自1996年以来，我国财政收入占GDP比重下滑的趋势开始得到抑制，财政收入（不含社会保险缴费收入）占GDP的比重开始逐渐攀升，到2015年该比重已达到22.2%。但由于近年来经济面临下行压力，国家不断出台减税降费措施，财政收入规模从2016年开始出现下降的势头，2016—2018年财政收入占GDP的比重分别为21.6%、21%和20.4%。

四、价格变动

财政收入是政府取得的货币形态的社会产品，它是按照当年的现行价格水平计算出来的。这样，在其他条件一定的情况下，某个财政年度的价格水平上升，该年度的名义财政收入就会增加。但这种财政收入的增加完全是由价格水平上升造成的，并不代表财政收入的真正增长。也就是说，这时名义财政收入虽然增加了，但实际财政收入并不一定增加。这里所谓的名义财政收入是指当年在财政账面上实现的财政收入；而实际财政收入则是指财政收入所真正代表的商品和劳务的数量，它在价值上可以用按不变价格计算的财政收入的量来表示。

价格水平对财政收入的影响有三种情况：（1）价格水平的增长率超过名义财政收入的增长率，则实际财政收入水平下降；（2）价格水平的增长率低于名义财政收入的增长率，则实际财政收入水平提高；（3）价格水平的增长率与名义财政收入的增长率相同，则实际财政收入水平不变。2018 年我国财政一般预算收入比 2017 年增长了 6.2%，而 2018 年的通货膨胀率为 2.1%，所以 2018 年我国财政收入实际比上年增长了 4.1%。

从上面的分析来看，物价水平上涨对财政取得收入并不一定有利，但如果物价上涨是由于财政赤字，继而中央银行被迫发行货币弥补赤字而引起的，那么这时的通货膨胀对财政来说就是有利的。因为财政在引发通货膨胀的同时，自己多得到了一笔收入（即财政赤字部分），而这时企业和居民个人的实际收入却因通货膨胀而有所下降。财政的这种靠中央银行发行货币来弥补赤字的做法实际上是对企业和个人开征了一笔税收，人们通常把它称作“通货膨胀税”。另外，如果一国税制以累进的所得税为主，那么当出现通货膨胀时，企业和个人的名义收入水平就会提高，其适用的最高边际税率就可能相应提高，从而出现所谓的“档次爬升”现象。一旦出现了“档次爬升”，政府的财政收入水平也会提高。

复习思考题

1. 我国的财政收入有哪些主要形式？
2. 财政收入规模的影响因素有哪些？
3. 价格水平变动对财政收入有什么影响？
4. 什么是通货膨胀税？

第4章 税收的形式特征与作用

第一节　税收的形式特征

税收是国家（政府）凭借手中的政治权力强制、无偿地从企业和个人手中取得财政收入的一种手段。与其他收入形式相比，税收具有以下三个形式特征，即强制性、无偿性和固定性（简称“税收三性”）。一种财政收入形式只有同时具备了这三种形式特征才能称为税收。

一、强制性

税收的强制性是指国家在取得收入时凭借的是手中的政治权力，而不是凭借产权或债权。正因为国家征税凭借的是政治权力，所以纳税人如果违反税法，不按规定纳税，就意味着直接与国家的政治权力相对抗，从而必然要受到国家法律的制裁。有一种看法，认为税收的强制性体现在税收是依法征收的，不纳税就是违法，所以要受到法律制裁。不过，在一个法治国家，产权和债权也是受法律严格保护的，资产经营者或债务人如果不向产权人或债权人缴纳资产经营收益或利息也是违法的，也同样要受到法律的制裁，但我们不能说资产经营收益或利息收入具有强制性。所以，税收的强制性关键体现在国家征税凭借的是手中的政治权力。

二、无偿性

税收的无偿性是指国家向纳税人征税不需要做任何直接的返还，即税收不需要像公债那样事后偿还给债券认购人；也不需要像收费那样，国家一方面从企业或个人手中取得收入，另一方面要向企业或个人直接提供一定的服务。正如列宁所说的：“所谓赋税，就是国家不付任何报酬而向居民取得东西。”① 有人会认为，税收收入最终要由国家用来向纳税人提供公共产品，因此也具有返还性，不能说它是无偿的。但应当看到，税收的这种返还性并不是直接的，因为国家在征税的同时并不需要向纳税人提供任何产品或服务。所以说，税收的无偿性是有一定限制条件的。

三、固定性

税收的固定性是指国家在征税以前要通过立法预先规定征税的数额与课税对象之间的数量比例（即税率），不得临时或随意变更征税的税率。另外，税收的固定性还包含连续征收的含义，即这种课征要定期进行，而非只征收一次了事。当然，税收的固定性只是相对一个时期而言的，因为税率从长期来看不可能一成不变。

第二节　税收的微观经济效应

税收的微观经济效应是指税收对微观经济主体（企业和个人）的经济行为产生的影响。正是因为税收可以具有微观经济效应，所以它才能够担负起调节企业和个人社会经济行为的重任。

一、税收对生产和消费决策的影响

在市场经济条件下，企业生产什么、生产多少的生产决策是根据利润最大化的目标做出的；消费者制定购买模式的消费决策虽然要最大限度地满足其福利目标，但也要受制于他们的预算约束。因此，无论是生产决策还是消费决策，都与商品的市场价格有着密切的关系。商品价格如果发生变化，生产者和消费者的行为决策也会相应地发生变化。由于政府对商品课税（即流转税）会影响其市场价格，所以流转税对生产决策和消费决策也可以产生一定的影响。由于流转税对生产决策和消费决策的影响主要是通过价格效应实现的，所以我们分析税收的微观经济效应还是先从税收的价格效应入手。

① 列宁．列宁全集：第 32 卷．1 版．北京：人民出版社，1958：275.

（一）税收的价格效应

流转税对价格有两方面的影响。首先，对商品课征的流转税会造成生产者价格与消费者价格相分离。在没有税收的情况下，市场上的生产者出售商品能实际得到的价格（生产者价格）与消费者购买商品所实际支付的价格（消费者价格）是一致的。政府对商品课征流转税以后，上述情况会发生一定的变化，这时，税收就像一个楔子，插入生产者价格和消费者价格之间，使两者不再相吻合。也就是说，当政府课征流转税以后，生产者价格加上流转税税额等于消费者价格。

那么，在政府课征流转税以后，市场上商品的生产者价格和消费者价格会发生哪些变化？我们以汽油的定额消费税为例来说明这个问题。假定在课税前汽油的市场均衡价格（生产者价格和消费者价格）为每升5元。现在政府决定对汽油课征定额消费税，税率为每升1.52元，由汽油的供应商缴纳。在这种情况下，如果汽油的供应商要维持原有的利润率，那么每升汽油的销售价格（消费者价格）就要定到6.52元。不过，政府对汽油课征消费税并没有改变消费者的预算线，因此也不会改变消费者对汽油的需求曲线，所以汽油的消费者价格提高后，汽油的需求量将会下降，这必然导致汽油的供大于求。为了减少库存和追求利润最大化的目标，汽油的供应商可能不得不降低汽油的销售价格，形成一个新的均衡价格（消费者价格），例如每升6.2元，同时汽油的均衡交易量也会比征税前有所下降。由于供应商每卖出一升汽油就要缴纳1.52元的消费税，所以其生产者价格只能得到每升4.68元。与政府征税前的情况相比，我们可以看出，政府对商品课征流转税后，商品的消费者价格会有所提高，生产者价格会有所下降。上述情况从税负转嫁的角度看，说明在商品的需求具有一定弹性（即需求曲线不呈垂直状态）的情况下，政府对该商品课征流转税，税负是由生产者和消费者共同负担的；生产者虽然可以通过抬高消费者价格的方式将一部分税款转嫁给消费者负担（表现为消费者价格提高），但生产者自身也要负担一部分流转税（表现为生产者价格下降）。

（二）税收的产出效应

税收的产出效应是指税收对课税商品生产量所产生的影响。由于在市场均衡条件下生产量和消费量是相等的，它等于该商品的市场均衡交易量，而税收对均衡交易量是有影响的，所以从这个角度看，流转税会影响课税商品的生产量。不过，这种分析还只限于税收对整个行业总产量的影响。那么，税收对单个企业的生产量是否会产生影响？这个问题可以通过成本分析得出答案。我们知道，根据微观经济学原理，竞争性企业在制定短期生产决策（产量决策）时，必须使边际成本等于边际收益，以保证企业的利润最大化；同时，在完全竞争的条件下，企业的边际收益应当等于企业产品的市场价格。政府对某种商品课征流转税后，企业得到的实际价格（生产者价格）和边际收益都会下降，在企业边际成本曲线不变的情况下，价格曲线（边际收益曲线）下移，它与边际成本曲线就会在较低的位置上相交，这表明企业利润最大化时的生产量是下降的。可见，对商品课征的流转税不仅会减少一个行业的生产量，而且还会减少单个企业的生产量。

（三）税收的生产替代效应

税收的生产替代效应是指税收对企业的产品结构产生的影响，它表现为政府课税会改变企业各种产品之间的产量结构。税收的生产替代效应是由政府课征选择性的商品税引起的。因为政府对个别商品课税以后，课税商品的成本和价格会发生不利于企业的变化，这样会导致企业相应减少课税商品的产量或者干脆放弃课税商品的生产，同时把资源更多地转向非税商品的生产。当然，如果政府对所有的商品课征统一的税收，税收的生产替代效应就会消失。

（四）税收的消费替代效应

税收的消费替代效应是指税收对消费者选择商品的影响，它表现为政府对个别商品课税后，引起市场上课税商品相对价格上涨，从而导致消费者在选购商品时减少课税商品的购买量，相应地增加非税商品的需求量。我们把税收导致消费者增加非税商品需求来替代对课税商品需求的影响称为税收的消费替代效应。例如，假定市场上有两类商品：化妆品和服装。如果政府对化妆品课税而对服装不征税，这时化妆品对服装的相对价格就会提高，消费者以同样多的收入能够购买到的化妆品的量比过去就会减少。而在消费者最优商品组合中，化妆品购买量减少了，其服装的购买量则会有所增加。这种情况表明，税收导致消费者用一定量的服装替代了一定量的化妆品消费。

二、税收对劳动力供求的影响

（一）税收对劳动力供给的影响

无论是工薪所得税还是社会保险税，都是对劳动者的工薪收入课征的，其结果必然是降低劳动者的实际工资率或净收入。面对政府对工薪课征的税收，劳动者在劳动力供给的决策上可能会做出一定的反应，这种反应可以分为如下两大类。

1. 税收对劳动力供给的替代效应

税收对劳动力供给的替代效应是指对工薪课征的税收所产生的增加劳动者闲暇时间从而减少劳动力供给的影响。我们知道，一个人的一天（24 小时）可以分为两部分，即劳动时间和闲暇时间。这里的劳动是指个人在市场上为取得工资收入而进行的工作；而闲暇是指劳动者劳动以外的其他活动。由于劳动时间和闲暇时间二者此消彼长，即个人在一天中闲暇时间长了，其劳动时间就必然减少，挣工资的时间和工资收入也会相应减少，所以，个人实际上是在用工资与闲暇进行交换。如果我们把闲暇看做是一种商品，那么工资率就是闲暇的价格（劳动者闲暇的机会成本是其在劳动时间内可以取得的工资收入）。政府对工资收入课税会降低劳动者的实际工资率，这意味着闲暇变得比以前便宜了。这时人们会增加对闲暇的消费（即延长闲暇时间），减少劳动时间，出现所谓的闲暇替代劳动的税收替代效应。

2. 税收对劳动力供给的收入效应

税收对劳动力供给的收入效应是指对工薪课征的税收所产生的增加劳动者劳动时间从而增加劳动力供给的影响。政府对工资收入课税以后，劳动者的实际工资率下降，可支配收入也随之减少。假定闲暇和其他商品一样都是正常商品（即消费量与人们的实际收入成正比），那么，劳动者可支配收入减少将迫使其不得不减少闲暇和其他商品的消费。劳动者减少对闲暇的消费，意味着增加劳动力的供给。或者说，劳动者在税后工资收入下降的情况下，为了维持原有的收入水平和生活水平，他们会比过去更努力地工作，从而增加劳动力的供给。

3. 税收对劳动力供给的净效应

由上面的分析可以看出，政府对劳动者的工资收入课税，既会产生减少劳动力供给的替代效应，也会产生增加劳动力供给的收入效应。而税收对劳动力供给的净效应是什么，则取决于这两种效应孰大孰小。由于人们对劳动、闲暇的偏好不同，所以他们在劳动力供给方面对税收所做出的反应也不可能完全相同。因此，税收对劳动力供给的净效应实际上是因人而异的。这样，如果人们要知道税收对劳动力供给的净效应，就必须进行实证分析，例如通过问卷调查等形式，完全通过规范分析是得不出结论的。

（二）税收对劳动力需求的影响

税收对企业劳动力需求的影响主要表现在政府对企业课征的社会保险税会提高企业的劳动力价格，从而导致企业减少对劳动力的需求。社会保险税一般是按职工工资的一定比例向雇主和职工分别征收的，企业雇用一个工人，除了要支付工资以外，还要为其缴纳社会保险税（费）。因此，企业的劳动力价格不仅取决于工人的工资率高低，而且还要受社会保险税的影响。在工资率一定的情况下，政府对企业征收社会保险税或提高社会保险税率，企业的劳动力价格就会随之提高。而劳动力价格的提高会从以下两个方面影响企业劳动力的需求：

1. 替代效应

替代效应是指政府对企业课征社会保险税以后，企业的劳动力价格上升，劳动力成本提高，从而导致劳动力对资本（机器设备）的相对价格提高。由于资本和劳动力之间存在技术上的替代性，所以企业为了保持原有的投入水平，就可能多使用资本以替代一部分劳动力，结果将减少企业劳动力的需求。

2. 规模效应

规模效应是指政府对企业课征社会保险税以后，企业的劳动力价格提高，边际成本上升，导致均衡产量下降，从而导致企业对劳动力投入需求的减少。

社会保险税对企业劳动力需求的影响可以从欧盟国家的经验中得到验证。根据欧盟经济学家 Christothe Planas 对 1970—2002 年的数据分析可以发现，劳动力课税（包括对企业雇主课征的社会保险税）对欧盟国家的失业率有很大影响，劳动力课税每减少 3 个百分点，可以导致失业率下降 1 个百分点。另外，Daveri 和 Tabellini 的研究表明，欧盟国家的失业税收弹性为 0.5，即劳动力课税每增加 1 个百分点，失业率就会上升 0.5 个百分点。

三、税收对家庭储蓄行为的影响

储蓄和消费一样，也是家庭的基本经济活动。消费是家庭购买商品和劳务以获得当期满足的活动；储蓄则是把家庭的经济资源从现期转移到未来某个时期以便在未来得到满足的活动。从某种意义上说，储蓄就是未来的消费，是推迟了的消费。家庭储蓄行为受多种因素的影响，税收也是其中之一。这里主要分析个人所得税对家庭储蓄行为的影响。

个人所得税对家庭储蓄行为的影响是通过对储蓄利息课税引起的，这种课税可以是单独对利息收入课征，也可以是把利息收入纳入个人所得税的征税范围。政府课征利息所得税必然会降低储蓄的实际利息收入，这对家庭出于生命周期动机和谨慎动机而进行的储蓄都会产生一定的影响。不过，如同税收对劳动力供给的影响一样，个人所得税对家庭储蓄行为的影响方向在理论上也是不确定的，这种影响分为收入效应和替代效应。

（一）收入效应

利息所得税的收入效应表现在：政府对利息收入课征个人所得税，会减少个人未来的实际利息收入，而利息收入是个人第二阶段（退休期）生活的收入来源，为了实现既定的储蓄收入目标（以维持个人退休后的生活需要），个人将会减少第一阶段（工作期）的消费，以增加储蓄。所以利息所得税的收入效应表现在增加家庭储蓄上。

（二）替代效应

如果把储蓄看做第二阶段（退休期）的消费，那么对储蓄利息课税会减少储蓄的实际利息率，这相当于提高了第二阶段的消费价格。在这种情况下，个人为了保持一生中的效用和福利水平不变，将会放弃一些第二阶段的消费以增加第一阶段的消费。当前消费的增加意味着储蓄的减少。这种增加现期消费而减少储蓄的效应就是利息所得税的替代效应。

（三）利息所得税的净效应

由于利息所得税的收入效应和替代效应的作用方向相反，所以其净效应就取决于其中哪种效应较大。但要弄清这种净效应，单靠规范的理论分析也是得不出结论的，必须进行一定的实证分析。比如，我国从 1999 年 11 月开始对居民储蓄存款利息所得征收个人所得税，税率为 20%。但课征利息所得税以后，我国的城乡居民储蓄存款余额仍然呈大幅度递增的局面。据统计，1999 年底，我国城乡居民储蓄存款余额为 5.96 万亿元，到 2006 年底达到了 16.16 万亿元，年平均增长 24.4%，高于同期我国 GDP 和城乡居民收入的增长速度。这充分表明，在我国，利息所得税的收入效应远大于替代效应，利息所得税并没有抑制城乡居民储蓄的增长。①

四、税收对收入分配的影响

社会产品生产出来以后，要在社会成员之间进行分配。从价值形态看，这种社会产

① 2008 年国际金融危机爆发后，我国开始采取宏观调控措施。为了配合国家宏观调控政策的需要，自 2008 年 10 月 9 日起，我国对储蓄存款利息所得暂免征收个人所得税。

品的分配就是国民收入的分配，又称收入分配。一个社会的基本经济问题主要有两个：一是生产多少；二是为谁生产。这里的“为谁生产”就是收入分配问题，即社会的产品生产出来以后归谁所有。国民收入的分配包括初次分配和再分配。所谓初次分配是指社会经济活动的参与者凭借自己手中所拥有的生产要素和对经济活动的贡献而对社会产品进行的分配。初次分配主要是在生产要素的拥有者之间进行的分配。政府由于拥有国有企业的产权，所以它以利润的形式从国有企业取得的收入应当属于国民收入的初次分配。此外，政府特别是基层政府也提供一些私人产品或半公共产品，在此过程中也要收取一定的费用，这种收费也属于国民收入的初次分配。国民收入的再分配是在初次分配完成以后进行的，政府凭借手中的政治权力向企业和个人等生产要素的所有者课征税收就是国民收入再分配的一种重要形式和重要环节。政府征税取得财政收入以后，还要按不同的预算科目支付给企业和个人，增加其货币收入，这个财政支出过程也是国民收入的再分配。可见，政府主导国民收入的再分配，而且这种政府主导的再分配是通过一收和一支两个环节来完成的，缺一不可。

（一）个人所得税与收入再分配

政府用税收进行国民收入的再分配主要是通过个人所得税来完成的。在许多国家，企业所得税只对股份有限责任公司课征（如美国从 1988 年开始只对有限责任公司的股东课征个人所得税，对股东人数较少的 S 型股份有限责任公司也不征收企业所得税），而股份有限责任公司的股东最终都是自然人。在税收处理上，企业所得税一般都只是股息个人所得税的一种预提税（这主要通过归属抵免制来实现）。个人所得税无论是对工资、薪金课征，还是对财产所得课征，都直接减少个人的可支配收入，从而可以使富人“穷”一些。例如，在一些发达国家，征税之前的基尼系数都是较高的，只是由于国家开征了个人所得税，税后的基尼系数就有明显下降。例如丹麦，2014 年征收个税之前的基尼系数高达 0.44，但税后基尼系数降到了 0.26；瑞典税前基尼系数为 0.43，税后基尼系数为 0.27；美国税前的基尼系数为 0.51，但税后的基尼系数也降到了 0.39。特别是个人所得税可以采取超额累进税率的形式，这样更能够贯彻税收纵向公平的原则。例如，在我国目前综合所得适用七级超额累进税率的情况下，个人所得税的免征额为每月 5 000 元，在不考虑专项附加扣除的情况下，则一个月工资收入为 10 000 元的纳税人每月需要缴纳个人所得税 290 元，其工资收入的平均税率（＝税款/应税所得）为 5.8%，有效税率（＝税款/全部所得）为 2.9%；而一个月工资收入为 30 000 元的纳税人每月需要缴纳个人所得税 3 590 元，其工资收入的平均税率为 14.36%，有效税率为 11.97%。可见，个人所得税在实行累进税率的情况下，收入越高的人税负越重，这样它就更能够有效地发挥调节收入分配的作用。目前我国个人的综合所得和经营所得都适用的是超额累进税率。

（二）财产税与收入再分配

调节收入分配除了个人所得税以外，财产课税也可以起到一定的作用。因为财产课税与所得课税在一定情况下是等效的，所得课税是对纳税人的财富流量即增量课税，而财产课税是对纳税人的财富存量课税，二者对纳税人通过投资取得利润并积累财富的行为都可以产生一定的影响。这里，我们可以把财产视为资本收益的资本化价值来分析财产课税与所得课税的等效性。也就是说，我们可以把对财产的课税视同对资本收益（利息）的课税。因为在完善的资本市场上，对资产价值课征一定比例的税收，实际上可以转化为对资产收益课征的所得税。例如，假定资产价值为 1 000 元，市场年利率为 10%，这时资产的年收益为 100 元，如果政府课征 5%的财产税，税额为 50 元，这相当于对资产收益课征 50%的所得税。我们可以用公式来表述财产税与所得税的转化关系。设 V 为资产的价值，Y 为资产的年收益，i 为市场利息率，则有：

$$Y=iV \text{ 或 } V=Y/i$$

设财产税税率为 t_p，所得税税率为 t_y，为了使财产税与所得税税额相等，必然有：

$$t_p Y/i=t_y Y \text{ 或 } t_y=t_p/i$$

在上面的例子中，财产税税率 t_p 为 5%，市场利息率 i 为 10%，因而所得税税率 t_y 一定等于 50%。也就是说，在财产收益率为 10%的条件下，政府课征 5%的财产税，相当于对财产所得课征了 50%的所得税。可见，财产税在一定条件下也可以发挥收入再分配的功能。

（三）消费税与收入再分配

消费税是流转税制中累进性最强的税种，由于它的课税对象具有选择性，所以可以只对高档消费品或奢侈品课征，而不对普通民众消费的生活必需品课征。例如，我国目前就只对 15 大类商品课征消费税，这些商品包括化妆品、珠宝首饰、高尔夫球具、香烟、酒类产品、小汽车、游艇等奢侈品和非生活必需品，而对食品、服装、药品、家电等绝大多数生活必需品不征消费税。政府对这些奢侈品或非必需品课税，会抬高它们的消费者价格，高收入者购买这些商品时就会负担一部分消费税，这有利于降低他们的实际收入水平和货币购买力，进而有利于国民收入分配的公平。目前在发达国家，消费税已成为调节收入分配的一个很重要的税种，其收入一般占税收收入的 10%左右。相比之下，2018 年我国国内消费税收入占税收收入的 6.8%，今后我国利用消费税调节收入分配还有一定的空间。

第三节　税收的超额负担与税收中性

一、税收的超额负担

税收的超额负担是税收理论中的一个重要概念。从字面上看，所谓税收的超额负担，就是国家征税给纳税人造成的超过税款的那部分负担。那么，国家征税 100 元，会给纳税人造成 120 元的税收负担吗？其实，税收的超额负担不能这么简单地理解，因为税收的超额负担是难以用金钱衡量的。从微观经济学的角度说，税收的超额负担是指国家征税给纳税人带来的超过税款的那部分福利损失。由于个人的福利是由个人的偏好和效用函数决定的，所以税收如果影响了个人的偏好或效用，就会影响个人的福利，从而给个人带来超额负担。我们在上一节分析过，税收有收入效应和替代效应，其中替代效应会影响人们的选择（包括生产者选择和消费者选择），正是这种替代效应才是导致税收超额负担的“元凶”。一种税如果仅有收入效应而没有替代效应，它是不会产生超额负担的。例如，人头税就只有收入效应而没有替代效应，它只能减少人们的收入，但不能干扰人们在生产、投资、储蓄和消费等方面的经济选择。但在人头税制度下，每个人不论收入多寡，都要缴纳一样的税收，所以它最大的问题是不公平。在早期的欧洲一些不关心人民疾苦的封建国家，人头税是十分普遍的税种，但在当代很少有国家开征人头税或把它作为一个主要的税种。尽管税收的超额负担难以用货币来衡量，甚至是一种虚拟的负担，但用这个概念可以提醒人们，国家征税是要考虑经济效率的，在税制的设计上要尽量优化，使税收在公平和效率方面尽量实现合理的平衡。

二、税收中性

税收中性是指税收不影响或不干扰人们的经济选择。一种税收具有中性，表明它对经济活动完全保持中立，在取得收入的同时对纳税人的经济活动或经济选择不产生任何影响。显然，只有当税收不具有替代效应时才会具有中性。而我们上面提到，当税收不产生替代效应时也不会带来超额负担。所以，税收替代效应、税收超额负担和税收中性三个概念是紧密相关的：一种税如果不产生替代效应，它就没有超额负担，同时也是中性的；而如果一种税在产生收入效应的同时也会产生替代效应，则它一定会带来超额负担，同时也是非中性的。

对于税收中性应当辩证地看待。一般来说，在市场经济条件下，由于资源配置和收入分配以市场机制为主导，所以不需要税收处处都起调节作用，因此税收在多数情况下应当保持中性。但由于市场是不完善的，存在着缺陷和失灵，所以政府有时也要利用税收的非中性来调节经济。如果所有税收都像人头税那样只有收入效应而没有替代效应，那么发挥税收杠杆的调节作用就只能是一句空话。

第四节 税收的作用

税收最重要、最基本的作用是为国家筹集财政收入，但国家在征税的同时也能通过税收手段调节人们的社会经济行为。正因为如此，税收可以在国民经济中发挥经济杠杆的作用。

一、税收是国家筹集资金、组织财政收入的主要工具

税收是国家凭借手中的政治权力强制、无偿地取得财政收入的手段。税收自身的强制性、无偿性和固定性的形式特征决定了它是政府筹集资金、取得财政收入最理想和最重要的工具。从税收的起源来看，它一开始也是作为政府筹集财政收入的工具而产生的，而税收的其他功能和作用都是在组织财政收入这个基本功能之上派生出来的。目前，我国一般公共预算收入的80%左右是通过税收筹集的，这充分表明税收在组织财政收入方面具有重要作用。

二、税收是调节经济的重要杠杆

国家在征税取得财政收入的同时，也可以利用税收对国民经济发挥一定的调节作用，这种调节作用主要表现在以下几个方面：

（1）调节社会总需求或社会总供给，使二者之间能够不断保持平衡。保持社会总供给与总需求之间的平衡是经济稳定和发展的前提，税收在这方面可以发挥一定的调节作用。

第一，政府可以采取“相机抉择”的所得税政策来调节社会的供求总量。例如，当经济过热从而出现总需求大于总供给时，政府可以提高个人所得税的税率，减少居民的可支配收入，从而降低个人的消费需求，使社会总需求与总供给趋于平衡。另外，政府这时还可以在企业所得税方面采取减税措施，增加企业的税后利润，刺激企业的投资，从而达到增加社会总供给的目的。反之，当经济出现衰退从而发生总供给大于总需求时，政府可相应采取个人所得税的减税措施，增加居民个人的可支配收入，提高个人的消费水平，从而最终使总需求与总供给达到新的平衡。例如，我国从2008年国际金融危机之后经济开始面临下行的压力，年经济增速从2009年的9.4%下降到2018年的6.6%（其间由于宏观调控，经济增速在2010年和2011年一度上升到10.6%和9.6%）。为了提升居民的消费能力，扩大总需求，国家在2018年10月和2019年1月进行了两次个人所得税的改革：先是将个人所得税的费用扣除标准（即媒体通常所说的“起征点”）由每月3 500元提高到5 000元；然后又给职工增加了六项专项附加扣除（子女教育、在职教育、大病医疗、住房贷款利息、住房租金和赡养老人），每个职工平均可增加税前扣除3 000元；同时还调整了个人所得税的税率表，适当拉长了3%、10%、20%三档税率的适用范围，降低了取得综合所得（包括工资、薪金、劳务报酬、稿酬和特许权使用费）的纳税人每年应税所得在30万元以下那部分的边际税率。根据财政部公布的数字，2019年上半年，我国个人所得税收入同比下降了30.6%，这对于增加居民的可支配收入无疑会起到促进作用，从而有助于拉动消费。

第二，累进的个人所得税可以发挥“自动稳定器”的作用，使社会总需求与总供给不断地自动达到平衡。关于“自动稳定器”如何发挥调节作用已在前面论及，这里不再赘述。

（2）调节企业或个人具有外部负效应的经济行为。企业和个人的生产或消费活动有

时存在外部负效应或外部不经济的问题，这时，由于企业、个人的生产或消费的私人成本小于社会成本，其生产或消费的数量就会大于社会所希望的数量，而且在存在外部负效应的情况下，企业或个人的经济活动还会给社会利益造成一定的损害。例如，企业因生产造成严重的污染，社会治理污染要支出大量的费用，但这部分费用并没有计入该排污企业的生产成本，从而出现生产的私人成本低于社会成本的现象。由于没有考虑治理污染的成本，企业的生产量就会过大。对这种外部负效应问题，政府可以通过征税的手段来加以解决（这种税收又称“庇古税”），比如对上述企业污染问题，通过对排污企业征收一定的污染税，加大其生产的私人成本，这样就可以相应缩小企业的生产规模，缓解排污的外部负效应问题。近些年来一些国家开征环境税（或二氧化碳税）治理污染，实际上就是政府利用税收调节企业或个人经济行为、解决外部负效应问题的一种尝试。我国在2018年也开征了环境保护税，取得了151亿元的收入。该税种并不是为了取得财政收入而征收的，而是为了增加排污企业的成本，抑制其污染环境的行为，因此并不是收入越多越好。

（3）调节商品的价格，实现国家的社会政策目标。流转税是间接税，税款会加到商品的消费者价格中去。因此，为了实现社会公平的政策目标，国家在对商品普遍征税时，可以对一些人民生活必需品实行较低的税率或彻底不征税，以降低这些商品的市场价格。另外，还可以对一些奢侈品额外征收消费税，以提高奢侈品的消费者价格。税收通过调节不同类型商品的消费者价格来贯彻政府的社会政策，这在世界上许多国家并不鲜见。我国目前的流转税制度也有这方面的政策考虑。例如，根据我国现行增值税条例的规定，增值税的基本税率为13%，但对于粮食、食用植物油、书报杂志、自来水、石油液化气、居民用煤炭制品等人民生活必需品，实行9%的低税率。为了实施“菜篮子工程”，保障人民群众的基本生活需要，国家还自2012年1月1日起免征蔬菜流通环节增值税，即对从事蔬菜批发、零售的纳税人销售的蔬菜免征增值税。另外，在普遍征收增值税的基础上，国家还对15大类非生活必需品（其中主要是奢侈品）征收消费税。但也应当看到，与发达国家相比，目前我国的流转税在这方面还存在不少问题。比如，对基本生活必需品我国增值税的税率显得偏高，而没有像许多欧洲国家那样实行零税率或3%～5%的低税率。又比如，我国目前的消费税虽然征税范围不小，但课征的力度还不够大。例如，对汽油课征的消费税，目前税率是每升1.52元，而英国、荷兰、韩国等国的汽油消费税的税率是我国的5倍以上。这说明，我国的消费税今后还有进一步提高课征力度的空间。

（4）调节个人的收入水平，缩小贫富差距。在市场经济条件下，个人之间的收入差距拉大是一种必然现象，因为市场分配机制是根据个人所拥有的要素种类及其要素的价格在社会成员之间分配收入，而每个人所拥有的要素种类和要素的禀赋并不完全相同，收入差距拉大甚至出现贫富悬殊就在所难免。也可以说，这是一种经济上的公平。但从社会公平的角度看，人与人之间的收入不应过分悬殊，所谓“朱门酒肉臭，路有冻死骨”的现象是不能被社会所接受的。所以，政府站在社会公正的立场上就要对社会的收入分配进行一定的干预，其中征收个人所得税就是一种干预的有效手段。通过征收累进的个人所得税，政府可以调节高收入者的收入水平，使富人变穷一些；然后政府再将征收上来的税款用于帮助低收入者的社会福利和社会保障计划，使穷人变富一些。政府通过上述一收一支，可以达到在社会成员之间转移收入的目的。

复习思考题

1. 税收有哪些形式特征？
2. 税收对人们的生产和消费决策可以产生哪些影响？
3. 税收对劳动力的供求可以产生哪些影响？
4. 利息所得税的效应是什么？
5. 税收如何调节社会成员的收入再分配？
6. 税收超额负担、税收替代效应和税收中性三者之间的关系是什么？
7. 税收对经济可以发挥哪些调节作用？

第 5 章

税收制度

第一节　税收分类

税收按不同的标准可以分为不同的种类，对税收进行一定的分类有助于人们研究税收结构问题。通常税收有以下几种分类方法。

一、按课税对象的性质分类

税收按课税对象不同可以分为流转税（商品税）、所得税、财产税、资源税和行为税。

（一）流转税

流转税又称商品税，它是以流通中的商品作为课税对象的一个税类。由于这类税收的计税依据为流转额，所以被人们称为流转税。从课税对象的角度看，流转税又称商品税。流转税是一个税类，它包括了增值税、消费税、关税等一些具体的税种。目前，流转税是我国税收制度的主体，它在我国的全部税收收入中约占 55%。

（二）所得税

所得税作为一个税类是指国家对纳税人的收益或净收入课征的税收。所得税在国外主要包括两个税种：一是企业所得税，即对法人课征的所得税；二是个人所得税，即对自然人课征的所得税。另外，有人也将社会保险税看做是所得税，因为社会保险税是根据雇员的工资薪金所得向雇主和雇员课征的税收，其课税对象也是所得额。但社会保险税与所得税也有区别，即社会保险税是一种目的税，其收入要专款专用于社会保险计划的开支；而所得税的收入没有具体的指定用途，可以被政府用于任何目的。在我国，土地增值税实质上也属于一种所得税，它是对转让国有土地使用权、地上建筑物及其附着物的单位和个人，就其取得的增值额（指转让房地产取得的收入额减除规定的房地产开发成本、费用等支出后的余额）征收的一种税，并于 1994 年开征。20 世纪 90 年代初，房地产企业的利润率很高，但又不能为房地产企业单独制定一个企业所得税法。为了合理调节土地增值收益并维护国家权益，国家开征了土地增值税，通过这种形式调节房地产企业的利润水平。所得税在一些发达国家是税收制度的主体，但在发展中国家，所得税一般不在税制中占主体地位。2018 年我国的两大所得税只占全部税收收入的 31.5%左右。其中，个人所得税收入约占 8.9%，企业所得税收入约占 22.6%。如果考虑土地增值税（约占税收收入的 3.6%），我国的所得税约占全部税收收入的 35%。

（三）财产税

财产税是对财产价值课征的税收。它分为一般财产税和特别财产税。一般财产税要对纳税人的全部财产价值课税，课税对象包括动产和不动产，一般财产税又称财富税。特别财产税只对土地、房屋等不动产进行课税。财产税不仅可以对纳税人拥有的财产课税，而且也可以对纳税人转移的财产课税。比如遗产税、赠与税就是对纳税人转移的财产进行的课税。我国目前的财产税主要是契税、房产税和城镇土地使用税，这三个税种加起来大约占税收收入的 7%，这与 OECD 成员平均 6%的比例基本持平。但目前我国还没有开征遗产税和赠与税。

（四）资源税

资源税是以自然资源为课税对象的税收。企业和个人开采自然资源，利润率高低在很大程度上取决于其开采的自然资源的品位状况和开采条件，有的企业或个人开采的资源状况好，开采成本低，就可能取得高于同行业水平的利润。这种级差利润并不是企业或个人主观努力创造的，理论上并不应归企业或个人所有，国家开征资源税的目的就是要把这种级差收入从企业或个人的利润中剔除，使自然资源开采企业能够在同一个起跑线上公平竞争。目前，我国开征的资源税中，石油、天然气适用 6%的比例税率，煤炭适用 2%～10%的比例税率，铁矿等黑色金属适用 1%～9%不等的比例税率（各地税率不同），其他金属矿产品适用不超过 20%的比例税率；石墨适用 3%～12%不等的比例税率；海盐的税率为 2%～5%，等等。在资源税中，粘土和砂石适用定额税率（每吨或立方米 0.1～5 元）。

（五）行为税

行为税是指政府开征的目的完全是调节或影响纳税人社会经济行为的税收。我们知道，政府征税主要是为了取得财政收入，同时，任何一种税收（除了人头税以外）客观上都会对纳税人的经济行为产生这样或那样的影响。但并不是所有的税收都可以叫做行为税，只有那些以影响和调节纳税人行为为唯一目的的税收才属于行为税。例如，我国在改革开放后出现了投资和消费“双膨胀”的现象，为了抑制这种局面，国家在 20 世纪 80 年代后期开征了固定资产投资方向调节税（简称“固投税”）和筵席税。根据规定，如果企业投资楼堂馆所，要按投资额的 30％缴纳“固投税”，而如果投资兴建厂房，则“固投税”的税率降为 0。另外，如果单位用公款设宴，则要缴纳筵席税。可见，当时国家开征“固投税”和筵席税的唯一目的就是引导和限制企业的投资行为和消费行为，并不是为了取得财政收入。由于经济形势的变化，目前这两个税种在全国各地已经停征。

二、按课税标准分类

课税标准是国家征税的实际依据。按课税标准分类，可将税收分为从价税和从量税两大类。以课税对象的计税价格（销售收入）为课税标准的税收是从价税；以课税对象的实物单位数量（数量、重量、容量等）为课税标准的税收是从量税。从税率的使用情况看，从价税多使用比例税率，而从量税多使用定额税率。例如，我国的增值税属于从价税；资源税（粘土、砂石）和对啤酒、黄酒、汽油、柴油课征的消费税则属于从量税。

三、按税收与价格的关系分类

从价税中有价内税和价外税之分，这种划分主要是看计税价格中是否应包含税金。所谓价内税，是指计税价格中含有税金的一类税收，我国的消费税就是价内税。因为根据税法，对应税消费品课征消费税必须将消费税税款包含在消费税的计税价格中。比如，在商品的进口环节课征消费税时，消费税的计税价格中除了要包括到岸价格和关税税额之外，还应包含消费税的税金（但不含增值税）。这样，就需要利用公式计算出包含消费税税金的组成计税价格。其计算公式为：

$$组成计税价格=\frac{关税完税价格+关税}{1-消费税税率}$$

例如，某企业进口一批货物，到岸价格为 800 万元，其适用的关税税率为 30％，消费税税率为 20％，则这批货物的组成计税价格为：

$$组成计税价格=\frac{800+240}{1-20\%}=1\ 300（万元）$$

所谓价外税，是指计税价格中不含有税金的一类税收。我国的增值税就是价外税，即增值税的计税价格中不含有增值税的税金。假如企业采用销售额和增值税销项税额合并定价，使销售收入中含有了增值税税金，那么企业就应将增值税税金从销售收入中剔除，从而得出增值税的计税依据。用公式表示，即

$$应税销售额=\frac{含税销售额}{1+增值税税率}$$

例如，某商场2019年7月的零售额（含增值税）为113万元，那么当月该商场的应税销售额和应纳增值税税额为：

$$应税销售额=\frac{113}{1+13\%}=100（万元）$$

$$应纳增值税税额=100\times13\%=13（万元）$$

四、按税收收入是否规定专门用途分类

税收按是否有专门的用途，可以分为一般税和特定目的税。一般税的收入没有指定的用途，可以为政府的一般预算支出筹资。例如，我国征收的增值税、消费税、企业所得税和个人所得税等就属于一般税。特定目的税又称特定用途税，是指税款有指定用途而不可挪作他用的一类税收。例如，一些国家征收的社会保险税就是特定目的税，它的收入要专款专用于养老金、失业救济金等社会保险方面的津贴支出，即使税款有结余，也要储存在专门设立的社保基金中，不可为政府的其他预算支出筹资。我国目前还没有开征社会保险税，但我国预算中的教育费附加收入就有些类似于特定目的税，因为教育费附加收入是以增值税和消费税这两大流转税税金为计征依据征收的，实际上已具有税收的性质；同时，教育费附加收入要专门用于一般预算中的教育费附加支出，具有专款专用的性质。①

五、按税种的隶属关系分类

税收是政府的财政收入来源，而现代国家的政府一般都要分为中央政府和地方政府（个别国家如新加坡例外），所以税收也有一个隶属于哪级政府的问题。隶属于中央政府、专门为中央政府预算筹资的税收称为中央税；而隶属于地方政府、专门为地方政府预算筹资的税收称为地方税。另外，税收收入还可以在中央政府和地方政府之间共享，这类税收称为共享税。目前，我国的关税、消费税和车辆购置税即为中央税，这三种税的收入百分之百要进入中央财政金库，是中央财政收入的固定来源；城市维护建设税、房产税、土地增值税、城镇土地使用税、耕地占用税、契税等税种都属于地方税，它们由地方政府负责征收和使用，为地方政府的预算支出筹集资金，是地方财政的固定收入来源；增值税是共享税，从2016年5月1日起，其收入的50%属于中央政府，50%属于地方政府。从2002年起，企业所得税和个人所得税这两大所得税也成为中央、地方的共享税，它们的收入划分以2001年的执行数为基数，基数以内的部分为地方收入，超基数部分由中央与地方分成，目前分成比例为60∶40。另外，从2016年1月1日起，证券交易印花税收入全部划归中央收入。

① 目前城市维护建设税已不作为专项资金安排，它与其他税收一起被统一安排用途。

六、按税负能否转嫁分类

税负转嫁是指纳税人通过提高价格等手段把税款转移给他人负担的一种经济行为或经济现象。按照税负能否转嫁，可将税收分为直接税和间接税两类。税款不能或很难转嫁的税收属于直接税，这类税收的纳税人也是负税人，税款由负税人直接向税务机关缴纳。税款能够或很容易转嫁的税收称为间接税，这类税收的纳税人一般并不是负税人。间接税的负税人虽不直接向税务机关纳税，但要负担税款，这实际上等于负税人间接地向税务机关缴纳了税收。一般认为，所得税和财产税属于直接税，因为这两类税的税款不容易转嫁；而商品税（流转税）属于间接税，其税款很容易被纳税人通过提高价格的办法转嫁出去，尤其是对需求价格弹性较小的商品课征的间接税更容易转嫁。与税负转嫁相关的一个概念是税收归宿，它是指税款的最终负担者。一般认为，商品税的归宿即最终的负税人是商品的最终消费者。前面已经提到，我国税收收入的55%左右来自流转税，而流转税是对流通中的商品或劳务课征的，这样，尽管我国缴纳个人所得税的人口并不多，但大多数老百姓是通过购买商品（劳务）间接地向国家缴纳税款，他们对国家财政同样是有很大贡献的。

第二节　税收制度的构成要素

税收制度是国家规定的税收法规、条例和征收办法的总称。税收制度由纳税人，课税对象，纳税期限与纳税环节，税率，附加、加成和减免，处罚等基本要素构成。

一、纳税人

纳税人是税法规定的直接负有纳税义务的单位和个人，任何一种税法首先都要明确规定纳税人是谁。例如，我国的增值税法规定，一切从事销售或进口货物、提供应税劳务的单位和个人都是增值税的纳税人。但纳税人和负税人并不是同一个概念。负税人是最终负担税款的单位或个人，负税人并不一定是税法中规定的纳税人。例如，增值税的负税人一般是货物的最终消费者，而不是税法规定的销售或进口货物的单位或个人（纳税人）。当然，对有些税种而言，纳税人和负税人是一致的。例如，个人所得税的纳税人就一定是负税人。这里的关键问题是税负能否转嫁，当税负可以完全转嫁出去时，纳税人就不等于负税人。而税负能否转嫁出去，则取决于课税商品的需求价格弹性。对于需求价格弹性小的商品（即价格上涨时需求量下降很小的商品），纳税人就很容易做到先交税再转嫁；而对于需求价格弹性大的商品，纳税人很可能要自己负担一部分税款。

二、课税对象

课税对象又称征税对象，它是纳税的客体，是国家征税的依据。每种税都有自己的课税对象。例如，所得税的课税对象是所得额，商品税的课税对象是商品，财产税的课税对象是财产。在实践中，人们对税种的划分主要是依据课税对象的不同来进行的，可以说，课税对象是一种税区别于另一种税的主要标志。上面提到的商品税、所得税、财产税等就是按照课税对象来划分的。

与课税对象密切相关的一个概念是税目。税目是课税对象的具体项目，它是对课税对象的具体划分。例如，个人所得税的课税对象是个人取得的所得额，而工资、薪金、劳务报酬、租金、股息、利息等就是个人所得税的税目。又比如，消费税的课税对象是特定的消费品，其中香烟、酒类产品、化妆品、汽车、高档手表、游艇、木制一次性筷子、实木地板、成品油等15类消费品就是消费税的税目。税法明确了具体的税目，其征税的范围就一目了然了。

三、纳税期限与纳税环节

纳税期限是指纳税人的纳税义务发生以后必须向税务机关交纳税款的时间期限。它实际上有两层含义：一是应纳税款的结算期限，即纳税人每次要就多长时间内发生的纳税义务向国家交纳税款。不同的税种往往有不同的税款结算期限。例如，我国增值税法规定，增值税的纳税期限（这里指税款结算期限）为1日、3日、5日、10日、15日或1个月，纳税人的具体纳税期限由主管税务机关根据纳税人应纳税额的大小分别核定。又比如，我国个人所得税法规定，工资、薪金的应纳税款按月计征（结算）；个体工商户的生产、经营所得应纳的税款，按年计算，分月预缴；劳务报酬所得、稿酬所得、特许权使用费所得、财产租赁所得、股息和红利所得、利息所得等按次结算应纳税款。其中，劳务报酬所得，属于一次性收入的，以取得该项收入为一次，而属于同一项目连续性收入的，以一个月内取得的收入为一次；稿酬所得，以每次出版、发表取得的收入为一次；特许权使用费所得，以一项特许权的一次许可使用所取得的收入为一次；财产租赁所得，以一个月内取得的收入为一次；利息、股息、红利所得，以支付利息、股息、红利时取得的收入为一次。当然，要想严格执行税款结算期限，还必须充分了解纳税义务发生的时间，这样才能将税款结算期间内发生的纳税义务（应纳税款）计算准确。每个税种在税法中都规定有明确的纳税义务发生时间。比如，增值税法规定，纳税人销售货物或者应税劳务，其纳税义务发生时间为收讫销售款或者取得索取销售款凭据的当天。

纳税期限的另一个含义是应纳税款的上交（入库）期限，即纳税人要在多长的时间内将已结算的税款上交税务机关。不同的税种往往也有不同的税款入库期限。例如，增值税法规定，税款结算期限为1个月的，税款应在期满后7天内缴纳，其余的应在结算期满后5天内缴纳。又比如，个人所得税法规定，工资、薪金所得应纳的税款，由扣缴义务人或者纳税义务人在次月7日内缴入国库；对企事业单位的承包经营、承租经营所得应纳的税款，由纳税义务人在年度终了后30日内缴入国库；从中国境外取得的所得，应当在年度终了后30日内将应纳的税款缴入国库。

纳税环节是指商品从产制到零售的流通过程中国家对其课税的具体环节。例如，消费税的纳税环节一般为产制环节（金银首饰、钻石及钻石饰品除外，它们的纳税环节为零售环节），即生产企业销售应税消费品就要缴纳消费税。我国的增值税为多环节增值税，纳税环节包括产制、批发、零售和进口。

四、税率

税率是税额与计税依据之间的比例。计税依据是征税时的具体课税标准。例如，商品税的计税依据为商品流转额；所得税的计税依据为收入总额减除税法规定的成本费用标准后的应税所得额。计税依据与税率的乘积等于应纳税额。所以，在计税依据一定的情况下，税率越高，应纳税额就越大。由于税率决定着纳税人的税收负担，关系到国家的税收收入，所以税率是税收制度的中心环节。我国现行的税率可以分为三大类：

（一）比例税率

顾名思义，比例税率是采用比例数形式的税率。在比例税率的情况下，不论计税依据数额大小，都按同一个比例征税。例如，化妆品的消费税税率是30%，生产企业销售化妆品无论是销售100万元还是1 000万元，都要按15%的税率缴纳消费税。比例税率一般适用于商品课税（流转课税）。

（二）累进税率

累进税率是一种多档次的比例税率表。在累进税率下，计税依据的数额被分为若干个级次，每个级次分别对应一个比例税率，计税依据的数额越大，其对应的税率就越高。累进税率一般适用于个人所得税的征收，因为这种税率形式最能体现个人所得税的纵向公平原则（即收入水平越高的人应当缴纳越多的税收）。

累进税率从实际应用方法来看又可以分为全额累进税率和超额累进税率两种。全额累进税率是指把计税依据划分为若干个等级，由低到高分别规定税率，计税依据的全部数额都要按照与之对应的一个税率纳税。超额累进税率是指把计税依据的数额划分为若干个等级，由低到高分别规定税率，计税依据中的不同等级部分要分别按照与之对应的税率计算税额，一定量的计税依据可以同时适用几个等级的税率。

全额累进税率与超额累进税率各有不同的特点：

（1）在名义税率相同的情况下，全额累进税率的累进程度高，税负重；超额累进税率的累进程度低，税负轻。因为全额累进税率要求计税依据的全部数额都要按照与最高级距部分对应的税率纳税，而超额累进税率则要求分段计税，计税依据中较低级距的部分可以按照较低的税率纳税，只有最高级距部分的计税依据数额才需要按照与之对应的较高的税率纳税。

（2）全额累进税率在计税依据的级距临界点附近税负会出现跳跃性，即税负的增加可能会大大超过计税依据数额的增加，这种税负的跳跃是很不合理的。而超额累进税率由于分段计税，计税依据的数额超过某个级距时，则只有超过的部分才适用较高的税率，从而大大地缓解了税负的跳跃性问题。

（3）全额累进税率条件下税额的计算简便；而在超额累进税率情况下由于需要分段计税，税额计算起来比较复杂。

由于超额累进税率的税负较轻，累进程度较低，税负不存在明显的跳跃性，所以在实践中它得到了普遍采用。例如，我国的个人所得税对工资和薪金所得、个体户的生产经营所得及对企事业单位的承包经营和承租经营所得实行的都是超额累进税率。

为了解决超额累进税率条件下税额计算复杂的问题，人们在实践中可以采用一种叫做“速算扣除数”的办法。所谓“速算扣除数”，是指在计税依据确定的情况下按全额累进税率计算的税额减去按超额累进税率计算的税额之间的差额。用公式表示即为：

速算扣除数＝全额累进税额－超额累进税额

当累进税率表确定以后，人们就可以计算出每个级距的计税依据对应的速算扣除数。这样，当按照超额累进税率计算一定量计税依据的应纳税额时，只需将其全部数额乘以最高级距所对应的税率，然后再减去该级距对应的速算扣除数即可，见表 5－1。

表 5－1　综合所得适用的税率表及速算扣除数

级数	全年应纳税所得额	税率（%）	速算扣除数（元）
1	不超过 36 000 元的	3	0
2	超过 36 000 元至 144 000 元的部分	10	2 520
3	超过 144 000 元至 300 000 元的部分	20	16 920
4	超过 300 000 元至 420 000 元的部分	25	31 920
5	超过 420 000 元至 660 000 元的部分	30	52 920
6	超过 660 000 元至 960 000 元的部分	35	85 920
7	超过 960 000 元的部分	45	181 920

例如，某纳税人的年工薪收入为 25 万元，扣除 6 万元的免征额（每月 5 000 元），再减去 3.6 万元的专项附加扣除（每月 3 000 元），其年应纳税所得额为 15.4 万元，其当年应缴纳的个人所得税为 13 880（＝154 000×20%－16 920）元。

（三）定额税率

定额税率是指按课税对象一定的实物单位直接规定一个固定税额。例如，我国消费税法规定，汽油的税率是每升 1.52 元，啤酒的税率是每吨 220 元；资源税法规定，粘土和砂石适用的税率为每吨或立方米 0.1～5 元；等等。这些都属于定额税率。定额税率是根据课税对象的实物单位确定的，计算应纳税额十分简便。但因它与价格无关，所以当通货膨胀比较严重时，使用定额税率的税种的税收收入并不会随物价大幅度上涨而相应地增加，这是定额税率最大的缺点。另外，像个人所得税等许多税种如果使用了定额税率，也会严重影响这些税种的公平性。

五、附加、加成和减免

附加、加成和减免都是调节纳税人税收负担的政策措施。其中，附加和加成属于加重纳税人税收负担的措施；减免税则属于减轻纳税人负担的措施。国家在税法中规定附加、加成和减免措施，目的是把税收制度的严肃性与必要的灵活性结合起来，从而使税收制度得到更好的贯彻执行。

（一）附加

附加是地方附加的简称，是地方政府在正税之外附加征收的一部分税款，作为地方政府的收入来源。例如，我国过去征收的外商投资企业和外国企业所得税的正税税率为30%（1991 年该税出台时正税收入归中央财政），地方附加税规定为 3%，这样，该税的合并税率为 33%。

（二）加成

加成是加成征收的简称，是国家出于某种政策性考虑而对特定纳税人加税的一种措施。加一成等于加正税税额的 10%，加两成等于加正税税额的 20%，依此类推。例如，我国的个人所得税在 2019 年之前对劳务报酬所得就有加成征收的规定，即对纳税人劳务报酬收入的应纳税所得额一次超过 2 万～5 万元的部分，按应纳税额加征五成；对超过 5万元的部分，加征十成。这样，劳务报酬所得实际上适用 20%、30%、40%的三级超额累进税率，见表 5-2。从 2019 年开始，劳务报酬被纳入个人的综合所得，所以不再适用上述加成征收的规定。

表 5-2　劳务报酬所得个人所得税税率表（1994—2018 年）

级数	每次应纳税所得额	税率（%）
1	不超过 20 000 元的部分	20
2	超过 20 000 元至 50 000 元的部分	30
3	超过 50 000 元的部分	40

（三）减免

税收的减免措施主要包括以下内容：

（1）减税、免税。减税就是减征部分税款；免税即免交全部税款。例如，《中华人民共和国企业所得税法》（简称《企业所得税法》）中就有一些减税、免税的规定。该税法规定，企业从事蔬菜、谷物、油料、棉花等农作物的种植以及牧畜、家禽的饲养等项目取得的所得，免征企业所得税。

（2）起征点、免征额。起征点是指税法中规定的课税对象开始被征税的起点，课税对象的数额达不到起征点不对其征税，超过了起征点要对课税对象的全部数额征税。例如，我国的增值税就有起征点的规定，即按期纳税的起征点为月销售额 10 万元（不含增值税），按次纳税的起征点为每次（日）销售额 300～500 元。也就是说，纳税人的销售额如果达不到规定的起征点，不对其课征增值税；但如果其销售额超过了起征点，则要对纳税人的全部销售额课征增值税。

免征额是指税法规定的课税对象中可免予征税的数额，课税对象的数额超过了免征额，国家只对超过免征额的部分征税。例如，我国个人所得税对中国居民的综合所得规定有每月 5 000 元的免征额。在这种规定下，如果某人的月综合所得低于 5 000 元就不用纳税；如果其月综合所得超过了 5 000 元，只需就超过 5 000 元的部分纳税。举例来说，王先生每月的工资收入是 9 000 元，并且没有其他收入，也不能享受任何专项附加扣除，他每月的应税工资所得为 4 000 元，年应税所得额 48 000 元按 10%的边际税率纳税，其全年的应纳税额为 2 280 元。

六、处罚

为了保证税法的严肃性，法律要对纳税人的违法行为给予一定的经济处罚和刑事处罚。纳税人违反税法的行为包括偷税、欠税、骗税、抗税等。偷税是指纳税人有意识地采取一些非法手段不交或少交税款的行为。《税收征收管理法》第六十三条规定："纳税人伪造、变造、隐匿、擅自销毁帐簿、记帐凭证，或者在帐簿上多列支出或者不列、少列收入，或者经税务机关通知申报而拒不申报或者进行虚假的纳税申报，不缴或者少缴应纳税款的，是偷税。"需要指出的是，目前我国税法中已没有"漏税"的概念。过去"漏税"是指纳税人非故意地不交或少交税款的行为，但由于在实践中执法者很难判定纳税人不交或少交税款的行为是故意的还是非故意的，所以在《税收征收管理法》中不再有"漏税"一词。欠税是指纳税人不按规定的纳税期限交纳税款的行为。骗税又称出口骗税，是指纳税人利用假报出口的欺骗手段，骗取国家出口退税款的行为。抗税是指以暴力、威胁的方法拒不缴纳税款的行为。《税收征收管理法》对于纳税人各种违反税法的行为都规定有一定的处罚措施，包括经济处罚（罚款）和刑事处罚（拘役和监禁）。

第三节　我国的主要税种

我国现行的税收制度是在 1994 年全面税制改革的基础上确立的。经过近年来的税制改革，我国目前实际征收的税种有 18 个。以下是我国主要税种的基本情况。

一、增值税

（一）增值税的概念和优点

增值税是以增值额为计税依据的税种。所谓增值额，就某个企业而言，是指其在生产经营过程中新创造的价值，表现为企业的销售收入扣除企业外购的原材料、燃料等投入品价值后的余额。从整个国民经济的角度看，增值额基本上相当于一定时期的国民收入，即$V+M$部分。由于增值额是流转额中的一部分，对增值额课征的增值税多数人认为也属于流转税的一种。

增值税与按流转全额课征的流转税相比有不少优点，这些优点主要表现在以下方面：

（1）可以避免对商品的重复征税，有利于社会生产向专业化和协作化的方向发展。流转税如果按商品的流转全额课征，很容易导致重复征税问题。因为一个产品出厂后，有可能被另一个企业购进作为其产品的零部件。在这种情况下，该产品在上述第一个企业对外销售时要被课征一次流转税，作为产品的零部件在第二个企业销售其产品时又要被课征一次流转税。这种对产品的重复征税不仅不公平，而且很可能诱导企业在生产上实行“大而全”“小而全”的生产方式。因为在这种生产方式下，企业生产所需要的零部件全部由自己生产，不需要外购，企业产品的零部件就不必负担额外的税款，所有的零部件只随产成品在出厂环节缴纳一次税收。由于没有重复征税，全能厂生产的产品税负相对较低，而靠外购零部件的专业化生产企业因零部件重复征税，其最终产品的税负就比较重。在产品质量和性能一定的情况下，全能厂生产的产品在价格上就会有较强的竞争力，而专业化生产企业很可能由于重复征税问题而失去产品市场。所以，按流转全额课征的流转税鼓励的是“大而全”“小而全”的生产方式，对专业化生产有抑制作用。但从经济规律来看，专业化和协作化更符合经济发展的客观要求。实行增值税则可以解决上述重复征税的问题。因为增值税的计税依据只是企业的增值额，企业外购的零部件等投入品的价值要从本企业的增值税税基中扣除，这样即使企业采取专业化的生产方式，零部件等靠大量外购，但因这些外购零部件等只负担一次税款，所以产品的税负也并不会加大。只要产品的最终价格相同，无论它们是全能厂生产的产品，还是专业化生产企业生产的产品，其总税负都是相同的。可见，在生产方式方面，增值税可以完全保持中性，这对社会生产向专业化、协作化的方向发展是有一定促进作用的。

（2）增值税有利于保证财政收入的稳定。增值税的计税依据是增值额，而各环节的增值额之和一定等于产品的最终价格。只要产品的最终价格一定，产品的增值税税额就不会受企业生产方式以及产品流通环节多寡的影响。由于增值税的这个特点，所以在税率一定的情况下，无论企业的生产方式有什么变化，也不管产品的流通环节是增加还是减少，产品的增值税税负都不会有所变化，相应地，国家的增值税收入也不会因此而大起大落，这对于保证财政收入的稳定是十分有利的。

（3）增值税的征收方式有利于防止纳税人的偷税行为。增值税凭发票抵扣的征收方式，形成了一个环环相扣的纳税人自我监督的防偷税机制。因为在这种征收方式下，上一环节的纳税人如果不交纳增值税（销项税），则下一个环节的纳税人就得不到增值税发票，因而也就不能抵扣进项税额。企业在购买商品货物时，为了能按销项税额减进项税额的差额纳税，必然要向其供货方索要增值税专用发票，这样就在纳税人之间形成了一种环环相扣的纳税检查机制，从而可以有效地抑制纳税人的偷税行为。需要指出的是，在增值税凭发票抵扣的制度下，如果缺乏对增值税专用发票的计算机交叉稽核手段，一些犯罪分子则可能利用假发票或采取“虚开增值税发票”（即在真实的增值税发票上虚构销售业务）的做法进行偷税活动。这时，增值税凭发票抵扣的征收方式就具有了不容忽视的缺点。

（4）增值税凭发票抵扣有利于准确地进行出口退税。出口退税是流转税实行消费地原则的具体措施。所谓消费地原则，就是对国际贸易商品由进口国征税，出口国不对其征税。如果进口国和出口国都对国际贸易商品课税，则会出现国际重复征税的问题，不利于国际贸易的发展。为了实现消费地原则，出口国就要在出口环节将出口商品在以前的流转环节负担的流转税税款退给出口商，即出口退税；而进口国则要在进口环节对进口商品补征税款。出口退税和进口补税已成为一种国际惯例，并得到了世界贸易组织等机构的认可。然而，由于按流转全额课征的流转税税负受生产企业类型或产品流通环节多寡的影响，很难做到准确的出口退税。出口国如果多退了税款，就等于给出口商品提供了补贴；出口国如果退税不足，则本国商品在国外就很难与当地生产的商品进行竞争。可见，准确地进行出口退税对于建立合理的国际贸易秩序是十分必要的。而增值税在凭发票抵扣的制度下，产品在出口环节以前负担的税款能清楚地记录在增值税专用发票上，这样，按照增值税专用发票上记载的税款就可以做到准确的出口退税，真正实现增值税的“零税率”。

（二）增值税的主要内容

我国“营改增”之前的税制是1994年税制改革后确立的，并建立了以增值税和营业税为主体、辅之以消费税的流转税体系。根据这种税制，在我国从事货物的销售及进口，或者提供加工、修理修配劳务的纳税人，需要缴纳增值税；而在我国提供交通运输、建筑安装、金融保险、邮电通信、文化体育、娱乐、服务等劳务以及转让无形资产和销售不动产的纳税人，则需要缴纳营业税。按照1994年财税体制改革确立的税收征管体制，各地的国家税务局负责征收增值税，而地方税务局负责征收营业税。但实践证明，“增营并征”的流转税制度存在许多问题，突出地表现在以下几个方面：一是货物和劳务有时很难分清，例如，企业制作招投标的标书对外销售，其取得的销售收入是缴纳增值税还是缴纳营业税？如果将其看做销售货物，当然就需要缴纳增值税，但如果认为这是提供设计劳务，就应当缴纳营业税。又比如，美术工作者绘制的油画（非机器印制）在市场上销售，对这种销售收入应当征收增值税还是营业税？如果把油画作品作为货物，当然就要征收增值税；但如果把它视做设计劳务的载体，就应当征收营业税。总之，这种案例在实践中还有很多。在无法准确界定一种经营行为是销售货物还是提供劳务时，就出现了征什么流转税的问题，国税与地税之间也会产生矛盾。二是纳税人的经营活动往往是对一个客户销售货物和提供劳务同时进行，例如：机床厂销售机床同时负责为客户安装调试；家具公司向客户销售家具同时负责为客户提供运输服务；建筑公司为甲方提供建筑安装劳务，同时向其提供公司自己生产的建材；等等。这些都属于混合销售行为，税法必须规定一系列复杂的制度加以应对。三是纳税人还可能从事兼营，即既有销售货物的业务，也有提供劳务的业务。例如，油漆店既出售油漆（销售货物），又为一些自备油漆的客户刷漆（建筑业劳务）。在这种情况下，油漆店既要缴纳增值税，又要缴纳营业税，这就要求油漆店将收入准确地分开核算，否则就无法保证准确纳税。由于“增营并征”制度的不合理性，国家从2012年开始开展“营改增”试点，先从上海的交通运输业和现代服务业“营改增”试点开始，然后该项试点又在地区和行业两方面不断推进，并在2016年5月1日开始全面实行“营改增”，将建筑业、金融保险业、生活性服务业、文化体育业、娱乐业以及销售不动产等纳入“营改增”的范围，营业税从此退出历史舞台。

（1）征税范围。纳税人在我国从事的所有经营活动，包括销售货物、进口货物、提供加工和修理修配劳务、销售服务、转让无形资产以及销售不动产，都属于增值税的征税范围。

（2）纳税人。凡是在我国发生增值税征税范围内经济活动的单位和个人，都是增值税的纳税义务人。单位包括企业、行政单位、事业单位、军事单位、社会团体及其他单位。个人是指个体工商户和其他个人。

（3）计税依据。增值税是价外税，即计税依据中不能含增值税本身，所以增值税的计税依据为不含增值税税额的销售额。如果销售额中包含了增值税税额（价税合并定价），则需要用以下公式换算成不含税销售额：

不含税销售额＝含税销售额/(1＋增值税税率或征收率)

（4）税率。我国增值税原实行四档税率，基本税率为17%，货物低税率为13%，该低税率适用于农产品、食用植物油、食用盐、自来水、暖气、冷气、热水、煤气、石油液化气、天然气、沼气、居民用煤炭制品、图书、报纸、杂志、饲料、化肥、农药、农机、农膜、音像制品和电子出版物等。另外，“营改增”后，又为增值税设置了两档税率，11%和6%。11%的税率适用于交通运输业、邮政业、电信业（基础电信服务）、建筑业和销售不动产。6%的税率适用于现代服务业、电信业（增值电信服务）、金融保险业、文化体育业、生活性服务业等。为了简并增值税税率结构，我国自2017年7月1日起取消了13%的增值税税率，原适用13%税率的货物改为适用11%。为了支持实体经济的发展，从2018年5月1日开始，国家将17%的增值税税率调整到16%，将11%的税率调整到10%。从2019年4月1日起，国家进一步调整增值税税率：原适用16%税率的，税率调整为13%；原适用10%税率的，税率调整为9%。另外，对于小规模纳税人实行3%的征收率。小规模纳税人要按照销售额（不含增值税）乘以征收率来计算应纳税额，不允许其扣除进项税额。

（5）应纳税额计算。增值税应纳税额的计算分一般纳税人和小规模纳税人两种不同的方法。对于一般纳税人而言，增值税应纳税额的计算采用购进扣税法，实行凭发票注明税金进行税款抵扣的制度。应纳税额的计算公式为：

应纳税额＝当期销项税额－当期进项税额

当期销项税额＝当期销售额×适用税率

根据上述公式，正确计算应纳增值税税额首先要正确核算当期的销售额，因为销售额计算是否准确直接关系到当期销项税额。根据税法的规定，销售额应包括纳税人销售货物或者提供应税劳务而向购买方收取的全部价款和价外费用（但不包括收取的销项税额）。这里的价外费用是指价外向购买方收取的手续费、补贴、基金、集资费、返还利润、奖励费、违约金（延期付款利息）、包装费、包装物租金、储备费、运输装卸费、代收款项、代垫款项，等等。在核算销售额时需要注意以下几点：①纳税人销售货物向购买方收取的包装物押金，如果纳税人将其单独记账核算，可不并入销售额征税。但对于收取1年以上的包装物押金，无论今后是否退还，均应并入销售额征税。②纳税人销售货物替购买方代垫的运输费可不计入销售额征税。但这种运费必须满足以下条件：一是承运部门的运输发票是开具给购货方的，而不是开具给销货方纳税人的；二是销货方纳税人要将该发票转交给购货方。对代垫运费之所以要严格限定，是因为纳税人向购货方收取的运费要并入销售额纳税，如果不对代垫运费严格限定，就容易造成纳税人将向购货方收取运费谎报成代垫运费，减少销售额，从中逃税。③在委托加工业务中，受托方要就其从委托方收取的加工费缴纳增值税。这时，受托方如果是替委托方加工应纳消费税的产品，受托方在向委托方交货时要向委托方收取代扣的消费税，即委托加工产品的消费税是由受托方代扣代缴。而税法规定，受托方从委托方收取的代扣代缴的消费税不应计入其销售额（加工费）中纳税。

要正确计算增值税的应纳税额，除了准确核算销售额以外，还必须准确计算当期进项税额。因为如果纳税人人为加大当期进项税额，其当期的应纳税额就会减少，所以增值税法对当期能够扣除的进项税额有严格的限定。一般而言，纳税人可以扣除的进项税额必须是增值税扣税凭证上载明的增值税税额。纳税人购进货物未按照规定取得并保存增值税扣税凭证，或者增值税扣税凭证上未按照规定列明增值税税额及其他有关事项的，其进项税额均不得从销项税额中抵扣。增值税扣税凭证有四种：一是增值税专用发票；二是从海关取得的海关进口增值税专用缴款书；三是农产品收购发票或销售发票（可按发票上注明的农产品买价和10%的扣除率计算进项税额[①]）；四是自税务机关或扣缴义务人处取得的解缴税款的完税凭证。

另外，税法还规定，在下列情况下，即使一般纳税人购进了货物并取得了增值税专用发票（即纳税人在支付货物价款的同时也支付了增值税税款作为其进项税额），增值税专用发票等扣税凭证上列明的进项税额也不能从销项税额中抵扣：①用于简易计税方法计税项目、免征增值税项目、集体福利或者个人消费的购进货物、劳务、服务、无形资产和不动产；②非正常损失的购进货物，以及相关的劳务和交通运输服务；③非正常损失的在产品、产成品所耗用的购进货物（不包括固定资产）、劳务和交通运输服务；④国务院规定的其他项目。

在计算增值税应纳税额时，纳税人可以进行抵扣的是当期进项税额。所谓当期进项税额，就是纳税人在当前这个纳税期限内发生的进项税额。如果纳税人把下一个或以后纳税期限中发生的进项税额提前到当期进行抵扣，就会相应地减少当期的应纳税额，税法规定这种行为也属于偷税。自2017年7月1日起，增值税一般纳税人购进货物或应税劳务并取得防伪税控系统开具的增值税专用发票，其进项税额申报抵扣的时间规定是：一般纳税人必须自该专用发票开具之日起360日内到税务机关认证，否则不予抵扣进项税额；专用发票认证通过后，应在认证通过的次月申报期内核算当期进项税额并申报抵扣。增值税扣税凭证因客观原因逾期的，可逐级上报，由国家税务总局认证、稽核比对后，才能进行抵扣。

增值税小规模纳税人应纳税额的计算公式为：

① 经过增值税税率的一系列调整，农产品适用的增值税税率从13%降到11%，以后又分两步降到10%和9%。目前，纳税人购进的用于生产或者委托加工13%税率货物的农产品，按照10%的扣除率计算进项税额；其他情况下的扣除率也调整为9%。

应纳税额＝销售额×征收率

上述公式中的征收率为3%；公式中的销售额为不含增值税销项税额的销售额。增值税小规模纳税人的认定标准从2018年5月1日起改为年应征增值税销售额500万元及以下。小规模纳税人一般会计核算不健全，因而难以准确核算销项税额和进项税额；而且小规模纳税人销售货物或提供服务的对象多是最终消费者，无须向他们开具增值税专用发票。出于以上两个原因，税法规定对小规模纳税人采用销售额乘以征收率的简易计税方法，不实行凭增值税专用发票进行税款抵扣的制度。相应地，增值税一般纳税人向小规模纳税人销售货物或提供服务不能开具增值税专用发票，小规模纳税人在一般情况下对外销售货物或提供服务也不能开具增值税专用发票。但为了方便小规模纳税人销售货物或服务，目前也允许一些行业或领域的小规模纳税人自行开具增值税专用发票。从2019年3月1日起，将小规模纳税人自行开具增值税专用发票试点范围由住宿业，鉴证咨询业，建筑业，工业，信息传输、软件和信息技术服务业，扩大至租赁和商务服务业，科学研究和技术服务业，居民服务、修理和其他服务业。上述8个行业小规模纳税人发生增值税应税行为，需要开具增值税专用发票的，可以自愿使用增值税发票管理系统自行开具。

（6）出口退税。1994年我国新的增值税制度实施时，国家规定对出口货物实行“零税率”，即对出口货物在出口环节免征增值税，同时，国家还要将出口货物所负担的全部增值税税款退还给出口商（即适用17%税率的货物退税率为17%，适用13%税率的货物退税率为13%），使出口货物不含任何增值税税款出口。但1995年5月国务院决定从1995年7月1日起降低出口货物的退税率：原适用17%退税率的货物退税率调低为14%；原适用13%退税率的调低为10%；农产品、煤炭的退税率降为3%。1995年10月国务院又决定从1996年1月1日起再次降低出口货物的退税率：原适用14%退税率的货物退税率降为9%；原适用10%退税率的货物退税率降为6%；原适用3%退税率的货物仍按3%的退税率执行。国家之所以两次降低出口货物的退税率，有许多原因。例如，增值税制度中有许多免税的规定，而为了使增值税的链条不中断，增值税免税采用“先征后退”的办法，即免税企业要先按税法的规定缴纳增值税，并向购买方开具增值税专用发票，然后税务部门再将该企业缴纳的增值税如数退还给免税企业。在这种制度下，国家实际得到的增值税收入就会小于增值税专用发票所反映的增值税税额。另外，一些不法纳税人在购进货物时以虚开和代开增值税专用发票或谋取非法的减免税等手段少交税或不交税。由于以上原因，出口货物增值税专用发票上所反映的增值税税额就大大超过了国家实际从出口货物身上得到的增值税收入。如果按照“零税率”来执行，就会出现征税少退税多的局面，使国家财政难以为继。从这个角度看，国家降低出口货物退税率是有道理的。但是，降低增值税的退税率对我国的出口势必会带来一定的负面影响。因为出口商购进出口货物时要按17%或13%的税率负担增值税，而允许的退税率仅为9%或6%，这样出口商就要自己负担一部分增值税，或被迫提高出口货物的价格。这两种情况对出口增长都不利。1997年东南亚金融危机爆发后，我国的出口面临严峻的挑战。为了促进出口，国家在1998年先后提高了部分产品的出口退税率。其中，纺织品、钢材、水泥的退税率由9%提高到11%；船舶的退税率从9%提高到14%；煤炭的退税率从3%提高到9%。1999年1月国家又进一步提高了部分产品的出口退税率。其中，机械及设备、电器及电子设备、运输工具、仪器仪表这四大类机电产品的出口退税率提高到了

17%，也就是说，这些产品出口又恢复了零税率；农机、纺织原料及制品、钟表、鞋、陶瓷、钢材及其制品、水泥的出口退税率提高到了13%；有机化工原料、无机化工原料、涂料、染料、橡胶制品、玩具及运动用品、塑料制品、旅行用品及箱包的出口退税率提高到了11%；农产品的出口退税率提高到了5%；其他原来适用于6%退税率的产品其出口退税率一律提高到了9%。

从1999年4月1日起，煤炭的退税率由9%提高到13%。从1999年7月1日起，服装的退税率提高到17%，服装以外的纺织原料及制品、不适用17%退税率的机电产品以及法定税率为17%但退税率为13%或11%的货物，退税率统一提高到15%；法定税率为17%但退税率为9%的其他货物，退税率提高到13%；农产品以外的法定税率为13%但现行退税率未达到13%的货物，退税率提高到13%。至此，我国出口货物的退税率共有4档，即17%、15%、13%和5%，平均退税率达到15%。

但提高退税率使财政仍面临一个资金问题。每年中央财政都规定一个出口退税限额，如2002年对外贸企业的退税额度为1 150亿元，退税额超限额的部分结转到以后年度办理退税。截至2003年6月底，中央财政应退未退的金额达到了3 400亿元。为了解决出口企业的资金周转问题，国家曾出台了一项政策，允许企业用税务部门出具的出口应退税款的凭证到商业银行办理抵押贷款，贷款的利息由地方财政给予一部分贴息，但在这种制度下，企业实际上仍要负担一部分贷款的利息。面对出口退税的资金紧缺问题，国务院于2003年10月13日做出决定，从2004年1月1日起改革现行出口退税机制。改革的内容包括：①有区别地、适当地降低出口退税率，即对国家鼓励出口的产品（主要是高科技产品）不降或少降退税率，对一般性出口产品适当降低退税率（即原适用17%和15%退税率的产品退税率下调到13%，原适用13%退税率的下调到11%），对国家限制出口的产品和一些资源性产品多降或取消退税（例如，取消了原油、木材、纸浆、山羊绒、稀土金属矿等产品的出口退税；汽油的退税率调低到11%，焦炭半焦炭、炼焦煤的退税率调低到5%）。这次退税率的平均降幅为3个百分点，平均退税率由15%降到12%。②本着“新账不欠，老账要还”的原则，中央财政要加大出口退税的力度。今后中央进口环节增值税和消费税收入的增量首先要用于出口退税。③根据“完善机制，共同负担”的原则，从2004年起，中央和地方要共同负担出口退税，具体办法是：以2003年出口退税的实际指标为基数，基数以内的部分由中央财政负担，对超基数部分的应退税额由中央和地方按75∶25的比例共同负担。④累计欠退税由中央财政负担，对截至2003年底累计欠企业的出口退税款全部由中央财政负担，并从2004年起采取全额贴息等办法予以解决。一般认为，这次调低退税率，一方面可以缓解财政退税的资金紧张问题，另一方面也有利于缓解国际上要求人民币升值的压力（退税率降低会增加企业的出口成本，其效应等同于人民币升值，它可以抑制我国外贸顺差不断扩大的趋势）。

2004年增值税出口退税改革后，随着情况的变化，国家又相继采取了一些调整措施。一是从2005年1月1日起，出口退税超基数部分应退税额中央和地方分担比例由75∶25改为92.5∶7.5，从而解决了一些出口大省出口退税地方财政负担过重甚至拖欠退税款的问题。二是继续降低或取消一些产品的出口退税，例如，将20种钢材的出口退税率下调至11%；将煤炭退税率降至8%；将汞、钨、锡、锌、锑及其制品以及25种农药、分散染料、石蜡的退税率下调到5%；取消焦炭、炼焦煤、6种钢铁初级产品、车用汽油及航空汽油、煤焦油、生皮、生毛皮、干革、湿革等产品的出口退税。尽管当时国家不断降低部分产品的出口退税率，但出口退税的金额仍逐年增加，已从2003年的1 988.59亿元增加到2006年的4 284.89亿元，平均每年递增38.5%。

从2007年7月1日起，国家再次调整了出口退税政策，降低了2 831项商品的出口退税率，这些商品约占海关税则中全部商品总数的37%。经过这次调整，我国的出口退税率共有17%、13%、11%、9%和5%五档。国家这次调整出口退税率，主要是为了抑制"高能耗、高污染、低附加值"（即所谓"两高一低"）产品的生产和出口，促进经济增长方式的转变和经济社会的可持续发展；同时也可以减少与发达国家的贸易摩擦，改善国际贸易环境。但2007年10月，美国爆发次贷危机，次贷危机接着又转化为国际金融危机和国际经济危机，并对我国的实体经济造成了很大的冲击。从2008年11月起，我国的出口开始出现负增长，到2009年第一季度，我国的经济增长率猛跌到了6.6%。为了应对这次国际经济危机对我国的影响，国家从2008年8月1日到2009年6月先后七次提高出口产品的退税率，使许多产品的退税率达到了17%，从而实现了出口零税率。这些产品包括：机器、机械器具、电器设备及零件；录音机及放声机、电视图像及声音的录制和重放设备及其零件；按17%税率征收的车辆、航空器及其零件。但目前还有许多产品没有做到出口零税率，例如，针织物和编织物的退税率为16%；鞋、帽、雨伞的退税率为15%；照相和电影用品以及塑料制品的退税率为13%。由于国家及时采取了一系列应对国际经济危机的措施，到2010年第一季度，我国的经济增长率达到11.9%，恢复到2007年第二季度的历史较高水平。为了进一步落实节能减排的目标以及减少与主要贸易伙伴的贸易摩擦，国家决定自2010年7月15日起取消部分重化工业产品的出口退税，包括：部分钢材、部分有色金属加工材、银粉、酒精、玉米、淀粉、部分农药、化工产品、部分塑料制品、橡胶及制品、玻璃及制品等。2012年以后，我国的出口增速又开始下滑，2011年出口增速为20.3%，2012年和2013年猛降到7.9%，2014年进一步下降到6.1%，2015年甚至为−2.8%的负增长。为了应对出口恶化的形势，2014年12月31日，财政部、国家税务总局颁布了《关于调整部分产品出口退税率的通知》（财税［2014］150号），决定从2015年1月1日起，提高部分高附加值产品、玉米加工产品、纺织品服装的出口退税率。例如，家用型喷射和喷雾机械器具、自动插件机、摩托车、自行车、残疾人用车、血管支架、人工关节、钢琴等产品的出口退税率已经提高到17%。自2017年7月1日起，我国取消了13%的增值税税率，一些原先按13%税率征税的货物，它们的退税率降为11%。自2018年5月起，由于增值税税率从17%降为16%以及从11%降为10%，原适用17%和11%退税率的货物，其退税率也相应降为16%和10%。自2019年4月1日起，随着国家进一步下调增值税税率，原适用16%税率且出口退税率为16%的出口货物和劳务，出口退税率调整为13%；原适用10%税率且出口退税率为10%的出口货物、跨境应税行为，出口退税率调整为9%。

二、消费税

消费税是对少数非生活必需品性质的消费品课征的一种流转税。它是1994年我国税制改革新设立的一个税种。1994 年税制改革以前，我国的增值税有 10 多档税率。税制改革以后，增值税的税率减少到两档，这样许多商品的税率就大大地降低了，而且税率降低的商品多是奢侈品或非生活必需品。例如，化妆品税改前增值税税率为 45%，税改后降为 17%。这些商品税率降低不仅会造成财政收入的下降，而且也不利于提高流转税制的累进性。所以，对于这些税改前实行高税率的商品有必要在普遍征收增值税的基础上再课征一道消费税。

消费税的主要内容是：

（1）征税范围。我国消费税的征税范围包括 15 大类商品，这 15 大类商品可分为以下 4 种类型。①过度消费对人体有害或不利于社会秩序、生态环境的消费品，例如烟、酒、鞭炮焰火、涂料、电池等。②奢侈品，如高档化妆品、贵重首饰及珠宝玉石、高档手表、游艇、高尔夫球及球具等。③高能耗的高档消费品，如小汽车、摩托车等。④不可再生和不可替代的稀缺资源消费品，如成品油、实木地板、木制一次性筷子等。

（2）纳税人。凡在我国境内生产、委托加工和进口应税消费品的单位和个人为消费税的纳税义务人。从 1995 年起，金银首饰、钻石及钻石饰品的纳税人改为零售环节的销售商，生产加工企业不再是消费税的纳税人。从 2009 年 5 月 1 日起，对卷烟在批发环节加征消费税（目前税率为 11%，并按 0.005 元/支加征从量税）。

（3）计税依据。消费税的计税依据为销售额，即纳税人销售应税消费品向购买方收取的全部价款和价外费用。由于消费税实行价内税，其计税依据为含有消费税税金但不含增值税税金的商品销售额。

（4）税率。消费税有比例税率和定额税率两种税率形式。比例税率最低为 3%，最高为 56%。黄酒、啤酒以及汽油和柴油适用于定额税率。

（5）应纳税额的计算。消费税采用从价定率或者从量定额的办法计算应纳税额。从价定率办法是指根据商品的销售额和适用税率计算征税，计算公式为：

应纳税额＝销售额×税率

从量定额征收办法是指根据商品的销售数量和税法规定的单位税额计算征税，计算公式为：

应纳税额＝销售数量×单位税额

需要指出的是，目前对白酒和卷烟实行从量定额和从价定率相结合的复合计税方法。例如，白酒生产企业出售白酒先要缴纳从量定额税，税率为每斤（500 克）0.5 元，然后再按出售价格缴纳从价税，税率为 20%。采用复合计税方法主要是为了防止白酒、卷烟的生产企业向关联方低价销售产品从中规避消费税的现象。

三、关税

关税是一国政府对进出本国国境的货物和物品征收的一种流转税。根据货物在国境上的流通方向不同，可将关税分为进口关税和出口关税。进口关税对进口商品课征，目前是各国最主要的关税。出口关税对出口商品课征，而为了鼓励本国的商品出口，许多国家已不再课征出口关税。另外，各国课征进口关税主要是为了保护本国经济，取得财政收入不是主要目的，所以，目前各国的关税基本上都是保护关税，而非财政关税。2015年，关税只占我国税收收入的2.04%。

关税的主要内容是：

（1）课税对象。关税的课税对象是进出我国国境的货物和物品。货物是指贸易性商品；物品包括入境旅客随身携带的行李物品、个人邮递物品、各种运输工具上的服务人员携带进口的自用物品、馈赠物品以及以其他方式进入我国国境的个人物品。

（2）纳税人。贸易性商品进口关税的纳税人是经营进口货物的收、发货人，包括外贸进出口公司、工贸或农贸结合的进出口公司以及其他经批准经营进出口商品的企业。物品进口关税的纳税人包括入境旅客随身携带的行李、物品的持有人、各种运输工具上服务人员入境时携带自用物品的持有人、馈赠物品以及以其他方式入境的个人物品的所有人、进口个人邮件的收件人。

（3）税率。关税的税率采用差别比例税率，税率分为进口税率和出口税率。进口货物按照必需品、需用品、非必需品、限制进口品等分成若干级别分别规定不同的税率。必需品进口税率低于需用品税率，需用品税率低于非必需品税率，限制进口品的税率最高。另外，关税的差别税率还体现在进口货物的生产国别上。对原产于与我国未订有关税互惠协定的国家或地区的进口货物要按照普通税率征税；对原产于与我国订有关税互惠协议的国家或地区的进口货物则按照优惠税率征税。改革开放以来特别是加入世界贸易组织以后，我国多次大幅度降低了进口关税的税率，到2018年底，我国进口关税的算术平均税率为7.5%。出口关税的税率也为比例税率，但没有普通税率和优惠税率之分。目前我国只对鳗鱼苗、山羊板皮、铝丝等30多种商品征收出口关税，税率为5%～40%。

（4）税额计算。关税应纳税额的计算公式为：

应纳税额＝进（出）口应纳税货物数量×单位完税价格×适用税率

关税的完税价格相当于一般流转税的计税价格，它是计算应税进出口额时应使用的价格。进口货物把以海关审定的成交价格为基础的到岸价格作为完税价格。到岸价格是指货物采购价加上货物运抵我国关境内输入地起卸前发生的包装费、运费、保险费和其他劳务费之和。出口货物的完税价格等于货物的离岸价格扣除出口关税后的余额。

四、资源税

资源税的课征是为了调节开采自然资源企业取得的级差收入。资源税的主要内容是：

（1）征税范围。资源税的课税对象是自然资源，但目前并非所有的自然资源都应被课税，应税的自然资源只包括矿产品和盐两大类，水资源、森林资源等暂不课税。具体而言，资源税的税目包括7大类，即原油、天然气、煤炭、其他非金属矿原矿、黑色金属矿原矿、有色金属矿原矿和盐。

（2）纳税人。凡在我国境内开采应税资源的矿产品或者生产盐的单位和个人为资源税的纳税义务人。对中外合作开采石油、天然气暂不征收资源税，但要征收矿区使用费。

（3）计税依据。资源税一般采用定额税率，其计税依据为课税数量。纳税人开采或者生产应税产品销售的，以销售数量为课税数量；纳税人开采或者生产应税产品自用的，以自用数量为课税数量。从2011年11月起，原油、天然气改为从价征税，计税依据为销售收入。从2014年12月1日起，煤炭资源税也改为从价计征。从2015年5月1日起，稀土、钨、钼三种矿产品实行从价计征。

（4）税率。资源税的税率一般为定额税率。不同种类的应税产品税率不尽相同；同一应税产品不同的开采企业或不同的产品等级税率也不尽相同。原油、天然气实行比例税率，目前暂实行6%的比例税率。煤炭的税率为2%～10%，由各省政府自行确定。稀土税率各省不一（如轻稀土的税率，山东为7.5%，内蒙古为11.5%），钨的税率为6.5%，钼的税率为11%。

（5）税额计算。

应纳税额＝课税数量×单位税额

或　　应纳税额＝销售额×税率

五、企业所得税

1994年的税制改革将国营企业所得税、集体企业所得税和私营企业所得税合并成一个税种，称为“企业所得税”。当时根据经济发展的需要，仍保留了外商投资企业和外国企业所得税。2007年3月召开的第十届全国人民代表大会第五次会议通过了《企业所得税法》，决定从2008年1月1日起，内外资企业将适用同一所得税法，从而“一税两法”的局面已不复存在。

（1）课税对象。企业所得税的课税对象为企业的生产经营所得和其他所得。生产经营所得是指企业从事的主营业务活动取得的所得。其他所得包括财产转让所得、利息所得、股息所得、租赁所得，等等。由于我国政府对企业行使税收居民管辖权，所以企业的境内和境外所得都要向税务部门申报纳税。

（2）纳税人。企业所得税的纳税人为我国的居民企业和非居民企业。这里的企业包括依照我国法律、行政法规在我国境内成立的企业、事业单位、社会团体以及其他取得收入的组织；而居民企业是指依法在我国境内成立，或者依照外国（地区）法律成立但实际管理机构在我国境内的企业；非居民企业是指依照外国（地区）法律成立且实际管理机构不在我国境内，但在我国境内设立机构、场所，或者在我国境内未设立机构、场所，但有来源于我国境内所得的外国企业。上述实际管理机构是指对企业的生产经营、人员、账务、财产等实施实质性全面管理和控制的机构，在实践中主要是看企业的董事会开会地点、常务董事的居住地点、经理部设立的地点及主要管理人员的居住地点，以及企业账簿、印章等文件的保管地点是否同时在我国境内，如果上述地点都在我国境内，则企业的实际管理机构就可以认定为在我国境内。

（3）计税依据。企业所得税的计税依据为应纳税所得额。企业每一纳税年度的收入总额，减除不征税收入、免税收入、各项扣除以及允许弥补的以前年度亏损后的余额，为应纳税所得额。

企业以货币形式和非货币形式从各种来源取得的收入，为收入总额，包括：①销售货物收入；②提供劳务收入；③转让财产收入；④股息、红利等权益性投资收益；⑤利息收入；⑥租金收入；⑦特许权使用费收入；⑧接受捐赠收入；⑨其他收入。

不征税收入包括：①财政拨款；②依法收取并纳入财政管理的行政事业性收费、政府性基金；③国务院规定的其他不征税收入。

免税收入包括：①国债利息收入；②符合条件的居民企业之间的股息、红利等权益性投资收益；③在中国境内设立机构、场所的非居民企业从居民企业取得与该机构、场所有实际联系的股息、红利等权益性投资收益；④符合条件的非营利公益组织的收入。

各项扣除是指税法允许的扣除项目，并不是企业的所有支出项目都可以在税前扣除。例如，税法明确规定，下列支出不得扣除：①向投资者支付的股息、红利等权益性投资收益款项；②企业所得税税款；③税收滞纳金；④罚金、罚款和被没收财物的损失；⑤《企业所得税法》第九条规定以外的捐赠支出；⑥赞助支出；⑦未经核定的准备金支出；⑧与取得收入无关的其他支出。另外，有些支出项目税法允许扣除，但要按规定的比例在税前扣除。例如，企业发生的公益性捐赠支出，在年度利润总额12%以内的部分，准予在计算应纳税所得额时扣除；企业发生的职工福利费支出，不超过工资、薪金总额14%的部分，准予扣除；企业发生的职工教育经费支出，不超过工资、薪金总额8%的部分，准予扣除，超过部分准予在以后纳税年度结转扣除；等等。

允许弥补的以前年度亏损是指企业在纳税年度之前五年内发生的没有用于冲减应税所得的亏损。税法规定，企业纳税年度发生的亏损，准予向以后年度结转，用以后年度的所得弥补，但结转年限最长不得超过五年。

（4）税率。企业所得税的税率为25%。但非居民企业在我国境内未设立机构、场所，或者虽设立机构、场所但取得的所得与其所设机构、场所没有实际联系的，其来源于我国境内的所得按照10%的税率缴纳企业所得税（俗称“预提所得税”）。符合条件的小型微利企业，减按20%的税率征收企业所得税。另外，年应纳所得额在100万元以下的小微企业，其所得减按25%计入应纳税所得额，即实际税率仅为5%，对年应纳税所得额超过100万元但不超过300万元的部分，减按50%计入应纳税所得额，其实际税率为10%。对国家需要重点扶持的高新技术企业和技术先进型服务企业减按15%的税率征收企业所得税。

（5）应纳税额的计算。

应纳税额＝应纳税所得额×适用税率

六、个人所得税

我国现行的个人所得税是1994年税制改革时由原先适用于外国公民的个人所得税、适用于中国公民的个人收入调节税以及对个体户征收的个体工商业户所得税三个税种合并而成的。

（1）纳税人。个人所得税的纳税人包括中国公民、个体工商户以及在中国取得所得的外籍公民、华侨以及中国香港、中国台湾和中国澳门同胞。个人所得税的纳税人也可以分为居民纳税人和非居民纳税人。这两类纳税人负有的纳税义务不同。居民纳税人负有无限纳税义务，即纳税人要就来源于中国境内和境外的一切所得向中国政府缴纳所得税。非居民纳税人则只需就其来源于中国境内的所得向中国政府缴纳所得税。我国判定自然人居民身份的标准有二：一是住所标准，即凡是在我国有住所的个人均为我国的居民纳税人。在我国有住所的个人是指因户籍、家庭、经济利益关系而在我国境内习惯性居住的个人。二是居留时间标准，即虽在我国无住所而在一个纳税年度中在我国境内居住累计满 183 天的个人。在我国境内无住所又不居住，或者无住所而一个纳税年度内在我国境内居住累计不满 183 天的个人，为非居民个人。

（2）征税范围。我国现行个人所得税的征税范围包括纳税人取得的 9 大类所得，具体包括以下项目：①工资、薪金所得；②劳务报酬所得；③稿酬所得；④特许权使用费所得；⑤经营所得；⑥利息、股息、红利所得；⑦财产租赁所得；⑧财产转让所得（我国境内上市公司的股票转让所得暂免征收个人所得税）；⑨偶然所得。从 2019 年 1 月 1 日起，我国实行综合与分类相结合的个人所得税制度：居民个人取得的综合所得即上述第①项至第④项所得，要按纳税年度合并计算个人所得税；非居民个人取得的上述第①项至第④项所得，按月或按次分项计算个人所得税；纳税人取得上述第⑤项至第⑨项所得，依法分别计算个人所得税。

（3）计税依据。个人所得税的计税依据为个人的应纳税所得额，应纳税所得额等于纳税人应税项目的收入额减去税法规定的费用扣除标准后的余额。不同收入项目的费用扣除标准不尽相同。例如，居民个人的综合所得，每一纳税年度可以减除费用 6 万元以及专项扣除（按国家规定缴纳的“三险一金”）、专项附加扣除（包括子女教育、继续教育、大病医疗、住房贷款利息或者住房租金和赡养老人）和依法确定的其他扣除；非居民个人取得的工资、薪金所得，每月可以减除费用 5 000 元，劳务报酬所得、稿酬所得、特许权使用费所得以每次收入额为应纳税所得额，不能扣除费用；经营所得，每一纳税年度可以从收入总额中减除成本、费用以及损失；财产租赁所得，每次收入不超过 4 000 元的减除费用 800 元，4 000 元以上的减除 20%的费用；财产转让所得，可以减除财产原值和合理费用；利息、股息、红利所得和偶然所得，以每次收入额为应纳税所得额，不能减除任何费用。另外，劳务报酬所得、稿酬所得、特许权使用费所得以收入减除 20%的费用后的余额为收入额；稿酬所得的收入额减按 70%计算。

个人所得税专项附加扣除的标准分别为：①子女教育（包括年满 3 岁后的学前教育至高等教育），按照每个子女每月 1 000 元的标准定额扣除，父母可以选择由其中一方按扣除标准的 100%扣除，也可以选择由双方分别按扣除标准的 50%扣除；②继续教育，纳税人在学历（学位）教育期间按照每月 400 元定额扣除，或在取得相关证书的当年按照 3 600 元定额扣除；③大病医疗，纳税人发生的与基本医保相关的医药费用支出扣除医保报销后个人负担累计超过 15 000 元的部分，在 80 000 元限额内据实扣除，可以选择由本人或者其配偶扣除；④ 住房贷款利息，纳税人或其配偶购买中国境内住房发生的首套住房贷款利息支出，在实际发生贷款利息的年度，经夫妻双方约定，可以选择由其中一方按照每月 1 000 元的标准定额扣除；⑤住房租金，纳税人在主要工作城市没有自有住房而发生的住房租金支出，可以根据城市的规模按照每月 1 500 元、1 100 元和 800 元的标准定额扣除，并由签订租赁住房合同的承租人扣除；⑥赡养老人，纳税人为独生子女的，按照每月 2 000 元的标准定额扣除；纳税人为非独生子女的，由其与兄弟姐妹分摊每月 2 000 元的扣除额度，每人分摊的额度不能超过每月 1 000 元。

（4）税率。个人所得税的税率按所得项目不同而分别确定。例如，综合所得适用 7 级超额累进税率，最低为 3%，最高为 45%（见表 5-3）；经营所得适用 5%～35%的 5 级超额累进税率（见表 5-4）；利息、股息、红利所得，财产租赁所得，财产转让所得，偶然所得，适用 20%的比例税率。

表 5-3 个人所得税税率（综合所得适用）

级数	全年应纳税所得额	税率（%）
1	不超过 36 000 元的	3
2	超过 36 000 元至 144 000 元的部分	10
3	超过 144 000 元至 300 000 元的部分	20
4	超过 300 000 元至 420 000 元的部分	25
5	超过 420 000 元至 660 000 元的部分	30
6	超过 660 000 元至 960 000 元的部分	35
7	超过 960 000 元的部分	45

表 5-4 个人所得税税率（经营所得适用）

级数	全年应纳税所得额	税率（%）
1	不超过 30 000 元的	5
2	超过 30 000 元至 90 000 元的部分	10
3	超过 90 000 元至 300 000 元的部分	20
4	超过 300 000 元至 500 000 元的部分	30
5	超过 500 000 元的部分	35

七、城市维护建设税

城市维护建设税原是一种具有特定目的的附加税，它以纳税人实际缴纳的增值税或消费税税额为计税依据，税款专门用于城市的公用事业和公共设施建设。

（1）纳税人。凡是缴纳增值税和消费税的单位和个人，都是城市维护建设税的纳税人。从 2010 年 12 月 1 日起，外商投资企业和外国企业也要缴纳该税。

（2）税率。城市维护建设税的税率有 3 档，分别适用于位于不同地区的纳税人。①纳税人所在地为市区的，其适用税率为 7%。②纳税人所在地为县、镇的，税率为 5%。③纳税人所在地不在市区、县和镇的，税率为 1%。[①]

（3）计税依据。城市维护建设税的计税依据为纳税人实际缴纳的增值税、消费税的

① 《中华人民共和国城市维护建设税法（征求意见稿）》中只设立了两档税率，即纳税人所在地在市区的，税率为 7%；纳税人所在地不在市区的，税率为 5%。

税额。如果纳税人享受增值税、消费税这“两税”减税或免税的，也同时可以享受城市维护建设税的减税或免税。纳税人缴纳“两税”时，要同时缴纳城市维护建设税。

八、印花税

印花税是一种很古老的税种，它首先出现在荷兰，以后被许多国家采用，作为政府筹集财政收入的手段。

（1）征税范围。印花税的课税对象为具有法律效力的凭证，征税范围包括各种合同、产权转移书据、营业账簿、权利许可证照等。《中华人民共和国印花税暂行条例》共列有13种应税凭证。其中，合同类凭证10种，另外还有产权转移书据、营业账簿和权利许可证照。

（2）纳税人。印花税的纳税人为在中国境内书立、使用、领受印花税应税凭证的单位和个人。单位是指各类内外资企事业单位、机关团体、部队等组织以及个体工商业户和其他个人。这些单位和个人又可以分为立合同人、立据人、立账簿人、领受人和使用人五种。对于应税凭证，凡是两方或两方以上当事人共同书立的，其当事人各方都应是印花税的纳税人。

（3）税率。印花税设有比例税率和定额税率两类。各类合同、产权转移书据、营业账簿中记载资金的账簿，适用比例税率；权利许可证照和营业账簿中的其他账簿适用定额税率（每件贴花5元）。比例税率设有四档：①0.05‰，适用于借款合同；②0.3‰，适用于购销合同、技术合同、建筑安装工程承包合同；③0.5‰，适用于加工承揽合同、建筑工程勘察设计合同、货物运输合同、产权转移书据、记载资金的营业账簿；④1‰，适用于财产租赁合同、仓储保管合同、财产保险合同和股权转让书据（包括A股和B股）。另外，根据《财政部　国家税务总局关于印花税若干政策的通知》（财税［2006］162号）的要求，在购房人与开发商签订《商品房买卖合同》时，要按“产权转移书据”而不按“购销合同”税目征收印花税，税率为0.5‰。

（4）应纳税额计算。

应纳税额＝应税凭证计税金额（或应税凭证件数）×适用税率

上述公式中的计税金额是印花税的计税依据。例如，购销合同的计税依据为购销金额；财产租赁合同的计税依据为租赁金额；借款合同的计税依据为借款金额；产权转移书据的计税依据为书据上所载金额；记载资金的营业账簿的计税依据为“实收资本”和“资本公积”两项的合计金额。

九、土地增值税

土地增值税是国家为了抑制土地的炒买炒卖和调节房地产投机暴利而开征的一种税。

（1）课税对象和征税范围。土地增值税的课税对象是纳税人转让房地产取得的增值额。这里的转让房地产包括两种情况：①转让国有土地的使用权；②连同国有土地使用权一并转让地上的建筑物及其附着物。根据我国的有关法律规定，城市的土地属于国家所有，农村和城市郊区的土地属于集体所有（国家另有规定的除外）。只有转让国有土地的使用权及其地上建筑物所取得的增值额才属于土地增值税的征税范围。按照国家规定，集体所有的土地不可自行转让，必须先由国家征用变为国家所有的土地以后才能转让。所以，转让集体所有的土地是一种违法行为，根本谈不上缴纳土地增值税的问题。

（2）纳税人。土地增值税的纳税人为转让国有土地使用权、地上建筑物及其附着物并取得收入的单位和个人。这里的单位包括一切企事业单位、国家机关和社会团体等组织。外商投资企业、外国企业以及外国公民也是该税的纳税人。

（3）计税依据。土地增值税的计税依据为其转让房地产取得的增值额。这里的增值额是指纳税人转让房地产取得的各项收入（包括货币收入、实物收入和其他收入）减去国家规定的各项扣除项目后的余额。国家规定的允许扣除的项目有以下几项：①取得土地使用权所支付的金额，包括纳税人取得土地使用权所支付的地价款及交纳的有关费用。②房地产开发成本，包括土地的征用和拆迁补偿费、前期工程费、建筑安装工程费、基础设施费、公共配套设施费、开发间接费用等。③房地产开发费用，包括与房地产开发有关的销售费用、管理费用和财务费用。④旧房及建筑物的评估价格，即当转让的建筑物为已经使用的房屋时，由政府批准的房地产评估机构评定的房屋价格可以扣除。评定价格按房屋的重置成本乘以成新度折扣率确定。⑤与转让房地产有关的税金，包括转让房地产时缴纳的城市维护建设税、印花税、教育费附加等。⑥财政部确定的其他扣除项目，这里主要是指财政部规定，对从事房地产开发的纳税人，可以按其取得土地使用权所支付的金额和房地产开发成本这两项金额之和，加计20%的扣除。

（4）税率。土地增值税实行四级超率累进税率，累进的依据为增值额与允许的扣除项目金额之比。土地增值税的税率如下：①增值额未超过扣除项目金额50%的部分，税率为30%；②增值额超过扣除项目金额50%、未超过扣除项目金额100%的部分，税率为40%；③增值额超过扣除项目金额100%、未超过扣除项目金额200%的部分，税率为50%；④增值额超过扣除项目金额200%的部分，税率为60%。

（5）应纳税额计算。土地增值税的应纳税额公式如下：

$$\text{应纳税额}=\sum(\text{每级距的土地增值额}\times\text{适用税率})$$

为了使土地增值税计算简便，实际中使用如下公式计算：

$$\text{应纳税额}=\text{增值额}\times\text{适用税率}-\text{扣除项目金额}\times\text{速算扣除系数}$$

各档税率对应的速算扣除系数分别为0、5%、15%和35%。

例如，某房地产商开发了一个楼盘，全部销售后取得收入共计8 000万元，其扣除项目金额为2 000万元。这样，该房地产商的增值额为6 000万元，增值额与扣除项目之比为6 000÷2 000=300%。由于增值额超过了扣除项目金额200%，所以简便的计算公式为：

$$6\,000\times60\%-2\,000\times35\%=3\,600-700=2\,900\text{（万元）}$$

十、城镇土地使用税

国家开征城镇土地使用税的目的是加强对土地的管理，提高土地的使用效益，理顺国家与土地使用者之间的分配关系。

（1）征税范围。城镇土地使用税的征税范围包括在城市、县城、建制镇和工矿区内的国家所有和集体所有的土地。

（2）纳税人。城镇土地使用税的纳税人为拥有城镇土地使用权的单位和个人，或者实际使用城镇土地的使用人和代管人。2006 年 12 月 31 日国务院发布国务院令，将外资企业也纳入了征税范围。

（3）税率。城镇土地使用税的税率采用差别定额税率，税率幅度为 1.5 元/平方米～30 元/平方米，具体税率由各省、自治区、直辖市政府根据本地的实际情况在上述幅度内确定。另外，对个人自住的房屋用地免征城镇土地使用税。

（4）应纳税额计算。

全年应纳税额＝实际占用应税土地面积（平方米）×适用税率

十一、房产税

房产税属于财产税，是对纳税人拥有的房屋财产课征的税收。目前房产税只对国内的单位和个人征收，对外资企业和外籍个人征收城市房产税。

（1）纳税人。房产税的纳税人为在我国境内拥有房屋产权的单位和个人。房屋产权属于国家所有的，房屋的经营管理单位为纳税人；产权属于集体或个人所有的，纳税人为集体单位或个人。

（2）课税对象和征税范围。房产税的课税对象为位于城市、县城、建制镇和工矿区的房屋。位于农村的房屋不属于房产税的课税对象。

（3）计税依据。房产税的计税依据为房屋的计税价值或者是房产的租金收入。房产的计税价值等于房产的原值减除其 10%～30%后的余额。

（4）税率。房产税的税率为比例税率。按房产计税价值课征的，税率为 1.2%；按房产租金收入课征的，税率为 12%。但从 2001 年起，个人按市场价格出租居民住房用于居住的，可减按 4%的税率缴纳房产税。对个人自住的房产免税。

（5）应纳税额计算。按房产计税价值课征的房产税，应纳税额的计算公式为：

应纳税额＝应税房产原值×(1－扣除比例)×1.2%

按照房产租金收入课征房产税时为：

应纳税额＝租金收入×12%（或 4%）

十二、契税

契税是对土地使用权和房屋产权的转让征收的一种税，属于对转移财产的课税，它也是一种财产税。我国的土地使用税和房产税是对纳税人拥有的土地使用权和房产所有权课征的财产税；而契税是对纳税人转让的土地使用权和房屋产权课征的财产税。

（1）课税对象。契税的课税对象是在我国境内转移的土地、房屋的权属。具体包括：①国有土地使用权的出让；②土地使用权的转让；③房屋买卖；④房屋赠予；⑤房屋交换。

（2）纳税人。契税的纳税人为在我国境内转移土地、房屋权属过程中承受的单位和个人。

（3）税率。契税实行3%～5%的幅度税率。各省、自治区、直辖市政府可根据本地的具体情况在该税率幅度内选择本地的适用税率。从2016年2月22日起，对个人购买家庭唯一住房（家庭成员范围包括购房人、配偶以及未成年子女，下同），面积为90平方米及以下的，减按1%的税率征收契税；面积为90平方米以上的，减按1.5%的税率征收契税。对个人购买家庭第二套改善性住房，面积为90平方米及以下的，减按1%的税率征收契税；面积为90平方米以上的，减按2%的税率征收契税。家庭第二套改善性住房是指已拥有一套住房的家庭购买的家庭第二套住房。

（4）计税依据。①国有土地使用权出让、土地使用权出售、房屋买卖，以成交价格为计税依据。②土地使用权赠予、房屋赠予，由征收机关参照土地使用权出售、房屋买卖的市场价格核定。③土地使用权交换、房屋交换，以所交换的土地使用权、房屋的价格差额为计税依据。

（5）应纳税额计算。

应纳税额＝计税依据×税率

（6）个人房屋交换应缴纳的契税。①交换的房屋价格相等，免征契税。②交换的房屋价格不等，则由支付货币的一方就差价部分缴纳契税。

例如，张先生与王女士换房，张先生的房屋价值为100万元，王女士的房屋价值为80万元，这时，王女士要向张先生支付20万元的价差款，王女士应缴纳契税0.3（＝20×1.5%）万元。

第四节　税收征管

一、《税收征收管理法》

（一）《税收征收管理法》颁布的意义

《税收征收管理法》由第七届全国人民代表大会常务委员会第二十七次会议于1992年9月4日审议通过，并自1993年1月1日起施行，2015年4月第十二届全国人民代表大会常务委员会第十四次会议对其进行了第三次修正。这是我国第一部对国内税收和涉外税收加以统一的税收征管法律，是税收征管法制建设的一个重要里程碑。

制定内外统一的《税收征收管理法》是我国改革开放新形势对税收征管提出的迫切要求。我国税收法律、法规采取分税立法的原则，各种税的实体部分与程序部分都分别明文于每一种税的税法或法规之中。由于历史的原因，各项税法或法规规定的征纳程序、违章处罚标准等既不规范，也不统一。为了统一税收征管制度，国务院于1986年4月21日发布了《中华人民共和国税收征收管理暂行条例》（以下简称《征管条例》），统一了国内税收的征管制度。但由于《征管条例》尚未完成立法程序，不能适用于涉外税收征管。涉外税收的征收管理都是以涉外税收法律、法规为依据的。这样，对内税收和涉外税收仍然实行两套征管制度，不仅存在着不规范、不统一的问题，而且也不适应经济形势发展的需要。因此，建立统一的内外适用的《税收征收管理法》，既是我国经济体制深化改革的需要，也是使税收更好地服从于、服务于改革开放的重大步骤。

制定统一的《税收征收管理法》是发展社会主义市场经济在税收征管立法上的重要举措。随着我国改革的不断深入和市场经济的发展，税收的地位和作用越来越重要，成为国家组织财政收入的主要来源和宏观经济调控的重要杠杆。税务机关组织的收入已占财政收入的90%以上。税收直接参与国民收入的分配和再分配，已广泛介入社会经济生活的各个领域，处于各种利益矛盾的焦点上。由于一些企业、单位和个人自觉依法纳税的意识还比较淡薄，拖欠税款以及偷税、抗税的现象时有发生；一些地方超越权限，擅自减免税收，致使税收流失的情况比较严重。而原有税收法律、法规中，税收征管手段不强，征管制度不完善，对偷税、抗税行为税务机关尚无有效的措施予以处理，造成执法不严、违法难究。同时，也应当看到，由于原有税收征管法规对税务机关和人员的执法监督制约制度不健全，某些基层税务机关和人员随意征税、执法行为违法或不当、侵犯纳税人合法权益的现象也是存在的。《税收征收管理法》正是基于以上情况，根据发展社会主义市场经济对税收工作的要求而制定颁布的。

（二）《税收征收管理法》的立法原则和特点

1.《税收征收管理法》的立法原则

《税收征收管理法》作为一部建立正常纳税秩序、税务机关和纳税人都要严格遵守的法律，在整个立法过程中遵循三项立法原则：（1）坚持为改革开放和经济建设服务；（2）保证国家依法征税权力；（3）维护纳税人合法权益。

2.《税收征收管理法》的特点

概括地说，《税收征收管理法》的主要特点有：（1）统一了对内税收和涉外税收征管制度；（2）强化了税务机关行政法权限，增强了税法的刚性；（3）完善了对税务机关的执法制约制度和对纳税人合法权益的保护制度；（4）确立了税务代理制度。

（三）《税收征收管理法》的适用范围

《税收征收管理法》是我国第一部统一的税收征收管理的法律，凡由税务部门主管的各种税收的征收管理的基本内容都纳入这部基本法规之中，不论是现行税种还是今后新开征的税种，不论是外商投资企业和外国企业及华侨、外籍、港澳人员，还是国有、集体、私营企业等经济实体或是个体工商户及一切纳税个人，其缴纳的税收凡是由税务部门征收的，有关征收管理的事项都应依照《税收征收管理法》的规定执行。

考虑到目前财政部门负责组织征收的耕地占用税、契税等税种与税务机关负责组织征收的税种相比，在征收和管理上有一些差别，所以不宜完全套用《税收征收管理法》。另外，海关属于国家特别授权可以征税的机关，其征收的关税和船舶吨税已按国际惯例单独立法或规定，其为税务机关代征的增值税、消费税等，除减免税等管理权外，也由其独立行使职权。因此，《税收征收管理法》第二条规定："凡依法由税务机关征收的各种税收的征收管理，均适用本法。"《税收征收管理法》第九十条规定："耕地占用税、契税、农业税、牧业税征收管理的具体办法，由国务院另行制定。关税及海关代征税收的征收管理，依照法律、行政法规的有关规定执行。"

二、税务管理

税务管理与税款征收、税务检查一道，共同构成了税收征收管理工作的重要内容。税务管理在整个税收征收管理工作中处于基础环节，它是做好税款征收和税务检查工作的前提。《税收征收管理法》为税务管理规定了税务登记、账簿和凭证管理以及纳税申报三大内容。

（一）税务登记

（1）企业，企业在外地设立的分支机构和从事生产、经营的场所，个体工商户和从事生产、经营的事业单位（以下统称从事生产、经营的纳税人）自领取营业执照之日起30日内，持有关证件，向税务机关申报办理税务登记。税务机关审核后发给税务登记证件。

（2）从事生产、经营的纳税人，税务登记内容发生变化的，自工商行政管理机关办理变更登记之日起30日内或者在向工商行政管理机关申请办理注销登记之前，持有关证件向税务机关申报办理变更或者注销税务登记。

（3）纳税人按照国务院税务主管部门的规定使用税务登记证件。税务登记证件不得转借、涂改、损毁、买卖或者伪造。

（4）从事生产、经营的纳税人到外县（市）从事生产、经营活动的，必须持所在地税务机关填发的外出经营活动税收管理证明，向营业地税务机关报验登记，接受税务管理。

（二）账簿、凭证管理

（1）从事生产、经营的纳税人和扣缴义务人按照国务院财政、税务主管部门的规定设置账簿，根据合法、有效凭证记账，进行核算。账簿应自领取营业执照之日起15日内设置。

（2）从事生产、经营的纳税人应当自领取税务登记证件之日起15日内，将其财务、会计制度或者财务、会计处理办法报送税务机关备案。

从事生产、经营的纳税人的财务、会计制度或者财务、会计处理办法与国务院或者国务院财政、税务主管部门有关税收的规定抵触的，依照国务院或者国务院财政、税务主管部门有关税收的规定计算纳税。

（3）从事生产、经营的纳税人和扣缴义务人必须按照国务院财政、税务主管部门规定的保管期限保管账簿、记账凭证、完税凭证及其他有关资料。

账簿、记账凭证、完税凭证及其他有关资料不得伪造、变造或者擅自损毁。

（三）纳税申报

(1) 纳税人必须在法律、行政法规规定或者税务机关依照法律、行政法规的规定确定的申报期限内办理纳税申报，报送纳税申报表、财务会计报表以及税务机关根据实际需要要求纳税人报送的其他纳税资料。纳税人享受减税、免税待遇的，在减税、免税期间应当按照规定办理纳税申报。

扣缴义务人必须在法律、行政法规规定或者税务机关依照法律、行政法规的规定确定的申报期限内报送代扣代缴、代收代缴税款报告表，以及税务机关根据实际需要要求扣缴义务人报送的其他有关资料。

(2) 纳税人、扣缴义务人不能按期办理纳税申报或者报送代扣代缴、代收代缴税款报告表的，经税务机关核准，可以延期申报。

纳税人到税务机关办理纳税申报有困难的，经税务机关批准，可以邮寄申报。邮寄申报以寄出地的邮戳日期为实际申报日期。

(3) 纳税人、扣缴义务人的纳税申报或者代扣代缴、代收代缴税款报告表的主要内容包括：税种、税目、应纳税项目或者应代扣代缴及代收代缴税款项目，适用税率或者单位税额，计税依据，扣除项目及标准，应纳税额或者应代扣代缴、代收代缴税额，税款所属期限等。

纳税人办理纳税申报时，应当如实填写纳税申报表，并根据不同情况相应报送下列有关证件、资料：①财务、会计报表及其说明材料；②与纳税有关的合同、协议书；③外出经营活动税收管理证明；④境内或者境外公证机构出具的有关证明文件；⑤税务机关规定应当报送的其他有关证件、资料。

扣缴义务人办理代扣代缴、代收代缴税款报告时，应当如实填写代扣代缴、代收代缴税款报告表，并报送代扣代缴、代收代缴税款的合法凭证，以及税务机关规定的其他有关证件、资料。

（四）发票的使用和管理

发票的使用和管理属于账簿、凭证管理中的一个问题，本应放在前面第二个问题“账簿、凭证管理”中介绍，但鉴于发票的管理问题十分重要，而且财政部门专门颁布了《中华人民共和国发票管理办法》（简称《发票管理办法》），所以我们把发票的使用和管理单独作为一个内容进行介绍。

根据《税收征收管理法》的规定，1993 年 12 月 23 日，经国务院批准，财政部颁布了《发票管理办法》，把对发票的管理纳入法制轨道，2019 年 3 月，《国务院关于修改部分行政法规的规定》对其进行了最新修正。《发票管理办法》规定：“在中华人民共和国境内印制、领购、开具、取得、保管缴销发票的单位和个人（以下称印制、使用发票的单位和个人），必须遵守本办法。”该办法还规定：“本办法所称发票，是指在购销商品、提供或者接受服务以及从事其他经营活动中，开具、收取的收付款凭证。”

1. 发票的印制

发票由省、自治区、直辖市税务机关指定的企业印制，增值税专用发票由国家税务总局统一印制。禁止私自印制、伪造、变造发票，为了防止伪造发票，将使用发票防伪专用品。发票防伪专用品由国家税务总局指定的企业生产，禁止非法制造发票防伪专用品。

发票应当套印全国统一发票监制章。禁止在境外印制发票。

2. 发票的领购

申请领购发票的单位和个人应当提出购票申请，提供经办人身份证明、税务登记证件或者其他有关证明，以及财务印章或者发票专用章的印模，经主管税务机关审核后，发给发票领购簿。领购发票的单位和个人凭发票领购簿核准的种类、数量以及购票方式，向主管税务机关领购发票。

临时到外地（指本省、自治区、直辖市以外，以下同）从事经营活动的单位和个人，应当凭所在地税务机关证明，向经营地税务机关申请领购经营地的发票。对外地来本辖区从事临时经营活动的单位和个人申请领购发票的，税务机关可以要求其提供保证人或者根据所领购发票的票面限额及数量缴纳不超过1万元的保证金，并限期缴销发票。这里需要注意的是，所谓提供保证人或保证金的，仅指外地单位和个人来本辖区从事临时经营的，不包括来本辖区办理税务登记从事固定经营者。由于外地来本辖区临时经营者流动性很大，一般难以控制，为了严格发票管理，因此采取提供保证人或缴纳保证金的办法，并要按规定限期缴销发票。按期缴销发票的，解除保证人的担保义务或退还保证金，未按期缴销发票的，就要责令保证人缴纳罚款或者以保证金缴纳罚款。

3. 发票的开具和保管

单位和个人对外发生经营业务收取款项，收款方应当向付款方开具发票，收购单位和扣缴义务人支付个人款项时，由付款方向收款方开具发票。

取得发票时，不得要求开具发票方变更品名和金额。不符合规定的发票，不得作为财务报销凭证，任何单位和个人都有权拒收。

开具发票应当按照规定的时限、顺序，逐栏、全部联次一次性如实开具，并加盖单位财务印章或发票专用章。

任何单位和个人不得转借、转让、代开发票，禁止倒买倒卖发票、发票监制章和发票防伪专用品。

开具发票的单位和个人应当建立发票使用登记制度，并定期向主管税务机关报告发票使用情况；应当按照税务机关的规定存放和保管发票，不得损毁。已开具的发票存根联和发票登记簿应当保存5年。

4. 罚款

（1）对未按规定印制发票或生产发票防伪专用品，未按规定领购、开具、取得、保管发票等四项行为及未按规定接受税务机关检查的行为之一者，由税务机关责令限期改正，没收非法所得，并处1万元以下罚款。有上述所列两种或两种以上行为的，可以分别处罚。（2）非法携带、邮寄、运输或者存放空白发票的，由税务机关收缴发票，没收非法所得，并处1万元以下罚款。（3）私自印制、伪造变造、倒买倒卖发票，私自制作发票监制章、发票防伪专用品的，由税务机关依法予以查封、扣押或者销毁，没收非法所得和作案工具，并处1万元以上5万元以下的罚款；构成犯罪的，依法追究刑事责任。（4）违反发票管理法规，导致其他单位和个人未缴、少缴或者骗取税款的，由税务机关没收非法所得，并处以未缴、少缴或者骗取的税款1倍以下的罚款。

三、税款征收

税款征收是税收征收管理中保证税款及时、定额上缴国库的重要环节。根据《税收征收管理法》的规定，税务机关必须依照法律、行政法规的规定征收税款，不得违反法律、行政法规的规定开征、停征、多征或者少征税款。

纳税人、扣缴义务人必须依照法律、行政法规规定或者税务机关依照法律、行政法规的规定确定的期限，缴纳或者解缴税款。在税款征收中有几项具体规定对纳税人很重要，应认真掌握。

（一）延期纳税

纳税人因有特殊困难，不能按期缴纳税款的，经省级税务局批准，可以延期缴纳税款，但最长不得超过3个月。经税务机关批准延期缴纳税款的，在批准的期限内不加收滞纳金。

（二）滞纳金

纳税人、扣缴义务人未按照法律、行政法规规定或者税务机关依照法律、行政法规的规定确定的期限缴纳或者解缴税款的，税务机关除责令限期缴纳外，从滞纳税款之日起，按日加收滞纳税款0.5‰的滞纳金。

（三）退税和追征

纳税人超过应纳税额缴纳的税款，税务机关发现后应当立即退还；纳税人自结算缴纳税款之日起3年内发现的，可以向税务机关要求退还，税务机关查实后应当立即退还。

因税务机关的责任，致使纳税人、扣缴义务人未缴或者少缴税款的，税务机关在3年内可以要求纳税人、扣缴义务人补缴税款，但是不得加收滞纳金。因纳税人、扣缴义务人计算错误等失误，未缴或者少缴税款的，税务机关在3年内可以追征税款、滞纳金；有特殊情况的，追征期可以延长到5年。有特殊情况是指纳税人或扣缴义务人因计算错误等失误，未缴或者少缴、未提或者少扣、未收或者少收税款，累计数额在10万元以上的。

纳税人、扣缴义务人和其他当事人因偷税未缴或者少缴的税款或者骗取的退税款，税务机关可以无限期追征。

（四）税收保全措施和强制执行措施

现行的《税收征收管理法》强化了税务机关的执法权。主要有以下两项措施：

1. 税收保全措施

税务机关有根据认为从事生产、经营的纳税人有逃避纳税义务行为的，可以在规定的纳税期之前，责令限期缴纳应纳税款；在限期内发现纳税人有明显的转移、隐匿其应纳税的商品、货物以及其他财产或者应纳税的收入的迹象的，税务机关可以责成纳税人提供纳税担保。如果纳税人不能提供纳税担保，经县以上税务局（分局）局长批准，税务机关可以采取下列税收保全措施：

（1）书面通知纳税人开户银行或者其他金融机构暂停支付纳税人的金额相当于应纳税款的存款。

（2）扣押、查封纳税人的价值相当于应纳税款的商品、货物或者其他财产。

纳税人在上述规定的限期内缴纳税款的，税务机关必须立即解除税收保全措施；限期期满仍未缴纳税款的，经县以上税务局（分局）局长批准，税务机关可以书面通知纳税人开户银行或者其他金融机构从其冻结的存款中扣缴税款，或者依法拍卖或者变卖所扣押、查封的商品、货物或者其他财产，以拍卖或变卖所得抵缴税款。

采取税收保全措施不当，或者纳税人在限期内已缴税款，税务机关未立即解除税收保全措施，使纳税人的合法利益遭受损失的，税务机关应当承担赔偿责任。

2. 强制执行措施

从事生产、经营的纳税人、扣缴义务人未按照规定的期限缴纳或者解缴税款，纳税担保人未按照规定的期限缴纳所担保的税款，由税务机关责令限期缴纳，逾期仍未缴纳的，经县以上税务局（分局）局长批准，税务机关可以采取下列强制执行措施：

（1）书面通知其开户银行或者其他金融机构从其存款中扣缴税款。

（2）扣押、查封、依法拍卖或者变卖其价值相当于应纳税款的商品、货物或者其他财产，以拍卖或变卖所得抵缴税款。

税务机关采取强制执行措施时，对上述所列纳税人、扣缴义务人、纳税担保人未缴纳的滞纳金同时强制执行。

欠缴税款的纳税人或者其法定代表人需要出境的，应当在出境前向税务机关结清应纳税款、滞纳金或者提供担保；未结清税款、滞纳金，又不提供担保的，税务机关可以通知出境管理机关阻止其出境。

税务机关扣押商品、货物或者其他财产时，必须开付收据；查封商品、货物或者其他财产时，必须开付清单。

除上述四种具体情况，《税收征收管理法》还规定在税款征收中纳税人有下列情形之一的，税务机关有权核定其应纳税额：

（1）依照《税收征收管理法》规定可以不设置账簿的。

（2）依照《税收征收管理法》规定应当设置但未设置账簿的。

（3）虽设置账簿，但账目混乱或者成本资料、收入凭证、费用凭证残缺不全，难以查账的。

（4）发生纳税义务，未按照规定的期限办理纳税申报，经税务机关责令限期申报，逾期仍不申报的。

（5）擅自销毁账簿或拒不提供纳税资料的。

（6）纳税人申报的计税依据明显偏低，又无正当理由的。

企业或者外国企业在中国境内设立的从事生产、经营的机构、场所与其关联企业之间的业务往来，应当按照独立企业之间的业务往来收取或者支付价款、费用；不按照独立企业之间的业务往来收取或者支付价款、费用，而减少其应纳税的收入或者所得额，税务机关有权进行合理调整。

四、税务检查

税务检查是税务机关以国家税收法律、法规为依据，对纳税人履行纳税义务的情况进行审核、监督活动的总称。税务机关通过税务检查，可以核实并惩治纳税人的违法犯罪行为，也可以发现并堵塞税务机关在执法中的一些漏洞。所以，税务检查在整个税收征管工作中起着十分重要的作用。

（一）税务检查的内容

税务机关有权进行下列税务检查：

（1）检查纳税人的账簿、记账凭证、报表和有关资料，检查扣缴义务人代扣代缴、代收代缴税款账簿、记账凭证和有关资料。

（2）到纳税人的生产、经营场所和货物存放地检查纳税人应纳税的商品、货物或者其他财产，检查扣缴义务人与代扣代缴、代收代缴税款有关的经营情况。

（3）责成纳税人、扣缴义务人提供与纳税或者代扣代缴、代收代缴税款有关的文件、证明材料和有关资料。

（4）询问纳税人、扣缴义务人与纳税或者代扣代缴、代收代缴税款有关的问题和情况。

（5）到车站、码头、机场、邮政企业及其分支机构检查纳税人托运、邮寄应纳税商品、货物或者其他财产的有关单据、凭证和有关资料。

（6）经县以上税务局（分局）局长批准，凭全国统一格式的检查存款账户许可证明，查询从事生产、经营的纳税人、扣缴义务人在银行或者其他金融机构的存款账户。税务机关在调查税收违法案件时，经设区的市、自治州以上税务局（分局）局长批准，可以查询案件涉嫌人员的储蓄存款。

（二）税务机关在税务检查中的义务

税务机关派出的人员进行税务检查时，应当出示税务检查证件和税务检查通知书，并有责任为被检查人保守秘密；未出示税务检查证和税务检查通知书的，被检查人有权拒绝。

（三）相对人在税务检查中的义务

税务检查中的相对人是指税务机关以外的一切有关单位和个人。它包括两类人：一是被检查对象，如纳税人、扣缴义务人；二是协助查处人，如公安、审计、金融等部门。根据《税收征收管理法》的规定，相对人在税务检查中有如下义务：

（1）纳税人、扣缴义务人必须接受税务机关依法进行的税务检查，如实反映情况，提供有关资料，不得拒绝、隐瞒。

（2）税务机关依法进行税务检查时，有权向有关单位和个人调查纳税人、扣缴义务人和其他当事人与纳税或者代扣代缴、代收代缴税款有关的情况，有关单位和个人有义务向税务机关如实提供有关资料及证明资料。

复习思考题

1. 税收按课税对象不同可以分为哪几个税类？
2. 如何理解价内税和价外税？
3. 全额累进税率和超额累进税率有什么不同？
4. 增值税在理论上有什么优点？
5. 我国增值税进项税额的抵扣有哪些规定？
6. 增值税小规模纳税人和一般纳税人的税额计算方法有什么不同？
7. 我国的税务管理有哪些主要内容？
8. 《税收征收管理法》是如何保证税款征收的？

第6章
国际税收

第一节　国际税收的含义

一、什么是国际税收

税收（国家税收）是国家凭借手中的政治权力对其管辖权范围内的人和物进行的一种强制无偿课征，是国家取得财政收入的一种手段。国家税收是经过国家立法机关立法，随后由国家行政机关实施的，因而也被称为政府税收。那么，国际税收是否同样也是一种强制课征形式？它是不是国际社会凭借一种超国家的政治权力取得收入的工具？回答是否定的。因为目前在完全独立的主权国家之上并不存在这种超国家的政治权力，因而以超国家的政治权力为依托的国际范围内的强制课征形式也就无从谈起。事实上，人们通常所说的国际税收，是指在开放的经济条件下因纳税人的经济活动扩大到境外以及国与国之间税收法规存在差异或相互冲突而带来的一些税收问题和税收现象。

在封闭的经济条件下，各国征税只能课及本国境内生产和流通的商品以及本国纳税人在本国境内取得的收入和拥有的财产。而在开放的经济条件下，一国生产的商品会通过国际贸易流入他国；一国的纳税人从事跨国投资等国际经济活动会从境外取得收入或拥有境外财产。这时，各国在本国税收管辖权范围之内课税就很可能课及外国进口商品和本国出口商品，很可能课及本国纳税人的境外所得或财产以及外国纳税人在本国境内的所得或拥有的财产。在这种情况下，国际贸易商品和跨国经营的纳税人将会面临两个或两个以上国家的税收课征。商品、所得和财产的国际重复征税显然不利于国际经济活动的开展，因此，国际社会有必要对各国的征税权加以协调，以防止或者缓解国际重复征税问题。另外，在开放的经济条件下，如果有关国家课征高额的进口关税，就会构成国际贸易活动最明显、最直接的障碍。为了促进国际贸易的发展，协调各国的关税政策，降低国与国之间的关税壁垒也是十分必要的。除了上述税收对国际经济活动的阻碍作用以外，纳税人从事跨国经营活动还可能带来国际避税问题。国际避税与国际重复征税的效果正好相反，它不会加重纳税人的税收负担，但会损害有关国家的税收利益。所以，在当今跨国经营活动十分普遍的情况下，各国都把防范国际避税作为税收管理的一项重要任务。避免国际重复征税以及防范国际避税虽然可以由一国通过国内立法单方面采取措施来进行，但国与国之间签订税收协定，以双边或多边的方式采取措施则可以更有效地解决问题。以上我们提到的诸多税收问题都是伴随着国际经济活动而出现的，它们都属于国际税收的范畴。

二、国际税收的本质

上述国际税收问题作为开放经济条件下的种种税收现象，它们背后隐含着的是国与国之间的税收关系。这种国家之间的税收关系是国际税收的本质所在。我国学术界通常将国际税收定义为国家之间的税收关系，就是从国际税收的本质意义角度来界定国际税收的。

国家之间的税收关系主要表现在以下两个方面：

(一) 国与国之间的税收分配关系

国与国之间的税收分配关系涉及对同一课税对象由哪国征税，或征多少税的税收权益划分问题。当一国征税而导致另一国不能征税，或者当一国多征税而造成另一国少征税时，两国之间便会发生税收分配关系。例如，为了避免所得的国际重复征税，纳税人的居住国可以放弃对本国居民国外所得的征税权，而由所得的来源国单独行使征税权；或者居住国让来源国优先行使征税权，然后再在来源国征税的基础上对这笔国外所得按来源国税率低于居住国税率的差额部分进行补征。在这两种情况下，居住国和来源国之间都会发生一定的税收分配关系。又比如，为了防止对同一批国际贸易商品出口国和进口国都课征国内商品税，目前国际社会规定对国际贸易商品统一由进口国课征国内商品税，出口国不征税，这样，出口国由于放弃自己对出口商品的征税权，其税收利益就会受到一定的影响，进口国与出口国之间因而也要发生一定的税收分配关系。再比如，在跨国公司从事国际避税的情况下，由于跨国公司通常要把公司集团的一部分利润，由高税国子公司转移到低税国子公司去实现，所以高税国的所得税税基必然受到影响，高税国与低税国之间也必然会发生一定的税收分配关系。现实生活中大量的国际税收问题最终都将引发国家之间的税收分配关系，因此，它构成了现代国际税收关系的实质内容。

(二) 国与国之间的税收协调关系

征税是一国的主权，一个主权国家有权决定对什么征税、对什么不征税，也有权决定征多征少。也就是说，在征税问题上，一国完全可以自行其是，而不必顾及他国的好恶。然而，税收又是国际经济交往和发展的一种障碍；商品课税可以影响国际贸易，所得课税和财产课税可以影响国际投资、国际技术转让等。而在一个开放的世界中，国与国之间在经济上相互依赖、相互依存。因此，在这种情况下，各国实际上并不能随意制定税收制度和行使自己的征税权，在许多问题上还必须考虑本国与其他国家之间的经济关系。这就要求国与国之间的税收协调有两方面的内容：一是合作性协调关系，即有关国家通过谈判就各自的税基、税率、征税规则等达成协议，并根据协议的内容确定对对方国家的商品或纳税人进行征税的制度和办法。例如，国与国之间签订的避免双重征税协定体现的就是这种合作性税收协调关系。二是非合作性协调关系，即一个国家在其他国家竞争压力的驱使下，在其他国家税收制度既定不变的情况下单方面调整自己的税收制度，使本国的税收制度尽量能与他国保持一致，形成一种税收的国际协调。由于这种非合作性的国际税收协调是在市场竞争的基础上形成的，所以它实质上是税收的国际竞争。例如，20 世纪 80 年代中期，西方国家为了防止资本外流和税收外流（即跨国公司通过转让定价手段将应在一国实现的利润转移到税率较低的国家去实现，从而造成前者的所得税流失），纷纷降低本国的企业所得税税率，企业所得税税率平均由 50%降低到目前的 30%左右。这场大规模的降税浪潮实质上就是西方国家之间非合作性税收协调关系的一次具体体现。另外，发展中国家为了吸引外资而开展的税收优惠竞争，也是这种非合作性税收协调关系的一种体现。

第二节　国际重复征税及其减除方法

一、税收管辖权

国际重复征税与税收管辖权问题密切相关。因此，在研究国际重复征税问题以前，首先需要弄清什么是税收管辖权。

（一）什么是税收管辖权

税收管辖权是一国政府在征税方面的主权，它表现为一国政府有权决定对什么征税、征哪些税以及征多少税。由于税收管辖权是国家主权的重要组成部分，而国家主权的行使范围一般要遵从属地原则和属人原则，因此，一国的税收管辖权在征税范围问题上也必须遵从属地原则和属人原则。根据属地原则，一国有权对来源于本国境内的一切所得征税，而不论取得这笔所得的是本国人还是外国人；根据属人原则，一国有权对本国居民或公民的一切所得征税，而不论他们的所得来源于本国还是外国。根据上述税收管辖权行使范围的两大原则，各国在所得税的征收上可以确立以下三种税收管辖权：（1）地域管辖权，又称来源地管辖权，即一国要对来源于本国境内的所得行使征税权；（2）居民管辖权，即一国对本国税法中规定的居民（包括自然人和法人）的所得行使征税权；

(3) 公民管辖权，即一国要对拥有本国国籍的公民的所得行使征税权。其中，地域管辖权是按照属地原则确立的，居民管辖权和公民管辖权则是根据属人原则确定的。

(二) 各国税收管辖权的类型

既然税收管辖权属于国家主权，那么各国都有权根据自己的国情选择适合自己的税收管辖权类型。目前，世界上大多数国家为了维护本国的经济利益，都同时实行地域管辖权和居民管辖权。在这种情况下，一国有权对本国居民的国内所得、本国居民的国外所得以及外国居民的本国所得征税。我国所得税的管辖权也是采用地域管辖权和居民管辖权并行的类型。另外，个别国家（如美国）为了强调本国的征税权范围，在实行地域管辖权和居民管辖权的同时，还实行公民管辖权。不过，也有一些国家和地区出于吸引外资等原因目前仅实行单一的地域管辖权，而不实行居民管辖权，例如，阿根廷、乌拉圭、巴拿马、肯尼亚、赞比亚等国就属于这种情况。

(三) 居民的判定标准

一国要想准确地行使居民管辖权和地域管辖权，必须首先确定本国判定居民身份和所得来源地的标准。在判定自然人居民身份方面，目前各国一般都同时采用住所标准和居住时间标准，纳税人只要符合其中之一，即可将其判定为本国的税收居民，对其行使居民管辖权。这里所谓的住所，在法律上一般是指一个人的固定或永久性居住地，它的具体判定标准各国不尽相同。我国税法以户籍、家庭和经济利益关系作为住所的判定标准。居住时间标准是指以纳税人在本国居住的时间是否达到规定的天数为依据来判定其居民身份。这方面各国的规定也不完全相同，有的以一年为标准，有的以半年（183 天）为标准。我国税法原来规定的居住时间标准为一年，即在一个纳税年度内居住满一年（365 日，临时离境的，不扣减日数）的个人，即为我国的税收居民，但从 2019 年开始，我国也采用 183 天的标准。法人居民身份的判定标准主要有公司注册地标准、管理机构所在地标准和总机构所在地标准。目前，大多数国家都同时采用公司注册地标准和管理机构所在地标准，但也有的国家只采用公司注册地标准或管理机构所在地标准。我国判定法人企业居民身份采用的是公司注册地标准或管理机构所在地标准，二者只要满足之一，就可判定其为我国的居民企业。

(四) 所得来源地的判定标准

所得来源地的判定标准各国也不完全相同。比如，经营所得的来源地，有的国家以常设机构为标准，有的国家以交易地点为标准。所谓常设机构，是指一个企业进行全部或部分经营活动的固定营业场所，它的范围包括管理机构，营业机构，办事机构，工厂，开采自然资源的场所，建筑、安装、勘探等工程作业的场所，提供劳务的场所以及营业代理人。我国目前采用常设机构标准判定经营所得的来源地，凡是在我国境内设有上述常设机构的企业（包括外国企业），通过该常设机构取得的经营所得都属于来源于我国境内的所得。又比如，个人劳务所得的来源地，有的国家采用劳务提供地标准，有的国家则采用劳务所得支付地标准。我国采用的是劳务提供地标准。我国税法规定，因任职、受雇、履约等而在中国境内提供劳务取得的所得，无论支付地点是否在中国境内，均为来源于中国境内的所得。再比如，对于股息、利息、特许权使用费这些消极投资所得，有的国家以股权、债权、特许权所有人的居住地为标准判定来源地，有的国家则以股本金、贷款、特许权的使用地为标准判定来源地。我国采用的是后一种标准。我国个人所得税税法规定，从中国境内的公司、企业或者个人取得的利息、股息、红利所得，许可各种特许权在中国境内使用而取得的所得，无论支付地点是否在中国境内，均为来源于中国境内的所得。

二、国际重复征税

（一）国际重复征税的含义

国际重复征税是指两个或两个以上国家在同一时期内，对同一纳税人或不同纳税人的同一征税对象或税源征收相同或类似的税收。

（二）国际重复征税产生的原因

所得的国际重复征税是由不同国家的税收管辖权同时叠加在同一所得之上引起的。这种国与国之间税收管辖权的交叉重叠可以大致分为两种类型。

（1）不同税收管辖权的重叠。不同种类的税收管辖权相互重叠有三种情况，即居民管辖权与地域管辖权的重叠、公民管辖权与地域管辖权的重叠、公民管辖权与居民管辖权的重叠。由于世界上大多数国家都同时实行地域管辖权和居民管辖权，因此这两种税收管辖权的交叉重叠最为普遍，此系造成国际重复征税的一个主要原因。比如，一甲国居民在乙国从事经济活动并在当地取得了一笔所得，甲国依据居民管辖权有权对这笔所得征税，乙国依据地域管辖权也有权对这笔所得征税。这样，甲、乙两国的税收管辖权就在该甲国居民的同一笔所得上发生了重叠。如果甲、乙两国都行使自己的征税权，则这笔所得势必会受到国际重复征税。公民管辖权与其他税收管辖权重叠的情况与上述居民管辖权类似，故这里不再赘述。

（2）同种税收管辖权的重叠。国与国之间同种税收管辖权的相互重叠主要有居民管辖权与居民管辖权的重叠、地域管辖权与地域管辖权的重叠两种情况。造成同种税收管辖权相互重叠的原因，主要是有关国家判定居民或所得来源地的标准不尽相同，从而使同一跨国纳税人具有双重居民的身份，或同一笔所得被两个国家同时判定为来自本国，致使两个国家对同一跨国纳税人的同一所得同时享有居民管辖权或地域管辖权。比如，甲、乙两国判定法人居民身份的标准各不相同：甲国采用注册地标准，即凡是在本国注册登记的法人企业均为本国的法人居民，而不论该法人企业的管理机构是否设在本国；乙国采用管理机构所在地标准，即凡是管理机构设在本国的法人企业均为本国的法人居民，而不论该法人企业是否在本国注册登记。在这种情况下，如果某个法人企业注册地在甲国而管理机构设在乙国，那么，该法人企业就要同时成为甲、乙两国的法人居民，甲、乙两国都可依据居民管辖权向其征税。又比如，甲、乙两国确定劳务所得来源地的标准不同：甲国根据劳务所得的支付地判定所得的来源，而乙国则根据劳务提供地判定劳务所得的来源。这时，如果有一个甲国人到乙国提供劳务，其劳务所得由在甲国的某一单位支付，则甲、乙两国都将判定这笔劳务所得来源于本国，并且都要依据地域管辖权对这笔所得征税。

三、国际重复征税的减除方法

目前，所得国际重复征税问题的解决方法主要有两种：一是有关国家通过缔结国际税收协定，约束各自的税收管辖权，以避免两国因制定居民身份或所得来源地的标准相互冲突而对同一个纳税人或同一笔所得同时行使居民管辖权或同时行使地域管辖权。目前在约束各国税收管辖权方面已经有比较成熟的规范。例如，当判定法人居民身份的注册地标准与管理机构所在地标准发生冲突时，注册地标准要服从于管理机构所在地标准，即当同一法人被一个采用注册地标准的国家和一个采用管理机构所在地标准的国家同时判定为本国居民时，则应由该法人的管理机构所在国对其行使居民管辖权，其注册地所在国则应放弃对它的居民管辖权。解决国际重复征税问题的第二种方法是：当一个国家的居民管辖权与另一个国家的地域管辖权相互重叠时，实行居民管辖权的国家承认所得来源国的优先征税地位，并在行使本国征税权的过程中采取以下四种方法之一来减轻或消除国际重复征税。

（一）扣除法

即一国政府在对本国居民的国外所得征税时，允许其将该所得负担的外国税款作为费用从应税国外所得中扣除，只对扣除后的余额征税。根据扣除法，一国政府对本国居民已负担国外税收的跨国所得仍要按本国税率征税，只是应税所得可被外国税款冲减一部分，因此，扣除法只能减轻而不能免除国际重复征税。

（二）低税法

即一国政府对本国居民的国外所得按单独制定的较低税率征税。一国对本国居民来源于国外的所得征税的税率越低，越有利于缓解国际重复征税。由于低税法仍要求居住国政府按一定的税率对本国居民的跨国所得征税，所以它与扣除法一样，也只能减轻而不能免除国际重复征税。

（三）免税法

即一国政府对本国居民的国外所得不予征税，而仅对其来源于国内的所得征税。免税法在实行累进所得税的国家有两种具体的做法：一是全部免税法，即一国政府对本国居民的国外所得不予征税，并且在确定对其国内所得征税的税率时也不考虑这笔免于征税的国外所得；二是累进免税法，即一国政府对本国居民的国外所得不予征税，但在确定对其国内所得征税的税率时，要将这笔免于征税的国外所得与其国内所得汇总一并考虑。免税法使实行居民管辖权的国家完全放弃对本国居民国外所得的征税权，因而可以有效地避税和消除国际重复征税。

（四）抵免法

即一国政府在对本国居民的国外所得征税时，允许其用国外已纳税款冲抵在本国应缴纳的税收，从而实际征收的税款为本国居民应纳本国税款与已纳外国税款的差额。显然，抵免法也可以有效地免除国际重复征税，更由于抵免法既承认所得来源国的优先征税地位，又不要求居住国放弃对本国居民国外所得的征税权，有利于维护各国的税收利益，因而被世界上一些国家采用。我国目前也采用抵免法避免对所得跨国双重征税。

四、税收饶让

税收饶让是指一国政府对本国居民在国外得到减免的那部分所得税，视同已经缴纳，并允许其用这部分被减免的外国税款抵免在本国应缴纳的税收。税收饶让不是一种消除国际重复征税的方法，而是居住国对从事国际经济活动的本国居民采取的一种税收优惠措施。但由于税收饶让是在税收抵免的基础上进行的，与税收抵免有密切的联系，因而可以将其放在本节一并加以介绍。

税收饶让一般在发达国家与发展中国家之间进行。发达国家对到发展中国家投资的跨国纳税人给予税收饶让，对于发展中国家吸引外资具有十分重要的意义。发展中国家为了吸引外资，往往要向发达国家的投资者提供税收减免等优惠待遇。但根据税收抵免办法的规定，发展中国家对发达国家的投资者减征或免征的税款最后还要由发达国家补征。这样，发展中国家的税收优惠措施不仅不能使发达国家的投资者得到任何实惠，起不到吸引外资的作用，而且还会使发展中国家的一部分税收收入转化为发达国家的税收收入。为了解决这个问题，发展中国家要求发达国家实行税收饶让，对发达国家的投资者在发展中国家得到的减免税不再予以补征。目前，大多数发达国家出于鼓励本国资本输出的考虑，同意实行税收饶让，在发达国家与发展中国家签订的税收协定中，普遍都有税收饶让的规定。我国目前也通过国际税收协定与 20 多个国家相互实行税收饶让。

第三节　国际避税与反避税

一、国际避税的含义

（一）什么是避税

要弄清什么是国际避税，自然要先弄清什么是避税。避税是与偷税相近的一个概念。虽然有些国家对“偷税”一词有明确的法律定义，但没有哪个国家在税法中对“避税”

的概念做出解释。例如，《税收征收管理法》对偷税就有明确的界定，即："纳税人伪造、变造、隐匿、擅自销毁帐簿、记帐凭证，或者在帐簿上多列支出或者不列、少列收入，或者经税务机关通知而拒不申报或者进行虚假的纳税申报，不缴或者少缴应纳税款的，是偷税。"然而，《税收征收管理法》却没有规定什么是避税。不过，总的来看，人们所说的避税是指纳税人利用现行税法中的漏洞或不明确之处，规避、减少或延迟纳税的一种行为。避税与偷税的共同之处在于二者都是纳税人有意采取的减轻自己税收负担的行为，但它们毕竟是两个不同的概念。一般认为，二者之间存在着以下区别：第一，偷税是指纳税人在纳税义务已经发生的情况下通过种种手段不缴纳税款；而避税则是指纳税人规避或减少纳税义务。第二，偷税直接违反税法，是一种非法行为；而避税是钻税法的空子，并不直接违反税法，因而从形式上还是一种合法行为。第三，偷税不仅违反税法，而且往往要借助犯罪手段，比如做假账、伪造凭证等，所以偷税行为应受到法律制裁（拘役或监禁）；而避税是一种不违法行为，并不构成犯罪，所以不应受到法律的制裁。

（二）什么是国际避税

国际避税一般是指跨国纳税人利用国与国之间的税制差异以及各国涉外税收法规和国际税法中的漏洞，在从事的跨越国境的活动中，通过种种合法手段，规避或减少有关国家纳税义务的行为。对于上述国际避税的概念，可从以下两点去把握。

（1）国际避税不同于国内避税。国内避税是指一国纳税人利用本国的税法漏洞进行的避税，它不借助纳税人跨越国境的活动，其所规避的纳税义务仅为居住国的纳税义务。而国际避税则是利用国与国之间的税法差异，钻涉外税法和国际税法的空子而进行避税。这种避税活动需要纳税人从事一些跨越本国国境的活动，或者纳税人跨越本国国境进行自身的流动，或者纳税人将自己的资金或财产转移出本国使其在国际上进行流动；而且国际避税所要规避的纳税义务不仅限于纳税人的居住国，而且还包括所得的来源国；纳税人进行国际避税的目的往往不是减轻其在某一国的税收负担，而是减轻其全球总税负。另外，也有人从特定国家的税收利益出发，把纳税人通过国际交易造成居住国或某一来源国出现税收收入损失的行为也视为国际避税，即便这时纳税人在一国得到的税收利益要被在别国纳税义务的增加所抵消，从而其全球总税负并没有减轻。可以说，这是一种广义的国际避税的概念。我们在后面将要谈到的我国外商投资企业的国际避税问题在很多情况下就属于这种广义的国际避税。

（2）国际避税不同于国际偷税。国际偷税是纳税人在跨国活动中利用非法手段逃避其在有关国家已负有的纳税义务，它与国内偷税活动一样，是一种违法行为。而国际避税则是纳税人利用公开合法的手段进行的，一般并不违反有关国家的税法，所以总体上说它是一种合法或不违法的行为。由于国际避税和国际偷税的性质不同，二者的处理方法也有所不同。对于国际偷税，有关国家要像对待国内的偷税活动一样对违法者进行法律制裁；而对于国际避税，有关国家一般只能通过完善本国的涉外税收法规或修订本国与他国签订的税收协定，堵塞法律漏洞，不给跨国纳税人提供国际避税的可乘之机，而并不能像对待国际偷税那样对跨国纳税人进行严厉的法律制裁。

二、国际避税的主要手段

跨国纳税人进行国际避税主要采用以下几种手段：

（一）从高税国移居到低税国或避税地，以避免成为高税国的税收居民

在实行居民管辖权的国家，如果纳税人属于该国的居民，则要向该国政府负无限纳税义务，即就其在全世界的所得向该国政府纳税。如果这个实行居民管辖权的国家是一个高税国，那么该国居民的全世界所得都要按较高的税率纳税，即使有些所得来自那些低税或无税的国家，纳税人也要就这些所得向本国政府补交税款。而如果纳税人从这个高税国迁往低税国，不再属于这个高税国的居民，那么这个纳税人就只需就来源于该高税国的所得按较高的税率向该国纳税，而来自其他国家的所得就可以按自己目前居住的低税国的税率纳税。如果纳税人迁往一个纯避税地，或迁往一个仅实行地域管辖权的国家，成为那里的居民，那么他来自其他国家的所得就只需在来源国缴税，不必再向其居住国纳税。假如纳税人的所得来自一个低税国或能够在来源国享受到税收优惠，则纳税人从高税国移居到避税地就可以使他的总税收（来源国税收加上居住国税收）负担大大减轻。

（二）跨国关联企业通过转让定价手段把企业集团的一部分利润从高税国转移到低税国，从而减轻企业集团的全球总税负

跨国关联企业之间进行经济交往，与其同非关联企业进行交往一样，也要按照一定的标准计价收费，以便考核各企业的经营成果，实施对企业的经营管理，但跨国关联企业之间作价有一定的特殊性。非关联企业之间的交易价格一般要按照市场竞争的原则，经过双方讨价还价来确定。而跨国关联企业由于在经营管理和经济利益等方面具有相关性，因而相互之间进行交易可以通过跨国关联企业集团内部的转让定价来进行。这种内部交易价格可以根据跨国关联企业集团的整体利益来制定，并不一定要符合市场竞争的原则。与市场价格相比，转让定价所确定的内部交易价格既可以等于市场价格，也可以不等于市场价格。跨国关联企业集团内部作价制度的这种特殊性，使其有可能在有关国家税率存在差异的情况下，利用转让定价，在设在不同国家的关联企业之间分配业务收入和费用开支时，尽可能地将所得从高税国企业转移到低税国企业，从而达到最大限度地减轻总税负的目的。比如，跨国关联企业集团如果压低高税国企业向低税国企业销售产品的价格，把收入尽量多地分配到低税率国家的关联企业，或者提高低税国企业向高税国企业提供劳务、转让技术的收费价格，把费用尽量多地分配到高税率国家的关联企业，就可以实现国际避税的目的。

需要指出的是，在实践中跨国公司集团的母公司一般都设在税率较高的发达国家，而跨国公司集团中的关联子公司则有许多设在无税或低税的避税地（这种设在避税地的关联子公司通常被称为跨国公司的基地公司），母公司为了避税的目的会把公司集团的利润尽可能多地向避税地子公司转移，但避税地子公司的利润要按照股权比例分配到跨国母公司名下；如果这时母公司所在的居住国没有“推迟课税”的规定，即母公司来源于

避税地子公司的股息、红利无论是否汇回都要申报纳税，那么，跨国公司利用转让定价向避税地子公司转移利润就达不到避税的目的。在这种情况下，跨国公司能否利用转让定价进行国际避税，关键取决于母公司所在的居住国是否对母公司的海外利润实行推迟课税。过去发达国家的税法中都规定有推迟课税的条款，而且该规定适用的范围很广，这就为跨国公司利用转让定价向低税国尤其是向避税地的关联子公司转移利润进行避税打开了方便之门。尽管后来一些发达国家部分取消了推迟课税的规定，使一部分跨国纳税人利用转让定价向避税地基地公司转移利润的国际避税行为受到了一定的限制，但出于种种原因，推迟课税的规定在这些国家并没有被完全取消，致使跨国纳税人仍有机可乘。所以，总的来看，目前跨国公司利用转让定价手段向避税地子公司转移利润以规避母公司居住国税收的可能性依然存在。从我国的情况看，目前外商投资企业开业的已达60多万家，但外商投资企业的亏损面仍然较大，尽管已经由20世纪90年代初期的70%降到了目前的33%左右，但与外商投资企业的实际经营情况相比这个比重仍然偏高。经税务部门调查，很多外商投资企业都是所谓的“常亏不倒户”，即一方面连年亏损，另一方面还不断地追加投资。显然其中有一部分亏损的外商投资企业利用转让定价向境外关联企业转移了利润。

（三）滥用国际税收协定避税

所谓滥用国际税收协定，一般是指一个第三国居民利用其他两个国家之间签订的国际税收协定获取其本不应得到的税收利益。跨国纳税人通过滥用国际税收协定往往可以达到避税的目的。国与国之间签订的国际税收协定（避免所得双重征税协定）中一般都有互相向对方国家的居民提供所得税尤其是预提所得税的税收优惠的条款。比如，各国对本国居民向非居民支付的股息、红利一般要征25%～35%的预提所得税，但根据国际税收协定，这种股息预提所得税的税率可以降到15%以下。甲、乙两国签订的税收协定本应使甲、乙两国的居民相互受益，第三国居民本不应从中渔利，然而第三国居民往往可以通过一定手段从甲、乙两国签订的税收协定中得到好处。其手段主要是在甲、乙两国中的一国设立子公司，并使其成为当地的居民公司，该子公司完全由第三国居民控制。这样，该子公司就可以享受甲、乙两国签订的税收协定中的优惠待遇，然后该子公司再通过其与第三国居民之间的关联关系把收益传递给该第三国居民，从而使该第三国居民间接地得到甲、乙两国间税收协定的好处。在上述过程中，第三国居民在甲、乙两国中设立的子公司实际上是一个中介公司，根据第三国居民滥用甲、乙两国间税收协定的目的不同，这个中介公司可以是控股公司、金融公司、专利许可公司等。

（四）选择有利的公司组织形式避税

当一个国家的法人居民公司对外投资时，可以选择不同的组织形式，或是在东道国建立子公司，或是建立分公司。从跨国公司居住国的税收规定来看，对在国外设立子公司还是分公司的财务处理是不一样的。由于子公司是一个独立的纳税实体，它的亏损不能记在母公司的账上，而分公司与母国总公司是一个法人实体，公司统一计算盈亏，因而分公司的经营亏损可以冲销总公司的盈利。跨国公司到一国投资办厂，由于各种主观与客观的因素，在生产初期往往亏损较大，这样跨国公司可以先设立一个分公司，使其开业的亏损能在汇总纳税时冲抵总公司的利润，以减少跨国公司的税收负担；但当生产过了起步阶段，进入正常盈利阶段时，则建立子公司更为有利，因为子公司与母公司各自纳税，可以避免承担汇总纳税责任的母公司在所在国由于税率较高且累计计征而面临的较重税负。

三、国际避税的主要防范措施

国际避税尽管是一种不违法的行为，但其给政府税收收入造成的有害后果与非法的国际偷税行为是一样的。因此，各国在打击国际偷税行为的同时，也都把矛头指向了国际避税。在长期的反避税斗争中，国际社会已形成了一整套对付国际避税的措施和方法。这里介绍其中几种主要的方法。

（一）对关联企业之间不合理的转让定价进行调整

利用转让定价在跨国关联企业之间进行收入和费用的分配以及利润的转移，是跨国公司进行国际避税最常用的一种手段。不合理的转让定价必然会造成收入和费用不合理的国际分配格局，从而影响有关国家的切身利益。因此，目前世界上已经有近 70 个国家在国内税法中规定，本国税务部门要对跨国关联企业之间不合理的转让定价进行一定的调整。我国税法中也有这种规定。这种转让定价的调整措施既维护了有关国家的税收利益，同时对跨国公司的国际避税行为也构成了一种障碍。在防范国际避税的诸多措施中，它不失为一种具有巨大威慑力量的反避税手段。不过，这一措施从总体上看还处于初始阶段，仍有待进一步推广和完善。2014 年，我国税务部门对 272 户外商投资企业进行了转让定价调查，结案 257 户，平均补税金额达到每户 3 068 万元。

目前，各国对跨国关联企业间不合理转让定价进行调整的方法主要有四大类，即可比非受控价格法、再销售价格法、成本加利润法以及其他合理方法。这四类方法最先由美国采用，1979 年经济合作与发展组织发布的《转让定价与跨国企业》的报告中又推荐了这四类调整方法，从而使其在世界范围内被广泛采用。

1. 可比非受控价格法

可比非受控价格法即根据相同的交易条件下非关联企业之间进行同类交易时所使用的非受控价格来调整关联企业之间不合理的转让定价。它实际上是市场标准在转让定价调整过程中的具体应用。可比非受控价格法被各国广泛应用于对商品销售、劳务提供、无形资产转让、贷款提供等方面转让定价的调整。

2. 再销售价格法

再销售价格法即以关联企业间交易的买方将购进的货物再销售给非关联企业时的销售价格（再销售价格）扣除合理利润后的余额为依据，来调整关联企业之间交易的不合理转让定价。这种方法实际上是比照市场标准在转让定价调整过程中的具体应用，它主要用于商品交易转让定价的调整方面。

3. 成本加利润法

成本加利润法即以关联企业发生的成本加上合理利润后的金额为依据，来调整关联企业间不合理的转让定价。它实际上是组成市场标准在转让定价调整中的具体应用。成本加利润法除了被各国广泛用于特制商品销售转让定价的调整外，尤其被广泛用于提供劳务、无形资产转让、研究开发费用分摊的转让定价调整方面。

4. 其他合理方法

以上三种方法被人们视为调整转让定价的“标准方法”。除此之外，各国在调整转让定价方面还有“其他合理方法”。这类方法在各国包含的内容不一，下面介绍几种主要的其他合理方法。

(1) 可比利润法(CPM)。可比利润法是指在可比情况下，按非受控纳税人(可比方)与其他非受控纳税人从事同样的经营活动取得的收益(利润水平指数)，推算出受控纳税人(被检查方)从事交易的独立成交结果。如果被检查方的利润水平指数与那些非受控纳税人的经营利润是一致的，那么被检查方的利润数额将被确认为独立成交结果；如果被检查方的利润水平指数与可比方的经营利润不一致，则要按可比方的经营利润对被检查方的利润水平进行调整。可比利润法主要用于对无形资产转让定价的调整方面，但如果被检查方转让的无形资产是自己开发的或是十分昂贵的以及可能具有很大的经济效益，则可比利润法就不宜采用。目前，只有美国、新西兰等少数国家允许采用可比利润法。

(2) 利润分割法(PSM)。即对由若干个关联企业共同参与的交易所产生的最终合并利润，要按照各企业承担的职责和对最终利润的贡献确定一个分配比例，然后再按这个分配比例在各关联企业之间分配合并利润。最终合并利润在关联企业之间进行分割通常有两种方法：一是贡献分析法，即利润的划分要依据各关联企业对某笔受控交易贡献的相对价值。在确定某一关联企业所做贡献的相对价值时，首先要分析其在交易中履行的具体职能、使用的资产(包括无形资产)和承担的风险，同时还要考虑其所做贡献的市场价格或报酬。二是剩余利润分析法，即首先将经营收入在各关联企业之间进行分配，分配的原则是使每个关联企业分得的收入都能够弥补其成本费用并得到与其从事的经营活动相对称的报酬，在计算该对称报酬时应参考非关联企业从事相似经济活动所应取得的报酬水平；在经过上述第一阶段的收入分配以后，余下的则为关联企业集团的剩余利润，对这笔剩余利润的分配则主要是考虑各关联企业所特有的资产，尤其是其中的无形资产，因为这些特有的无形资产应当能给企业带来一笔特殊的报酬。在剩余利润的具体分配比例上，企业无形资产的开发费用可以是一个重要的参考因素。

(3) 交易净利润率法(TNMM)。交易净利润率法是一种以独立企业在一项可比交易中所能获得的净利润率为基础来确定转让定价的方法。交易净利润率法建立在以下基础之上，即从长期来看，那些在相同产业以及相同条件下经营的企业应取得相同的利润水平。因为从经济理论上说，一个企业如果比它的竞争对手利润率高，那么它就可以扩大生产和销售，这时它的低效率的竞争对手就可能被淘汰出局，或者提高效率迎头赶上，这样各类企业的利润率就会趋同。根据交易净利润率法，在受控交易下，纳税人取得的收益要与独立交易情况下非受控交易的利润指标进行比较，而且所要比较的是净利润率而不是毛利润率。再销售价格法和成本加利润法都是比较相关企业的毛利润率。毛利润是指销售额减去销售成本(但不能减去各种费用)后的差额；净利润则等于销售额减去销售成本和各种费用(但其中不包括利息和所得税税款)后的差额。净利润比毛利润受交易条件差异的影响要小，所以使用净利润率指标调整转让定价比较科学。使用交易净利润率法一般是比较销售净利润率（＝净利润/销售额）和资产净利润率（＝净利润/营业资产）。由于交易净利润率法并不考虑企业开发的无形资产对关联企业受控交易利润的贡献，所以它不能像利润分割法那样用于无形资产的交易。

以上介绍的三种其他合理方法都属于以利润为基础的调整方法，它与前三种以交易为基础的传统价格法是不同的。由于传统的价格法在实际运用中往往会遇到许多困难，所以有时必须使用以利润为基础的调整方法（可统称为利润法）。经济合作与发展组织在1979年通过的转让定价报告中对利润法的使用并没有给出十分明确的态度，报告虽然承认鉴于现实经营情况的复杂性，可能有必要采用与传统价格法不同的其他合理方法，但究竟应采用哪种其他合理方法，报告中并未点明。1995年经济合作与发展组织又通过了一份新的转让定价报告，在这份报告中首次明确了利润法是可以接受的一种转让定价调整方法。不过，对利润法该报告又强调了两点：一是利润法只能作为转让定价调整的最后手段，也就是说，只有当传统的价格法实在无法使用时才能寻求使用利润法，一开始就使用利润法是不恰当的；二是在各种利润法中只能使用利润分割法和交易净利润率法这两种交易性利润法，而不应采用可比利润法、可比利润区间法等总利润法。经济合作与发展组织反对使用总利润法是因为总利润是一项反映企业总体经营状况的指标，而企业利润水平的高低受许多因素的影响，这些因素不仅包括价格，还包括企业的经营管理水平、经营战略等。而可比利润法、可比利润区间法等总利润法都是用被审核的关联企业的总利润水平与同类型的从事非受控交易的企业的总利润水平进行比较，然后用二者的利润水平差异倒推出关联企业从事受控交易所使用的转让定价是否合理。这样做实质上就是假定企业的总利润水平完全受价格因素影响，从而忽略了经营战略、管理水平等非价格因素可能对总利润水平产生的影响。

（二）制定对付避税地的法规，有针对性地取消推迟课税的规定

跨国公司纳税人进行国际避税的重要手段之一，就是在避税地建立一个外国公司，然后利用避税地低税或无税的优势，将许多经营业务通过避税地公司开展，通过转让定价等手段，把跨国纳税人的一部分利润转移到避税地公司的账上，并借助一些国家推迟课税的规定，将利润长期积累在避税地公司，从而逃避跨国纳税人所在的高税国的税收。在上述情况下，避税地公司实际上充当了跨国纳税人进行国际避税的基地，所以人们通常将这种建在避税地的外国公司称为基地公司。在避税地投资建立基地公司的股东一般为跨国公司，但也可以是公民个人。

显然，要想阻止跨国公司利用避税地基地公司进行避税，就必须取消对国外分得股息推迟课税的规定。如果跨国公司的基地公司无论是否将股息、红利汇给母公司，母公司居住国都要对这笔利润征税，这样，跨国公司利用避税地基地公司避税的计划就不能实现。这种取消推迟课税的规定以阻止跨国纳税人利用其在避税地拥有的基地公司进行避税的立法，被称为对付避税地的法规或受控外国公司（CFC）法规。

对付避税地的立法首先是由美国在20世纪60年代初率先制定的。1961年肯尼迪总统在提交国会的《税收修正案》中列举了推迟课税规定的种种弊端，并认为推迟课税规

定不仅有利于跨国公司避税，而且还鼓励美国企业向低税国投资，破坏了美国税制对资本输出应保持中性的原则。最后，美国国会于1962年通过了一个折中方案，有选择地或者说部分地取消了推迟课税的规定，即并不是所有美国股东拥有的外国公司的所得都不再享受推迟课税优惠待遇，而只是那些极易被利用作为避税工具的受控外国公司的某些类型的所得（这些所得被列入美国《国内收入法典》的F分部，所以又称F分部所得）今后不再适用推迟课税的规定。取消对受控外国公司F分部所得的推迟课税，标志着美国开始限制跨国纳税人利用避税地进行国际避税活动。在美国1962年颁布对付避税地的立法以后，加拿大（1971年）、联邦德国（1972年）、日本（1978年）、法国（1980年）、英国（1984年）、新西兰（1989年）、澳大利亚（1990年）等国都相继颁布实施了本国的对付避税地的法律，其内容与美国的对付避税地立法有许多相似之处。我国目前的税法中，没有推迟课税的规定。纳税人的海外利润，无论是否汇回，都必须向税务部门申报纳税。但如果海外子公司不向我国居民公司分配利润，后者则不需要向我国政府申报纳税。针对这种情况，《企业所得税法》第四十五条也规定了所谓受控外国公司条款，即在一定条件下，境外企业不向我国居民企业分配利润，居民企业也要就应分未分的利润申报纳税。

（三）在双边国际税收协定中加进反滥用条款，以防止第三国居民滥用税收协定避税

为防范第三国居民滥用协定避税，可以在协定中加进一定的防范条款，具体主要有以下几种方法。实践中，各国一般都选择其中的多种方法同时使用，很少只局限于某种方法。

（1）排除法。即在协定中注明协定提供的税收优惠不适用于某一类纳税人。例如，美国1962年与卢森堡签订的税收协定中就规定，在卢森堡注册成立的控股公司不属于该协定适用的纳税人，这样，第三国居民就不能借助在卢森堡成立的中介控股公司来享受美国的预提税优惠。

（2）真实法。即规定不是出于真实的商业经营目的，只是单纯为了谋求税收协定优惠的纳税人，不得享受协定提供的税收优惠。例如，英国与荷兰、瑞士签订的税收协定中规定，如果债务和特许权交易是为了利用协定而不是由于真正的商业原因而发生，则该协定对利息、特许权使用费规定的预提税减免就不对其适用。

（3）纳税义务法。即一个中介性质的公司的所得如果在注册成立的国家没有纳税义务，则该公司不能享受税收协定的优惠。例如，比利时、法国、德国、意大利与瑞士缔结的税收协定中就规定，由瑞士非居民大量控股的瑞士居民公司从缔约国另一方取得的利息、特许权使用费和资本利得只有在公司所在地有交纳州所得税的义务时才能享受税收协定提供的优惠。

（4）受益所有人法。即规定协定提供的税收优惠的最终受益人必须是真正的协定国居民，第三国居民不能借助在协定国成立的居民公司而从协定中受益。美国在1980年以后对外缔结的税收协定中都有限定受益人条款，包括美国与澳大利亚、巴巴多斯、塞浦路斯、法国、意大利、牙买加、新西兰等国签订的协定。美国在与我国缔结的税收协定

的备忘录中也有类似条款。

（5）渠道法。即如果缔约国的居民将所得的很大一部分以利息、股息、特许权使用费的形式支付给一个第三国居民，则这笔所得不能享受税收协定提供的预提税优惠。渠道法主要是限制第三国的居民公司在缔约国一方建立居民公司并利用两国缔结的税收协定规避预提税。

（6）禁止法。即不与被认为是国际避税地的国家（地区）缔结税收协定，以防止跨国公司在避税地组建公司作为其国际避税活动的中介性机构。

（四）限制跨国公司利用改变公司组织形式进行避税

跨国公司国际避税的方式之一是适时地改变国外附属机构的组织形式，当国外分公司开始盈利时，即将其重组为子公司。为了防止跨国公司利用这种方式避税，一些国家在法律上也采取一些防范性措施。如美国税法规定，外国分公司改为子公司以后，分公司过去的亏损所冲减的总公司利润必须重新计算清楚，并就这部分被国外分公司亏损冲减的利润进行补税。英国则用限制本国居民公司向非本国居民公司转让经营业务的方法阻止本国公司将国外的分公司改组为子公司。如《英国所得税法》第482节就明确规定，除非经财政部同意，否则，一个英国公司将自己的一部分贸易或经营业务转让给国外的非居民公司是违法的。由于国外分公司是英国公司的一部分，并不具有外国居民公司的身份，所以这条法律并不限制英国公司将自己的一部分业务通过国外分公司开展。但如果国外分公司改建为子公司，子公司就具有了外国居民公司的地位，这样，由于有上述第482节的规定，英国公司的业务就不能再通过该国外机构（子公司）开展，这就在客观上限制了英国公司用改变国外机构组织形式的方式进行避税。

复习思考题

1. 国际税收关系包括哪些内容？
2. 所得国际重复征税产生的原因是什么？
3. 如何避免和解决所得国际重复征税问题？
4. 什么是税收饶让？它对发展中国家有何意义？
5. 避税和偷税有什么区别？
6. 国际避税有哪些方法？
7. 税务机关对跨国企业的转让定价可以采用哪些调整方法？
8. 什么是受控外国公司法规？它的主要内容是什么？
9. 国际税收协定中的反滥用条款有哪些内容？

第7章 公债与公债市场

第一节　公债的功能

债务按照借债主体可以分为公债和私债。公债是公共部门负债的简称，一般来说，中央政府所负债务称为国债，而地方政府的负债称为地方公债或地方债。由于我国过去不允许地方政府发债融资，所以一说起公债指的都是国债，即中央政府以发行债券或借款的方式所形成的债务。但2014年修订的新的《中华人民共和国预算法》（简称《预算法》）允许地方省一级政府在国务院下达的限额内举借债务来筹集建设投资的部分资金，未来我国的地方债也会有很大的发展。

政府以负债的方式可以取得一定的财政收入，但这种财政收入与税收收入不同，因为根据信用的原则，公债收入不仅要偿还给债权人，而且政府还要向债权人支付一定的利息作为报酬。正因为如此，各国政府通常都不能把公债收入作为正常或一般的财政收入。公债的偿还性决定了政府发行公债筹资必须注意两点：一是发债规模要适度，要符合自身的偿债能力；二是公债收入的使用方向一般应当是能够给政府带来一定回报的项目，政府可以用这种项目回报来偿还债务。

当然，公债除了给政府带来一定的财政收入之外，还具有其他功能。公债的各项功能可以概括如下。

一、弥补财政赤字的功能

财政赤字是指政府在一定财政年度中财政支出大于财政收入的差额。这里的财政收入是指政府经常性的财政收入，或者说是指政府的一般预算收入，其中主要是政府的税收收入。财政一旦出现赤字，必然要进行弥补，而弥补财政赤字的手段主要是举借公债。例如，2018 年全国一般公共预算支出为 220 906.07 亿元，加上补充中央预算稳定调节基金 1 018.54 亿元，支出总量为 221 924.61 亿元。当年一般公共预算收入总量为 198 124.61 亿元，其中：税收收入为 156 400.52 亿元，占总支出的 70.5%（也就是说，一般公共预算支出的 70.5%是靠税收收入筹资的）；非税收入为 26 951.32 亿元，占总支出的 12.1%；调入资金及使用结转结余 14 772.77 亿元（包括中央和地方财政从预算稳定调节基金、政府性基金预算、国有资本经营预算调入资金，以及地方财政使用结转结余资金），占总支出的 6.7%。收支总量相抵后赤字为 23 800 亿元，靠发行公债弥补，占总支出的 10.7%。

通过举借公债弥补财政赤字有两种具体做法：一是对公众发行政府债券，用公债收入弥补赤字；二是财政向中央银行透支。财政透支实质上是财政出现赤字以后向中央银行借款。因为政府财政在中央银行开设有专门的银行账户，财政的收支都要通过其在中央银行的账户办理，即中央银行代理财政金库业务。当政府财政支出大于其存放在中央银行的财政收入时，财政实际上就向中央银行借入了一笔款项。用透支的办法弥补赤字最大的问题是容易引发通货膨胀。因为一国的中央银行是掌管货币发行的，中央银行给予财政一笔贷款，实质上就是向流通中投放一笔货币。如果中央银行这时没有正常的信用资金来源，只能靠凭空增发货币来向财政贷款以弥补财政赤字，则必然引起流通中的货币量过多，导致通货膨胀。而财政通过发行公债来弥补赤字一般就不存在这个问题。因为财政发行公债，企业和居民个人认购公债，这时只会发生货币购买力由企业和个人向政府转移，社会上不会因此而多出一块货币购买力。从货币流通的角度说，这种货币购买力的转移不会引起货币量的增多，因而也不会诱发通货膨胀。可见，在国家信用的两种形式中，靠发行公债来弥补财政赤字是最可靠、最稳妥的办法。从公债的起源来看，它也正是出于弥补财政赤字的需要而产生的。所以说，弥补财政赤字是公债最基本的功能，公债的其他功能都是在弥补赤字的功能上派生出来的。

二、筹集建设资金的功能

公债具有筹集建设资金的功能，这可以从复式预算的角度加以理解。政府的财政支出可以分为经常性支出和建设性支出。经常性支出是维持“国家机器”运转、满足社会公共需要所必需的一些开支。建设性支出是政府进行的与经济建设密切相关的一些投资性支出。在复式预算形式下，政府要把这两类支出分别编制在两个不同的预算中，一个是经常性预算（又称经费预算），另一个是建设性预算（又称资本预算）。经常性预算的收入来源主要是各项税收收入，它为政府的经常性支出筹集资金。如果经常性预算有结余，这笔结余则要转到建设性预算中去，作为建设性预算的一个资金来源。建设性预算的另一个资金来源就是公债收入。从复式预算的内部结构来看，公债收入直接为政府的建设性投资支出筹集资金。政府发行的公债收入越多，其建设性预算中可安排的投资支出规模就越大。由此可见，公债在为国家筹集建设资金方面可以发挥巨大的作用。

目前，我国不实行复式预算，一般公共预算中既有经常性支出，也有资本性支出，政府性基金预算中资本性支出占的比重更大。而这两个预算中的支出都有一部分靠债务收入提供资金，可见公债具有明显的筹集建设（投资）资金的功能。特别是政府性基金预算，其支出除了用于国有土地使用权出让金收入的相关支出（如拆迁补偿等）外，很大一部分要用于建设性支出。目前政府性基金预算中地方收支均占大头，2019年地方政府性基金预算支出要占到全国支出的96.6%，而当年地方政府性基金预算中22.3%（21 500亿元）的支出要靠地方政府的专项债务收入筹集资金。

三、调节经济的功能

公债调节经济的功能主要表现在以下四个方面：

（1）调节积累和消费的比例关系。公债的发行对象包括城乡居民个人。个人购买政府发行的公债也是一种金融投资行为。个人将自己收入的一部分购买了政府债券，就意味着把一部分可用于消费的购买力暂时转移给政府使用。政府如果将取得的公债收入用于投资，则无疑会增加整个国民收入中的积累部分，从而有助于提高国民经济的积累率水平。需要指出的是，如果政府借债过多，造成资本市场上资金严重供不应求，则会导致市场利率的上升。市场利率的上升会加大私人投资的成本，进而导致私人投资下降，这就是公债的所谓“挤出效应”。所以，考察公债对积累和消费比例关系的影响，不能忽视“挤出效应”问题。

（2）调节投资结构。居民手中的闲置资金既可以购买企业发行的股票和债券，也可以购买政府发行的公债。政府对居民发行公债，可以把居民个人一部分本来供企业投资的闲置资金筹集上来用于自己的投资。由于企业投资的重点是收益率高、见效快的项目，而财政投资一般侧重于社会效益高、投资期限长、有较好外部效益的项目，因此，政府发行公债就可以调节国民经济的投资结构。

（3）调节金融市场。政府发行公债以后，债券可以在金融市场上流通，从而成为金融市场上流通的一种重要的金融工具。政府通过在金融市场上买进或卖出公债，可以调节货币流通。政府在金融市场上从个人或企业手中买进债券，则会增加流通中的货币量；卖出债券，则会减少流通中的货币量。另外，国家还可以通过调节公债的利率水平来影响金融市场上的利率变化，从而对国民经济产生扩张或抑制作用。

（4）调节社会总需求。宏观经济平衡的重要标志是社会总供给和总需求保持平衡。但在现实经济生活中，供大于求的现象是经常发生的。例如，2019年第二季度我国工业产能利用率仅为76.4%，比上年同期下降了0.4个百分点，这表明在国民经济中已经出现了供过于求或需求不足的现象，并直接导致经济增长率出现下行趋势，比如2019年第二季度经济增速已经由第一季度的6.4%下降到6.2%。社会总需求可以分为内需和外需（净出口）；内需按经济部门来分又可以分为居民个人、企业和政府的需求。内需不足往往是由居民个人消费和企业投资不足造成的。尤其是在经济下行的情况下，企业往往不愿意投资，2019年1—6月我国第二产业固定资产投资增速仅为2.9%，比去年同期低0.9个百分点；特别是固定资产投资中设备工具购置同比下降了1.9%。企业不投资，就有大量的闲置资金。据中国人民银行统计，2019年上半年，非金融企业存款增加了22 325.05亿元，比

2018年同期增加了19 575.12亿元。这时，如果政府向企业发行公债，企业就可以把手中的闲置资金转化为政府的购买力，扩大政府的消费或投资需求，从而有利于实现全社会的供求平衡。

第二节　国债的管理

一、公债的种类

公债按不同的标准划分可以分为不同的种类：

（1）以举债的形式为标准，公债可以分为国家借款和发行债券两类。国家借款是最原始的举债形式，它的特点是发债成本低，手续简便。政府向本国中央银行借款以及向国外政府或银行借款都属于国家借款。发行债券的方式可以广泛应用于对个人或企业的借债。根据《预算法》和《中华人民共和国中国人民银行法》的规定，今后财政出现赤字不能再向中央银行借款，政府举债只能靠发行债券。

（2）以筹措和发行的期限为标准，公债可以分为长期、中期和短期国债。各国一般将1年期以下的公债叫做短期公债；将1～10年期的称作中期公债；将10年期以上的称作长期公债。我国1981年以后发行的国债以中期国债为主，国债期限一般为3～5年期，最长为50年期。近年来我国也推出了一些短期国债，期限为3个月和6个月。

（3）以筹措和发行的性质为标准，公债可分为强制公债和自由公债。强制公债是政府凭借政治权力强制发行的国债，而不管认购人是否愿意购买。这种公债一般只在战争年代等特殊情况下发行。自由公债是由认购者自由购买的公债，买与不买以及买多买少都由认购者自由决定。我国在20世纪80年代初期发行国债采用的是摊派与自愿认购结合的发行方式，这种方式含有一定的强制成分，但以后摊派的做法被取消了，所以目前政府发行的公债都属于自由公债。

（4）以筹措和发行的地域为标准，公债可分为内债和外债。内债的债权人一般为本国的公民或居民，也可以是本国的企业或单位。内债筹集到的是本国货币形态的财政收入，其还本付息也要以本国货币支付。通常，内债是一国公债的主体，外债是一国政府在国外发行的国债。外债的债权人为外国的政府、银行、企业或个人。外债要以外国货币计价发行以及还本付息。所以，发行外债筹集到的是外汇形态的财政收入。我国改革开放以后也曾多次在国外发行国债，为国家筹集到了大量的外汇形态的财政收入。尤其是从1987年以后，我国加大了政府国外借款的力度，到2018年12月底，我国广义政府外债余额约合15 941亿元人民币，等值2 323亿美元，约占我国全部外债余额的12%。

（5）以债券的流动性为标准，公债可分为可出售公债和不可出售公债。认购者购买公债以后可以将其在证券市场上出售、买卖的公债属于可出售公债。否则，不能进行买卖的公债属于不可出售公债。可出售公债又称可转让公债，不可出售公债又称不可转让公债。我国20世纪80年代中期以前发行的公债属于不可出售公债，以后我国逐渐开放公债的二级市场，允许公债上市流通和转让。目前国家发行的公债基本上都属于可出售公债，从而大大提高了公债的流动性。

(6) 以公（国）债的物质形态为标准，分为凭证式国债（普通）、凭证式国债（电子记账）和记账式国债。普通的凭证式国债是纸质的，类似于纸币，国债上有一定的面额，可记名和挂失，它是以“凭证式国债收款凭证”记录的债权，但不能上市流通。凭证式国债（电子记账）品种是指财政部利用计算机网络系统，通过承办银行营业网点柜台直接面向个人投资者发行的、以电子记账方式记录债权的凭证式国债，它与普通凭证式国债一样不可以上市流通，但可以在持有半年后按照规定的利率提前兑取。记账式国债又称无纸化国债，它是以记账形式记录债权的国债。这种国债通过证券交易所的交易系统发行和交易，可以记名和挂失，但投资者买卖记账式国债必须在证券交易所开立账户。

二、公债的负担

政府发债对经济有没有负面影响，会不会给人们造成负担，这是财政学界长期争论的问题。1948年，勒纳（A. P. Lerner）在其论文《国债的负担》中提出，如果政府举借内债，不会给未来一代人造成负担，因为政府今天借债未来还债时，是用一部分人缴纳的税款向另一部分人（债券持有人）还本付息。如果把未来一代人看做是一个整体，那么未来人们的福利状况就不会恶化，不会有债务负担问题，只不过是“左手的钱给了右手”。当然如果政府举借的是外债，那么情况就比较复杂，还要看债务收入是用于了当期的消费还是用于了投资，如果借债资金用于了投资而且投资的边际收益率高于国外借债的边际成本，则未来一代人的福利状况就会改善，这种外债对他们不会造成什么负担。上述观点在20世纪40年代到50年代的西方国家十分流行。

但上述观点在界定一代人时是以某个时点上每个活着的人为一代人，如果把一代人界定成相同时点上出生的人，则情况就会有所变化。根据美国经济学家奥尔巴克（Alan J. Auerbach）等人提出的“代际账户”模型，如果政府发债筹资，发债期的老年人会以年轻人的利益为代价从发债中获益，也就是说，越往后出生的人，其纳税额占一生收入的比重就越大。奥尔巴克等人的贡献是把公债负担问题放在一个较长的时间内来看待。

不过，美国经济学家巴罗（Robert J. Barro）在1974年发表的一篇名为《政府的债券是净财富吗?》的文章中提出了一个观点：当政府发债筹资时，老一代人就会意识到未来一代人（他们的后代）今后要多交税用于政府还债，为了不使下一代人税收负担增加，老年人会减少他们的消费以多留遗产给下一代，这样每一代人的消费与政府发债前相比实际上并没有变化；由于私人个人可以消除政府借债政策的代际效果，所以政府无论是发债筹资还是征税筹资，其对私人消费和储蓄的影响都是相等的。后来人们把巴罗的上述观点称为“李嘉图等价定理”。[①] 不过，这个观点在美国财政学界备受争论，特别是美

① 英国古典经济学家李嘉图实际上并未持有巴罗的观点。李嘉图只是认为，无论是征税还是发行国债，都是政府把资源从私人部门转移给政府使用，从而减少劳动人口的可用资源。

国20世纪80年代联邦预算连年出现巨额赤字导致政府债务负担沉重，但当时美国的私人储蓄率并没有上升反而大幅度下降，这个事实使李嘉图等价定理难以令人信服。

上面关于公债负担的观点都没有考虑“当期政府发债—未来征税还债”这个链条对国民经济的影响。有一种被称为“新古典模型”的观点，认为政府借债会产生“挤出效应”，因而会影响私人部门的投资和资本形成，给后代的福利造成损失。上述挤出效应主要是由政府借债增加市场资金需求，从而拉动市场利率造成的，因为市场利率如果上升，私人投资的成本就会提高，所以愿意投资的人就会减少。不过，这种观点在实证分析中找不到充分的证据。因为现实中影响利率的因素很多，例如在经济萧条时期，投资减少而利率也是下降的；同时，企业不景气会导致税收减少，引起政府财政赤字增加，迫使政府多发公债，而这时利率反而是下降的。尽管有上述实证研究成果，但大多数经济学家都认为，政府赤字过大，公债发行过多，会导致资本存量的下降，这样就会影响下一代人的生产能力和生产效率，从而给他们造成负担。

总之，无论学术界对公债的负担问题有什么争论和看法，但有一点是肯定的，即任何一个国家的政府都不能无限制地发债筹资，第二次世界大战后一些欧洲国家巨额债务导致政府财政崩溃的教训就是一个例证。比如，希腊的债务危机就是一个典型的案例。希腊位于南欧，是欧盟成员国，并于2000年加入欧元区。希腊在欧盟国家中经济并不发达，2010年之前其宏观税负（税收占GDP的比重）基本上都低于OECD成员的平均水平，保持在32%以内。但欧盟内部货物、服务、人员、资本的自由流动，迫使希腊长期实行高福利政策，导致政府财政常年赤字运行（2009年赤字占GDP的比例高达15.4%），债务负担不断加重。到2010年，希腊宣布难以偿还政府债务，法、德等欧盟国家为了维护欧元区的稳定不得不出手相救。2010年以来，欧盟国家政府和企业给希腊政府的贷款将近3 200亿欧元。与此同时，欧盟也要求希腊政府增收节支，不断压缩财政赤字，控制债务规模。2017年，希腊税收占GDP的比重已达到39.4%，高于OECD成员34.2%的平均水平，成为OECD 36个成员中宏观税负位列第8高的成员，当年政府债务余额已达到GDP的176%。

三、衡量公债负担的指标

既然政府不能无限制地发债，就有一个控制公债规模的问题。为此，政府有必要制定一些衡量公债负担的指标，并通过监测这些指标来达到对公债规模的管理和控制。通常，政府衡量公债的负担可以采取以下指标。

（1）债务负担率，它用公债余额占当年GDP的比重来表示。债务负担率是衡量一国经济所承受的公债程度的综合性指标。2018年末，我国中央财政的国债余额为14.96万亿元，当年GDP为90.03万亿元，债务负担率为16.6%。2018年，我国地方政府债务约为18.39万亿元，占GDP的20.4%，中央和地方政府总债务约占GDP的37%。与欧盟《马斯特里赫特条约》制定的欧元区国家政府债务负担率不能超过60%的标准相比，上述37%的债务负担率并不算高，但我国的债务负担问题也必须引起高度重视。1995年，我国的债务负担率仅为5.6%，23年后提高到了37%，年均增长8.6%，应当说增速还是较快的。特别是我国地方政府还有大量的隐性负债，如果把这个问题考虑进去，我国政府的债务问题更不容忽视。

（2）债务依存度，它用政府债务收入占当年财政支出的比重来表示，可以反映政府支出中有多大的比例是由政府发债来筹资的。债务依存度越高，说明政府财政对公债筹资的依赖性就越大。计算债务依存度的方法主要是用当年政府发行的非用于还本的债务额除以财政支出总额（不含债务还本支出）。由于目前我国中央和地方财政都可以发行债券，所以债务依存度也分为中央预算的财务依存度和地方预算的债务依存度。例如，2018年，中央财政（一般公共预算）发行国债37 092.31亿元，非用于还本而由中央财政统筹安排使用的金额为14 827.59亿元，中央一般公共预算支出总额为103 409.46亿元，中央财政的债务依存度为14.33%。

（3）居民应债能力（应债率），它用当年公债发行额与居民储蓄存款余额之比来表示。应债率可以衡量社会上有多少资金用来承受国债。2018年，我国内债（含地方发行的专项债券）发行额约为78 428亿元，城乡居民储蓄存款（住户存款）余额为716 038.16亿元，居民应债率约为11%。

（4）公债偿债率，它用当年财政的公债还本付息支出总额占财政收入的比重来表示，其含义为当年政府要拿出多大比例的财政收入用于公债的还本付息。这个比率越低，说明政府的偿债能力越强。需要注意的是，在计算公债偿债率时，财政收入中不应包括公债发行收入，因为公债发行收入最终还是要用税收等一般财政收入来偿还的。2017年，中央和地方财政一般公共预算的还本付息金额为50 124亿元，全国一般公共预算收入总额为172 592.77亿元，公债偿债率为29%。

四、公债的发行和偿还

（一）公债的发行原则

公债的发行应遵循以下原则：

（1）财政需要原则，即政府是否发行公债以及发行量的大小最终要取决于财政的需要。此外，公债的种类和期限也应根据财政筹资的需要而定。

（2）负担限额原则。政府发行公债对企业和个人以及国民经济都会形成一定的负担。所以，国家应当在法律上规定公债发行的限额，以使公债的发行规模不超过国民经济的承受能力。目前，我国公债的发行规模都要经过全国人民代表大会审批。例如，经全国人民代表大会审批，2019年，中央财政国债余额限额为175 208.35亿元；全国地方政府债务余额限额为240 774.3亿元，其中，一般债务余额限额为133 089.22亿元，专项债务余额限额为107 685.08亿元。

（3）稳定经济原则，即发行公债应对经济起到一定的稳定作用，不要引起经济的不必要的波动。

（4）低成本原则，即要尽力降低公债的发行成本。为此，财政应在保证公债顺利发行的前提下，尽量降低公债的利率水平，同时，要选择费用较低的发行方式。但为了保证公债的顺利发行，目前其利率往往高于同期的银行存款利率。例如，2019年三年期国债利率为4%，五年期国债利率为4.27%，均高于同期的银行定期存款利率。目前国有银行的三年期和五年期的定期存款利率普遍低于3%，中小银行的利率普遍低于3.5%。

（二）公债的发行方式

公债的发行是指公债售出或被个人和企业认购的过程，它是公债发行的起点和基础环节，其核心问题是确定公债的发行方式。公债的发行方式主要有以下几种：

（1）固定收益出售方式，即在金融市场上按预先确定的发行条件发行公债的一种方式。在这种方式下，公债发行收益、价格等发行条件由财政部门事先与公债的包销财团（主要为银行等金融机构）谈判确定，或由金融市场的行情确定。由于发行条件确定，财政可以预测公债发行的收益。固定收益出售方式主要适用于可转让的中长期公债的发行。

（2）公募拍卖方式，即在金融市场上通过公开招标发行公债的方式。在这种方式下，发行条件通过公开招标确定，认购者对公债的收益和价格进行投标，发行机构根据公债的发行量决定中标者名单，这种方式主要适用于中短期债券的发行，特别是适用于国库券的发行。为了促进国债市场健康发展，规范记账式国债发行及买回招投标程序，我国财政部制定了《2006年和2007年记账式国债招投标规则》，决定记账式国债发行采用"荷兰式""美国式""混合式"进行招标，招标标的包括利率、利差、价格或数量。所谓"荷兰式"招标，即当标的为利率或利差时，全场最高中标利率或利差为当期国债票面利率或基本利差，各中标机构均按面值承销；当标的为价格时，全场最低中标价格为当期国债发行价格，各中标机构均按发行价格承销。所谓"美国式"招标，即当标的为利率时，全场加权平均中标利率为当期国债票面利率，中标机构按各自中标标位利率与票面利率折算的价格承销；当标的为价格时，全场加权平均中标价格为当期国债发行价格，中标机构按各自中标标位的价格承销。而所谓"混合式"招标，即当标的为利率时，全场加权平均中标利率为当期国债票面利率，低于或等于票面利率的标位，按面值承销，高于票面利率一定数量以内的标位，按各中标标位的利率与票面利率折算的价格承销，高于票面利率一定数量以上的标位，全部落标；当标的为价格时，全场加权平均中标价格为当期国债发行价格，高于或等于发行价格的标位，按发行价格承销，低于发行价格一定数量以内的标位，按各中标标位的价格承销，低于发行价格一定数量以上的标位，全部落标。

（3）连续经销方式，即发行机构委托经纪人在金融市场上设立专门的柜台经销公债。在这种发行方式下，公债发行条件完全根据公债推销中的市场行情来确定，随行就市；公债的经销期限也不确定，发行机构可以通过证券市场的经销机构连续发行债券，直到发行的任务完成为止。这种发行方式适用于不可转让债券的发行。

（4）直接推销方式，即财政部门不通过任何中介机构或代理机构，直接向公债认购机构（商业银行、养老基金、保险公司等）出售公债的一种方式。在这种方式下，公债的发行条件、偿还期限等由财政部门通过与认购机构谈判确定。直接推销方式适用于特种公债的发行。例如，财政部对养老基金发行的国债。

（5）组合方式，即把一些公债发行方式的特点加以结合而确定的一种发行方式，即一种发行方式可以包括上述几种发行方法。例如，可以采取先拍卖后连续经销的方式发行公债。

（三）公债的偿还

公债是根据有借有还的信用原则发行的，有到期日，所以公债到期以后必须偿还。公债偿还的方式多种多样，主要包括以下几种：

（1）分期逐步偿还法，即政府就一种债券规定几个还本期，每期偿还一定比例的债券，债券到期时，将这种债券的本金全部还清。这种偿债方式的优点是可以避免集中偿还带来的财政困难；缺点是偿债工作量较大，过程比较烦琐。

（2）抽签轮次偿还法，即在公债的偿还期内，通过定期按债券号码抽签对号的方式偿还国债，每次抽签确定偿还一定比例的债券，直到偿还期结束全部债券中签被偿还为止。这种偿债方式的优缺点基本上与分期逐步偿还法相同。

（3）到期一次偿还法，即财政部门按照所发行债券的到期日和票面的金额连本带息一次全部偿清的偿债方式。这种方式的优点是偿债工作的管理简单易行，但缺点是一次偿还给政府造成的财政压力太大。

（4）市场购销偿还法，即政府在债券的期限内，通过在证券市场上定期或不定期地买回一定比例的债券，以逐渐偿还公债的方式。当债券期满后，该种债券已全部被政府从证券市场上赎回。这种方式对管理工作和人员的素质等都要求较高，所以不易普遍推行。

（5）以新替旧偿还法，即政府通过发行新的债券来兑换已到期的旧的债券的一种偿还方式。在这种方式下，到期债券的持有人可以直接用到期的债券去兑换相应数量的新发行债券，从政府的角度看，这实际上意味着原有债券的偿还期限延长，偿还债务的责任后延。这种方式不会给政府造成很大的偿债负担，但这种发新债还旧债的方式容易损坏政府的信誉，影响以后年度公债的发行。

五、公债的流通

（一）公债的发行市场

公债的发行市场是指公债的发行场所，又称公债一级市场或初级市场。公债的发行市场处于公债交易的初始环节。在公债的发行市场上政府一般与证券承购机构进行交易，政府出售证券，承购机构将证券一次全部买下。我国从 1991 年 4 月开始采用承购包销的方式发行国债，政府与各承销商在平等、自愿、互利的基础上通过签订合同的方式发售国债。这次国债承购包销活动共有 70 多家金融机构自愿参加国债承销团，承购金额达到 25 亿元。这是我国国债一级市场形成和发展的开端。1993 年，我国又推出了国债一级自营商制度，即在国债市场上建立一个稳定的国债一级自营商组织（国债承销团），该组织先直接向财政部承购国债，然后再通过自己的业务网点和业务活动把国债销售给国债的投资者。国债承销团的主副干事可由券商担任，也可由商业银行担任。近年来，几大国有商业银行一直是国债承销团的重要成员，它们已成为我国国债一级市场上的生力军。目前，我国凭证式国债和电子式储蓄国债一般采取承购包销的方式发行。

除了承购包销发行方式外，我国从 1996 年起开始推行国债公开招标的发行方式，目前记账式国债全部采用公开招标方式发行，招标采用“荷兰式”“美国式”“混合式”；招标的标的包括利率、利差、价格或数量。

从 2015 年开始，地方省一级政府可以自行发行债券，发行方式刚开始主要采用定向承销。为了进一步完善地方政府债券发行方式，提高债券发行效率，2018 年财政部又推出地方政府债券公开承销制度，并于当年 7 月印发《地方政府债券公开承销发行业务规程》。所谓公开承销，即各省（自治区、直辖市、计划单列市）财政部门与主承销商协商确定利率（价格）区间后，由簿记管理人组织承销团成员发送申购利率（价格）和数量意愿，按事先确定的定价和配售规则确定最终发行利率（价格）并进行配售的行为。它适用于公开发行规模较小的地方政府债券，包括一般债券、专项债券。地方政府债券公开承销可通过财政部政府债券发行系统、财政部上海证券交易所政府债券发行系统、财政部深圳证券交易所政府债券发行系统开展。

（二）公债流通市场

公债流通市场又称公债二级市场，它是买卖已发行了的公债的场所，是公债交易的第二阶段。在公债二级市场上主要是公债承销机构与公债投资者之间以及公债的不同投资者之间进行交易。在公债二级市场上的公债交易可分为证券交易所交易和场外交易两类。证券交易所交易是指在指定的交易所营业厅从事的公债交易；而场外交易是指不在交易所营业厅从事的公债交易。公债二级市场可以为公债债券提供流动性。公债债券的持有人一旦需要现金，可以马上通过二级市场将所持有的公债变现，而一些新的公债投资者在二级市场上也可以买到自己所需要的投资工具。这样，公债二级市场就使现金的需要者与公债的需要者都得到满足，使社会资金的配置更为合理。

我国从 1981 年恢复发行国债到 1987 年一直没有建立国债流通市场。从 1988 年起，我国开始进行国债债券的流通转让试点工作。刚开始是在 7 个城市试点，以后试点城市不断增多。不过，在 1990 年以前，我国的国债转让只是在证券中介机构内部进行，国债二级市场上的交易还只是场外交易。1990 年 12 月上海证券交易所成立，极大地推动了我国国债二级市场的发展。当时上海证券交易所共有会员 26 家，主要的交易品种就是国债债券。这样，我国的国债二级市场就结束了没有国债证券交易所场内交易的局面。在当时，我国国债的批发交易主要是在各家证券交易中心和上海、深圳两个证券交易所进行，其中上海证券交易所是最大的国债交易所。1995 年 8 月，国家停止了国债场外交易，证券交易所成为唯一合法的国债交易市场。1997 年 6 月我国银行间债券市场开始运作，并从 1999 年开始迅速发展，从而为国债的发行与流通创造了良好的条件。其参与者包括商业银行、证券投资基金、财务公司、证券公司等，成员的资产总额已占全国金融体系的 95%以上。从 2002 年开始，国债交易还可以在商业银行记账式国债柜台交易市场上进行，个人投资者可以通过商业银行柜台购买或卖出记账式国债。

在我国国债二级市场的发展进程中，还出现了一些新型的国债交易形式。1991 年，国债市场上出现了国债回购交易。所谓国债回购，是指国债持有人在卖出国债的同时，与买方签订协议，承诺在一定期限后按双方约定的价格购回所出售的国债。国债回购业务实际上是以国债为抵押的短期融资方式，具有金融衍生工具的性质。国债回购又分为质押式回购和买断式回购。质押式回购是指资金融入方（正回购方）在将自己的国债出质给资金融出方（逆回购方）的同时，与对方约定在未来某一日期将本金和约定的利息返还给逆回购方，同时逆回购方向正回购方返还原出质的国债。在上述融资过程中，国债的所有权始终保留在正回购方的手中，但正回购方为了从逆回购方融到资金，要将自己的国债质押在逆回购方那里；为了保证正回购方到期赎回自己的债券，在正回购方与逆回购方之间就需要有一个第三方机构负责向正回购方收回本金和利息，并承担正回购方的违约风险。买断式回购与质押式回购的交易过程基本相似，区别在于，买断式回购交易中正回购方在融到资金的同时必须将债券的所有权转让给逆回购方，并在未来某一日期再从逆回购方手中按约定的价格买回这笔债券。在买断式回购中，实际上双方进行了两笔债券的买卖交易。为了防止违约，交易双方都要向第三方机构支付一定的保证金或保证券。

1992 年 12 月上海证券交易所开始试行 12 个品种的国债期货交易。国债期货交易是指国债的买卖双方签订交易合同后不立即付款和交付债券，而是等到约定的交割时间才进行付款和交付债券，完成交易过程。国债期货合约包括双方约定的国债品种、交易数量、交割时间和成交价格。国债期货交易与其他期货交易一样可以实现保值增值和投机的目的。自 1993 年 10 月上海证券交易所正式向社会大众推行国债期货交易以后，国债期货交易发展速度十分迅猛，从最初的日交易量不足亿元，发展到 1994 年底日交易量 800 多亿元。仅 1994 年 12 月就成交了 9 158 亿元的国债期货。相比之下，国债现货交易寥寥无几。据统计，上海证券交易所一天最大的成交量仅约为 10 亿元，与几百亿元的日期货交易量相比相形见绌。可见，国债期货交易市场开放后，期货交易成了我国国债交易的主要形式。由于国债期货交易投机的成分很大，加上我国的法制不健全，所以在 1994 年下半年到 1995 年上半年期间出现了多起国债期货交易的违规事件，而且市场一度出现混乱。在此情况下，国务院于 1995 年 5 月决定暂停国债的期货交易。2013 年 9 月 6 日，国债期货正式在中国金融期货交易所上市交易。

我国地方政府债券发行从 2009 年由财政部“代发代还”开始，历经了“代发代还”、试点省（市）“自发代还”和“自发自还”三个阶段，发债规模也从 2009 年的 2 000 亿元猛增到 2018 年的 41 652 亿元。目前，地方债的发行以公募方式为主，2018 年地方债的平均发行期限为 6.14 年，5 年期的债券超过 40%；地方政府债券平均发行利率为 3.89%，其中，定向发行的地方政府债券平均发行利率为 4.11%，公开发行的地方政府债券平均发行利率为 3.87%。

复习思考题

1. 公债有哪些功能？
2. 如何看待公债的负担问题？
3. 衡量公债负担的指标有哪些？
4. 公债发行和偿还的方式有哪些？

第8章 国家预算

第一节 国家预算概述

一、什么是国家预算

国家预算是国家的财政收支计划，它是以收支一览表的形式表现的、具有法律地位的文件，是国家财政实现计划管理的工具。国家预算与税收和公债相比是一个较新的财政范畴，它产生于17世纪的英国，是新兴的资产阶级与封建贵族斗争的产物。在封建社会，王室贵族横征暴敛，政府的财政收支既不民主，也不公开。每年政府征多少税，税款花在什么地方，事先和事后并不告知广大的民众。随着资产阶级力量的壮大，它不满封建贵族的这种做法，强烈要求政府编制一个财政收支计划，并事先得到议会的批准才能生效。迫于新兴资产阶级的压力，英国的封建政府最终同意了这一要求，这就是国家预算产生的历史过程。从国家预算产生的历史来看，它具有以下特点：(1) 国家预算是政府某一财政年度的财政收支计划，所谓计划就是一种安排，并不是执行的结果。(2) 国家预算要经过一国的立法机构批准才能正式生效，在立法机构审议和批准以前它只是一种提案，不具有法律效力。(3) 国家预算一经立法机构批准，就具有法律效力，政府部门必须认真执行，不经过立法机构的批准不得随意更改。现代国家政府都要编制国家预算，我国的国家预算每年要由全国人民代表大会审议和批准。

二、我国的国家预算体系

国家预算是政府的财政收支计划。政府可分为中央政府和地方政府，各级政府都应有自己的预算，我国的国家预算体系是由中央预算和地方预算两个环节组成的。地方政府在我国有四级，即省（自治区、直辖市）政府、市（自治州）政府、县（市、旗、区）政府、乡（镇）政府四级，所以地方预算也由这四级预算组成。加上中央预算，我国的国家预算共有五级。国家预算体系由中央预算和地方预算组成。其中，中央预算在国家预算体系中应占主导地位。这是因为：（1）中央预算是中央政府的财政收支计划，而中央政府担负着全国宏观经济调控的重任，中央政府应当在财力上占主动地位，这样才能在经济上支配和调控地方政府的行为。（2）中央政府要负责国防、外交、科技、文化、国家重点建设、社会福利等全国性公共需要方面的开支，从而需要中央预算能够筹集一定规模的资金。（3）中央政府要通过中央预算平衡各地区的经济发展，特别是要对经济落后地区进行财政补助，因而需要大量的资金。

三、预算结构

我国的国家预算是由一般公共预算、政府性基金预算、国有资本经营预算和社会保险基金预算四大部分组成的（又称全口径预算），其中一般公共预算是主体。2018 年，一般公共预算收入为 183 351.84 亿元（占全口径预算收入的 57.7%），政府性基金预算收入为 75 404.5 亿元，国有资本经营预算收入为 2 899.95 亿元，社会保险基金预算保险费收入为 52 543.2 亿元①，共计 314 199.49 亿元，占当年 GDP 的 34.2%。

1. 一般公共预算

一般公共预算的收入以税收为主，目前税收约占 85%，其余为财政事业性收费、罚没收入、国有资本经营收入、国有资源（资产）有偿使用收入等非税收入。一般公共预算的支出主要用于满足保障和改善民生、推动经济社会发展、维护国家安全、维持国家机构正常运转等方面的资金需求。从职能分类的角度看，一般公共预算支出中教育支出排第一位（2017 年占到了总支出的 14.8%），其次是社会保障和就业支出（占 12.1%）、城乡社区支出（占 10.1%）、农林水支出（占 9.4%）、一般公共服务支出（占 8.1%）、医疗卫生支出（占 7.1%）、交通运输支出（占 5.3%）、住房保障支出（占 3.2%）等。一般公共预算可以安排赤字，例如，2018 年，中央一般公共预算赤字为15 500 亿元，地方一般公共预算赤字为 8 300 亿元，全国一般公共预算赤字为 23 800 亿元。

2. 政府性基金预算

政府性基金预算的收入目前主要是国有土地使用权出让金收入，2018 年占比为 86.3%，它是我国“土地财政”的主要特征之一。此外，地方教育附加收入、国有土地

---

① 为了避免重复计算，已扣除一般公共预算对社会保险基金预算 16 776.83 亿元的补贴。

收益基金收入、彩票公益金收入、城市基础设施配套费收入、新增建设用地土地有偿使用费收入、车辆通行费收入、铁路建设基金收入、民航发展基金收入等也是政府性基金预算的重要收入来源。政府性基金预算的支出主要为国有土地使用权出让金收入安排的支出。由于现行土地出让金收入为"毛收入"，包含了成本补偿性费用，因此它的很大一部分要"取之于地、用之于地"。国有土地使用权出让金收入安排的支出可分为两大类：一类为成本性支出，包括征地拆迁补偿支出、土地出让前期开发支出、补助被征地农民支出等，这类支出为政府在征收、储备、整理土地等环节先期垫付的成本，通过土地出让金收入予以回收，不能用于其他开支。2018 年，成本性支出（国有土地使用权出让金收入相关支出）约占全国政府性基金支出的 86.8%。另一类为非成本性支出，从扣除成本性支出后的土地出让金收入中安排，依法用于城市建设、农业农村、保障性安居工程三个方面，使城乡居民共享土地增值带来的收入。2018 年，这部分土地出让金收入约占全国政府性基金支出的 13.2%。《预算法》规定，政府性基金预算应当根据基金项目收入情况和实际支出需要，按基金项目编制，做到以收定支。地方政府性基金预算可以发行专项债券筹集收入，但不列作赤字。2018 年地方政府性基金预算的专项债券发行收入为 13 500 亿元。

3. 国有资本经营预算

国有资本经营预算是对国有资本收益做出支出安排的收支预算。其收入主要为国有企业的上缴利润（利润收入），2017 年约占 70.7%。其中，烟草企业、投资服务企业和电力企业是上缴利润的前三大行业，2017 年分别占全国利润收入的 21.2%、10.3% 和 9.5%。此外，股利和股息收入（占 11.1%）、产权转让收入（占 9.2%）等也是国有资本经营预算的收入项目。国有资本经营预算的支出主要用于解决历史遗留问题及改革成本支出（占 39.7%）、国有企业资本金注入（占 39.6%）、国有企业政策性补贴（占 5.6%）、其他国有资本经营预算支出（占 13.4%）以及国有资本经营预算补充社保基金支出（占 1.7%）。国有资本经营预算应当按照收支平衡的原则编制，不列赤字，并安排资金调入一般公共预算。目前国有资本经营预算的收支规模较小，2018 年全国国有资本经营预算收入为 2 899.95 亿元，其中中央国有资本经营预算收入为 1 325.31 亿元，占 45.7%；全国国有资本经营预算支出为 2 159.26 亿元，其中中央本级国有资本经营预算支出为 1 024.85 亿元，占 47.5%，对地方转移支付 86.88 亿元，约占 4%。

4. 社会保险基金预算

社会保险基金预算是专项预算，其通过社会保险缴费和一般公共预算安排的补贴收入专项用于社会保险的支出，即所谓"打油的钱不能买醋"。2018 年，全国社会保险基金收入为 72 649.22 亿元，其中，社会保险费收入为 52 543.2 亿元，财政补贴收入为 16 776.83 亿元；社会保险基金预算的支出用于城镇职工和城乡居民的基本养老保险和基本医疗保险，以及城镇职工的失业保险、工伤保险和生育保险。根据《预算法》，社会保险基金预算应当按照统筹层次和社会保险项目分别编制，做到收支平衡。2018 年，社会保险基金预算当年收支结余 8 062.77 亿元，年末滚存结余 86 337.13 亿元。

从我国政府全口径预算的结构来看，一般公共预算承担着为政府提供公共服务提供资金的最主要的职能，2019 年全国一般公共预算支出为 235 244 亿元，约占 GDP 的 25%。政府性基金预算不仅收支规模仅有一般公共预算的 40% 多一点，而且绝大部分收入要用于与国有土地使用权出让金收入相关的支出，即“取之于地、用之于地”，真正能由政府自主决定开支范围的金额不大。国有资本经营预算目前收入规模过小，2019年的预算收入也就3 365.84亿元，而且70%要用于与国有企业相关的支出，调入一般公共预算能用于其他公共服务的也就970多亿元。社会保险基金预算自身的收入规模2019年仅为56 993.73亿元，相当于一般公共预算收入的29.6%，而且专款专用，不能用于社保之外的开支。当前，国家为了应对经济下行压力加大的形势，推出了一系列减税降费的重大举措。减税必然减少一般公共预算的收入，而降费（主要是社会保险缴费）又会直接减少社会保险基金预算的收入。在政府支出不可能大幅度压缩的前提下（随着人口老化，社会保险开支还有较大的增长压力），财政不可避免要面临较大的平衡压力。

第二节　国家预算的编制和执行

一、国家预算编制的原则

（1）各级预算应当根据年度经济社会发展目标、国家宏观调控总体要求和跨年度预算平衡的需要，参考上一年预算执行情况、有关支出绩效评价结果和本年度收支预测，按照规定程序征求各方面意见后进行编制。

（2）各部门、各单位应当按照国务院财政部门制定的政府收支分类科目、预算支出标准和要求，以及绩效目标管理等预算编制规定，根据其依法履行职能和事业发展的需要以及存量资产情况，编制本部门、本单位预算草案。

（3）地方各级预算按照量入为出、收支平衡的原则编制，除《预算法》另有规定外，不列赤字。但经国务院批准的省、自治区、直辖市的预算中必需的建设投资的部分资金，可以在国务院确定的限额内，通过发行地方政府债券举借债务的方式筹措。举借的债务应当有偿还计划和稳定的偿还资金来源，只能用于公益性资本支出，不得用于经常性支出。

（4）各级预算收入的编制，应当与经济社会发展水平相适应，与财政政策相衔接。各级政府、各部门、各单位应当依照规定，将所有政府收入全部列入预算，不得隐瞒、少列。各级预算支出的编制，应当贯彻勤俭节约的原则，严格控制各部门、各单位的机关运行经费和楼堂馆所等基本建设支出。各级一般公共预算支出的编制，应当统筹兼顾，在保证基本公共服务合理需要的前提下，优先安排国家确定的重点支出。

（5）各级一般公共预算应当按照本级一般公共预算支出额的1%～3%设置预备费，用于当年预算执行中的自然灾害等突发事件处理增加的支出及其他难以预见的开支。各级一般公共预算按照国务院的规定可以设置预算周转金，用于本级政府调剂预算年度内季节性收支差额。各级一般公共预算按照国务院的规定可以设置预算稳定调节基金，用于弥补以后年度预算资金的不足。

二、国家预算的审批

中央预算由全国人民代表大会审查和批准，地方各级预算由本级人民代表大会审查和批准。国务院财政部门应当在每年全国人民代表大会会议举行的45日前，将中央预算草案的初步方案提交全国人民代表大会财政经济委员会进行初步审查。省、自治区、直辖市政府财政部门应当在本级人民代表大会会议举行的30日前，将本级预算草案的初步方案提交本级人民代表大会有关专门委员会进行初步审查。设区的市、自治州政府财政部门应当在本级人民代表大会会议举行的30日前，将本级预算草案的初步方案提交本级人民代表大会有关专门委员会进行初步审查，或者送交本级人民代表大会常务委员会有关工作机构征求意见。县、自治县、不设区的市、市辖区政府应当在本级人民代表大会会议举行的30日前，将本级预算草案的初步方案提交本级人民代表大会常务委员会进行初步审查。县、自治县、不设区的市、市辖区、乡、民族乡、镇的人民代表大会举行会议审查预算草案前，应当采用多种形式，组织本级人民代表大会代表，听取选民和社会各界的意见。

报送各级人民代表大会审查和批准的预算草案应当细化。本级一般公共预算支出，按其功能分类应当编列到项；按其经济性质分类，基本支出应当编列到款。本级政府性基金预算、国有资本经营预算、社会保险基金预算支出，按其功能分类应当编列到项。

国务院在全国人民代表大会举行会议时，向大会作关于中央和地方预算草案以及中央和地方预算执行情况的报告。地方各级政府在本级人民代表大会举行会议时，向大会作关于总预算草案和总预算执行情况的报告。

全国人民代表大会和地方各级人民代表大会对预算草案及其报告、预算执行情况的报告重点审查下列内容：

（1）上一年预算执行情况是否符合本级人民代表大会预算决议的要求；

（2）预算安排是否符合《预算法》的规定；

（3）预算安排是否贯彻国民经济和社会发展的方针政策，收支政策是否切实可行；

（4）重点支出和重大投资项目的预算安排是否适当；

（5）预算的编制是否完整，是否符合《预算法》第四十六条的规定；

（6）对下级政府的转移性支出预算是否规范、适当；

（7）预算安排举借的债务是否合法、合理，是否有偿还计划和稳定的偿还资金来源；

（8）与预算有关的重要事项的说明是否清晰。

全国人民代表大会财政经济委员会向全国人民代表大会主席团提出关于中央和地方预算草案及中央和地方预算执行情况的审查结果报告。省、自治区、直辖市、设区的市、自治州人民代表大会有关专门委员会，县、自治县、不设区的市、市辖区人民代表大会常务委员会，向本级人民代表大会主席团提出关于总预算草案及上一年总预算执行情况的审查结果报告。

审查结果报告应当包括下列内容：

（1）对上一年预算执行和落实本级人民代表大会预算决议的情况做出评价；

（2）对本年度预算草案是否符合《预算法》的规定，是否可行做出评价；

（3）对本级人民代表大会批准预算草案和预算报告提出建议；

（4）对执行年度预算、改进预算管理、提高预算绩效、加强预算监督等提出意见和建议。

《预算法》第五十条规定：乡、民族乡、镇政府应当及时将经本级人民代表大会批准的本级预算报上一级政府备案。县级以上地方各级政府应当及时将经本级人民代表大会批准的本级预算及下一级政府报送备案的预算汇总，报上一级政府备案。县级以上地方各级政府将下一级政府依照前款规定报送备案的预算汇总后，报本级人民代表大会常务委员会备案。国务院将省、自治区、直辖市政府依照前款规定报送备案的预算汇总后，报全国人民代表大会常务委员会备案。

国务院和县级以上地方各级政府对下一级政府依照规定报送备案的预算，认为有同法律、行政法规相抵触或者有其他不适当之处，需要撤销批准预算的决议的，应当提请本级人民代表大会常务委员会审议决定。

各级预算经本级人民代表大会批准后，本级政府财政部门应当在20日内向本级各部门批复预算。各部门应当在接到本级政府财政部门批复的本部门预算后15日内向所属各单位批复预算。中央对地方的一般性转移支付应当在全国人民代表大会批准预算后30日内正式下达。中央对地方的专项转移支付应当在全国人民代表大会批准预算后90日内正式下达。省、自治区、直辖市政府接到中央一般性转移支付和专项转移支付后，应当在30日内正式下达到本行政区域县级以上各级政府。县级以上地方各级预算安排对下级政府的一般性转移支付和专项转移支付，应当分别在本级人民代表大会批准预算后的30日和60日内正式下达。对自然灾害等突发事件处理的转移支付，应当及时下达预算；对据实结算等特殊项目的转移支付，可以分期下达预算，或者先预付后结算。

县级以上各级政府财政部门应当将批复本级各部门的预算和批复下级政府的转移支付预算，抄送本级人民代表大会财政经济委员会、有关专门委员会和常务委员会有关工作机构。

三、国家预算的执行

各级预算由本级政府组织执行，具体工作由本级政府财政部门负责。各部门、各单位是本部门、本单位的预算执行主体，负责本部门、本单位的预算执行，并对执行结果负责。

预算年度开始后，各级预算草案在本级人民代表大会批准前，可以安排下列支出，但应当在预算草案的报告中做出说明：

（1）上一年度结转的支出；

（2）参照上一年同期的预算支出数额安排必须支付的本年度部门基本支出、项目支出，以及对下级政府的转移性支出；

（3）法律规定必须履行支付义务的支出，以及用于自然灾害等突发事件处理的支出。

预算经本级人民代表大会批准后，按照批准的预算执行。

预算收入征收部门和单位，必须依照法律、行政法规的规定，及时、足额征收应征的预算收入。不得违反法律、行政法规规定，多征、提前征收或者减征、免征、缓征应征的预算收入，不得截留、占用或者挪用预算收入。各级政府不得向预算收入征收部门和单位下达收入指标。政府的全部收入应当上缴国家金库（简称国库），任何部门、单位和个人不得截留、占用、挪用或者拖欠。对于法律有明确规定或者经国务院批准的特定专用资金，可以依照国务院的规定设立财政专户。

各级政府财政部门必须依照法律、行政法规和国务院财政部门的规定，及时、足额地拨付预算支出资金，加强对预算支出的管理和监督。各级政府、各部门、各单位的支出必须按照预算执行，不得虚假列支。各级政府、各部门、各单位应当对预算支出情况开展绩效评价。

各级预算的收入和支出实行收付实现制。特定事项按照国务院的规定实行权责发生制的有关情况，应当向本级人民代表大会常务委员会报告。

县级以上各级预算必须设立国库；具备条件的乡、民族乡、镇也应当设立国库。中央国库业务由中国人民银行经理，地方国库业务依照国务院的有关规定办理。各级国库应当按照国家有关规定，及时准确地办理预算收入的收纳、划分、留解、退付和预算支出的拨付。各级国库库款的支配权属于本级政府财政部门。除法律、行政法规另有规定外，未经本级政府财政部门同意，任何部门、单位和个人都无权冻结、动用国库库款或者以其他方式支配已入国库的库款。各级政府应当加强对本级国库的管理和监督，按照国务院的规定完善国库现金管理，合理调节国库资金余额。已经缴入国库的资金，依照法律、行政法规的规定或者国务院的决定需要退付的，各级政府财政部门或者其授权的机构应当及时办理退付。按照规定应当由财政支出安排的事项，不得用退库处理。

国家实行国库集中收缴和集中支付制度，对政府全部收入和支出实行国库集中收付管理。

各级政府应当加强对预算执行的领导，支持政府财政、税务、海关等预算收入的征收部门依法组织预算收入，支持政府财政部门严格管理预算支出。财政、税务、海关等部门在预算执行中，应当加强对预算执行的分析；发现问题时应当及时建议本级政府采取措施予以解决。各部门、各单位应当加强对预算收入和支出的管理，不得截留或者动用应当上缴的预算收入，不得擅自改变预算支出的用途。

各级预算预备费的动用方案，由本级政府财政部门提出，报本级政府决定。各级预算周转金由本级政府财政部门管理，不得挪作他用。

各级一般公共预算年度执行中有超收收入的，只能用于冲减赤字或者补充预算稳定调节基金。各级一般公共预算的结余资金，应当补充预算稳定调节基金。省、自治区、直辖市一般公共预算年度执行中出现短收，通过调入预算稳定调节基金、减少支出等方式仍不能实现收支平衡的，省、自治区、直辖市政府报本级人民代表大会或者其常务委员会批准，可以增列赤字，报国务院财政部门备案，并应当在下一年度预算中予以弥补。

四、国家预算调整

所谓预算调整是指经过批准的各级预算在执行中因特殊情况需要增加支出或者减少收入，使总支出超过总收入或使原批准的预算中举借债务的数额增加所做的部分变更。

经全国人民代表大会批准的中央预算和经地方各级人民代表大会批准的地方各级预算，在执行中出现下列情况之一的，应当进行预算调整：

（1）需要增加或者减少预算总支出的；

（2）需要调入预算稳定调节基金的；

（3）需要调减预算安排的重点支出数额的；

（4）需要增加举借债务数额的。

在预算执行中，各级政府一般不制定新的增加财政收入或者支出的政策和措施，也不制定减少财政收入的政策和措施；必须做出并需要进行预算调整的，应当在预算调整方案中做出安排。各级政府对于必须进行的预算调整，应当编制预算调整方案。预算调整方案应当说明预算调整的理由、项目和数额。在预算执行中，由于发生自然灾害等突发事件，必须及时增加预算支出的，应当先动支预备费；预备费不足支出的，各级政府可以先安排支出，属于预算调整的，列入预算调整方案。国务院财政部门应当在全国人民代表大会常务委员会举行会议审查和批准预算调整方案的30日前，将预算调整初步方案送交全国人民代表大会财政经济委员会进行初步审查。省、自治区、直辖市政府财政部门应当在本级人民代表大会常务委员会举行会议审查和批准预算调整方案的30日前，将预算调整初步方案送交本级人民代表大会有关专门委员会进行初步审查。设区的市、自治州政府财政部门应当在本级人民代表大会常务委员会举行会议审查和批准预算调整方案的30日前，将预算调整初步方案送交本级人民代表大会有关专门委员会进行初步审查，或者送交本级人民代表大会常务委员会有关工作机构征求意见。县、自治县、不设区的市、市辖区政府财政部门应当在本级人民代表大会常务委员会举行会议审查和批准预算调整方案的30日前，将预算调整初步方案送交本级人民代表大会常务委员会有关工作机构征求意见。中央预算的调整方案应当提请全国人民代表大会常务委员会审查和批准；县级以上地方各级预算的调整方案应当提请本级人民代表大会常务委员会审查和批准；乡、民族乡、镇预算的调整方案应当提请本级人民代表大会审查和批准。未经批准，不得调整预算。

经批准的预算调整方案，各级政府应当严格执行。未经《预算法》规定的程序，各级政府不得做出预算调整的决定。在预算执行中，地方各级政府因上级政府增加不需要本级政府提供配套资金的专项转移支付而引起的预算支出变化，不属于预算调整。接受增加专项转移支付的县级以上地方各级政府应当向本级人民代表大会常务委员会报告有关情况；接受增加专项转移支付的乡、民族乡、镇政府应当向本级人民代表大会报告有关情况。各部门、各单位的预算支出应当按照预算科目执行，严格控制不同预算科目、预算级次或者项目间的预算资金的调剂，确需调剂使用的，按照国务院财政部门的规定办理。

五、国家决算

国家决算是国家预算执行情况的总结，是国家预算执行的结果，它反映着在某一财政年度中政府财政的实际收支情况，是国家经济活动在财政上的集中反映。国家决算与国家预算的数字往往不一致。国家决算的收支数额可能大于也可能小于国家预算的数字。例如，2018年，中央一般公共预算收入的预算数为85 357亿元，决算数为85 447.34亿元，决算数为预算数的100.1%，实际超收了90.34亿元。一般而言，财政的“超收”是指当年的收入决算数（实际执行数）超过收入预算数的金额，例如2018年中央财政超收90.34亿元；而财政的“增收”是指当年财政收入的决算数比上年收入的决算数增长的金额，例如2017年全国公共财政收入的决算数为172 566.57亿元，2018年全国公共财政收入的决算数为183 351.84亿元，2018年公共财政增收10 785.27亿元。

根据《预算法》的规定，决算草案由各级政府、各部门、各单位，在每一预算年度终了后按照国务院规定的时间编制。决算草案应当与预算相对应，按预算数、调整预算数、决算数分别列出。一般公共预算支出应当按其功能分类编列到项，按其经济性质分类编列到款。各部门对所属各单位的决算草案，应当审核并汇总编制本部门的决算草案，在规定的期限内报本级政府财政部门审核。国务院财政部门编制中央决算草案，经国务院审计部门审计后，报国务院审定，由国务院提请全国人民代表大会常务委员会审查和批准。县级以上地方各级政府财政部门编制本级决算草案，经本级政府审计部门审计后，报本级政府审定，由本级政府提请本级人民代表大会常务委员会审查和批准。乡、民族乡、镇政府编制本级决算草案，提请本级人民代表大会审查和批准。县级以上各级人民代表大会常务委员会和乡、民族乡、镇人民代表大会对本级决算草案，重点审查下列内容：

（1）预算收入情况；

（2）支出政策实施情况和重点支出、重大投资项目资金的使用及绩效情况；

（3）结转资金的使用情况；

（4）资金结余情况；

（5）本级预算调整及执行情况；

（6）财政转移支付安排执行情况；

（7）经批准举借债务的规模、结构、使用、偿还等情况；

（8）本级预算周转金规模和使用情况；

（9）本级预备费使用情况；

（10）超收收入安排情况，预算稳定调节基金的规模和使用情况；

（11）本级人民代表大会批准的预算决议落实情况；

（12）其他与决算有关的重要情况。

县级以上各级人民代表大会常务委员会应当结合本级政府提出的上一年度预算执行和其他财政收支的审计工作报告，对本级决算草案进行审查。

第三节　预算管理改革

为了提高国家预算资金的使用效率，我国从20世纪90年代后期开始实行政府采购、部门预算、国库集中收付和“收支两条线”的预算管理改革。这些改革有的涉及国家预算的编制和执行，有的涉及国家预算资金的使用效率，所以均放在本章一并介绍。

一、政府采购

政府采购是指各级政府及其所属单位通过公开招标的形式在市场上购买其履行职能所需商品和劳务的一种制度。它的实行有利于提高政府采购资金的使用效益，维护国家利益和社会公共利益，保护政府采购当事人的合法权益，促进政府的廉政建设。在实行政府采购以前，政府部门或事业单位购买所需的商品或劳务均采取分散购买的方式，机关单位直接与供应商打交道，由于每个单位采购商品（劳务）的数量有限，所以供货价格往往较高。特别是在采购过程中，机关单位的有关人员还可以进行“暗箱操作”，从“吃回扣”中得到好处，从而进一步损害了财政的利益，同时也助长了腐败现象的滋生。政府采购办法实施后，采购方一律要通过公开招标或竞争性谈判的方式选择供应商和确定采购价格，而且采购方还可以参加政府组织的集中采购。这种公正、公开、透明的采购方式和大规模的集团采购活动有利于保证采购方得到物美价廉的商品和劳务，做到“少花钱多办事”，从而提高预算资金的使用效益，同时也有利于打击“吃回扣”等不正之风。

政府采购在发达国家是一种通行的做法。我国从1996年开始在上海、深圳、河北等地实行政府采购试点工作，到1998年试点工作迅速扩大，2003年1月1日《中华人民共和国政府采购法》（简称《政府采购法》）正式施行。至此，我国的政府采购开始走向制度化的轨道，政府采购的规模也逐年扩大。例如，1998年我国政府采购的规模为31亿元，2000年为328亿元，2005年达到2 500亿元，2011年突破了1万亿元，平均每年采购资金节约率在11%左右。目前全国采用公开招标方式采购的产品已占全国采购总规模的75%左右，但由于政府投资的建设工程项目尚未完全纳入政府采购的范围，所以与发达国家相比我国政府采购的规模还不是很大。

根据2003年生效的《政府采购法》（2014年修订）和2015年3月1日起开始实施的《中华人民共和国政府采购法实施条例》，我国的政府采购制度有如下主要内容：

（1）《政府采购法》适用于在我国境内进行政府采购的行为。政府采购是指各级国家机关、事业单位和团体组织，使用财政性资金采购依法制定的集中采购目录以内的或者采购限额标准以上的货物、工程和服务的行为。这里的采购是指以合同方式有偿取得货物、工程和服务的行为，包括购买、租赁、委托、雇用等。政府采购实行集中采购和分散采购相结合，其中集中采购的范围由省级以上政府公布的集中采购目录确定。一般情况下政府采购应当采购本国货物、工程和服务，除非需要采购的货物、工程或者服务在中国境内无法获取或者无法以合理的商业条件获取，以及是为在中国境外使用而进行的采购。

（2）政府采购当事人是指在政府采购活动中享有权利和承担义务的各类主体，包括采购人、供应商和采购代理机构等。采购人是指依法进行政府采购的国家机关、事业单位、团体组织。集中采购机构为采购代理机构，设区的市、自治州以上政府根据本级政府采购项目组织集中采购的，必须设立集中采购机构。集中采购机构属于非营利事业法人，它根据采购人的委托办理采购事宜。采购人采购纳入集中采购目录的政府采购项目，必须委托集中采购机构代理采购；采购未纳入集中采购目录的政府采购项目，可以自行采购，也可以委托集中采购机构在委托的范围内代理采购。属于本部门、本系统有特殊要求的项目，应当实行部门集中采购；属于本单位有特殊要求的项目，经省级以上政府批准，可以自行采购。采购人有权自行选择采购代理机构，任何单位和个人不得以任何方式为采购人指定采购代理机构。供应商是指向采购人提供货物、工程或者服务的法人、其他组织或者自然人。供应商参加政府采购活动应当具备下列条件：

①具有独立承担民事责任的能力；

②具有良好的商业信誉和健全的财务会计制度；

③具有履行合同所必需的设备和专业技术能力；

④有依法缴纳税收和社会保障资金的良好记录；

⑤参加政府采购活动前三年内，在经营活动中没有重大违法记录；

⑥法律、行政法规规定的其他条件。

（3）政府采购的方式包括公开招标、邀请招标、竞争性谈判、单一来源采购、询价以及国务院政府采购监督管理部门认定的其他采购方式。但公开招标应作为政府采购的主要采购方式。采购人不得将应当以公开招标方式采购的货物或者服务化整为零或者以其他任何方式规避公开招标采购。符合下列情形之一的货物或者服务，可以采用邀请招标方式采购：①具有特殊性，只能从有限范围的供应商处采购的；②采用公开招标方式的费用占政府采购项目总价值的比例过大的。符合下列情形之一的货物或者服务，可以采用竞争性谈判方式采购：①招标后没有供应商投标或者没有合格标的或者重新招标未能成立的；②技术复杂或者性质特殊，不能确定详细规格或者具体要求的；③采用招标所需时间不能满足用户紧急需要的；④不能事先计算出价格总额的。符合下列情形之一的货物或者服务，可以采用单一来源方式采购：①只能从唯一供应商处采购的；②发生了不可预见的紧急情况，不能从其他供应商处采购的；③必须保证原有采购项目一致性或者服务配套的要求，需要继续从原供应商处添购，且添购资金总额不超过原合同采购金额百分之十的。采购的货物规格、标准统一，现货货源充足且价格变化幅度小的政府采购项目，可以采用询价方式采购。

（4）货物或者服务项目采取邀请招标方式采购的，采购人应当从符合相应资格条件的供应商中，通过随机方式选择三家以上的供应商，并向其发出投标邀请书。货物和服务项目实行招标方式采购的，自招标文件开始发出之日起至投标人提交投标文件截止之日止，不得少于 20 日。采用竞争性谈判方式采购的，应当遵循下列程序：

①成立谈判小组。谈判小组由采购人的代表和有关专家共 3 人以上的单数组成，其中专家的人数不得少于成员总数的三分之二。

②制定谈判文件。谈判文件应当明确谈判程序、谈判内容、合同草案的条款以及评定成交的标准等事项。

③确定邀请参加谈判的供应商名单。谈判小组从符合相应资格条件的供应商名单中确定不少于 3 家供应商参加谈判，并向其提供谈判文件。

④谈判。谈判小组所有成员集中与单一供应商分别进行谈判。在谈判中，谈判的任

何一方不得透露与谈判有关的其他供应商的技术资料、价格和其他信息。谈判文件有实质性变动的，谈判小组应当以书面形式通知所有参加谈判的供应商。

⑤确定成交供应商。谈判结束后，谈判小组应当要求所有参加谈判的供应商在规定时间内进行最后报价，采购人从谈判小组提出的成交候选人中根据符合采购需求、质量和服务相等且报价最低的原则确定成交供应商，并将结果通知所有参加谈判的未成交的供应商。

采取询价方式采购的，应当遵循下列程序：

①成立询价小组。询价小组由采购人的代表和有关专家共 3 人以上的单数组成，其中专家的人数不得少于成员总数的三分之二。询价小组应当对采购项目的价格构成和评定成交的标准等事项做出规定。

②确定被询价的供应商名单。询价小组根据采购需求，从符合相应资格条件的供应商名单中确定不少于 3 家供应商，并向其发出询价通知书让其报价。

③询价。询价小组要求被询价的供应商一次报出不得更改的价格。

④确定成交供应商。采购人根据符合采购需求、质量和服务相等且报价最低的原则确定成交供应商，并将结果通知所有被询价的未成交的供应商。

采购人或者其委托的采购代理机构应当组织对供应商履约的验收。大型或者复杂的政府采购项目，应当邀请国家认可的质量检测机构参加验收工作。验收方成员应当在验收书上签字，并承担相应的法律责任。

（5）采购人和供应商之间的权利和义务，应当按照平等、自愿的原则以合同方式约定。采购人可以委托采购代理机构代表其与供应商签订政府采购合同。由采购代理机构以采购人名义签订合同的，应当提交采购人的授权委托书，作为合同附件。政府采购合同应当采用书面形式。采购人与中标、成交供应商应当在中标、成交通知书发出之日起 30 日内，按照采购文件确定的事项签订政府采购合同。中标、成交通知书对采购人和中标、成交供应商均具有法律效力。中标、成交通知书发出后，采购人改变中标、成交结果的，或者中标、成交供应商放弃中标、成交项目的，应当依法承担法律责任。政府采购项目的采购合同自签订之日起 7 个工作日内，采购人应当将合同副本报同级政府采购监督管理部门和有关部门备案。经采购人同意，中标、成交供应商可以依法采取分包方式履行合同。政府采购合同分包履行的，中标、成交供应商就采购项目和分包项目向采购人负责，分包供应商就分包项目承担责任。政府采购合同履行中，采购人需追加与合同标的相同的货物、工程或者服务的，在不改变合同其他条款的前提下，可以与供应商协商签订补充合同，但所有补充合同的采购金额不得超过原合同采购金额的 10%。政府采购合同的双方当事人不得擅自变更、中止或者终止合同。政府采购合同继续履行将损害国家利益和社会公共利益的，双方当事人应当变更、中止或者终止合同。有过错的一方应当承担赔偿责任，双方都有过错的，各自承担相应的责任。

二、部门预算

顾名思义，部门预算就是按照部门（单位）编制的预算，它是国家预算的一种编制方式，也是一个部门的完整和综合的预算。

在实行部门预算以前，我国行政、事业单位的预算编制和上报、审批等需要区分财政经费的来源渠道，不同的经费预算报不同的预算分配部门，例如，事业费预算和有关专项预算要报财政部，科学事业费预算报科技部，基本建设投资预算报国家发改委，行政经费预算报国务院机关事务管理局，等等。在这种情况下，各部门（单位）的预算资金呈分割状态，不仅资金来源渠道多，管理上也是各向各的资金来源单位报账，而且财政部门也不能搞清楚某个单位总共得到了多少财政资金。实行部门预算以后，国家预算的编制要按部门分类，一个部门只能有一本预算，全部预算资金统一由财政部门拨付，这充分体现了预算的整体性和完整性，同时也有利于财政部门对各单位财政资金使用情况的监督和控制。

部门预算与过去的预算编制形式相比还有一个变化，就是它要反映和涵盖一个部门的全部收支。这里的收入不仅包括财政预算安排的拨款，而且包括行政、事业单位的基金收入、预算外资金收入，如事业收入、事业单位经营收入及其他收入；支出包括用以上收入安排的各项支出。这样，部门预算就成为一个部门的综合预算。

1999 年 6 月，全国人大常委会针对国家预算编制粗放、透明度不高的问题，在批准决算的“决议”中要求国务院改进和规范中央预算编制工作，并严格执行《预算法》，同时要求财政部进一步细化报送全国人大审批的预算草案内容。根据这个要求，中央政府和省一级的政府先后开始进行编制部门预算的改革。从 2000 财政年度开始，国务院报送全国人大农业部、教育部、科技部、劳动和社会保障部（现为人力资源和社会保障部）四个试点部门的部门预算，以后部门预算在各地和各部门逐步推开。

三、国库集中收付制度

国库集中收付制度是对财政资金实行集中收缴和支付的制度，它的核心是通过国库单一账户对财政资金进行集中管理。实行国库集中收付制度，从收入角度看，全部财政收入都要直接缴入国库（即进入国库在指定的代理行开立的账户），征收机关、执法机关设置的各种收入过渡性账户以及各部门、各单位自设的预算外资金账户都要被取消；从支付角度看，财政资金将由财政部门直接向商品和劳务的供应商拨付，各预算单位虽享有财政资金的支配权和使用权，但不再享有支付权。国库集中收付制度可以实现财政资金使用的“中转”变“直达”，以及账户管理的由分散到统一，从而可以提高预算执行的透明度，提高财政资金使用的规范性、安全性和有效性。鉴于国库集中收入制度操作起来尚有一定的难度，所以从 2000 年开始，国家首先推行国库集中支付制度，到 2005 年中央各部门已全面实行国库集中支付，而且这项改革还要逐步向各部门的二、三级预算单位推进。

我国传统的国库支付制度是在计划经济体制下形成的，其基本特征是预算单位多重设户，而且财政资金分散支付。这种制度主要有两大弊端：一是财政部门很难对预算单位使用财政资金进行实时监控。由于预算单位可以分散在银行开户并自行管理这些账户，同时还拥有对预算资金的实际支付权，所以它们的支出行为的随意性很大。在这种情况下，各种挤占、截留、挪用财政资金的现象时有发生，而财政部门只能根据预算单位上报的财务报告进行事后审查监督，并不能及时发现和制止支出过程中的一些违纪和违法行为。二是财政资金分散储备和支付，造成其大量“沉淀”在预算单位的银行账户上。这时，一方面，大量的财政资金在银行低息存储；另一方面，财政部门因缺乏资金又不得不向民间高息借贷，从而在无形中降低了财政资金的使用效益，加大了政府的运行成本。

实行国库集中支付制度以后，上述问题都得到了化解。尽管预算单位仍拥有财政资金的支配权，但它们要使用财政资金时，必须向财政部门报送用款计划，财政部门批准用款计划后才会将款项支付给商品（劳务）的供应商或拨款对象。这样，财政部门就可以对预算单位的用款计划进行实时监控，发现问题可以及时纠正，从而加强了预算执行的严肃性。此外，由于预算单位不能再自己设置存款账户，财政资金无效“沉淀”的问题也得到了解决。预算单位结余的财政资金都保存在国库单一账户和财政预算外资金专户内，这有利于政府加强资金的统一调度和管理，从而使财政资金发挥最大的效益。

在这次国库集中支付制度的改革过程中，国家结合具体的国情，没有完全照搬发达国家只保留一个国库单一账户的做法，而是设立了一个含有六类账户的账户群。这六类账户包括：

（1）国库单一账户，它开设在中国人民银行，用于核拨预算资金和专项建设基金。

（2）财政部门的零余额账户，即财政部门在商业银行开设的用于向供应商付款的账户。之所以称其为“零余额账户”，是因为商业银行白天先向供应商垫付货款，到了每日营业终了时国库再从中国人民银行的单一账户中清回，即补充该银行的存款准备金，把资金流清平。国库实际上是与商业银行一日一结，财政部门的零余额账户上并没有资金。

（3）为预算单位开设的零余额账户，该账户由预算单位拥有，用于支付一些小额的、日常性的开支。财政部门和商业银行签订协议，规定一个月内类似的资金不管该预算单位什么时候用以及用多少，只要在预算范围内，商业银行不需要财政部门的支付令就可以垫付；银行每天的垫付款由财政部门每天营业终了后从中国人民银行清回，以保证商业银行的资金平衡。

（4）小额资金账户，即预算单位在商业银行开设的资金账户，用于支付差旅费、招待费等一些零星的日常开支。

（5）预算外专户，即为预算单位暂时保留的存储预算外资金的账户。这类账户今后将逐步取消。

（6）特设过渡性专户，即设在政策性银行内的一些封闭性运行的资金账户，例如粮食风险基金账户等。

四、“收支两条线”

“收支两条线”是我国预算外资金管理办法的一项重要改革。2001 年财政部提出预算外收入缴入财政专户，支出由财政部统一核定，编制综合预算的“收支两条线”改革思路，即将各部门的预算外收入全部纳入财政专户管理，有条件的要纳入预算管理，任何部门不得“坐收”“坐支”。从收入角度看，各部门要做到收缴分离，即取消各执收单位设立的各类预算外资金账户，改由财政部门按执收单位分别开设预算外资金财政汇缴专户，该账户只能用于预算外收入的收缴，不能用于执收单位的支出。应缴纳有关收费的单位或个人，应根据执收单位发出的缴款通知，直接将收入缴入指定的预算外资金财政汇缴专户。从支出角度看，要做到收支脱钩，取消原来对一些单位实行的按预算外收入的一定比例留用、不上缴财政专户的做法，执收单位的收费或罚没收入不再与其支出安排挂钩，这些单位应单独编制支出预算，由财政部门审批。“收支两条线”的改革为实行部门预算和逐渐取消预算外资金创造了有利条件。

复习思考题

1. 为什么中央预算是国家预算的主导？
2. 国家预算有哪些调整方法？
3. 什么是政府采购？它有哪些优点？
4. 什么是部门预算？
5. 什么是国库集中支付制度？它有哪些优点？
6. 什么是“收支两条线”？

第 9 章

财政管理体制

第一节　财政管理体制概述

一、财政管理体制的含义

财政管理体制又称预算管理体制，是指在一国中央政府与地方政府之间，以及在地方各级政府之间划分财权、财力的各项制度、法规的总称。现代国家一般不可能只有一级政府，往往是在中央政府之外再设置一级或几级地方政府。下级政府作为上级政府的派出机构，在当地履行职责。由于各级政府都要履行一定的职责，所以每一级政府相应地要有自己的财权和财力。担负多大的职责，就应有多大的财力，即所谓财权和事权要统一。而在各级政府之间划分财权、财力的规章制度就被称为财政管理体制。由于各级政府对财权、财力的需求导源于其担负的职责，所以，研究财政管理体制问题离不开对政府间职责划分问题的分析。

二、政府间职责的划分

由于各国的历史、国体、文化传统、经济发展状况等因素的不同，国与国之间在政府职责的划分方面情况并不一定完全相同，但也有一些规律性的东西可循。从理论和实践的角度看，中央政府与地方政府的职责划分应遵循以下原则：

(1) 中央政府应承担提供全国性公共产品的职责，地方性的公共产品则应由地方政府负责提供。也就是说，中央政府要负责那些能使全体人民普遍受益的公共事务。比如，国防就是一种全国性的公共产品，一国的国防巩固，外敌不敢入侵，全国每个角落的公民都可从中受益，因此，国防这一重任应由中央政府来承担。又如，城市街道、路灯等是地区性的公共产品，所以地方政府应负责这方面的事务。如果不遵守上述原则，比如让地方政府负责国防，让中央政府负责城市街道、路灯的建设，那么显然是不合理的。

（2）具有效益外溢性的公共产品可由中央政府提供，或者由中央政府与地方政府共同提供。有些公共产品由地方政府提供，因其具有效益的外溢性，本地区以外的居民也可以从中受益。这类公共产品如果完全由地方政府提供，则效益的外溢性会使地方政府降低提供这种公共产品的积极性，地区与地区之间会发生一些扯皮的现象。对这类公共产品如果由中央政府来提供，上述问题就可以避免。另外，也可以采取中央政府补贴的办法，对提供效益外溢性公共产品的地方政府给予一定的补贴，减少其因效益外溢而受到的损失。例如，在美国，联邦政府不办大学，州政府投资开办一些公立大学，但州立大学的科研可得到联邦政府的资助，因为科研活动具有效益的外溢性，科研成果可以被本州以外地区采用。对于这种效益外溢的活动，联邦政府与州政府共同出资举办。美国的州际高速公路的修建也属于这种情况。

（3）宏观经济调控的职责只能由中央政府来承担，地方政府不能对经济进行宏观调控。因为宏观调控是对经济总量的调控，调节的对象有就业率、物价上涨率、经济增长率，等等。地方政府是很难完成这种宏观经济总量的调节任务的，而中央政府可以统揽全局，通过一些宏观调控手段，最终实现总量调节的目标。当然，中央政府宏观调控的目标能否顺利实现，地方政府的配合也十分关键，但地方政府绝不能独担此重任。

（4）收入公平分配和提供社会福利的职责主要应由中央政府来负责。政府主要是通过个人所得税和社会福利、社会保障支出来进行收入分配和实施社会福利计划的。也就是说，通过累进的个人所得税，把一部分高收入者的收入征收上来，再通过社会福利、社会保障支出将其转移给低收入者。收入分配和提供社会福利如果主要由地方政府来实施，则很容易导致一个问题，即如果一个地区社会福利状况好，穷人能够享受较高的福利待遇，则其他地区的贫困者就可能流动到该地区，来享受这种高福利；而高福利又是由高所得税支撑的，大量人口流入会加大高福利地区的社会福利计划的成本，这就要求该地方政府提高所得税税率，以便维持现有的社会福利计划。但高收入者也会移动，他们会选择到那些福利待遇好、税收负担较轻的地方居住，即所谓“用脚投票”。高收入者迁出，势必减少高福利地区的税收收入，从而造成高福利计划的最终破产。而如果社会福利计划由中央政府来实施，就会避免上述情况发生。因为这时全国各地的中央政府社会福利待遇和所得税税率都相同，人口的迁移不会改变个人的经济福利状况，这正是绝大多数国家的社会保障计划是由中央政府实施的原因。

三、政府间财政收入的划分

各级政府有事权，就要有财权和相应的财力。财权和财力的划分主要取决于政府间职责和事权的划分。现代国家普遍实行分税制来处理政府间财政收入的划分问题。所谓分税制，即中央政府与地方政府之间的收入划分要按照税种来进行，中央税是中央政府的固定收入，地方税是地方政府的固定收入，共享税则是中央和地方的共同收入，双方要进行分成。在分税制体制下，政府间的收入划分实质上就是税种的划分问题，即哪些税应划给中央政府，作为中央政府的固定收入；哪些税应划给地方政府，作为地方政府的固定收入；哪些税应作为共享税。政府间税种的划分也要遵循一定的原则。

（1）税源广大的税种应划给中央政府。因为中央政府担负着宏观调控和地区间收入转移的任务，如果中央政府的收入比重过低，中央政府就无力从事这种工作。另外，中央政府为了在政治和经济上有效地控制地方政府，也必须在分税过程中掌握主要的税源。中央政府首先应把全国大部分财政收入集中到自己手中，然后再根据需要通过转移支付制度将一部分收入返还给地方。这样，中央政府就可以处于一种主动和控制的地位。

（2）税基流动性大的税种应划给中央政府，税基流动小或不流动的税种可划分给地方政府。税基是政府课税的依据。有的税种会因为纳税人地区间的流动或纳税人以不同的方式进行业务活动而导致税基在地区间发生转移。税基易流动的税种如果划给地方政府，由于各地制定的税率和减免税优惠政策可能不同，税基就可能流向税收比较优惠的地区，从而造成地区间税收的不平衡，而且这时各地区为了吸引税基流向本地区，往往还要开展以减免税为内容的税收竞争。这种税基流动性大的税种如果划给中央政府，由中央政府统一征收，就不致出现以上问题。税基流动性小或不流动的税种如果划给地方政府，也不会出现纳税人人为转移税基或地区间税收竞争的问题。国外许多国家将对房地产课征的财产税划给最基层的地方政府，就是从税基的流动性角度考虑的。

（3）有助于宏观调控的税种应划给中央政府。前面提到，宏观调控是中央政府的职责，相应地，有助于国家宏观调控的税种也应当划分给中央政府，作为中央政府进行宏观调控的工具。例如，个人所得税和企业所得税对经济总量有很大的调节作用，所以各国一般都将这两个税种划给中央政府。当然，地方政府也可以在中央政府的税基上进行附征。

第二节　我国财政管理体制的沿革

一、经济改革前的财政管理体制

我国经济改革以前实行的是一种集中度很高的财政管理体制，这种体制的特点是财权和财力都高度集中在中央政府手中，给地方政府留有的机动财力很少，甚至有的年份中央对地方实行“统收统支”的管理办法。

二、经济改革后我国财政管理体制的改革

经济改革以后，为了调动地方政府的积极性，我国对财政管理体制也进行了改革。

改革的指导思想与当时我国农村和城市经济改革的指导思想基本相同，就是实行分级包干，把包干的办法引入处理中央与地方的财政关系方面。1980—1984 年我国实行“划分收支，分级包干”的体制；1988—1993 年实行多种包干体制。这些财政管理体制的名称不同，但核心都是包干。在做法上，这种分级包干的体制也在中央与地方之间划分收入，但并不完全是根据税种来划分。另外，收入划分的结果往往是许多地区收大于支，在这种情况下，不是中央向地方进行转移支付，而是地方向中央上解，换句话说，是中央向地方要钱，主动权让位给了地方。在分级包干的做法下中央要给地方核定支出指标或基数，然后根据划给地方的收入额和核定的地方支出指标的对比关系，来确定地方对中央的上解额或中央对地方的补助额。地方上解的比例、中央对地方补助的数额一定 5 年不变。原有的分级包干体制与过去高度集中的管理体制相比扩大了地方的财权，调动了地方的积极性，但损害了中央财政的利益。从中央财政收入占全部财政收入的比重情况来看，实行分级包干体制以前，中央财政收入要占到全国财政收入的 60%以上，地方财政收入只占不到 40%。但实行分级包干体制以后，到了 1993 年，中央财政收入只占全国财政收入的 38%左右，比例下降了 20 多个百分点。中央财政地位的下降，极大地削弱了中央政府的宏观调控能力，削弱了中央政府的权威，使中央财政处于十分被动的局面。

三、1994 年分税制改革

针对分级包干财政管理体制存在的上述问题，1994 年我国对财政管理体制进行了一次重大的改革。改革的方向是从分级包干体制转变为分税制。当时确立的分税制财政管理体制的内容是：

（一）中央与地方支出责任的划分

按照中央与地方事权的划分，中央财政主要承担国防、外交、中央国家机关的费用开支，以及调整国民经济结构和协调地区发展所需费用、中央直接管理的事业发展的费用支出等。中央财政具体的支出范围包括国防费、武警经费、外交和援外支出、中央级行政管理费、中央统管的基本建设投资、中央直属企业的技术改造和新产品试制费、地质勘探费、中央财政安排的支农支出、国债的还本付息以及中央本级负担的公检法支出和文教科卫等事业费的支出。

地方财政主要承担本地区政权机关所需支出以及本地区的经济、社会、文化等事业发展所需支出。其具体内容包括：地方行政管理费、公检法支出、一部分武警经费、民兵事业费、地方安排的基本建设投资、城市维护建设费用、地方安排的科教文卫事业费等。

（二）中央与地方的收入划分

基本上按照税种来划分中央财政与地方财政的收入范围。全部税收划分为中央税、地方税和中央与地方共享税。具体划分的情况是：

（1）中央固定收入。该类收入包括关税、消费税、海关代征的增值税和消费税。

（2）地方固定收入。该类收入包括个人所得税、城镇土地使用税、耕地占用税、固定资产投资方向调节税、土地增值税、房产税、城市房地产税、车船使用税、车船使用牌照税、契税、筵席税、农牧业税。

（3）中央与地方共享收入。该类收入包括：

①增值税。增值税收入的 75%归中央财政，25%归地方财政。

②营业税。铁道部、各银行总行、各保险总公司集中缴纳的营业税归中央财政，其他一般的营业税收入归地方财政。

③企业所得税。中央企业缴纳的部分，铁道部、各银行总行、各保险总公司集中缴纳的部分，以及地方银行和非银行金融机构缴纳的部分，归中央财政，其他地方企业缴纳的部分归地方财政。

④外商投资企业和外国企业所得税。除了外资银行缴纳的部分以外，其余都属于地方财政的收入。外资银行缴纳的部分归中央财政。

⑤资源税。除了海洋、石油企业缴纳的部分归中央财政外，其他资源税收入都归地方财政。

⑥城市维护建设税。除了铁道部、各银行总行、各保险总公司集中缴纳的归中央财政外，其他都归地方财政。

⑦印花税。股票交易的印花税收入 88%归中央财政，12%归地方财政，其他印花税收入都归地方财政。

1994 年以后，上述划分办法有所调整，调整的内容包括：

①企业所得税（除铁路运输、国家邮政、国有银行、海洋石油天然气企业缴纳的所得税归中央财政外）、外商投资企业和外国企业所得税以及个人所得税（储蓄存款利息所得的个人所得税全部归中央财政）从 2002 年起成为中央与地方共享税。分享办法是：以 2001 年的实际收入为基数，基数以内的收入按原来的制度进行划分（如个人所得税 100%归地方），超基数部分 2002 年中央分享 50%，地方分享 50%；2003 年以后超基数部分中央分享 60%，地方分享 40%。

②证券交易印花税从 2002 年起中央分享 97%，地方分享 3%；从 2016 年 1 月 1 日起，其收入全部划为中央收入。

③2001 年开征的车辆购置税划为中央固定收入；2006 年开征的烟叶税划为地方固定收入。

④由于从 2016 年 5 月 1 日起全面实行“营改增”，所以从 2016 年 5 月 1 日起，增值税实行“五五分成”，中央分享增值税的 50%，地方按税收缴纳地分享增值税的 50%；同时以 2014 年为基数核定中央返还和地方上解基数，确保地方既有财力不变。此办法暂定执行 2～3 年。

（4）国家税务局与地方税务局之间的征管分工情况。

在 1994 年实行分税制改革的同时，国家也对税务机构进行了改革，分设国家税务局和地方税务局两套系统。总的来说，国家税务局系统负责征收管理中央固定收入以及共享收入的税种，地方税务局系统负责征收管理地方固定收入的税种。例如，消费税、车辆购置税属于中央固定收入，所以由国税局系统负责征管；营业税（铁路、银行等集中缴纳的除外）、土地增值税、房产税等由地税局系统征管；增值税、证券交易印花税为共享税，由国税局系统征管；2002—2008 年期间设立（开业）登记的企业，其企业所得税由国税局系统征管；2009年以后设立的企业，应缴纳增值税的企业，其企业所得税由国家税务局管理，应缴纳营业税的企业，其企业所得税由地方税务局管理。随着“营改增”的深入，从2016年5月1日起，国家全面取消了营业税，增值税“一统天下”。在这种情况下，地方税务局就失去了一个重要的征管税种（2015年营业税占地方税务机关组织的税收收入的32%）。“营改增”以后，增值税和消费税都是由国家税务局征收，但它们的附加税费（城市维护建设税和教育费附加）还由地方税务局征收，显然关系也理不顺，所以有的地区把城市维护建设税和教育费附加委托给国家税务局征收。按照当时的改革方案，企业所得税最终也要全部由国家税务局征收。这样，地方税务局的征收任务将大幅度萎缩，国税地税合并的必要性已经显现。其实，从理论上说，我国是单一制国家，地方政府并不像联邦制国家那样有税收立法权，因此也就不一定需要有自己独立的征税机构，因此，国税地税合并也不存在制度障碍。而从降低征管成本和便利纳税人角度看，国税地税合并更是利大于弊。2018年7月，中共中央办公厅、国务院办公厅印发了《国税地税征管体制改革方案》，决定合并省级和省级以下国税地税机构，以便“从根本上解决‘两头跑’、‘两头查’等问题，切实维护纳税人和缴费人合法权益，降低纳税和缴费成本，促进优化营商环境”。在具体实施上，该方案要求先把省（区、市以及计划单列市）税务局改革做稳妥，再扎实推进市（地、州、盟）税务局、县（市、区、旗）税务局的改革。到2018年底前，国税地税合并的工作已顺利完成。

（三）中央与地方之间的转移支付

我国目前的分税制还只能说是初级的，其中表现之一就是中央对地方的转移支付制度还不够规范。首先，在分税制中存在着税收返还，即为了保护地方的既得利益，中央要按照各地1993年的实际收入以及1994年税改后中央、地方收入划分的情况，核定1993年中央从地方净上划的收入数额（即消费税+75%的增值税－中央下划收入），该净上划收入全部返还给地方，并以此数额作为以后年度中央对地方的税收返还基数。从1994年以后，税收返还数额按各地“两税”的平均增长率的1∶0.3的系数确定，即某年该地区增值税和消费税平均增长率为1%，则对该地区的税收返还额增长0.3%。如果1994年以后上划中央收入达不到1993年的基数，则相应扣减税收返还的数额。不难看出，我国现行财政管理体制带有明显的保护地方既得利益的色彩，从而失去了应有的科学性和规范性。而真正的转移支付制度则应当是由中央政府按照各个地区的人口、经济发展状况等因素以及中央政府的经济发展战略来确定对各个地区的补助数额。例如，美国的转移支付制度中就有两种对地方的补助，一是一般性补助，它的数额按照人口、人均收入等因素计算确定；二是特殊补助，联邦政府为了支持州或地方政府举办一些工程或事业，会通过特殊补助的办法鼓励地方政府进行投资。不过，应当肯定的是，税收返还在我国分税制中的地位正逐渐下降。1999年税收返还与一般性转移支付的规模之比为29.6∶1，2004年为1.6∶1，到2018年则缩小到0.2∶1。可见，税收返还的作用正逐步被一般性转移支付所取代（实际上，目前财政部门已不把税收返还视同中央对地方转移支付的一部分）。

其次，在转移支付制度中，一般性（财力性）转移支付和专项转移支付之间的比例还不够合理，存在着专项转移支付比重过大的问题。转移支付可以分为一般性转移支付和专项转移支付。前者是为了解决地区之间财力不平衡而由中央政府通过“抽肥补瘦”所实施的转移支付，所以又称财力性或均衡性转移支付，它类似于美国的一般性补助；后者则是中央政府为了鼓励和帮助地方政府实施某项社会经济计划或工程而给予地方政府的转移支付，它类似于美国的特殊补助。自从1994年分税制实行以来，一般性转移支付所占的比重是不断提高的，其在全部转移支付（不含税收返还）中所占的比重已从1994年的38.8%上升到2018年的62.8%。但与国外相比，一般性转移支付的占比仍略显偏低。例如，经济合作与发展组织成员的一般性转移支付很多都占到了65%以上，如奥地利为69%，墨西哥为78%，西班牙为67%，瑞士为80%，葡萄牙为81%，土耳其为82%。所以，《中华人民共和国国民经济和社会发展第十二个五年规划纲要》明确提出要“完善转移支付制度，增加一般性特别是均衡性转移支付规模和比例，调减和规范专项转移支付”；《中华人民共和国国民经济和社会发展第十三个五年规划纲要》也提出，“完善中央对地方转移支付制度，规范一般性转移支付制度，完善资金分配办法，提高财政转移支付透明度”。

完善分税制特别是其中的转移支付制度具有特别重要的意义，它直接关系到各地财力的均衡，关系到地区之间公共服务均等化的目标能否实现。因为分税制实施以后，中央财政分得的收入占全国财政收入的比重已达50%左右（2018年为46.6%），但中央财政本级支出只占全国财政支出的20%以下（2018年为14.8%），这就出现了地方财政收少支多的问题。为了使地方政府的财力与事权相匹配，建立一个科学合理的转移支付制度就显得更加重要。2018年，中央财政对地方的转移支付已占中央总支出的60%，中央对地方的转移支付（不含税收返还）已占到地方财政总收入的36.8%（如果加上税收返还，这个比重则达到41.6%），应当说中央对地方转移支付的力度已经不小。但目前许多地区仍存在财政困难，很重要的一个原因就是转移支付制度本身不合理，一些地区该得到更多的转移支付但实际得不到，不该得到较多转移支付的地区反而“跑部钱进”。为了完善我国的分税制财政管理体制，这个问题必须得到解决。

一般性转移支付是中央政府对有财力缺口的地方政府（如中西部地区）按照比较规范的办法（例如公式法）计算并给予的补助。2017年，一般性转移支付包括的内容（括号内为所占比例）有均衡性转移支付（63.7%）、基本养老金转移支付（16.7%）、城乡居民医疗保险等转移支付（7.1%）、老少边穷地区转移支付（5.2%）等，上述几项占到一般性转移支付的92.7%。

令人高兴的是，总的来看，我国的转移支付制度正在向科学、有效、公正的方向发展。这突出表现为保地方既得利益的“税收返还”在整个转移支付制度中的地位不断下降。1995年我国开始实行以均等化为目标的一般性转移支付制度，2002年以后由于中央财政将所得税分享取得的收入全部用于一般性转移支付，所以一般性转移支付开始快速增长。例如，1999年，税收返还和以一般性转移支付为主要内容的财力性转移支付在全部转移支付资金中的比重分别为53.2%和1.8%，而到2004年，这两个比重分别调整为40%和25%，即税收返还所占比重下降了13个百分点，而财力性转移支付的比重则上升了20多个百分点。其中，一般性转移支付2006年达到1 527亿元，是1995年的72倍多。2018年，一般性转移支付的金额占转移支付总额的比重已从2007年的48.9%提高到

62.8%，上升了近14个百分点。由于财力性转移支付是按照各地的经济发展水平、财政收支状况等因素计算确定的，所以这部分支出比重加大对于调节地区间的收入差距、平衡地区间公共服务水平是有益的。

从2008年开始，中央对地方实行新的一般性转移支付办法。受客观条件的制约，近期一般性转移支付的主要目标是缓解财政困难地区财政运行中的突出矛盾，保障机关事业单位职工工资发放和机构正常运转等基本公共支出需要。一般性转移支付资金根据影响财政收支的客观因素，采用规范的公式化方式进行分配，力求公平、公正，并对少数民族地区给予适当照顾。新的一般性转移支付办法的主要内容包括：

（1）转移支付额的确定。一般性转移支付额主要按照各地标准财政收入和标准财政支出差额以及转移支付系数计算确定。用公式表示为：

$$\begin{matrix}\text{某地区一般性}\\\text{转移支付额}\end{matrix}=\left(\begin{matrix}\text{该地区标准}\\\text{财政支出}\end{matrix}-\begin{matrix}\text{该地区标准}\\\text{财政收入}\end{matrix}\right)\times\begin{matrix}\text{该地区转移}\\\text{支付系数}\end{matrix}$$

凡标准财政收入大于或等于标准财政支出的地区，不纳入转移支付范围。

（2）标准财政收入的确定。各地区标准财政收入由地方本级标准财政收入、中央对地方税收返还及补助收入（扣除地方上解）等构成。地方本级标准财政收入考虑实际情况，根据相关税种的税基和税率计算确定。中央对地方税收返还和补助收入（扣除上解中央）按决算数确定。

（3）标准财政支出的确定。各地区标准财政支出由该地区行政部门、公检法部门、教育部门、文体广部门、卫生部门、农林水部门、基本建设、其他部门等的标准财政支出构成。测算标准财政支出时，要选取各地总人口为主要因素，并根据海拔、人口密度、温度、运输距离、少数民族、地方病等因素计算确定成本差异系数。省、市、县每一行政级次的标准财政支出按以下公式测算：

$$\text{标准财政支出}=\text{各级次总人口}\times\text{该级次人均支出标准}\times\text{支出成本差异系数}$$

（4）转移支付系数的确定。转移支付系数参照当年一般性转移支付总额、各地区标准财政支出大于标准财政收入的收支差总额以及各地区财政困难程度等因素确定。其中，困难程度系数根据标准财政收支缺口占标准财政支出的比重及各地一般预算收入占一般预算支出的比重计算确定。

（5）转移支付资金的管理与监督。各地区要根据本地对下财政体制、辖区内财力分布等实际情况，加大对财政困难县乡的支持力度，保障县级政府履行职能的基本财力需求。基层财政部门要将上级下达的一般性转移支付资金重点用于基本公共服务领域，推进民生改善，促进社会和谐。

复习思考题

1. 中央政府与地方政府的职责划分应遵循哪些基本原则？
2. 中央政府与地方政府之间的税种划分应遵循哪些原则？
3. 现行分税制的基本内容是什么？
4. 现行的中央对地方一般性转移支付办法的主要内容是什么？

第 10 章 财政政策

第一节 财政政策概述

一、什么是财政政策

财政政策有广义和狭义之分。广义的财政政策泛指政府在财政领域制定的各项方针政策，包括税收政策、财政补贴政策、财政投资政策、国债政策，等等。而狭义的财政政策则特指政府为了实现其宏观经济目标（如实现充分就业和物价稳定）而相应制定的税收、支出及预算收支平衡方面的政策，如增税还是减税，扩大支出还是减少支出，实行结余预算还是实行赤字预算，等等。我们这里讨论的财政政策指的就是狭义的财政政策。由于这种狭义的财政政策往往是通过改变预算收支规模和预算平衡状况来实现的，所以它有时又被称为预算政策。另外，这种狭义的财政政策是政府出于稳定宏观经济的需要而制定的，故又被称为宏观财政政策。

财政政策是政府实现其宏观经济管理的重要手段，它与货币政策一道都是政府调节宏观经济的工具。从这个意义上讲，财政政策属于宏观经济学的内容。实际上，现代宏观经济学中都有大量的财政政策方面的内容，可以说，财政政策是财政学与宏观经济学的交叉部分。目前，国外的一些政府财政学的教材已不再专门设立章节来论述财政政策问题，目的是避免与宏观经济学重复，但我国的财政学教材和著作中一般还都有财政政策的内容，这主要是因为宏观经济学知识在我国还不普及，许多人在学习财政学之前并没有系统学习宏观经济学。

二、财政政策的类型

根据财政政策执行结果对宏观经济的影响不同，我们可以把财政政策分为三大类：

（一）扩张性财政政策

政府采取的可以扩大社会总需求的预算措施属于扩张性财政政策。例如，降低个人所得税可以增加居民个人的可支配收入，在个人边际消费倾向一定的情况下，这种减税措施有利于增加个人的消费支出，从而有助于扩大社会总需求，因此个人所得税的减税就属于扩张性财政政策。扩大预算支出规模也属于扩张性财政政策，因为政府财政支出本身就是社会总需求的一部分，政府扩大财政支出无疑会对社会总需求产生扩张作用。搞赤字预算也是一种扩张性财政政策。所谓赤字预算就是在编制政府预算时安排有一定的赤字，即预算收不抵支，这种预算支出超过预算收入的状况意味着政府支出形成的需求超过了政府税收所能提供的购买力，如果这时政府靠动员社会的闲置资金或货币发行弥补赤字，必然会人为地加大社会总需求。由于无论是减税还是增支在短期内都很容易导致政府预算赤字的产生或扩大，因而扩张性财政政策有时可以与赤字财政政策画等号。或者从另一个角度说，赤字预算政策是最典型的扩张性财政政策。

需要指出的是，政府预算出现了财政赤字并不一定意味着政府实行了扩张性财政政策。因为经济衰退很可能减少政府的税收收入并扩大政府的社会保障支出，从而导致政府预算出现赤字，这种预算赤字是在经济衰退状况下自动产生的，不是政府的财政政策造成的。财政政策作为政府的一种政策，它应当是政府相机抉择制定的，财政政策应当与“自动稳定器”有所区别。

（二）紧缩性财政政策

与扩张性财政政策相反，对社会总需求有抑制或缩减作用的财政政策属于紧缩性财政政策。提高个人所得税的税率、缩减财政支出以及实行有盈余的财政预算都属于紧缩性财政政策。在实践中，紧缩性财政政策通常表现为盈余预算政策。

（三）中性财政政策

中性财政政策是指对社会总需求既不产生扩张作用又不产生紧缩作用的财政政策。也就是说，中性财政政策不会对宏观经济平衡产生任何影响。一般而言，实行平衡预算有助于财政政策保持中性。

第二节　财政政策对宏观经济的影响

用财政政策来调节宏观经济已是现代国家政府的一项重要任务。那么，政府通过财政政策为什么能干预宏观经济的运行？现代宏观经济学对此有一套完整的理论。

一、财政政策与宏观经济平衡

宏观经济平衡是指社会总供给与社会总需求之间的平衡。社会总需求可以被分解为四个部分，即居民个人（消费者）的消费需求、企业的投资（包括固定资产投资和存货增加）需求、政府对产品和劳务的需求（即财政的购买性支出形成的需求）以及外国人对本国产品的需求。为简化分析起见，我们不考虑国外部门的需求，国民经济的总供求关系只从居民、企业和政府（财政）三部门来考察。如果居民对产品和劳务的消费支出用 C 表示，企业的投资支出用 I 表示，政府对产品和劳务的支出用 G 表示，则 $C+I+G$ 就是全社会用于最终产品的支出，也就是社会总需求。根据国民经济核算的原理，在国民收入和产品账户上，产品的流量总额和国民收入的流量总额应当是恒等的。也就是说，在国民经济中，每生产 1 元钱的产品就会产生 1 元钱的国民收入，这样，国民收入就代表着一定时期内社会的总供给。而在一个三部门的经济社会中，国民收入总量又一定等于 $C+S+T$，其中，C 代表居民个人总收入中用于消费的部分，S 是私人部门收入扣除消费用途以外的储蓄部分（包括居民个人的可支配收入减消费后形成的储蓄，以及企业提存的折旧基金和公司税后未分配利润），T 是政府的税收收入（包括政府课征的间接税、社会保险税、企业所得税和个人所得税等税收收入）。为了使宏观经济实现平衡，社会总供给与社会总需求就必须相等，以下恒等式也必须成立，即

$$C+I+G\equiv C+S+T \tag{10-1}$$

或

$$G-T\equiv S-I \tag{10-2}$$

其中，$G-T$ 代表着财政平衡状况，如果 $G-T$ 等于正数，表明财政支出大于财政收入，财政预算出现了赤字；而如果 $G-T$ 等于负数，则表明财政预算出现了盈余。从公式（10-2）可以看出，为了使宏观经济达到平衡，财政应实行赤字预算、盈余预算还是平衡预算，关键取决于国民经济中储蓄和投资之间的数量对比关系，即 $S-I$。例如，如果储蓄大于投资，即 $S>I$，则就要求 $G>T$，即实行赤字预算；而如果储蓄小于投资，$S<I$，那么财政就应做到 $G<T$，即实行盈余预算。可见，宏观经济要保持平衡，必须有相应的财政政策（平衡预算政策）；反过来说，财政预算政策可直接影响到宏观经济能否实现平衡。

二、财政政策与经济增长

上面谈到财政政策是宏观经济平衡的一个重要影响因素，但这种分析还只是静态的，它没有说明财政政策对经济增长有什么影响。实际上，财政政策不仅关系到宏观经济的平衡，而且还会影响一国经济的规模，影响经济的增长。现代宏观经济理论认为，在社会资源没有被充分利用从而社会总供给有充分潜力的情况下，社会的产出水平是由社会的总需求决定的，总需求不足会导致产出和收入水平增长缓慢甚至下降。当然，如果社会总需求过大，超过了社会总供给的实际可能，则将拉动物价全面上涨。总之，为了使

国民经济保持一定的增长幅度以达到充分就业的均衡水平，社会的总需求就必须维持在一定的规模之上，不能过低。这样，当经济中居民的消费需求和企业投资需求不足时，政府为了扩大需求拉动经济增长，就有必要实行扩张性的赤字财政政策。

另外，宏观经济理论还认为，政府的购买性支出对经济增长具有所谓的乘数效应，即购买性支出一次性增加 1 元可以使国民收入在一定时期内累积增长几元（财政支出中的转移性支出最终要形成居民的消费支出，所以考察财政支出的乘数效应主要应看财政的购买性支出）。财政支出能产生乘数效应与投资可以产生乘数效应的原理是一样的，即财政购买性支出的增加可以使居民的可支配收入增加（购买性支出增加意味着货物的生产和销售增加，这又将导致国民收入的等量增加），在居民消费倾向一定的情况下，居民可支配收入的增加又将导致其消费支出的增加，而这种消费支出的增加又会导致下一期居民收入的增加，从而进一步引发下一期的居民消费支出的增加。这种连锁反应重复进行下去，在一定的时期中整个国民收入的规模就会不断加大，这就是财政购买性支出乘数效应的产生机理。

财政购买性支出的乘数效应也可以用公式来说明。如果我们用 Y 代表国民收入，则：

$$Y \equiv C+I+G \tag{10-3}$$

另外，我们用 c 表示居民的边际消费倾向，Ca 表示居民在没有收入时的消费额，T 表示政府对居民个人收入征收的所得税，这样，我们可以得到以下 C 的函数：

$$C \equiv Ca+c(Y-T) \tag{10-4}$$

把公式（10－4）代入公式（10－3），就得到：

$$Y \equiv Ca+c(Y-T)+I+G \tag{10-5}$$

将公式（10－5）进行变形，可得出：

$$Y=Ca+cY-cT+I+G$$

$$Y-cY \equiv Ca-cT+I+G$$

$$Y \equiv \frac{1}{1-c}(Ca-cT+I+G) \tag{10-6}$$

假定政府的购买性支出 G 发生变动，其他变量保持不变，则 Y 的新的均衡水平等于 Y 加上 ΔY：

$$Y+\Delta Y \equiv \frac{1}{1-c}(Ca-cT+I+G)+\frac{1}{1-c}\Delta G \tag{10-7}$$

两边同时减去 Y，可得到：

$$\Delta Y \equiv \frac{1}{1-c}\Delta G \equiv \Delta G/(1-c) \tag{10-8}$$

从公式（10－8）可以看出，政府的购买性支出 G 发生任何变动（假定括号内的其他变量数值固定），都会造成 Y 发生相当于 G 的变动值乘以 $1/(1-c)$ 的变化。例如，假定 c 等于 3/4，G 增加 20，则 Y 的增加额为 80。

上面我们分析了政府在税收 T 不变的情况下增加或减少购买性支出对产出的影响。我们可以看出，在税收不变的情况下，增加财政支出可以带来国民收入成倍地增长。但税收（个人所得税）下降是否也可以产生刺激产出增长的乘数效应呢？类似于公式（10－7）的计算方法，若税收降低 ΔT，则：

$$Y+\Delta Y=\frac{1}{1-c}[Ca-c(T-\Delta T)+I+G] \tag{10-9}$$

两边同时减去 Y，可得到

$$\Delta Y=\frac{c}{1-c}\Delta T \tag{10-10}$$

假定 c 仍为 3/4，则减税的乘数效应等于 3，即税收减少 1，国民收入 Y 可以增加 3。但税收乘数比财政购买性支出乘数 4 少了 1。

税收对产出也具有乘数效应，但与财政支出的乘数效应相比较小，这表明：第一，为了刺激经济增长，政府除了可以采取扩大财政支出的办法以外，还可以采取减税的办法，但通过增加财政支出刺激经济增长的办法效果更好。第二，由于税收的乘数效应与财政支出的乘数效应作用方向相反，而且比财政支出的乘数效应小，所以政府在增加财政支出的同时，等量地增加税收，从而使财政的收支平衡状况不变，则同样可以产生一定的经济扩张作用，刺激经济增长。

第三节　财政政策的目标

我们已经指出，本章讨论的财政政策属于宏观财政政策，它是政府为了调控宏观经济运行而实施的。因此，财政政策的目标与政府的宏观经济目标应当是一致的。具体而言，财政政策有以下几个目标：

一、价格水平稳定

价格水平是否稳定是衡量一国宏观经济运行是否正常的重要指标。在市场经济条件下，商品价格是由市场上的供求关系决定的。如果个别商品的价格上下波动较大，有可能是由这些商品的供求因素所致，并不能反映整个宏观经济出了什么问题。但如果整个物价水平发生了很大的变动，则就表明宏观经济的运行出现了问题。通常，物价水平上升过快，通货膨胀率较高，意味着经济过热，即总需求大于总供给；而物价水平大幅度回落，出现通货紧缩，则意味着经济衰退，即总供给大于总需求。因此，可以形象地说，物价水平的变动状况是宏观经济运行的“晴雨表”。政府把物价水平稳定作为财政政策的一个重要目标，并不是要简单地干预市场上的物价，而是运用适当的财政政策来调节宏观经济运行，抑制经济过热或刺激经济走出低谷。

二、充分就业

充分就业从理论上说是指总供给与总需求达到均衡时的就业状态。也就是说，充分就业并不意味着人人就业，或不存在失业，充分就业只是宏观经济稳定运行时的一种就业状态。由于经济结构和产品结构变化等原因，在一个市场经济国家存在一定的摩擦性失业和季节性失业是很正常的。考虑到这种情况，即使是充分就业，一国的失业率也不能为零。根据西方国家的经验，在宏观经济均衡状态下失业率一般为5%左右。以此做参照，如果一国的失业率过高，达到5%以上，则表明该国没有实现充分就业，就业还有潜力。也就是说，这时该国的人力资源还没有被充分利用，宏观经济也没有达到均衡状态。政府的财政政策以实现充分就业为目标，目的也是通过财政政策的实施实现总供给与总需求的平衡。

三、经济增长

一国经济不仅要保持宏观总量上的平衡，而且在规模上还要不断扩大，即实现经济增长。只平衡不增长的经济并不是一个运行良好的经济，而且从长期来看，一个没有增长的经济也很难实现宏观上的平衡。政府通过财政政策可以维持宏观经济的平衡，同时也可以促进经济增长。上面谈到的财政支出的乘数效应在这方面就可以发挥作用。

第四节　财政政策的选择

一、财政政策的相机抉择

财政政策是政府进行宏观调控的工具。在实际工作中，选择什么样的财政政策应当遵循逆向调节的原则，即当经济处于衰退阶段时，政府为了提高就业率，刺激经济增长，应实行各种扩张性财政政策；当经济处于过热状态时，政府为了抑制通货膨胀，则应实行紧缩性财政政策。视经济情况的不同而选择不同的财政政策，被称为相机抉择。一般通过相机抉择而制定的财政政策属于短期性的财政政策。

在财政政策的使用问题上人们存在的最大分歧在于，为了刺激经济增长，政府是应以增加财政支出为主，还是应以减税为主。这两项措施都属于扩张性财政政策，但究竟应偏重哪一个，理论界并无定论。在西方国家，凯恩斯主义强调扩大财政支出，认为经济衰退主要是由私人部门的消费和投资需求不足造成的，因此，政府应扩大支出，弥补私人部门的需求不足，从而使总需求等于总供给。但供给学派则主张刺激经济应以减税为主。供给学派认为，减税可以刺激人们更多地工作，引导企业和个人更多地进行投资和技术创新，这有利于增加社会总供给，而经济增长上去了，就业率就会提高，居民个人的收入水平也会提高，这样才会拉动人们的消费需求，消费需求的提高又会进一步促进供给的增加。可见，凯恩斯主义与供给学派的区别关键是如何启动经济，前者主张应首先刺激需求，拉动供给，从而促进经济增长；后者则主张首先刺激供给，带动需求，实现经济增长。两种思路可以说都有它的道理，但在使用时必须对症下药。凯恩斯主义在 20 世纪五六十年代取得了巨大的成功，但到了七八十年代，西方国家普遍出现了“滞胀”局面，经济停滞与通货膨胀并存，这种情况用凯恩斯的经济理论已无法解释，从而再坚持凯恩斯提倡的有效需求管理的思路已不合时宜。进入 80 年代以后，西方国家开始奉行供给学派的政策主张。从 90 年代美国经济的持续发展来看，供给学派的种种政策主张是“对症”的，它对美国经济走出持续“滞胀”的阴影起了很大作用。所以，各国在选择财政政策时，必须结合本国的国情，决不能盲目地照搬照抄他国的经验。

二、经济改革以来我国的财政政策

经济改革以来，我国财政除了 1985 年以外年年都有赤字，而且赤字的规模呈上升趋势。例如，1981 年，我国财政赤字为 98.59 亿元，1991 年财政赤字上升到 237.14 亿元，1997 年财政赤字达到 560 亿元（在计算财政赤字时财政收入中均不含国内外债务收入）。尽管我国连年出现财政赤字，但从财政政策上看，我国过去在理论上长期坚持的是“收支平衡，略有结余”的紧缩性财政政策。因为直到 20 世纪 90 年代中期以前，我国一直处于“供不应求”的经济环境中，多数年份不是总需求不足，而是总需求过旺。在一些年份，我国的通货膨胀率甚至达到了 20%以上。既然不实行扩张性财政政策，那么我国近 20 年来的财政赤字是怎样造成的呢？实际上，我国过去的财政赤字与经济改革措施是密切相关的，也可以说，是政府为经济改革付出的一种代价。一方面，在经济改革以后的很长一段时间内，国家实行了许多对企业的放权让利以及对个人增加工薪收入的改革措施，从而使财政收入增速缓慢；另一方面，财政的许多支出具有“刚性”，很难压下来，而且经济改革后财政在许多领域要“还账”，支出不仅不能压，反而要增加。这样，财政就十分被动地与赤字结下了不解之缘。

面对日益增加的财政赤字，国家从 1993 年开始就提出了要坚持适度从紧的财政政策。1997 年 9 月党的十五大以后，国家又提出了要严格控制财政赤字的发展，决定今后每年压缩 100 亿元的财政赤字。因此，1998 年中央预算安排的赤字比 1997 年减少了 100 亿元，为 460 亿元。然而，1998 年 5 月，鉴于当时国内和国外的经济形势，国家决定对财政政策进行重大调整，由“适度从紧的财政政策”转向“积极的财政政策”。所谓“积极的财政政策”，实际上就是扩张性财政政策。根据这种财政政策的调整，1998 年我国中央财政实际财政赤字比预算赤字增加了 500 亿元，为 960 亿元。1999 年国家决定继续实行积极的财政政策，当年预算赤字安排了 1 503 亿元，比 1998 年实际预算赤字增加了 543 亿元。这次积极的财政政策的措施主要是扩大购买性支出（基础设施投资），1998 年财政向国有商业银行增发了 1 000 亿元国债，所筹资金专项用于基础设施建设。在实行积极的财政政策问题上我国没有采取减税措施，主要原因是我国税收的收入规模较小，当时只占 GDP 的 12%左右，而且税收又是以流转税为主，所以减税的余地和作用都十分有限。在这种情况下，扩大支出是实施积极的财政政策的唯一选择。

国家决定实施积极的财政政策，主要是鉴于 1997 年以来我国开始出现内需不足的问题，加之 1997 年爆发的东南亚金融危机又严重冲击了我国的出口市场，从而造成我国的宏观经济首次出现总供给大于总需求的状况。这种经济形势的突出特点是：（1）通货紧缩，物价水平回落。1997年我国的通货膨胀率已从1994年的21.4%下降到0.8%，1998年全国平均商品零售价格总水平又比1997年下降了2.6%。（2）失业和下岗职工人数大幅度增加。（3）商品库存积压严重，据调查约有30%以上的商品出现了供大于求的局面。

造成上述经济紧缩状况的原因主要是：（1）企业投资下滑。1998年我国集体经济成分的固定资产投资比1997年下降了3.5%，个人固定资产投资只比1997年增长了6.1%。虽然1998年全社会固定资产投资比1997年有所回升，但这主要是由财政增加了对基础设施的基本建设投资造成的。（2）居民的个人消费不足。据统计，我国居民的平均消费倾向已从1991年的94%下降到了1997年的81%。1998年我国城乡居民储蓄存款余额增幅为17.1%，是消费品市场增幅的2.5倍。最终消费需求增长对GDP增长的贡献率只有30%，达到历史最低点。（3）出口形势严峻。由于东南亚金融危机，东南亚国家的货币大幅度贬值，而我国的人民币坚持不贬值，这给我国的出口带来了极大的挑战。一方面，我国对东南亚国家的出口面临很大困难；另一方面，我国对欧美市场的出口因东南亚国家货币贬值而受到极大的竞争压力。1998年我国出口仅比1997年增长0.5%，1999年第一季度出口比上年同期下降了7.9%。1992年以来，我国的净出口对经济增长的贡献率已达到了15%，出口需求下降无疑会制约我国的经济增长速度。

积极的财政政策实施了7年，应当说是有显著成效的。1998—2004年，为了扩大政府的开支规模，国家共发行了9 100亿元的长期建设国债，而这一大笔国债资金投入后，又带动了社会各方面的投资共达3.5万亿元。这些年投资对我国经济增长的拉动效应每年为1.5～2个百分点，从而使这7年间我国GDP的年均增长速度高达8.2%。然而，积极的财政政策是否要一直坚持下去？对此许多人有不同的看法。2004年底的中央经济工作会议决定，从2005年起，我国开始实行稳健的财政政策，积极的财政政策逐渐淡出。我国财政政策之所以要转型主要是基于以下两个背景。

一是经济开始出现“过热”的苗头。例如，全社会固定资产投资增幅1999年为5.1%，以后各年逐年攀升，到2003年则高达27.7%，2004年虽略有下降，但仍达25.8%；社会消费品零售总额的增幅1999年为6.8%，2004年则达到17.7%；商品零售价格水平1998—2003年每年都是下降的趋势，但在2004年有2.8%的增长。种种迹象表明，经过7年的刺激需求增长的政策，到2004年，我国经济已开始回暖，如果再继续过去的积极的财政政策，宏观经济就有“过热”的风险。

二是经过7年的高投资—高赤字—高负债政策，政府已背上了沉重的债务包袱，并面临日益增长的财政风险。1998—2004年，政府财政赤字年均2 264亿元，有3年财政赤字占GDP的比重接近国际警戒线3%的水平；在此期间，政府在国内共发行国债约34 022亿元，政府的国债负担率已从1998年的9.9%上升到2004年的21.6%，年平均递增20%。尽管21.6%的水平与欧盟《马斯特里赫特条约》60%的标准还有一段距离，但国债负担率每年增长20%的速度是令人担忧的。特别是目前国内外债务付息支出已占到中央本级支出的10%左右，有的年份甚至高达14%，这种情况已严重影响了中央财政的支出能力。

鉴于一项财政政策从实施到产生效力中间会有一个时滞，所以国家在经济刚开始出现“过热”苗头时就及时叫停了积极的财政政策。从宏观经济稳定的大局来看，这一决策是明智和果断的。2005年我国中央财政赤字比2004年减少了192亿元，2006年中央财政赤字为2 748.96亿元，比当年预算数减少了201.04亿元，比2005年中央财政赤字数减少了 250.54 亿元。

2007 年底，美国爆发次贷危机，这场次贷危机很快又引发了全球金融危机和经济危机。在全球经济一体化的今天，国际经济危机必然要冲击我国的实体经济。2007 年，我国国内生产总值增长 14.2%，2008 年经济增长率下降到 9.6%，2009 年第一季度经济增长率跌到了低谷，仅为 6.6%。我国的经济增长率快速下滑，主要是由出口下降造成的。例如，中国对美国出口的增长率，2007 年为 14.4%，2008 年降到 8.4%，2009 年更跌至 −12.5%；中国对欧盟的出口增长率，2007 年为 29.2%，2008 年为 19.5%，2009 年猛降到 −19.4%。由于我国的居民消费水平长期偏低，再加上出口形势恶化，企业的投资意愿也受到了很大的打击。在这种情况下，政府要挽救经济，只能再次实行新一轮的积极的财政政策，即通过实施赤字财政政策，增加政府的开支，拉动公共消费和公共投资，刺激经济增长。2005 年以后，随着积极的财政政策淡出，中央财政的赤字逐年减少，2005 年中央财政赤字为 2 999.5 亿元，2006 年为 2 748.96 亿元，2007 年为 2 000 亿元，2008 年为 1 800 亿元；而且这几年地方财政都出现了结余，如 2008 年地方财政结余为 1 445.69亿元。2009 年，国家为了实行积极的财政政策，中央财政又出现了 7 500 亿元的赤字，地方财政也有 2 000 亿元的赤字，全国财政赤字为 9 500 亿元。从 2010 年开始，我国经济在“四万亿元”投资政策以及财政金融政策的刺激下开始出现复苏的迹象，经济增速从 2009 年的 9.2%提高到 2010 年的 10.6%，这样积极的财政政策也开始逐渐降温，赤字占 GDP 的比重由 2009 年的 2.74%下降到 2010 年的 2.44%，2011 年和 2012 年更分别降为 1.75%和 1.59%。但从 2012 年开始，受国际国内各种因素的影响，我国实体经济又受到了下行的压力，从统计数字上看，出口增速从 2011 年的 20.3%猛降至 2012 年和 2013 年的 7.9%，2015 年和 2016 年甚至出现了负增长（分别为 −2.8%和 −7.7%）；固定资产投资增速 2013 年之前还维持在 19%以上，但 2015 年就掉到了 10.1%，2016 年更降至 8.1%。出口和投资增速的大幅度下滑，导致经济增速由 2011 年的 9.6%下降到 2016 年的 6.7%。为了拉动经济增长，国家从 2013 年开始再次逐年扩大一般公共预算的赤字规模，赤字占 GDP 的比重（赤字率）从 2012 年的 1.59%提高到 2013 年的 2.04%，2014—2016 年又分别提高到 2.12%、2.3%和 2.93%。2017 年，我国出口形势出现好转，当年出口增速为 7.2%，经济增速也比 2016 年回升了 0.1 个百分点，当年的赤字率也降到了 2.87%。2018 年，尽管出现了中美贸易摩擦，但我国出口形势仍保持乐观，出口增速升高至 9.9%，但其他两驾“马车”即消费和投资的增速并不理想：消费增速从上一年的 9%降至 6.9%，投资增速也从 7.2%降至 5.9%。不过，2018 年我国并没有加大财政赤字的规模，赤字率从上年的 2.87%继续下调至 2.6%，这样多重因素的影响导致当年的经济增速同比又下降了 0.2 个百分点，降至 6.6%。2018 年底召开的中央经济工作会议提出“积极的财政政策要加力提效”，根据这个精神，2019 年一般公共预算安排的赤字规模为 2.8%，另外地方政府性基金预算的发债规模也从 2018 年的 13 500 亿元增加到 21 500 亿元，增发 8 000 亿元。[①]

---

① 按照规定，政府性基金预算的发债不属于赤字，因为这部分债务的收入多用于有偿还能力的项目。但从扩大需求的角度看，政府性基金预算发债同样具有扩张性作用，也可以把这部分债务收入视同赤字。这样，连同一般公共预算的赤字，2019 年财政的赤字率可达到 5%。

复习思考题

1. 财政政策可以分为哪些类型？
2. 财政政策是如何影响宏观经济平衡的？
3. 财政政策对经济增长有什么影响？
4. 财政政策有哪些目标？
5. 什么是相机抉择的财政政策？

第 11 章

货币与货币制度

第一节　货币的起源

一、货币起源于商品

研究货币的起源是对货币职能、货币制度求得科学理解的关键。货币是如何产生的？马克思从分析商品交换的变化入手，深入研究了价值形式的演化及与其有关的大量历史资料，得出的科学论断是：只要理解了货币的根源在于商品本身，货币分析上的主要困难就克服了。这就说明，货币起源于商品，货币分析应从商品分析着手。

货币是怎样从商品中产生的？货币原来就是商品，它是在商品交换发展到一定阶段，即商品内部矛盾运动发展到非借助于货币不可时，才自发地从千百万种商品中分离出来的。正如马克思所说，货币是以商品交换发展到一定高度为前提的。

商品是一种对人们有用的、用来交换的劳动产品。商品生产是为了交换而进行的产品生产。建立在商品生产基础上的商品交换，就是商品买卖行为。商品生产是以社会分工和劳动产品属于不同所有者为前提的。

商品有使用价值和价值两重属性。商品是一种能够满足人们某种需要的物品，它的有用性就是商品的使用价值。另外，商品作为劳动的产物，人们在生产它的过程中，尽管具体形式不同，但都付出了人类劳动，都要消耗智力和体力，这种凝结在商品中的一般人类劳动，就形成了商品的价值。商品的使用价值各不相同，如石斧用作劳动的工具，衣服用于御寒。石斧和衣服都有各自不同的使用价值。正是由于使用价值不同，各种商品才需要交换，但是，它们之间无法比较。如果撇开它们各自的自然属性来看，它们都具有相同的质，即它们都耗费了一般人类劳动或称作抽象劳动，则它们之间就可以互相比较，进行交换。一种商品的量的关系，称为交换价值。某一商品价值量的大小是由生产这种商品的社会必要劳动时间决定的。一种商品凝结的社会必要劳动时间越多，则其价值越大；反之，则其价值越小。

商品的使用价值和价值既互相统一，又互相矛盾。之所以互相统一，是因为它们互为条件，互相依存，紧密联系。一种物品没有使用价值，它就没有价值；反之，一种物品虽有使用价值，但不是人类劳动的产品，不是人类一般劳动的物化，它就没有价值，就不是商品。商品必须既有使用价值，又有价值，这是商品的统一性。另外，商品的使用价值和价值又是相互矛盾的。从商品的使用价值角度来讲，生产者生产商品，不是为了满足自己的需要，而是为了交换以取得价值。所以，商品生产者把商品生产出来后，就必须把使用价值转让给他人，并从他人手里取得价值。如果生产者不能把商品卖出，就不能从他人手里取得价值。因此，商品的使用价值和价值又是互相矛盾的。

商品的使用价值和价值的矛盾是由生产商品的劳动两重性决定的。在私有制社会中，劳动的两重性反映出商品生产者私人劳动与社会劳动的矛盾。一方面，商品生产者都是私有者，生产是个人的私事，劳动产品为个人所有；另一方面，商品生产者的劳动又是社会性的，是整个社会劳动的一部分。商品生产者的劳动直接表现为私人劳动，他们为社会生产什么、生产多少，是由生产者个人决定的，带有一定的盲目性，必须通过交换才能证明他们的劳动是否能为社会所承认。要进行交换，就必须把具体劳动还原为抽象劳动，或者把具体劳动用劳动的量来体现。这样，人们互相交换商品，实际上就是互相交换各自为商品生产所消耗的劳动。这里，只不过是由于私人劳动和社会劳动的矛盾，商品生产者劳动的社会性不能直接体现，而是采取价值形式。

二、价值形式的发展与货币的产生

价值形式就是商品价值的表现形式。一件商品不能自我表现自己的价值。因为价值是生产商品时已经耗费的劳动量，它凝结于商品之中，看不见，摸不着，只有在商品交换时，依托在使用价值上，才能表现出来，从商品的交换价值中才能看到价值的存在。在商品交换的不同发展阶段，商品的价值是通过不同的形式表现出来的，它经历了很长的历史发展进程。在现实生活中，商品的价值都是通过货币来表现的，即这一商品值多少钱，那一商品值多少钱。而在历史上，商品不是一开始就用货币来表现的，它经历了四个阶段，有过四种价值形式，即简单的或偶然的价值形式、扩大的价值形式、一般的价值形式和货币价值形式。

（一）简单的或偶然的价值形式

简单的或偶然的价值形式，就是一种商品的价值偶然地由另一种商品来表现的价值形式，是价值形式发展的最初阶段。商品交换只是在原始部落之间偶然地进行，那时生产力低下，社会分工没有出现，生产的目的主要是为了解决自己的生活需要，而只有少

量的多余产品拿来交换。因此，当时的交换是个别的偶然现象，商品交换处于萌芽状态。这种简单的价值形式，用公式来表示，即

1只羊＝2把石斧

在上列等式中，羊和石斧这两种商品处于不同的地位，起的作用是完全不同的。等式左边的羊处于主动地位，它通过石斧把自己的价值相对地表现出来。等式右边的石斧处于被动地位，它是充当羊的价值的表现材料，证明羊具有同石斧一样的同等价值。马克思根据等式两端的商品在价值表现中所处的不同地位，把等式左端的商品叫做相对价值形式，把等式右端的商品叫做等价物，或者叫做等价形式。

相对价值形式与等价形式是对立统一的关系。一方面，它们是相互依赖、互为条件的。例如，羊只能通过石斧才能表现自己的价值，石斧也只有依赖羊才会成为等价形式，否则羊或石斧孤立地存在，它们就既不能成为相对价值形式，也不能成为等价形式，这是它们的统一性。另一方面，它们又是相互排斥、相互矛盾的。在一个等式中，作为相对价值形式的商品，不能同时是等价物；作为等价物，也不能同时是相对价值形式的商品。如果同一种商品处于等式的两端，按照上面的例子，1只羊＝1只羊，2把石斧＝2把石斧，这是不能说明什么问题的，是毫无意义的。在价值表现形式中，处于相对价值形式的商品，不仅表现了价值的质，而且在交换关系中表现了价值的量。价值是抽象劳动的凝结，人们之所以能够认识到这一点，是由于在商品交换中商品对等关系的存在。所以，“1只羊＝2把石斧”这一等式，既揭示了价值的实质，也使价值有了具体形式。这时，价值不只是一个抽象的概念，而是以石斧这个使用价值的自然形式表现出来的。

处于等价形式的商品，具有以下三个特点：

（1）使用价值成为价值的表现形式。任何一种商品都不能以自身作为等价物，它的价值不能以自身的使用价值来表现，只能通过处于等价形式的商品，即等价物的使用价值来表现。在“1只羊＝2把石斧”的等式中，不能以两把石斧的价值来表现羊的价值，而只能以两把石斧的使用价值来表现羊的价值。因此，使用价值成为价值的表现形式。

（2）具体劳动成为抽象劳动的形式。使用价值是具体劳动创造的，价值是由抽象劳动凝结的，既然使用价值是价值的表现形式，那么，具体劳动就成为抽象劳动的表现形式。

（3）私人劳动成为社会劳动的表现形式。处于相对价值形式的商品（羊）与处于等价形式的商品（石斧）都是私人劳动的产品。但是在商品交换关系中，由于相对价值形式的羊的社会劳动是通过与等价物石斧相交换而得到承认，于是，生产等价物石斧的私人劳动，就成了社会劳动的表现形式。

通过简单价值形式的分析，可以看出，在简单的或偶然的价值形式中，商品的价值表现虽然很不完善，但作为等价形式的商品，已开始孕育货币形式所具有的基本特征，它是货币的胚芽。

（二）扩大的价值形式

扩大的价值形式是一种商品价值由多种商品来表现的价值形式。随着社会生产力的发展，商品交换增多，一种商品不再是偶然地和另一种商品交换，而是经常地和更多的

商品交换，于是价值的表现也就从简单的价值形式，逐步发展到扩大的价值形式。用公式来表示，即：

2 把石斧，或 3 斤茶叶，或 1 只羊=4 斤盐，或其他商品，等等　　(11-1)

从公式（11-1）中可以看出，在扩大的价值形式中，作为等价物的是多种商品，如有新的商品出现，就要增加一个新的价值表现材料。这表明一切商品都是无差别的人类劳动的凝结，各种商品的交换比例由它们所包含的价值量来决定。扩大的价值形式交换的范围扩大了，也较为方便了，促进了商品交换的发展，但带来的问题是，参加交换的商品越多，物物交换的局限性就越突出。因为物物交换必须在需求上、时间上、地点上一致，否则，交换就难以进行。由此说明，扩大的价值形式仍不适应商品交换的发展。

（三）一般的价值形式

在频繁的商品交换中，为克服扩大的价值形式的局限性给商品交换带来的困难，逐渐地从商品世界中自发地分离出一种经常参加交换的商品，人们习惯于同它相交换。这种所有商品的价值都同时用一种商品来表现的价值形式，就是一般的价值形式。以公式表示，即

$$\left.\begin{array}{l}2\text{ 把石斧}\\1\text{ 张羊皮}\\3\text{ 斤茶叶}\\\text{其他商品}\end{array}\right\}=1\text{ 只羊} \qquad (11-2)$$

一般的价值形式与扩大的价值形式不同，主要表现为：

(1) 价值的表现是简单明确的。在一般的价值形式下，各种商品的价值都表现在一种商品——羊上，各种商品的价值表现都是简单的、明确的。

(2) 性质起了变化。它表明价值不仅在质上相同，在量上也是可以比较的，显示出商品的社会性和价值的社会性。

(3) 间接交换代替了直接物物交换。

（四）货币价值形式

一般的价值形式出现后，便利了商品交换。但是，由于一般等价物不固定，或者在地区之间不统一，这给扩大商品交换仍带来了困难。客观上要求把一般等价物统一起来，固定在某种商品上。这就逐渐从起一般等价物作用的商品中分离出一种固定的充当一般等价物的特殊商品，这种商品就是货币。

以公式表示，即

$$\left.\begin{array}{l}80\text{ 斤粮食}\\2\text{ 把石斧}\\30\text{ 尺布}\\\text{其他商品}\end{array}\right\}=1\text{ 单位货币} \qquad (11-3)$$

货币价值形式和一般的价值形式没有本质的区别，货币价值形式只表明一般等价物固定在一种商品即货币上面。货币是在商品交换发展过程中，为适应商品交换的需要自

发产生的，是商品内在矛盾发展的结果，是价值形式发展的最高形式。

一般来说，作为一般等价物，充当货币的商品应具有如下四个特征：一是价值比较高，这样可用较少的媒介完成较大量的交易；二是易于分割，即分割之后它的价值不会减少，以便于同价值高低不等的商品交换；三是易于保存，即在保存过程中不会损失价值，无须支付费用等；四是便于携带，以利于在广大地区之间的交易。

随着交换的发展，对这四点的要求越来越高，这就使得金属日益成为货币商品。金属充当货币的优点是非常突出的。金属货币最初是以块状流通的，随着经济的发展，又出现了大量铸币，且金属币材也从一些劣质币材，如铜、铁，渐渐集中于一些优质币材上，如金、银等。

随着经济的不断发展以及现代银行的出现，金属货币又被信用货币所取代，信用货币成为现代经济生活中的“一般等价物”。信用货币不仅包括商业银行发行的银行券、中央银行发行的强制流通的纸质货币（即“纸币”），还包括可签发支票的存款、短期商业票据等。

第二节 货币的职能

货币具备五个职能，具体为：价值尺度、流通手段、贮藏手段、支付手段和世界货币。各个职能之间存在着有机的联系。

一、价值尺度

以货币作为尺度来表现和衡量其他一切商品的价值，就是货币的价值尺度。货币作为一般等价物，可以表现商品的价值，衡量一切商品的价值。货币在表现商品的价值并衡量商品价值量的大小时，就是在发挥价值尺度的职能。货币之所以能有这样的职能，是因为货币本身就是商品，都是劳动的凝结，货币和其他商品在质上是相同的，因而是可以比较的。货币的商品本性是它们可以相互比较的基础，是货币表现和衡量商品价值的前提。而不是说商品之所以可以相互比较，是因为货币存在的缘故。这种因果关系不能颠倒。

价值的真正尺度是劳动时间，劳动时间的长短决定了商品的价值量大小，这个劳动时间量构成商品价值的内在尺度。但它还不能自己表现出来，必须借助货币外化出来，才能被人接受；所以，“货币作为价值尺度，是商品内在的价值尺度即劳动时间的必然表现形式。”①

货币是通过把商品价值表现为一定量货币，即表现为价格，来行使其价值尺度职能

① 马克思．资本论：第1卷．2版．北京：人民出版社，2004：114.

的。所以，价格是商品价值的货币表现。比如说，在金本位制条件下，一张牛皮值二分黄金，这二分黄金就是牛皮的价格，也就是用黄金来表示的一张牛皮的价值。商品的价格完全是一种观念的产物，是在人们头脑中形成的。当货币形式一定时，如在金银流通条件下，人们评判商品价值、规定商品价格时，并不需要手里掌握有实际的货币，而只需要按照观念的货币就可完成这些动作，他们完全可以说某商品值一两银子，或二分黄金，等等。所以，发挥价值尺度职能的货币，是观念中的货币，而不是现实的货币。这是价值尺度职能的重要特征。

商品价值的货币表现是价格。价格的变化取决于商品价值和货币价值两个基本因素的变化。商品的价格同商品的价值成正比，同货币的价值成反比。

货币执行价值尺度职能，表现和衡量商品的价值，是通过货币数量的多寡来体现的。要比较货币的不同数量，需要有一个单位，这个货币单位由一定重量的货币金属构成。含有一定金属重量的货币单位及其等分部分，就叫价格标准，或货币标准，它是指单位货币中含金属量的多少。货币金属在成为货币之前，均以重量计量。所以，最初的价格标准与货币金属的重量单位一致。例如，中国历史上长期使用银作货币，“两”既是价格标准，也是货币单位。但是，渐渐地，价格标准与货币单位分离了，这种分离主要起因于：

（1）外国货币的输入，货币单位采取了另外的名称。例如，西班牙银元输入中国后，中国的货币单位逐渐从“两”过渡到“元”，“元”已不再是重量单位了。

（2）币材的改变。例如，英国的“镑”原指一磅白银，后来金排挤了银而成为主要货币，货币单位“镑”就不再是一磅白银。

（3）国家铸造不足值的货币，其实所含重量已与名称完全不符。现在，各国的货币单位都与价格标准不一致了。

二、流通手段

当货币在商品交易中起媒介作用时，货币是流通手段。物物交换是商品所有者拿着自己的商品去寻找持有自己所需商品的所有者进行交换。有了货币，则商品所有者可以先把商品换成货币，即“卖”出；然后再用货币换取自己所需要的商品，即“买”进。这样，商品的交换过程就变成买卖两个过程的统一：一个商品所有者的买就是另一个商品所有者的卖，买卖连绵不断的过程就是商品流通。在买与卖之间，货币是媒介，所以这个职能又可以用“交易的媒介”来表述。

作为流通手段的货币与作为价值尺度的货币不同。后者不需要现实的货币，人们给商品标价并不需要把货币与商品捆在一起；前者却必须有现实的货币，卖东西不要钱或买东西不给钱是不可能的。

三、贮藏手段

货币停止运动，退出流通领域，处于静止状态，就发挥贮藏手段的职能。在商品货币不断反复交换的运动中，商品所有者将商品卖出后获得了货币，但没有随之用货币购买商品，则视之为贮藏。在这里，还涉及一个时间划分问题，即多长时间区间内货币不用以购买就被称为货币贮藏，我们既可以将其界定为一周或一个月，也可以将其界定为三个月甚至更长的时间段。在界定的时间区间内，货币的不动用只能视作流通手段的准备，而不宜视为货币贮藏。

执行贮藏手段职能的货币有两个显著的特点：第一，它必须是完全有价值的、现实的货币。货币在执行价值尺度职能时，可以是观念中的货币，不一定要求其现实地存在；充当流通手段时，可以用价值符号来代替，不一定是货币商品本身。贮藏货币则不行，只有实实在在的货币商品本身或作为货币币材的贵金属才能充任此职。第二，它必须退出流通领域。在流通领域中，它执行的是价值尺度和流通手段职能，退出流通后，被贮藏起来，才能充当贮藏货币。

货币贮藏有时其本身就是目的，即为了贮藏而贮藏，这是贮藏货币的原始形态。但更多的时候，货币贮藏是手段，在发展了的商品生产条件下，各种经济行为是要积累一定数量的价值才能进行的。另外，在私有制社会，还有一个刺激货币贮藏的重要因素，那就是掌握货币不仅可以获得任何物质财富，而且还可以提高社会地位和扩大支配他人的权力。

贮藏金银是积累和储存价值的典型形态。随着现代信用货币流通的发展，人们除了以金银积累和储存价值外，更为普遍地还是采取银行存款和储蓄的方式，直接储存纸币的也不少。对企业和个人来说，这些方式也同样有积累和储存价值的意义。但从整个社会角度来看，这并不意味着有对应数量的真实价值退出流通过程静静地不动。因为与贵金属不同，纸币不过是一张纸，银行存款和储蓄只不过是账簿上的数字，它们本身并没有实在的价值。纸币和各种存款表明持有者有从社会中取得相应数量的商品和劳务的权利；持有者推迟了他们对这种权利的利用，目的是以待来日，这正是储蓄对个人、企业的意义所在。但储蓄者未享有的商品和劳务通过种种方式被用于生产、流通、基本建设等过程之中，而不像古老的储存形式那样，退出经济活动的过程。从这个角度看，这种变化正是社会进步的表现。

四、支付手段

以信用形式买卖商品后，货币在清偿债务时，发挥支付手段职能。此时的货币已经不是流通过程的媒介，而是补足交换的一个独立的环节，即作为价值的独立存在而使流通过程结束。随着社会交换的不断扩大，货币作为支付手段也扩展到商品流通之外，在财税、地租、借贷等支付中发挥职能。不论是在赊买赊卖中，还是在其他支付中，没有商品在同时、同地与货币相向运动，这是货币发挥支付手段职能的特征。

在发达的商品交换中，大宗交易是货币的支付手段职能起作用的主要场所，因为大宗交易的相当部分是采用延期付款等信用形式进行的。货币发挥支付手段职能的另一个重要场所是国家财政和银行信用领域。财政的收入与支出，银行的存款吸收和贷款发放，都是货币作为价值的独立存在形态而进行的活动，因而是作为支付手段在起作用。在工资和各种劳动报酬的支付中，货币也是发挥支付手段的职能。

执行支付手段职能的货币同执行流通手段职能的货币一样，也必须是处于流通过程的现实的货币，而不能只是观念中的货币。

五、世界货币

当货币超越国界，在世界市场上发挥一般等价物的作用时，就执行世界货币的职能。世界货币的职能有三个方面的作用：第一，作为一般支付手段，支付相互抵销后的结算差额；第二，作为国家间的一般购买手段；第三，作为社会财富的一般转移形式。

随着国际社会、经济的发展，世界货币流通领域出现了新现象，现在许多国家的纸质货币在国家间充当着价值尺度、购买手段、支付手段和财富转移手段，但并未与黄金挂钩，如美元、欧元、日元等，与此同时也没有排除黄金的世界货币的作用。世界货币的表现形式、性质、功能都已发生了巨大变化，这将在后面章节中讨论。

第三节　货币制度

一、货币制度及其构成

货币制度，简称“币制”，是一个国家以法律形式所规定的货币流通的组织形式。

货币制度大体涉及这样一些方面：币材的确定；货币单位的确定；流通中货币种类的确定；对不同种类货币的铸造和发行的管理；对不同种类货币的支付能力的规定；等等。所有这些方面被称为货币制度的构成要素。

（一）币材的确定

国家规定哪种或哪几种商品（可能是金属，也可能是非金属）为币材，实际上是对已经形成的客观现实从法律上加以肯定。一种或几种商品一旦被规定为币材，即称该货币制度为该种或该几种商品的本位制。如以金为币材的货币制度称为金本位制；把金银同时规定为法定币材的货币制度，则称为金银复本位制。现代社会广泛实行不兑现的货币制度，法令中没有任何商品充当币材的规定。在过去货币制度中极为重要的构成要素——币材的规定，则消失了。

（二）货币单位的确定

货币单位的确定主要包括两方面的内容：货币单位的名称和货币单位的“值”。

法律对于货币单位名称的规定，通常都是以习惯形成的名称为基础。同时，按照国际习惯，一国货币单位的名称往往就是该国货币的名称，如俄罗斯使用的卢布；几个国家同用一单位名称，则在前面加上国家名，如丹麦使用的丹麦克朗及挪威使用的挪威克朗。

货币单位的确定更重要的是确定币值。在铸币流通时，货币单位的确定是确定单位货币所包含的货币金属重量和成色。在不同的货币流通条件下，货币单位的确定则是确定本国货币的“理论含金量”，或确定与世界主要货币的比价关系。

在现代信用货币条件下，货币币值的确定并不是由一国当局随心所欲地完成的，需要综合考虑诸多因素，如国内、国际经济发展，综合国力的指标对比，国与国之间的比较优势，等等。

（三）本位币和辅币的发行及流通程序的确定

用法定货币金属按照国家规定的规格经国家造币厂铸成的铸币称为本位币。本位币是一国流通中的基本通货。现在流通中完全不兑现的钞票，也称为本位币，其含义不过是用以表示它是标准的、基本的通货。

本位币的最小规格是1个货币单位，低于1个货币单位的流通货币则称为辅币。辅币多是由贱金属铸造的非足值通货，它的发行和流通多在国家高度监管下进行。

本位币具有无限法偿能力，即法律规定的无限制偿付能力。其含义是：法律保护取得这种能力的货币，不论每次支付数额如何大，不论属于何种性质的支付，即不论是购买商品、支付劳务、结清债务还是缴纳税款等，支付的双方均不得拒绝接受。相对于本位币的无限法偿，辅币则只有有限法偿能力，其含义是：在一次支付行为中，超过一定的金额，收款人有权拒收；但在法定限额内，拒收则不受法律保护。

（四）其他方面内容的确定

货币制度除了以上三个方面的内容以外，还包括一些其他方面的内容，如规定发行准备；规定货币的对外关系，如能否自由兑换、汇率的规定原则，等等。

发行准备的规定由来已久，其主要目的在于限制银行无限制地发行银行券的权力，使银行券与其他一些信用货币的总量能吻合于一国经济发展的需要，而不出现过度发行。从历史上看，发行准备制度有以下三种类型：

（1）部分准备制，也称部分信用发行制。法律规定银行券在一定发行限额内，可用信用保证（即用中央银行所掌握的商业票据和国家债券作保证），超过其限额的部分必须有100%的黄金保证。英国银行券发行制度属于这种类型。

（2）比例准备制。在银行券的发行总额中，法律规定黄金保证所占的法定最低百分比，其余部分则可用信用保证。德国和美国的银行券发行制度属于这种类型。

（3）最高限额发行制。法律规定银行券发行额的最高限额，在最高限额外不得增加发行，但此限额常由法律加以修改。法国的银行券发行制度属于这种类型。

二、货币制度类型

货币制度通常以币材标准分类。迄今为止，世界各国曾经采用的主要货币制度如

图 11-1所示。

- 货币制度
  - 金属货币制度
    - 单本位制
      - 银本位制
      - 金本位制
        - 金币本位制
        - 金块本位制
        - 金汇兑本位制
    - 复本位制
      - 平行本位制
      - 双本位制
      - 跛行本位制
  - 不兑现的信用货币制度

图 11-1　货币制度分类

（一）银本位制

银本位制是最早的金属货币制度。银本位制是指以白银为本位币币材的货币制度，主要内容是：以白银作为本位币币材；银币为无限法偿货币；本位币的名义价值与其他一定成色、一定重量的白银价值相等；银币可以自由铸造、自由熔化；白银和银币可以自由输出、输入；银行券可以自由兑换银币或等量白银。

银本位制的历史较为久远，远在货币制度萌芽期的中世纪，许多国家就已经实行了。但是，银本位制作为一种独立的货币制度在一些国家存在的时间并不长，实行的范围也不广。其主要原因是：

（1）白银价值不够稳定，特别是白银采掘的劳动生产率不断提高，银价猛跌，使白银不再适宜执行价值尺度和流通手段职能。

（2）白银本身价值较低，给大宗交易带来了不便，不能适应资本主义商品经济的发展。

（3）从 19 世纪 40 年代起，世界黄金产品激增，当时在美国加利福尼亚州、南非和澳大利亚相继发现了富金矿。黄金产量的大增为当时以金银复本位制或金本位制代替银本位制提供了丰富的物质基础。因此，在 19 世纪 70 年代后，各国相继放弃银本位制，转为金银复本位制或金本位制，只有少数落后国家仍保持银本位制。

（二）金银复本位制

金银复本位制（简称复本位制）是指金币和银币同为本位货币的货币制度。复本位制是资本主义国家在发展初期广泛使用的货币制度，如英国在 1717—1816 年，美国在 1792—1900 年，均实行复本位制。在复本位制下，金币和银币同时作为本位币，同时流通，并可以自由兑换。复本位制主要有三种类型：

（1）平行本位制。金币和银币同为本位币，都可以自由铸造和熔化，自由输出与输入。两种货币的交换比率由金银的市场比价确定，国家不规定金银的法定比价。缺点是：商品具有金币和银币表示的双重价格，商品的双重价格比例随金银市场价格的波动而经常变动，不利于商品交换和经济发展。

（2）双本位制。国家以法律形式规定金银铸币之间的法定比价，两者的交换比率不再受市场上金银价格波动的影响。双本位制克服了平行本位制下“双重价格”表现的弊病。然而，当金银币的法定比价与市场比价背离时，市场上又产生了“劣币驱逐良币”的现象，即法律上低估的货币（即实际价值高于法定名义价值的货币，称良币）必然被人收藏、熔化或输出国外，而法律上高估的货币（即法定名义价值低于实际价值的货币，称劣币）则独占市场，市场上往往只有一种货币流通，这种规律又被称为“格雷欣法则”。

（3）跛行本位制。在这种本位制下，金银币均为本位币，但国家规定银币不能自由铸造，并限制每次的支付额，只有金币能自由铸造，两者有一个法定比价。在此货币制度下，银币事实上处于辅币地位，故称跛行本位制，它是复本位制向金本位制的过渡形式。

与银本位制相比，金银复本位制有以下优点：

（1）金银并用，币材的资源充足，满足了当时生产扩大对通货的需求。

（2）便利交易。金币价值较高，银币价值较低，可分别用于大宗批发交易与小额交易。

金银复本位制是一种不稳定的货币制度。货币作为一般等价物，其本性具有独占性和排他性，金银复本位制由于金银币同为本位币，违背了商品货币的本质要求，随着黄金产量的增加和各种条件的成熟，西方主要国家先后过渡到金本位制。

（三）金本位制

金本位制有金币本位制、金块本位制和金汇兑本位制三种形式。

（1）金币本位制。它是典型的金本位制，有以下三个特点：第一，金币可以自由流通，价值符号（辅币和银行券）可以自由兑换金币。由于价值符号能按面值随时向发行机构兑换金币，所以它们能稳定地代表一定数量的黄金进行流通，从而保证货币价值和价格的相对稳定。第二，金币可以自由铸造、自由熔化。自由铸造是指人们可以将黄金条块向国家铸币厂申请铸成金币；自由熔化是指人们可自行将金币熔化成金块或由铸币当局换成金块。金币实行自由铸造与熔化，使金币数量能自发地满足流通中的货币需求，也使金币的币值与其他所含黄金的商品价值保持一致。第三，黄金可以自由输出与输入国境。由于黄金在国与国之间自由流动，并起到世界货币的作用，从而促进了国际贸易的发展和外汇汇率的稳定。

（2）金块本位制。金块本位制的特点是金币停止流通而以银行券（或政府发行的纸币）代替金币流通。银行券（或纸币）仍规定一定的法定含金量，其发行以一定数量的黄金为准备，居民可在一定范围内按法定含金量自由地兑换金块。

（3）金汇兑本位制。金汇兑本位制又称虚金本位制，其特点是：国内市场上没有金币流通，本国纸币仍规定有一定含金量，但在国内不能兑换黄金。实行这种本位制的国家，规定国内货币与另一实行金币或金块本位制国家的货币保持固定汇率，并在该国存放黄金外汇储备作为发行准备，居民可按法定汇率购买外汇，在联系国（即货币与黄金挂钩的国家）兑换黄金。

金币本位制是典型的金本位制，存在于金本位制的全盛时期，它是一种比较稳定的货币制度。它的特点决定了它对资本主义经济发展具有重要的历史作用：第一，促进了生产的发展和国内商品流通的扩大。因为在金币本位制下，通货稳定，为企业精确计算成本、价格和利润创造了有利条件；同时也为扩大商品流通创造了有利条件。第二，促进了国际贸易、国际信贷和国际投资的发展。因为各国货币均以黄金为基础，外汇汇率相对稳定，使国家间的贸易双方、信贷双方和投资双方不必承担汇率波动的风险。第三，促进了信用制度的发展。因为在金币本位制下，币值稳定使债权人和债务人的利益均不受通货贬值的影响，从而保证信用事业的进一步发展。金币本位制在第一次世界大战前夕被主要资本主义国家广泛采用。

随着黄金在世界各国分布的日益不均，金币本位制让位于金块本位制和金汇兑本位制，金本位制进入衰退时期。金块本位制和金汇兑本位制都是残缺不全且极不稳定的金本位制，原因在于：第一，在金块和金汇兑本位制下，没有黄金的自由铸造和自由流通，黄金的流通手段和贮藏手段职能不能发挥，币值难以稳定。第二，纸币不能自由兑换黄金，多种限制削弱了货币制度的基础。第三，采用金汇兑本位制的国家，本国货币依附于与之挂钩的国家的货币，一旦该国币制混乱，依附国的币制也必然受到严重影响，无法独立自主地保持本国货币的稳定。

（四）不兑现的信用货币制度

不兑现的信用货币制度，又称管理纸币本位制，是以不兑现的纸币为本位货币的货币制度。它是自 20 世纪 30 年代以来世界各国普遍实行的一种货币制度。

不兑现的信用货币制度取代金本位制而成为世界通行的货币制度，是世界经济发展的必然选择。

金属货币制度本身存在着不可克服的弱点和矛盾。从货币的特性来看，即便是金本位制，也不是理想的货币制度，表现在：第一，金属藏量和产量的有限性与商品生产和交换扩大的无限性的矛盾，是金本位制崩溃的根本原因。商品生产和交换的不断扩大也要求作为交易媒介的货币数量不断增加，以适应流通对货币的需求，而金属货币制度下的金属藏量和产量是有限的。第二，金属货币的价值稳定是相对的。在金本位制下，通常所说的币值稳定是指本位货币稳定地代表一定数量的黄金。但是，黄金本身的价值受生产金的劳动生产率变化的影响巨大，历史上美洲和南非大金矿的开采，都曾使欧洲发生过两次金价大跌和物价猛涨现象。因此，在金本位制下，本位币代表固定数量的黄金，从而币值和物价稳定也是相对的。第三，金本位制不利于国家实行独立的经济政策。在金本位制下的黄金在国家间自由流动，使各国很难实行独立的经济政策。不兑现的纸币之所以能取代金属货币成为本位货币，原因是：第一，在金属货币流通的条件下，由于流通造成的磨损或人为削刮，铸币的名义价值与实际价值经常背离，“使铸币的金属存在同它的职能存在分离，所以在货币流通中就隐藏着一种可能性：可以用其他材料做的记号或用象征来代替金属货币执行铸币的职能”①。第二，不兑现的纸币也能有效执行货币的各项职能。因为不兑现的纸币直接代表一定的价值，且被社会普遍接受，因此纸币也

① 马克思，恩格斯．马克思恩格斯全集：第 23 卷．北京：人民出版社，1972：145.

能充当价值尺度、流通手段、支付手段和贮藏手段，独立地发挥货币的各项职能。

不兑现的信用货币制度的特点是：第一，它以不兑现的纸币为本位币，一般是由国家授权中央银行发行的，具有无限法偿能力。第二，不兑现的纸币不代表任何贵金属，不能直接兑现黄金等贵金属，纸币的发行实行准备制度，发行准备的品种主要是政府证券、黄金、外汇和商业票据等，其数额由政府确定。第三，非现金结算占据主导地位。绝大多数交易均通过支票和电汇转移存款的方式进行支付，而较少采纳法偿货币（纸币和辅币）的直接交付。第四，信用货币的性质使得保证流通中的货币量与经济增长的要求量相一致，从金本位制下的金属货币自发调节转移到由各国政府机构人为控制。信用货币制度是通货膨胀加剧的制度基础。

第四节　支付制度的演化

支付制度是经济社会中进行交易的方法，随着货币形式的变化，支付制度也在逐步演化。黄金等贵金属曾经被当作主要的支付手段并且是货币的主要形式，后来纸币和支票等纸制品在支付制度中使用并作为货币。货币形式的变化对于货币的定义及其管理有着重要的影响。

一种物品要起货币的作用，就必须在商品和劳务的支付中被每个人都愿意接受，由此可以理解为什么黄金或白银能够充当货币。由贵金属或高价值的物品充当的货币称为商品货币。从远古到几百年以前，贵金属在所有的社会中都充当过交易媒介，但这种支付制度存在一些缺陷：货币重量过重，导致运输困难，不能适应商品交易大规模的发展。同时，贵金属的资源数量有限也阻碍了商品贸易的开展，最终纸币制度替代了贵金属制度。但最初的纸币是可以兑换成金属货币的，后来由于纸币分散发行造成的货币流通紊乱促使完全不兑换纸币制度诞生，纸币的发行成为各国的一种法律安排。

纸币和硬币的主要缺陷是：它们不易安全保管，如果交易量很大，运输费用也较高。为了解决这一问题，随着现代商业银行的发展，支票成为支付制度的主要形式。支票是一种见票即付的债务工具，人们不必携带大量现金就可以从事交易。因此可以说，支票的使用是提高支付制度效率的一项重大创新。支票制度的优点是：首先，可以节省交易成本，促进经济效率的提高。在经济生活中，支付活动是频繁发生的，支付也是有来有往，使用支票可以相互抵销进行清算，不会造成大量现金运动，无须运送现金，从而减少了支付的交易成本，促进了经济效率的提高。其次，支票可以在账户余额范围内开出任意的金额，大大方便了大额交易的进行。此外，支票也有利于减少偷盗损失，方便购物。但是，支票制度也有缺陷。一是运送支票需要时间，特别是异地付款需要比同地付款更长的时间。支票存入银行也不能在当日进行支付，往往几个工作日之后才能使用这笔存款。二是处理支票的费用也较高。

随着电子计算机和网络技术的发展，支付制度正朝着电子化方向发展，资金调拨电子系统将取代现行的支付手段而成为未来的支付手段。在这种支付手段中，电子货币充当主要的媒介。对于电子货币有各种各样的称呼，如电子金钱、网络货币、E现金、虚拟货币等。但无论怎样称呼，这些都是指与付款、取款、通货的使用、融资、存款等有关的通货方面的信息，全部经过数字化，都叫电子货币。电子货币具备数字的所有优点。数字通信不受束缚，只要有终端机，就可以将款项汇到世界各地。为了避免非法行为，也可以将付款信息密码化或将使用的资料转移到财务软件中。

截至2018年末，全国银行卡在用发卡数量有75.97亿张，较上年末增长13.51%，增速较上年同期加快4.24个百分点。全国人均持有银行卡5.46张，较上年末增长12.91%。2018年，全国共发生银行卡交易62 103.59亿笔，同比增长40.77%，增速较上年同期加快11.36个百分点，交易金额为862.10万亿元，同比增长13.19%。

尽管人们预言，支票将很快被电子货币所取代，但事实上这一进程并不像人们想象的那样快，因为许多问题还没有解决，特别是安全问题。另外，法律上的一些问题也没有解决，如在电子转账系统上能否停止支付，密码被盗谁应承担责任等。但有一点是很清楚的，那就是现代社会正朝着无现金社会迈进。

复习思考题

1. 货币是如何从商品中产生的？
2. 货币有固定的表现形式吗？谈谈你对电子货币的认识。
3. 货币的价格标准和货币单位分离的原因是什么？
4. 作为流通手段的货币和作为价值尺度的货币有何不同？
5. 什么是货币制度？其构成有哪些？
6. 简述货币制度的类型。
7. 什么是“劣币驱逐良币”？
8. 什么是不兑现的信用货币制度？

第 12 章
信用和利率

第一节　信用概述

有关信用问题的研究是金融理论的有机组成部分，是对货币问题研究的一种延伸。在信用活动中，货币由单纯的流通手段和支付手段，变成了能够带来价值增值的资本，即货币资本化了。

一、信用

信用是一种经济上的借贷行为。就借贷行为本身来说，借贷的对象既可以是实物，也可以是货币，金融理论研究的是货币借贷。在货币借贷关系中，货币所有者（贷方）把货币贷出去，并约定归还日期；货币借入者（借方）在获取货币时要承诺到期归还。此外，借贷活动既然是经济行为，就应是有偿的，货币所有者有权要求货币借入者给予补偿，即支付利息。当然，在现实生活中，常常会有一些借贷是不用支付利息的，如一些亲朋好友之间的借贷常常就只要偿还而无须付息；一些由政府或金融机构提供的、出于某种政治或经济目的的贷款也是无息的，所以，一般而言，信用具有两点特征：一是偿还性，二是付息性，但偿还性是信用的最基本特征。而在借贷活动中，无论是贷出、偿还还是付息都体现为一种价值的单方面让渡，即货币执行支付手段的职能。为此，我们可以把“信用”这一范畴定义为：以偿还和付息为条件的价值单方面让渡。

谈到货币向资本形态的转化，人们常常用货币资本化一词来概括。所谓货币资本化，就是指在经济生活中，人们将货币部分或全部地转化为可用来增值从而带来更多财富的手段的过程和机制。资本化了的货币仍具有货币的形态和职能，同时也增加了资本的各种特性：盈利性、安全性和流动性等。

二、信用的职能

信用的最基本职能是动员闲置资金并加以再分配。信用是国民收入再分配环节中的一个范畴，信用分配是建立在社会总资金运动过程中企业初次分配和财政二次分配基础上的。

企业初次分配指的是在再生产过程中，社会总产品经销售实现价值后，首先要由企业部门对销售收入进行分配：补偿成本以便继续购买生产资料和支付工人的劳动报酬，依法向财政缴纳税金，核算净利润并进行分配。企业部门对社会总产品的分配形成国民收入。财政二次分配在这里指的是：财政可以通过对在企业部门初次分配基础上集中起来的资金进行再分配来改变社会再生产的规模和国民收入分配格局。

信用是一种借贷行为，在这种借贷行为中，尽管所有权没有发生变化，但资金的使用权发生了变化，各主体可支配的资金规模发生了变化。因此，信用活动被归入分配范畴，其与企业初次分配和财政二次分配的共同点在于它们都是对资金的分配。不同点在于在企业初次分配和财政二次分配中，资金的所有权与使用权是合一的，而信用分配则只是对资金使用权的再分配，并不改变资金的所有权归属。此外，从分配对象的范围上来说，企业初次分配是对社会总产品价值的分配，财政二次分配如果不考虑有关财政收入政策的改变，则它是对财政所集中资金的再分配，各自具有相对独立的分配领域。而就信用分配来说，由于借贷的实质当事人并非信用中介本身，而是个人、企业或政府机构，因此，信用没有自己独立的资金分配领域，而是与企业初次分配和财政二次分配相重叠，是建立在前两次分配基础之上的第三次资金分配。

在传统概念中，资金借贷是资金盈余者以自己生产或消费后富余的资金向资金短缺者融通资金的一种行为。但在现代银行体制下，由于所有货币都是银行（更准确地说是中央银行）发行的，所有货币都是银行的负债，即使是存放在银行结算账户中的、流动性极强的生产准备金，对银行来说，也是可以成为信贷资金来源的。因此，信用分配的对象可以涵盖企业初次分配和财政二次分配中的所有货币资金，并把各主体自身难以动员的资金也动员起来。

信用在发挥资金分配职能的时候，也在提供（在一定条件下还可以创造）着流通手段和支付手段（即货币）。流通中的现金由中央银行发行构成其负债；流通中的存款货币也是在信用程序基础上收支，同时，银行信用的收缩和扩张直接决定货币供给量的减少和增加。

第二节　信用的基本形式

现实生活中的信用形式多种多样，我国金融理论传统上习惯以授信或受信主体为标准对信用活动进行分类，把基本的信用归结为商业信用、银行信用、国家信用、消费信用等。需要注意的是，随着金融市场的发展，金融市场上的交易活动日益丰富，已远远超出了借贷的范围，不仅出现了像信托信用、租赁信用和保险信用这些高级信用形式，对产权凭证的投资也已发展成了一种大众化的投资选择。

一、商业信用

商业信用是企业之间相互提供的、与商品交易直接相联系的信用形式。商品赊销是其最典型的做法。

商业信用是在企业购销活动中自发产生的一种信用形式。对于生产企业来说，产品销售是保持再生产过程的重要一环，产品有销路，再生产才有必要，有了销售收入，资金循环才会正常进行。但是，在现实生活中，商品交易各方直接的商品流动和现金流量在很多时候是不同步的。在进行大宗交易时，购货方手边常常没有足够的现金，或一时没有现金，这种情况在存在大量商品交换的市场中是很平常的，因为手中持有大量货币资金意味着资金没有得到充分利用，相对而言，就是一种利益的损失，而且负债经营往往是一些企业惯用的财务策略。这时，产品销售企业如果能够允许购货方延期付款，将产品赊销给购货方，双方的交易就能顺利进行。由于这种信用行为直接发生在商品购销双方之间，信用金额、使用方向、还款期限及相应的利息补偿可由双方直接协商确定，因此，相对于其他信用方式具有方便、简单、快速的特点。

商业信用的确立从历史上看曾经采用过“口头信用”和“挂账信用”的形式，在法律制度健全起来以后，大多采用“票据信用”的形式。以口头认可的形式确立商业信用，完全取决于信贷双方的相互信任程度，一般只有在相互认识的情况下才有可能发生，故局限性较大，风险也非常高。

所谓“挂账信用”指的是交易双方对未能即时钱货两清的交易的结算事项采用挂账的办法加以处理，如销货公司将应向购货公司收取的销售商品的款项计入本公司会计报表中的“应收账款”科目下，而购货公司则将该笔款项计入本公司会计报表中的“应付账款”科目下，将商业信用的对象、金额以文字记录下来，这相对于口头信用来说当然是一种进步。但是，挂账信用仍有不足，即没有确定归还的日期和违约的责任。当受信方违约时，该笔商业信用就会被一直挂在那里，形成长期拖欠。挂账信用的这一弊端还容易为蓄意无限期拖欠货款的企业提供可乘之机。在我国，人们习惯用“强制商业信用”这一概念来概括企业拖欠货款的行为，这种问题的广泛存在是与我国结算制度不完善、法制不健全密切相关的。

在现代经济、法律制度下，商业信用的规范确立方法是“立字为据”，即买卖双方要签订保证债务人到期足额支付款项的票据。在法律制度健全的国家，商业票据是受《票据法》或有关有价证券的法律、法规保护的，对于信用活动的基本要素在法规上都有相应的记载，因此，票据在商业信用中被普遍采用，即“商业信用票据化”，对商业信用及整个经济的健康发展有着积极的作用。

在商业信用中被采用的商业票据可以有两种：一种是商业期票，这是一种由债务人开出的，承诺到期付款的有价证券；另一种是商业汇票，商业汇票是由债权人开出的，命令债务人按期付款的有价证券，由于是债权人开出的，因此，这种票据需要有债务人或第三方承认付款（即“承兑”）。依承兑人的不同，商业汇票又可分为两种：以债务人为承兑人的称为商业承兑汇票，以银行为承兑人的称为银行承兑汇票。这两种商业汇票的信誉是不同的，前者弱于后者，当债权人要将这类远期支付凭证变现（如办理贴现融资）时，前者的流动性要弱于后者。

在西方发达国家的货币市场上，有一种由高信用等级的大企业发行的短期无担保债券也叫商业票据，或者说是被我们翻译成商业票据，因其英文为“commercial paper”。这是一种纯金融市场融资工具，与具体商品交易无直接联系，不要把它与我们在商业信用中定义的商业票据混在一起。

二、银行信用

银行信用是银行等金融机构与企事业单位或个人之间发生的信用关系，如企事业单位和个人在银行存款就是这些单位和个人将自己的资金借给银行使用；银行对企业和个人提供贷款就是银行将自己筹集的资金借给企业和个人使用。

从产生的历史来看，银行信用是随着现代银行的产生而出现的，晚于商业信用，但是，银行信用发展的广度和深度却要比商业信用大得多，这主要是因为：首先，银行信用基本上是一种单纯的货币借贷，与商品交易没有直接的关系，借贷资金的授信范围和用途比商业信用要广得多，突破了商业信用只能由销货方向购货方提供，且只能用于购买销货方商品的局限性。其次，与商业信用要受销货企业个别资本规模的限制不同，银行等金融机构在提供银行信用时并不是以自有资本为主的。银行等金融机构作为信用中介，不仅作为授信方对社会各界提供信贷资金，还作为受信方通过各种负债业务从社会广泛吸收信贷资金来源，自有资本只占其资金来源总额的很小一部分，这使得银行信用的规模可以远远超过商业信用。并且，银行信用在媒介社会资金运动过程中，具有积少成多、续短为长、变死为活等作用，可以大大提高社会资金的利用效率。

银行信用弥补了商业信用的缺陷并使信用关系得以充分扩展。但是，银行信用并非商业信用的敌意竞争者，在信用关系的发展中，二者实际上是一种相互支持、相互促进的“战略伙伴”。一方面，从商业信用角度看，假如没有银行信用的支持，商业信用的授信方就会在授与不授、期限长短上有较多的顾虑，因为授信方必须考虑在没有销货收入的情况下，自己的企业持续运转所需资金能否从其他渠道解决的问题，有了银行信用的支持，如贷款或贴现，授信方就可解除后顾之忧；另一方面，从银行信用角度看，商业信用票据化后，以商业票据为担保品办理贷款业务或票据贴现业务比单纯的信用贷款业务风险要小一些，有利于银行进行风险管理。

三、国家信用

国家信用是中央政府以国家的名义同国内外其他信用主体之间发生的信用关系。从国家作为债务人的角度来划分，可分为内债和外债，内债主要采取发行政府债券的形式，外债主要包括国家财政在海外金融市场发行的债券、国家向世界银行等国际金融机构和其他国家的借款等。

国家信用在经济生活中起着积极的作用：第一，它是解决财政困难的较好途径。解决财政赤字的途径不外有三：增税、向银行透支、举债。增税不仅立法程序繁杂，而且容易引起公众的不满，抑制投资和消费；向银行透支容易导致通货膨胀，而且按照我国中央银行法的规定，也禁止财政向银行透支。举债是一种信用行为，有借有还，有经济补偿，相对来说问题少一些。当然，国家信用的过度膨胀会导致财政赤字巨大，长期看还会排斥民间投资、加剧通货膨胀，妨碍国民经济健康发展。第二，可以筹集大量资金，改善投资环境，创造投资机会。发行政府债券既可以筹集大量资金，搞基础设施和市政建设，如修铁路、道路、水利工程等为社会经济发展创造良好的社会环境，也可以为社会公众提供投资机会。因为政府债券信誉好、收益高、流动性强，是公众投资的理想途径之一。第三，可以成为国家宏观经济调控的重要手段。政府不仅可以主动利用国家信用，在总量上调节总需求，还可以通过有选择的支出安排和优惠政策等调节社会总产品需求的结构。

在现代经济中，国家信用与银行信用有着密切的关系。在金融市场发达的国家，一般都有较为成熟的政府债券市场，由于政府债券几乎没有违约风险、市场流通性较强、收益相对稳定，因此，深受银行等金融机构的青睐，成为银行资产流动性管理的一项重要选择。银行对国债的投资被称为是法定存款准备金之外的二级储备，按照《巴塞尔协议》中有关“资产负债表内的资产风险权数”的规定，对国债的投资属于零风险权数的债权。

四、消费信用

消费信用是企业和以银行为代表的金融机构向消费者个人提供的信用，直接用于生活消费。消费信用有两种基本类型：一种类似商业信用，由企业以分期付款方式向消费者提供房屋或耐用消费品，而企业一般也同时获得银行信用的资金支持；另一类则属于银行信用，由银行向消费者提供购房或耐用消费品贷款，用以支付货款。

消费信贷在西方国家相当流行，与人们的日常生活密切相关，除用于购房或家庭耐用消费品外，还有通过信用卡透支额度和直接的消费者贷款等方式提供的用于日常开支的信用。

长期以来受生产力发展水平、宏观经济政策和居民消费习惯等因素的影响，消费信用在我国很少运用，在城市曾经办理过居民小额质押贷款、在农村办理过农民生活贷款，但数量都不大。在住房管理体制的改革过程中，住房抵押贷款业务的开拓成为消费信用发展的契机，有助于支持我国汽车产业的发展，繁荣汽车消费市场的汽车抵押贷款业务的发展声势也很浩大。

五、民间信用

民间信用过去也称个人信用，是指个人之间的直接借贷关系，一般采取利息面议、直接成交的方式。

民间信用的特点是利率高、风险大、容易发生违约纠纷，但十分灵活，能弥补银行信用的不足。

民间信用的发展在我国由来已久，在广大农村中普遍存在。农民婚丧嫁娶、购买日用消费品的临时资金需要，都是通过民间信用渠道解决的。改革开放以后，不仅农民经商、搞副业的经营性资金需要加入民间信用中，城镇一些个体工商户、集体企业、乡镇企业和私营企业的各种经营性资金需要，在国有商业银行贷款对象以国有企业为主的情况下，也多通过民间信用的途径解决。20 世纪 90 年代以后，民间信用拓展到多种投资领域，如办厂、建房，甚至炒股。

由于民间信用利率高（通常比银行存贷款利率高 10 个百分点以上），在吸收存款方面给银行和信用社造成了极大的压力；又由于其贷款机制灵活、便利，在争取好的贷款项目上也比银行有优势，在一定程度上构成了对正常银行信用的冲击。因此，民间信用在我国既有其存在和发展的客观环境，又有其令人担忧的负面作用，如何加强对民间信用的引导和管理是金融监管当局亟待解决的问题，应尽早制定和出台有关的法律法规，确定民间信用的合法形式和监管机构的责任与权利。这将有利于我国金融体系的全面发展，为不同所有制经济主体提供全方位的金融服务。

六、信托信用

信托是信用委托的意思，指的是接受他人委托，代为管理、经营或处理某项经济事务的行为。信托有两大类型，一类是以商品物资为信托对象的商品信托，另一类是以资金、财产为信托对象的金融信托。这里要谈的信托信用指的是金融信托。

金融信托按信托机构服务对象的不同，可分为个人信托、公司信托和公共团体信托三类。

个人信托的委托人或受益人是个人，信托机构可为委托人提供代理投资、代管财产、保管有价证券、代办保险等各种法律法规许可的业务。我国契约型证券投资基金和面向个人销售的各种信托计划，也属于个人信托范畴。

公司信托的委托人是公司企业，主要有委托贷款、委托投资、代办公司招投标、代办公司改组、代理公司雇员年金、充当投资顾问等。

公共团体信托的委托人是各级政府部门或群众团体，信托机构可以为它们提供管理各种公益基金的服务。

信托信用最大的特点是灵活性。信托财产的管理、处理方式可以根据委托人的意愿适应客观情况变化而采取灵活多样的形式，其种类不仅比银行贷款或投资业务多得多，还可以根据需要随时创造出新的形式。

七、租赁信用

从字义上讲，“租”是指将物品借给他人使用并因此获得报酬，“赁”是指借用他人的物品并为此支付费用。一般说来，我们可以把租赁定义为：出租人按照契约规定，将财产租给承租人使用并向承租人收取租金的一种经济行为。在租赁期内，被租赁财产的使用权转给了承租人，但所有权仍然属于出租人。

租赁信用在西方发达国家颇为盛行，方式多种多样，归纳起来主要有三种类型，即融资性租赁、服务性租赁和企业租赁。

融资性租赁是现代设备租赁的主要形式。当企业需要添置设备时，企业可以与租赁公司签订租赁合同，由租赁公司根据企业的具体要求，代为购进所需设备，然后租给企业使用。

服务性租赁主要解决企事业单位对一些大中型通用设备（如通信卫星、大型计算机、运输车辆等）的短期需求。设备用毕即退还给租赁公司，设备使用期间的维修、保养甚至操作均由租赁公司负责。

企业租赁是出租人将整个企业出租给承租者，承租者按合同规定取得对企业的经营权，并固定地向出租人支付租金的信用行为。企业租赁的对象是整个企业，租赁者对企业只有经营权，租金的实质是企业利润的分割，而不是像前两种租赁那样，是固定资产价值的转移。

第三节　直接融资与间接融资

一、直接融资和间接融资的概念

信用活动从借款方看就是融资活动。在金融市场发达的国家，企业融资的渠道是很多的，除了前面介绍的商业信用、银行信用、民间信用、信托信用和租赁信用之外，企业还广泛采用发行债券、股票等方式融资。

在现代金融体制下，企业的各种融资活动都离不开金融中介机构的服务支持。依金融中介机构在融资活动中所起作用的不同，企业的各种融资活动可以分为两大类型：间接融资方式和直接融资方式。

在间接融资方式中，商业银行是核心中介机构。这种融资方式的特点是：面对众多的资金盈余者，商业银行以资金需求者的身份向他们出售自己的金融工具，将社会闲置资金集中起来，然后再对筹集来的资金统筹安排，以资金供给者的身份提供给资金短缺者，如图12-1所示。

图12-1　以商业银行为核心的间接融资方式

商业银行向资金盈余者出售的金融工具主要为各种存款凭证，向资金短缺者提供资金的主要方式为各种贷款，也不排除有一部分投资于政府债券。在这种融资媒介中，商业银行一方面充当了资金从盈余者向短缺者流动的媒介，另一方面又割断了二者的直接联系。资金盈余者把资金的使用权出售给了商业银行，持有商业银行承诺到期还本付息的债权凭证，没必要也不可能知道商业银行将把这笔资金投向何方。同样，资金短缺者在向商业银行购买资金使用权时也没必要向商业银行追究资金源自何处。商业银行的这种双重作用造就了间接融资方式，商业银行也因此而成为间接融资的中心。

在间接融资方式中，充当信用中介的金融机构除商业银行外还包括保险公司、社保基金、投资基金等。其中，商业银行无论过去还是现在都是各国最主要的金融中介机构。随着金融体系的多样化发展，其他金融中介机构的市场份额在增加，如在美国，共同基金不仅市场份额在近 20 年增长显著，并且一些基金还进入了传统上由商业银行垄断的支付服务领域，共同基金的综合优势甚至让一些金融经济学家积极倡导要以共同基金来取代商业银行。不过，商业银行至今仍具备一些其他金融中介机构所不具备的特殊优势。

直接融资是以证券公司为核心的。直接融资指的是资金盈余者直接购买资金短缺者的债权或产权的融资方式。不过，这种交易也并非绕过金融中介机构进行。考虑到发行成本和业务能力，在现代金融体制下，资金短缺者一般会把发售债权或产权的业务委托给经营证券业务的金融机构，如我国的证券公司。与商业银行不同的是，证券公司对资金余缺双方来说只是一种服务性的中介机构，它接受客户委托代为买卖有价证券时，与委托人发生的是委托关系而不是债权债务关系，当然，这并不排除证券公司向客户授信的情况，如图 12－2 所示。

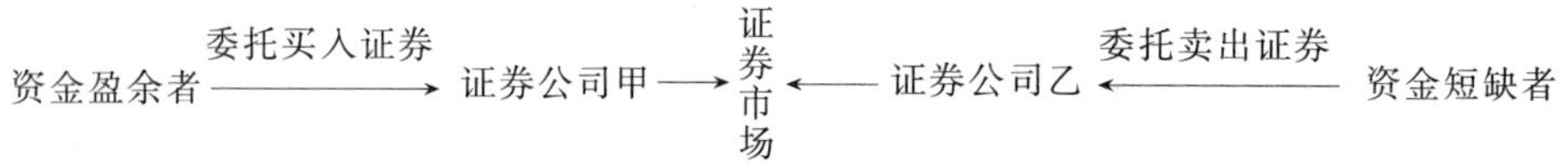

图 12－2　以证券公司为核心的间接融资方式

以商业银行为核心的金融运行从立体角度考察，是一种塔式的构造，塔尖为中央银行，塔腰为商业银行，塔底为众多的资金盈余者和资金短缺者。三个层次主体间的交易形成三种性质的金融运行，塔腰与塔底之间是我们大家都熟悉的商业银行与存款人和贷款人之间的信贷交易形成的资金运行，是商业银行媒介资金运行的典型形式；塔腰存在着商业银行之间调剂头寸的交易所形成的同业拆借市场资金运行；塔腰与塔尖之间是商业银行与中央银行之间的交易所形成的金融运行，这虽然也是调节头寸性的，但这种调节作用与同业拆借的余缺调剂作用和意义是不同的，同业拆借只改变银行体系资金的分配结构，而不会改变总规模；商业银行与中央银行之间的交易则不仅会改变银行体系的分配结构，还会依法定准备金率的高低而成倍地增减金融运行的资金总规模（见图 12－3）。

以证券公司为核心的金融运行是双层结构的，市场上的直接交易者是证券公司，无论是交易所内交易还是通过场外交易系统的交易都由具有交易资格的证券公司出面交易，非券商（无论是机构还是个人）参与交易只能委托有代理资格的证券公司进行。因此，证券公司处于市场的内层，大多数真正交易者则不能直接参与交易，处在市场的外层（见图 12－4）。

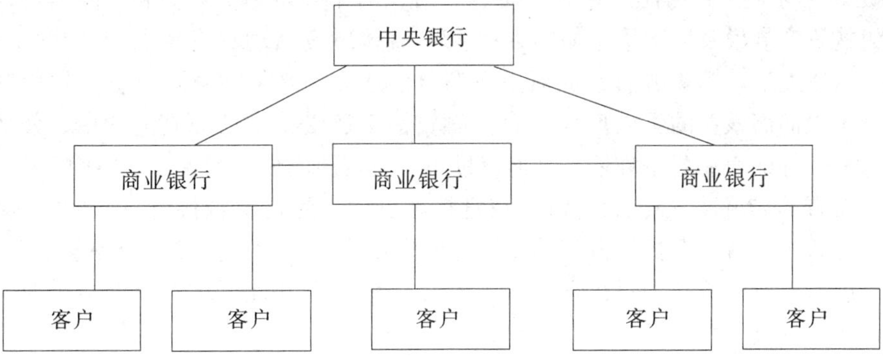

图 12－3　塔式构造

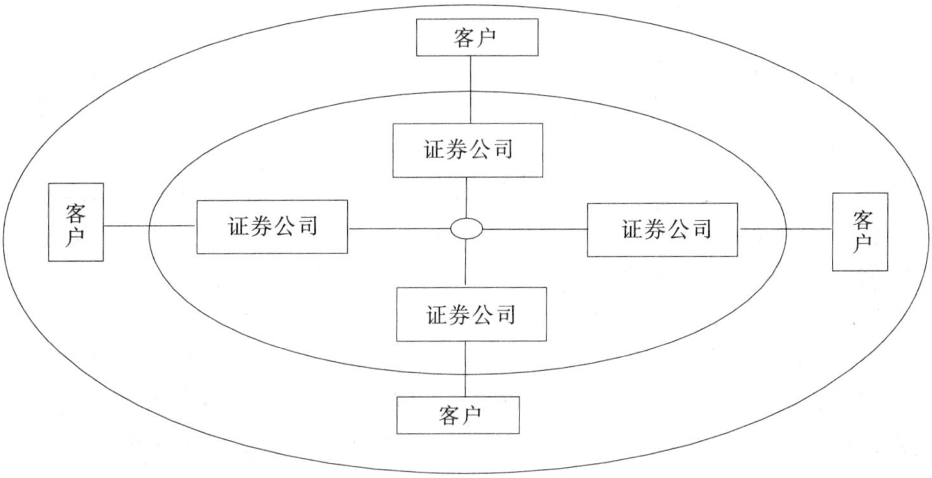

图 12－4　双层结构

二、直接融资和间接融资的优点与局限性

间接融资与直接融资各具优点，又各有局限性。

间接融资的主要优点有：（1）各国对金融中介机构的监管都要比一般企业严得多，金融中介机构的资信度和内部管理也强于一般企业。因此，间接融资的社会安全性较强。（2）尽管银行贷款一般审批比较严格，要求条件较高，但对于有良好资信记录的长期客户，授信额度可以使企业的流动性资金需要及时方便地获得解决。（3）在间接融资中，企业只对有关金融机构公开财务和投资计划，保密性较直接融资强。

间接融资的局限性主要有：（1）由于金融中介机构割断了市场最终资金需求者与最终供应者的联系并集供求于一身，因此，金融中介机构成为资金融资的核心，从而也集中了金融市场的风险与收益。在这种情况下，社会资金运行和资源配置的效率将较多地依赖于金融中介机构的素质，这不一定是好事。（2）银行的社会性强，外部监管和内部控制均比较严格、保守，对新兴产业、高风险项目的融资要求一般难以及时、足量予以满足。

直接融资的优点主要有：（1）筹资方直接面对市场，筹资规模和风险度可以不受金融中介机构资产规模及风险管理的约束；（2）直接融资活动具有较强的公开性，在良好的信息披露制度下，筹资方直接面对市场监督的压力，必须注意规范自己的生产经营活动，将资金投向高效益的领域；（3）直接融资活动还受公平性原则的约束，公平性原则有助于形成良好的市场竞争环境，从而有助于实现资源的最优配置。

直接融资的局限性主要有：（1）在直接融资中，筹资者直接凭自己的资信度筹资，缺乏间接融资中金融中介机构资信的支撑，风险度较大；（2）直接融资一般需逐次进行，缺乏间接融资中额度管理的灵活性；（3）直接融资的公开性要求有时会与企业保守商业秘密的需求相冲突。

三、直接融资和间接融资的发展情况

观察一国直接融资与间接融资的方法大致有两种：一种是考察非金融企业资金来源的角度，另一种是考察市场信贷发放量、债券发行量、股票发行量的角度。这两种方法都存在一定的缺陷。

改革开放以来，受传统经济体制的影响，我国金融运行一直以银行间接融资为主。进入20世纪90年代以来，伴随着证券市场的发展，企业融资逐步加快，股票融资、债券发行等直接融资在我国金融运行中所占比例逐渐提高，形成了当前以间接融资为主、直接融资为辅的金融运行格局。

表12-1从社会融资规模中直接融资与间接融资的占比角度反映了我国直接融资和间接融资的现状。从表中可以看出，目前以银行贷款为主的间接融资方式仍然占到我国社会融资规模一半以上的比例，相比之下，直接融资所占的比重仍然非常低。

表12-1　　中国直接融资与间接融资结构

	社会融资规模（亿元）	新增人民币贷款（亿元）	新增人民币贷款占比（%）	企业债券融资（亿元）	企业债券融资占比（%）	非金融企业境内股票融资（亿元）	非金融企业境内股票融资占比（%）
2015年第1季度	46 558.53	36 064.73	77.46	3 928.20	8.44	1 707.99	3.67
2015年第2季度	41 362.48	29 794.80	72.03	5 457.78	13.20	2 232.81	5.40
2015年第3季度	32 179.29	24 063.63	74.78	9 757.84	30.32	1 442.31	4.48
2015年第4季度	33 963.11	22 769.74	67.04	10 244.30	30.16	2 206.73	6.50
2016年第1季度	67 000.33	46 651.07	69.63	13 549.81	20.22	2 840.42	4.24
2016年第2季度	31 058.20	28 157.43	90.66	1 864.78	6.00	3 182.57	10.25
2016年第3季度	36 511.07	25 147.48	68.88	8 315.94	22.78	3 578.61	9.80
2016年第4季度	43 589.90	24 416.38	56.01	4 035.74	9.26	2 814.00	6.46
2017年第1季度	69 064.12	45 036.23	65.21	−1 506.49	−2.18	2 595.88	3.76
2017年第2季度	42 228.50	37 060.40	87.76	−2 155.53	−5.10	1 713.74	4.06
2017年第3季度	45 186.18	32 502.56	71.93	5 411.83	11.98	1 707.42	3.78
2017年第4季度	37 966.04	23 833.20	62.78	2 671.20	7.04	2 741.61	7.22

续前表

	社会融资规模（亿元）	新增人民币贷款（亿元）	新增人民币贷款占比（%）	企业债券融资（亿元）	企业债券融资占比（%）	非金融企业境内股票融资（亿元）	非金融企业境内股票融资占比（%）
2018年第1季度	58 535.00	48 474.00	82.81	5 402.00	9.23	1 283.00	2.19
2018年第2季度	42 156.00	39 170.00	92.92	5 014.00	11.89	1 229.00	2.92
2018年第3季度	53 336.00	40 342.00	75.64	5 979.00	11.21	588.00	1.10
2018年第4季度	38 557.00	28 724.00	74.50	8 360.00	21.68	506.00	1.31
2019年第1季度	81 708.15	62 893.40	76.97	8 967.37	10.97	530.71	0.65
2019年第2季度	50 562.43	37 325.19	73.82	5 618.07	11.11	674.19	1.33

资料来源：中国人民银行。

更具体地，从表12-2可以看出，虽然近年来我国债券余额与金融机构贷款余额之比有所提高，但已发行债券中大部分是国债与金融机构债券，企业债所占比例并不高。相比债券融资，股票筹资的比例更是微乎其微，从表12-2中可以看出，股票筹资仅占到金融机构贷款余额的1%左右。

表12-2　　直接融资与间接融资的结构

	2014年	2015年	2016年	2017年	2018年
金融机构贷款余额（亿元）	816 770	939 540	1 066 040	1 201 321	1 362 967
债券余额（亿元）	353 231	487 796	637 950	744 104	859 807
债券余额/金融机构贷款余额（%）	43.25	51.92	59.84	61.94	63.08
其中　企业债余额（亿元）	116 214	144 329	175 180	183 252	205 603
企业债余额/债券余额（%）	32.90	29.59	27.46	24.63	23.91
股票筹资总计（亿元）	8 498	16 362	20 297	15 536	11 378
其中　境内股票筹资（亿元）	4 972	8 332	15 319	—	—
境外股票筹资（亿元）	3 526	8 030	4 978	—	—
股票筹资/金融机构贷款余额（%）	1.04	1.74	1.90	1.29	0.83

资料来源：中国人民银行、国家统计局。

由表中的数字可以看出，我国的股票市场和企业债券市场的规模还比较小。提高直接融资比重一直是我国金融改革和融资体系完善的目标，但银行信贷至今为止依然是中国融资体系中不可撼动的主要方式。随着我国直接融资市场的发展，这种情况会有所变化。

四、资产证券化

资产证券化一般是指将银行贷款和其他资产转换成可在金融市场上出售和流通的以资产为支持的有价证券（asset based security，ABS）。在通常意义上，资产证券化始于以商业银行信贷资产现金流为支撑或担保而发行债券，后演变为多样化资产池和具有结构性融资特征的资产担保型债券以及其衍生品的发行和流通。与股票、公司债券等以公司的未来现金流为支撑而发行的债券不同，这类证券化产品是以某类资产，如企业的某类资产，或某项目资产或典型意义的金融机构部分资产的现金流为支持而发行的。

资产证券化的金融背景是银行加强风险管理和业务创新。以美国为例，一方面，储蓄机构因资产负债在利率、期限和流动性方面的不对称，加之自身管理出了问题，导致了 20 世纪 70 年代末和 80 年代初的储蓄业危机；另一方面是在 60 年代中期以后，由于对金融业的管制不断放松，非银行金融机构不断侵入传统商业银行业务领域，在开立支票存款账户、发放工商业贷款和消费贷款等领域与商业银行全面开展竞争，而非银行金融机构没有受到商业银行那么严格的限制，相对而言，商业银行因对吸收的存款缴纳存款准备金和保险金而使资金成本偏高，在竞争中处于不利地位。储蓄机构和商业银行所面临的困难迫使它们开拓新的业务领域，而金融管制放松使这两类金融机构能够参与证券市场，这就促使它们也加快向证券市场渗透。

资产证券化的最初形式就是将期限和利率大致相同的同质住房抵押贷款等金融资产聚集成一个集合基金，然后发行以集合基金直接担保的抵押担保证券。比较典型的适合于证券化的资产还有汽车贷款、信用卡应收款、租赁应收款等。美国在 1970 年首次发行住房抵押贷款证券，美国以资产为支持的有价证券的加速发展是在 20 世纪 90 年代中期以后，1990 年前，美国“吉利美”“房利美”“房地美”三机构发行的住房抵押贷款支持证券（mortgage-backed security，MBS）的余额仅为 1 100 多亿美元，而到爆发金融危机的 2007 年则增长到 40 000 多亿美元，占美国债券市场余额的三分之一。但是在这之后，以资产为支持的有价证券的发行量急剧下降，2008 年不到 2007 年的 20%。

在 ABS 领域，抵押担保证券（collateralized mortgage obligations，CMO）、担保债务证券（collateralized debt obligations，CDO）是两个重大创新。

而在欧洲，资产证券化的主要形式是全担保债券（covered bond，CB）。全担保债券产生于 200 多年前的德国普鲁士时期，它是由银行等信贷机构以某些信贷资产池的现金流为担保而发行的债券。欧洲全担保债券与美国的以资产为支持的有价证券有明显的不同，主要是其担保资产池并未被真实出售，参与担保的资产也不从信贷机构的表内转至表外，也就是说原有机构依旧承担全担保债券的基础资产的信用风险，全担保债券没有衍生功能，不能被再次或多次包装成新的债券。

我国在 2005 年 3 月开始了第一阶段证券化试点，采用的是典型的美国模式，即以划分等级为特征的类似于美国抵押担保证券的结构以及资产“表外化”处理，并且随着我国金融市场的发展，在 2006 年和 2007 年也开展了一些资产证券化业务。然而因为次贷危机的发生，我国将信贷资产证券化成债券这种资产证券化的脚步有所放缓，但是信托理财产品在一定程度上执行了资产证券化（将信托产品看成类似大额债券）的功能，在 2009 年、2010 年大行其道，后来在银监会下文规范信托理财产品的情况下才稍有缓和。

第四节　利息和利息率

利息和利息率这一节介绍的是货币资本化过程中的价格问题。价格问题对任何一种交易来说都是核心问题，在金融交易中也不例外。

一、利息和收益

在西方教科书中，利息常被表述为货币所有者因出让货币使用权而从借款人那里获得的补偿，或者表述为是资金短缺者从市场上筹集资金的成本。人们之所以如此描述利息，主要是由于利息问题是在借贷活动中产生的，这使得人们对其关注的焦点主要集中在利息对借贷双方的含义上。在借贷关系中，利息是资金使用权的价格表现形式。一方面，对于借入者来说，利息是其借入资本所必须提供的补偿，数量多少是在借贷发生时就确定的，而且其确定通常由市场利率水平决定，而与其自身盈利能力无直接的关系，无论盈亏都要支付，利息率的高低与借入者的利润是成反比的。因此，对于借入者来说，自然会把利息当做一种支出看待，而不可能把它看成是自己利润的一部分。另一方面，在借贷活动中，货币资本的所有权和使用权发生分离，贷出者只是出让了货币的使用权，而保留了货币的所有权，从而使得贷出者有权要求借入者还本并付息，即对于贷出者来说，利息就是因其对货币拥有所有权并出让使用权而来的，是天经地义的，无须费心了解利息是从何而来的。但是，上述定义只是从借贷关系表面出发所做的描述。

对于利息的实质，马克思曾做过深刻的剖析：贷出者和借入者双方都是把同一货币额作为资本支出的。但它只有在后者手中才执行资本的职能。同一货币额作为资本对两人来说取得双重的存在，这并不会使利润增加一倍。它之所以能对双方都作为资本执行职能，只是由于利润的分割，其中归贷出者的部分叫做利息。因此，从本质上说，利息是剩余价值的特殊转化形态，是利润的一部分。

收益是一个与利息既相联系又相区别的范畴，收益的内涵比利息要深，外延比利息要广。收益是投资者通过投资取得的收入，投资收入由基本收入和资本收入两部分组成。

利息和股息收入是投资的基本收入。利息是债权资产的法定收入，是确定的，与债权资产的风险成正比；股息是产权资产的收入，优先股的股息通常是确定的，普通股的股息则是不确定的，产权所属企业的经济效益是股息的基础，但股息分配政策对股息起直接的作用，投资者不能片面追求高股息。

资本收益是因资产价格上升而形成的价差收益，债权资产因票面收益确定、期限确定，故价格波动有限、资本收益也有限；产权资产价格波动大，且价格上升无上限，既可能因价格上升而获得大幅度的资本升值，也可能因投资失败而血本无归。

二、利息率

利息水平的高低是以利息率来表示的，利息率（简称利率）的基本内涵是一定时期的利息量与本金的比率，用公式表示如下：

$$R=\frac{I}{P} \tag{12-1}$$

其中，R 代表利率，I 代表利息，P 代表本金。

计算利息的方法有两种：单利法和复利法。单利法只以本金计算利息，不考虑在利息再投资情况下使用的利率，基本计算公式如下：

$$I=P\times R\times T \tag{12-2}$$

其中，T 代表借贷的时间，I、P、R 同上。利率的表示分为以百分位（%）表示的年利率、以千分位（‰）表示的月利率和以万分位（‱）表示的日利率。在计算时，借贷时间的单位要与利率表示的时间单位保持一致，如使用年利率时，要将时间换算成年。

例如，甲在银行办理了 1 000 元的一年期定期储蓄存款，当时，一年期储蓄存款利率为 3%，但甲在存款 120 天后要求提前支取，按规定提前支取储蓄存款只能按活期利率计息，当时的活期利率为 1.8%，则甲在提取存款时银行只能支付利息额 6 元，具体计算如下：

$$I=1\,000\times 1.8\%\times\frac{120}{360}=6\text{（元）}$$

复利法计算利息是把定期结算的利息加入本金、逐期滚动计算的。基本计算公式如下：

$$A=P\times(1+r)^n \tag{12-3}$$

其中，A 为本利和，P 为本金，r 为复利率，n 为复利的期数。

例如，某项贷款为期两年，金额 1 000 元，利率 5%，每年计息一次，则该项贷款到期的本利和应为 1 102.5 元。

$$A=1\,000\times(1+5\%)^2=1\,102.5\text{（元）}$$

很显然，在计算利息时，单利法比复利法要简单，但复利法计算利息由于考虑了利息再投资的因素，因此在经济核算方面比单利法更精确。

三、收益率与到期收益率

判断收益水平的高低，不是看收益的绝对值，而是看收益额相对于投资额的比率，即收益率，用公式表示如下：

$$Y=\frac{I_1+(P_1-P_0)}{P_0}=\frac{I_1}{P_0}+\frac{(P_1-P_0)}{P_0} \tag{12-4}$$

其中，Y 代表收益率，I_1 代表一个时期的利息或股息收益，(P_1-P_0) 是一个时期的资本收益，$\frac{I_1}{P_0}$是利率或股息率，$\frac{(P_1-P_0)}{P_0}$是资本收益率。

如同利息与收益的关系一样，利息率和收益率也是既相区别，又相联系。对于存款来说，由于到期偿还金额与最初投资资本金是一样的，因此，利率与收益率是一样的。但是，对于大多数债权凭证来说，由于二级市场价格是波动的，若债券参与二级市场交易，实现的价值就是不确定的，从而使实现的收益率或高于或低于票面利率。因此，尽管有些债券有票面利率，实际的收益率却不一定与票面利率相等。这种反映投资者实际获利水平的收益率，可被定义为有效利率，在日常经济活动中常常直接被称为利率。

收益率有多种，在投融资中常常用到的收益率是到期收益率。到期收益率就是在假设投资者将债券一直持有至到期的条件下债券的年均收益率。它全面考虑了债券的购买价格、偿还金额、到期时间、定期的利息支付及利息支付的时间间隔等因素。

四、单利率和复利率

单利率和复利率分别是在单利法和复利法这两种不同的计息方式中采用的利率，在表示方法上没有什么不同。但是，同样的本金、同样的利率水平，计算方法不同，计算的结果是不一样的。反过来说，同样的本金、同样的利息用单利率表示的利率水平与用复利率表示的利率水平是不一样的，前者大于后者。

新中国成立后的很长时期，由于我们习惯于把复利和“利滚利”“驴打滚”等封建高利贷信用联系起来，故对复利长期持否定态度，传统上一直采用单利法计息，故官方公布的利率都是单利率，银行存款利率始终如此。改革开放后，首先是贷款采用了按年结息的方法，然后是长期国债和企业债的一些券种作为附息债券采用了复利率。在计算无票面利率的贴现债券的利率或收益率时，人们也往往采用复利率来表示。

五、固定利率和浮动利率

固定利率和浮动利率是依对借贷期内利率是否可以调整的不同而划分的两种利率。以借贷关系成立时确定的利率为标准，在借贷期内不做调整的利率是固定利率。相反，在借贷期内利率可做调整的利率为浮动利率。如我国的定期储蓄存款利率在 1993 年以前遇到国家上调利率，则采用分段计息的方法，上调前的那段时间存款按原定利率计息，上调后的时间按新的利率计息。而 1993 年以后定期储蓄存款利率则改为固定利率方式，无论国家上调还是下调利率，都与国家调息前的定期储蓄无关，定期储蓄一律按存单上原定的利率计息。固定利率在核算上简单方便，但在 20 世纪 70 年代以后，由于世界各国利率波动幅度和频率大大增高，在更加讲求经济核算的情况下，浮动利率被越来越多地采用，特别是在企业的借贷活动中。我国企业的贷款利率现在就是采用的浮动利率法，每年核定一次利率。

六、名义利率和实际利率

名义利率和实际利率是从利率是否包括对通货膨胀所引起的货币贬值风险的补偿角度区分的。古典利率理论认为，均衡利率取决于资金的总供给和总需求，通货膨胀是影响资金总供求的一个重要的宏观因素。实际利率是没有考虑通货膨胀因素影响下的均衡利率，在加入通货膨胀因素后，名义利率要据以调整以使投资者仍获得实际利率水平。因此，名义利率就是包含通货膨胀补偿的利率水平。名义利率、实际利率和通货膨胀率这三者之间的关系如下：

$$R=r+i \tag{12-5}$$

其中，R 为名义利率，r 为实际利率，i 为通货膨胀率。

这一关系式表明，名义利率与通货膨胀率成正比，通货膨胀率越高，名义利率就越高，贷款人获得的补偿就越接近实际利率。相反，在通货膨胀率降低后，名义利率也有所降低。

七、官定利率、公定利率和市场利率

官定利率、公定利率和市场利率是从利率的决定机制角度划分的。官定利率顾名思义是由官方确定的，比如在我国各金融机构的存贷款利率由作为中央银行的中国人民银行统一制定，各金融机构在统一规定利率的上下一定范围内有一定的利率浮动权，这就属于官定利率。公定利率是由非官方机构的行业自律组织加以规定的，对组织成员有一定的约束力。市场利率则是由市场供求决定的利率水平，如国债交易市场形成的利率水平。

八、基准利率、一般利率和优惠利率

基准利率、一般利率和优惠利率是从利率在经济中的作用角度划分的。基准利率是在利率体系中起决定作用或指导作用的利率，它既是一定时期利率水平的一般标准，又是金融监管当局宏观金融调控的一种指示器，它的变动表达着金融监管当局的政策意图，中央银行的再贴现率、再贷款利率和同业拆借市场利率都可以起到基准利率的作用。有一些国家如加拿大每周定期拍卖国库券，中央银行根据国库券拍卖的收益率确定中央银行利率是否调整，商业银行则根据市场情况决定自身利率是否随中央银行利率调整，这样，国库券的收益率特别是三个月期国库券的收益率便成了有代表意义的利率。

一般利率是指市场上存在的各种不含优惠的利率，如商业银行按中央银行公布的贷款利率对企业发放贷款。

优惠利率是指国家通过金融机构或金融机构本身对认为需要扶植的行业、企业或个人所提供的低于一般利率水平的贷款利率。优惠利率有两种做法：差别利率法和贴息法，二者的经济作用是不同的。前者发生在贷款发放时，实际扶植效果是未知的；后者发生在贷款过程中，便于监督、管理，防止套利行为的发生。在我国，优惠利率较多是与国家产业政策配合使用的，传统上多采用差别利率法，但在实际操作过程中，由于量大面宽，很难起到调节产业结构的作用。在国际金融领域，外汇贷款的利率是否优惠是以伦敦同业拆放市场利率为衡量标准的，低于该利率者为优惠利率。

九、年利率、月利率、日利率

年利率、月利率、日利率是以利率计算的基本期限单位为标准划分的。年利率是以年为单位计算利息时使用的利率，以百分位（%）表示；月利率是以月为单位计算利息时使用的利率，以千分位（‰）表示；日利率是以日为单位计算利息时使用的利率，以万分位（‱）

表示。传统上中国民间对于利率的称谓都是厘，由于年利率、月利率和日利率的单位差别很大，因此年息的 4 厘和月息的 4 厘差别很大，年息 4 厘是 4%，而月息 4 厘是 4‰。

第五节 利率的决定

综览宏观和微观金融理论我们发现，有关利率决定的理论有三大类：第一类是利率总水平决定理论，研究一般利率水平的决定和影响因素，可服务于宏观调控的目的；第二类是利率期限结构理论，研究是什么因素导致长短期利率的差异，可直接服务于投资管理；第三类是利率的风险结构理论，研究金融资产如何依所承担风险的大小而享受相应的收益，可服务于金融资产的估值和投资决策。考虑学生的接受能力，本节仅对前两类利率理论进行介绍。

一、马克思的利率决定理论

马克思对利率决定因素的分析是以其对在资本主义制度下利息本质的认识为基础的。马克思认为，资本主义利息是利润的一部分，是剩余价值的一种转化形态。在资本主义社会中，职能资本家把自己的一部分利润以利息的形式支付给借贷资本家，作为给借贷资本的报酬，这样，利润就被分割为两部分：借贷资本家的利息和职能资本家留下的企业主收入。分割利润的利息率既与借贷资本的供求状况有关，更与资本借贷的性质有关。职能资本家借款是为了把它当做资本以获取利润，如果利率高到要拿走他的全部利润，使他无利可图，那他就根本不会去借款；同样，借贷资本家也是以增值为目的贷放货币的。因此，正常情况下，利率水平应介于零和平均利润率之间。马克思的利率决定理论也因此被称为平均利润决定论。

二、西方古典利率决定理论

西方古典利率决定理论着眼于实际经济因素变动对利率变化的影响。所谓实际经济因素是指储蓄和投资。前者是指收入减去消费后的余额，即经济学意义上的储蓄。投资对利率的影响表现在：当储蓄不变时，投资流量的增加会导致利率水平的升高；当投资不变时，储蓄的增加会导致利率水平的下降。因此，投资是利率的减函数，储蓄是利率的增函数。图 12－5 说明了这种关系。

在图 12－5 中，II 为投资曲线，SS 为储蓄曲线。投资曲线的下倾表示投资与利率呈负相关关系，储蓄曲线的上倾表示储蓄与利率呈正相关关系。利率 r_0 为均衡利率。当储蓄增加时，SS 曲线右移到 $S'S'$ 的位置，与 II 投资曲线相交形成新的均衡利率 r_1。当投资增加时，II 曲线会右移到 $I'I'$ 的位置，形成新的均衡利率 r_2。

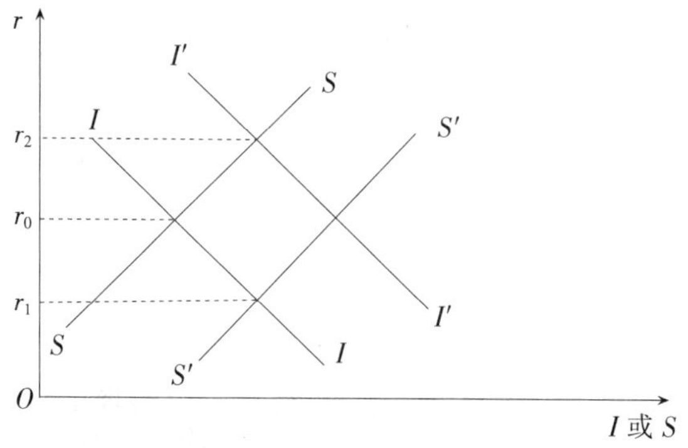

图 12－5　投资与储蓄的关系

三、凯恩斯的利率决定理论

凯恩斯的利率决定理论是以货币供求为基础的，凯恩斯发展了流动性偏好理论的利率决定模型，通过货币的供求来决定均衡利率。

凯恩斯认为，人们可用来贮藏财富的资产主要有货币和债券两种类型，利率决定于货币供求数量，而货币需求量的多少又取决于人们的流动性偏好。如果人们对流动性的偏好强，愿意持有的货币数量就会增加，当货币需求大于货币供给时，利率上升；反之，当人们的流动性偏好转弱时，货币需求下降，利率下降。因此，利率是由流动性偏好与货币供给曲线共同决定的，见图 12－6。

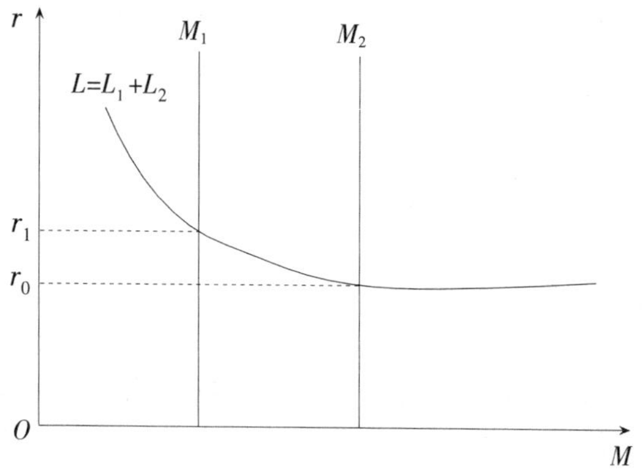

图 12－6　利率与货币需求之间的关系

在图 12－6 中，货币供给曲线 M_1 和 M_2 由货币当局决定，货币需求曲线 $L=L_1+L_2$ 是一条由上而下、由左向右延伸的曲线。货币供给曲线与货币需求曲线相交时形成均衡利率，即图 12－6 中的 r_1 和 r_0。同时我们看到，货币供给曲线与趋于平滑的货币需求曲线相交形成的均衡利率 r_0 已是利率最低点，此后无论怎样增加货币供给，货币都会被储存起来，不会对利率产生任何影响。这就是凯恩斯的“流动性陷阱”说。

四、可贷资金理论

可贷资金理论认为，借贷资金的需求与供给包括两个方面：借贷资金的需求来自某个期间的投资流量和该期间人们希望保有的货币余额；借贷资金的供给来自同一期间的储蓄流量和该期间货币供给量的变动，即

$$D_L = I + \Delta M_D \tag{12-6}$$

$$S_L = S + \Delta M_S \tag{12-7}$$

式中，D_L 为借贷资金的需求，S_L 为借贷资金的供给；ΔM_D 为该时期货币需求的改变量；ΔM_S 为该时期货币供给的改变量。作为借贷资金供给的货币供给与利率正相关，而作为借贷资金需求的货币需求与利率是负相关的。其均衡条件为：

$$I + \Delta M_D = S + \Delta M_S \tag{12-8}$$

上式表明，利率的水平由可贷资金的供求决定，见图 12－7。

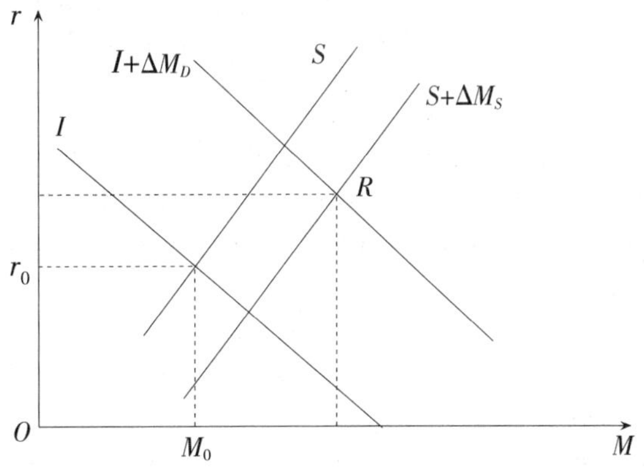

图 12－7 利率与可贷资金之间的关系

图 12－7 说明，如果投资与储蓄不变，利率的变化取决于货币供求的变化。可贷资金理论从流量的角度研究了借贷资金的供求与利率的决定。

五、影响利率总水平的其他因素

（一）资金供求状况

借贷资金供求状况的变动是影响市场利率变动的直接因素。资金供应增加，需求减少，市场利率下降的压力增加；资金供应减少，需求增加，市场利率上升的压力增加。而影响借贷资金供求的因素又是多方面的，既有实际经济因素，如实际经济投资利润率降低、实际经济投资不旺导致对借贷资金的需求减少；也有纯货币因素，如股票市场行情火爆，投机者亟须从借贷市场上融入资金，参与炒作；常常还有心理因素，如在预期利率将下降时，投资者会增加对债券市场的投资，从而实际将债券市场的有效利率水平即收益率降低。资金供求状况可以说是各种影响利率水平因素的综合反映。

（二）企业承受能力

这一因素长期以来一直是我国银行利率政策制定和调整所要考虑的基本因素之一，与平均利润率决定理论的出发点是一样的。所不同的是，我国银行贷款的主要对象是国有企业，因此，银行利率水平的决定是以国有企业的整体经济效益为基础的，在 1996—1999 年的经济周期中央银行曾连续 7 次降息，这 7 次降息所考虑的因素中都包括减轻国有企业利息负担这一条。随着国有企业脱困目标的实现和现代企业制度的建立，以及国家投资退出竞争性项目的落实，这一因素将逐渐被资本平均利润率所取代。

（三）国家产业政策

国家产业政策是银行确定优惠利率扶植对象和利率优惠幅度的基本依据之一。利率政策还是中央银行进行金融宏观调控、实现宏观经济政策目标的一种工具，它的确定不仅要考虑利率体系和金融市场的内在要求，还要服务于国家宏观经济调控的需要。如 1996—1999 年间连续 7 次的降息，既有在物价水平持续降低的情况下调整名义利率，以保持适度的实际利率水平的因素在起作用，更是为了保持适度的经济增长速度、保证社会经济稳定的需要。

在 2006 年 4 月至 2007 年 12 月间，中国政府因判断经济过热控制通胀的需要连续 8 次提高利率，将一年期贷款利率从 5.58%提高到 7.49%，之后因经济危机的影响短短一年之内将利息率连续下降五次，调为 5.31%。在这之中存款利率往往也跟着变动，但也有偶尔不对称调息的情况。

（四）银行经营成本

银行经营成本基本包括两部分：存款利息支出和一般营业费用。由于银行是货币中介机构，存款和贷款是其基本业务，银行的这些经营成本主要靠贷款收取的利息负担，故银行利润与其经营成本成反比，与贷款利率成正比。在 1996 年以来的几次降息中，有时存贷款利率同时大幅下降，存贷款利差基本不变，这时主要是以存款人收益的降低来减轻企业的利息负担，对银行盈利不会产生大的影响；有时则是存款利率降低幅度小于贷款利率降低幅度，银行利差缩小，在这种情况下，企业获益较多，存款人受损较少，银行营业利润却受到影响；反之，如果存款利率降低幅度大于贷款利率降低幅度，存贷款利差增大，在这种情况下，企业和银行都将从降息中获益，只有存款人的利益在降息中受损。

（五）社会经济运行周期

在不同的社会经济运行周期中，市场利率水平和中央银行的利率政策也是不同的。当经济处于繁荣期时，投资旺盛，市场资金需求强劲，市场利率较高且呈上升趋势。这时，中央银行为防止经济过热，保持经济持续、稳定增长，往往会采取偏紧的货币政策，提高基准利率。相反，当经济不景气时，投资疲软，市场资金需求不足，市场利率水平降低。这时，中央银行为刺激经济复苏，就会采取较为积极的货币政策，降低基准利率以降低投资成本，从而刺激投资。

（六）预期价格变动率

从上面对名义利率和实际利率关系的分析可以看出，价格变动与名义利率变动有着直接的联系。要保持实际利率不变，在价格总水平上升后，名义利率中货币贬值的机会成本补偿就要随之增加，名义利率也应随之上升；反之，名义利率应下降。投资者对价格变动的预期会影响他们的行动和对交易的定价。比如，当贷款人预期价格水平将上升从而名义利率也将上升时，就会尽量减少长期贷放；而当借款人预期价格水平将上升时，就会尽量要求增加长期借款，导致长期借贷供不应求，借贷利率上升。

（七）历史利率水平

一般来说，除非发生极端的政治经济动荡，一国的价格体系，包括利率体系，是具有历史继承性的，当前的利率水平是历史利率水平在新的经济条件下的延续。1999年6月10日，中国人民银行继续1996年以来的利率政策，第7次下调了存贷款利率，使我国名义利率水平创造了自1949年以来的历史新低，这主要是由物价水平负增长决定的。

（八）国际利率水平

长期以来，与封闭的经济相适应，我国的人民币利率体系也一直是封闭的，与国际利率无关，也不受制于国内外汇存贷款利率。但是，在连续降低利率使人民币存款利率接近甚至低于国内外汇存款利率水平时，套汇和逃汇增加，冲击着国家外汇储备管理，进而威胁人民币汇率稳定政策的执行。为此，中国人民银行在1998年分别于6月12日、9月23日和10月27日三次调低了国内银行美元存款利率，中国人民银行直接干预国内商业银行外汇存款利率的做法是前所未有的。

（九）汇率

汇率对利率的影响体现在因汇率变动而导致的外汇收支变化对国内金融市场资金供求的改变上。从理论上说，人民币汇率降低，有利于增加出口和吸引外资流入，增加外汇收入，从而增加人民币需求和供给，进而增加金融市场上的资金流量，导致金融资产价格上升、利率下降。

反过来说，要保持人民币汇率的稳定，减轻其贬值的压力，人民币的利率水平就不能过低。这也是在1998年末人们在讨论第6次降息有无必要时所考虑的一个因素。因为尽管我国尚未实现资本项目的完全开放，利率水平的高低不会成为短期国际资本流动的决定因素，国际资本的流动与汇率之间的相互联系也不强，利率平价理论不起作用，但降低利率、使国内利率接近甚至低于国际利率，却会导致套汇和逃汇增加，威胁人民币汇率稳定政策的执行。

不过，到目前为止，人民币利率和汇率之间还缺乏内在的经济联系机制，汇率实现对外均衡的目标，利率实现对内均衡的目标，利率政策的制定较少考虑国内外外汇存贷款利率，以及利率与国际收支之间的联系。

六、利率的期限结构

（一）什么是利率的期限结构

利率的期限结构是对债券的到期收益率（yield to maturity）和它的期限（term to maturity）之间关系的概括。到期收益率是指投资者持有债券至到期日，如未发生拒付所获得的平均收益。期限是指到到期日的年数。

（二）收益线

收益线是反映一定时点不同期限的债券到期收益率的结构的线，坐落在以期限为横轴、到期收益率为纵轴的坐标平面上。

收益线实际含三种要素：（1）时点，即是什么时间的收益线，不同时间的收益线是不同的；（2）时期，即从我们选定的时点起，各种债券不同的到期期限，以横轴表示，它当然也代表着期限不同的各种债券；（3）收益，不同期限的债券有着各自的到期收益率特征，以纵轴表示。

收益线有三种典型形状（见图 12－8）。

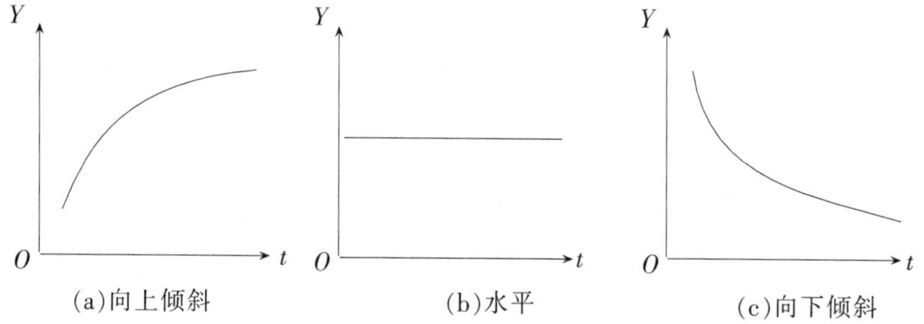

图 12－8　典型的收益线形状

图 12－8（a）中的曲线是一条向上倾斜的收益线，表明某一时点长期债券的收益率比短期债券要高。这种趋势的收益线较为普遍，也称正常的收益线，它既是人们的流动性偏好在收益结构上的体现，也反映着利率上升的市场预期。图 12－8（b）中的曲线是一条水平的收益线，表明某一时点中长期债券和短期债券的收益率基本一致。图 12－8（c）中的曲线是一条向下倾斜的下滑线，一般表明市场预期长期利率将下降。

如果你是在一个大银行里负责政府债券的资产组合管理，那么你每天要处理的一个重要信息就是利率的期限结构，你的主要目标就是以最小的成本使银行的债券组合处在收益线上的最佳点。

但是，为什么有时收益线是向上倾斜的，有时又是向下倾斜的呢？不同形状的收益线意味着什么呢？这就是利率期限结构理论要回答的问题。

七、利率期限结构理论

在任何一个特定的时点，利率期限结构——收益线——都可能受到以下三个因素独立或联合的影响，这三个因素分别是：(1) 未来利率走势的市场预期；(2) 流动性偏好；(3) 市场的无效率或者说资金在长短期市场之间转移的障碍。与这三个因素相对应，有三种有关期限结构的理论：纯预期理论、流动性偏好理论和市场分割理论。每一种理论集中研究一种因素对期限结构的影响。此外，还有一种混合三种因素的理论——固定偏好理论。

(一) 纯预期理论

纯预期理论把人们对未来利率动态的预期作为解释利率期限结构的关键因素。如果预期将来利率上升，那么现在的收益线将向上倾斜；如果预期将来利率会低于现在的利率，那么现在的收益线就是向下倾斜的；如果预期将来的利率和现在的利率一样，那么现在的收益线就是水平的。因此纯预期理论把收益线视为对人们利率预期的一种表现形式。

纯预期理论的另一个结论便是长期债券的收益率应该与其生命周期内的短期收益率的算术平均值相等。因为如果这二者不相等，由于长短期债券具有完全的可替代性，人们就会去购买短期债券，长期债券需求的减少和短期债券需求的增加会改变两种债券的价格，进而改变两种债券的收益率，直至二者相等。

同样，当市场预期利率下降的时候，投资者就会投资于长期债券，将利率在高位锁住，卖短期债券，买长期债券。而借款人则希望通过发行短期债券来降低长期融资的成本，由此推动短期债券价格下降、长期债券价格上升，最终将调整到使长短期债券价格相等为止。

(二) 流动性偏好理论

纯预期理论假设长短期债券具有完全的可替代性，即只要长短期债券能够提供相同的收益，投资者对长期或者短期债券就是无偏好的。而流动性偏好理论则强调，投资者在进行投资决策时不仅要考虑收益，还要考虑风险。由于我们把风险定义为未来实际收益偏离预期收益的潜在可能性，因此购买信誉相同的偿还期不同的债券的风险是不同的。长期债券由于外来价格和利率的变动，其收益率比短期债券的收益率有更大的变动性，因此，期限越长，风险越大。

流动性偏好理论假设投资者都有一种对流动性的偏好，因此，他们都喜欢购买短期债券，因厌恶风险而不愿意购买长期债券。为了诱使投资者去购买长期债券，就必须在收益上提供一定的流动性或风险补偿，由此导致了对利率期限结构的重大修正。

流动性偏好理论使对收益线的解释更符合实际，因为它包含了投资者在进行投资决策时要进行风险与收益的权衡这一事实。在流动性偏好理论下，收益线通常都是向上倾斜的，只有当预期收益剧烈下降到足以抵消风险补偿额时，才会出现向下倾斜的收益线，这也是为什么我们视向上倾斜的收益线为正常情况的原因。

(三) 市场分割理论

市场分割理论着重研究了市场参与者的行为特征对利率期限结构的决定作用。市场分割理论假设在所有市场参与者中个人投资者都是极其厌恶风险的，公司和金融机构以生存为其压倒一切的目标，为此，市场参与者都寻求使其资产组合实现“免疫”，即使资产的期限结构与负债的期限结构相对应。

这种假设意味着，如果你管理着一个商业银行，由于你的负债主要是短期的存款，因此，在金融市场上只能购买短期债券；如果你管理着人寿保险公司或养老基金，由于你有稳定的资金来源，年金支付是长期的，因此，你必须把你的资金投放到长期债券上去，所以金融市场被分割为长期和短期两部分，每一部分各有特定的参与者。各市场参与者的供求关系决定着各部分的均衡收益率，即长短期利率。

与前两种理论不同，市场分割理论忽略了长短期收益率的内在联系，而让它们分别由互不相关的供求因素决定，因此，收益线是向上倾斜还是向下倾斜，与对未来的预期和流动性偏好无关。如果短期市场出现供大于求的情况，短期均衡收益点就会上升，反之则下降。长期均衡收益点也是如此。

短期市场的资金供给者主要是商业银行和有暂时闲置资金的企业和个人。短期市场的资金需求者主要是为扩充库存而来的企业。长期市场的资金供给者主要是人寿保险公司和养老基金等非银行金融机构。长期市场的资金需求者主要是为搞基础建设而扩大再生产的企业。所以，商业银行的行为将主要影响短期收益率。由于货币政策靠商业银行传导，因此我们会得出货币政策将作用于短期市场、改变短期收益率的结论，而国家经济发展的状况关系着企业长期投资，因此长期收益率是国家经济状况的反映。

当然，市场分割理论有关投资者行为特征的假设是不太现实的。以上三种解释收益线的理论并非相互排斥，而是各有所长，历史地继承和发展的。纯预期理论假定了一个稳定的社会经济环境和风险中性的投资者，从而把预期在收益线决定中的作用突出出来。流动性偏好理论则充分考虑到投资者风险厌恶的普遍特征。前两种理论都假设市场是有效益的整体，市场分割理论则考虑到市场无效益和市场通常由若干亚市场构成这一现实。实际上利率的期限结构经常受这三种因素共同作用的影响。

（四）固定偏好理论

固定偏好理论是一种综合上述三种理论的长处来解释利率的期限结构的理论，它本质上是一种利用期限结构的套利方法。

固定偏好理论假设：投资者对于债券的期限是有固定偏好的，这种偏好取决于他们的支出计划时间表，即长期支出决定对长期债券的偏好，短期支出决定对短期债券的偏好。这一点类似于市场分割理论，就像前面提到的，期限匹配可以降低利率风险和收益成本。但是，该理论的不同之处在于，如果能获得足够高的风险补偿，投资者也可以改变期限偏好。同理，如果能有效地降低交易费用和利率风险，达到一定程度时，这也会促使投资者改变固定偏好。

复习思考题

1. 试分析银行信用与其他基本信用形式的联系。

2. 如何理解信用的基本职能？以银行信用为例说明如何发挥信用在国民经济运行中的积极作用。

3. 说明直接融资方式与间接融资方式的异同及其发展状况。

4. 资产证券化的含义是什么？它有哪些积极意义？

5. 应如何认识利息的本质？

6. 说明利率和收益率之间的区别与联系。

7. 说明西方利率决定理论的主要内容。

8. 决定利率总水平的因素有哪些？

9. 什么是收益线？什么是利率的期限结构？

10. 利率期限结构理论有哪些？

第 13 章

金融市场

第一节　金融市场概述

金融市场是现代金融交易的一种组织机制，与经济中的其他市场既有共同之处，又有其特殊性，我们可以从多种角度对金融市场进行分类。

一、金融市场的定义

金融市场是市场体系中的一个重要组成部分，它既具有市场体系的共性，又有自身的特点，这些特点奠定了金融市场在市场体系中的特殊地位。全面、系统地考察金融市场是发展和利用金融市场的基础。

从一般意义上说，市场是一个交易机制的概念，任何一种有关商品和劳务的交易机制都可形成一种市场。市场既可以是有特定场所的有形市场，也可以是无形的，尤其是在泛指的情况下。因此，我们可以把金融市场定义为对金融交易机制的概括，即通过金融工具交易进行资金融通的场所与行为的总和。

在我国，由于长期处于计划经济管理体制下，在金融领域，市场机制的发展是不均衡的：受计划控制的间接融资机制，即银行信贷，长期居绝对垄断地位，直接融资机制受到抑制。随着金融体制改革的推进，积极利用直接融资机制、发展证券市场的问题日益引起社会各界的重视。由于对融资机制的市场化改革和发展证券市场是同时提出的，且发展证券市场是融资机制的市场化改革的突破口，因此，人们也常常在表述上把发展金融市场与发展证券市场等同起来，这样对金融市场的定义就有了广义和狭义之分。上一段给出的金融市场的定义属于广义的定义，狭义的定义就是指证券市场。

二、金融市场的要素

与其他市场一样，金融市场也包含交易对象、交易工具、交易主体、交易价格和交易的组织系统这样一些基本要素。

（一）交易对象

人们参与金融市场的最原始目的是融通资金，因此，人们在金融市场上交易的传统项目是货币资金的使用权。在交易中，资金盈余者出让了货币资金的使用权，根据对该笔资金的所有权收取报酬——利息或股息，并在债权期满后收回本金；资金短缺者在承诺了对方债权或产权后得以使用资金，但要给对方以补偿。随着流通市场的发展和衍生金融市场的兴盛，金融市场的功能已远远超出了调节资金余缺的范围。实际交易的对象是什么已经变得不那么重要，人们关注的更多的是交易工具。

（二）交易工具

交易工具是交易的载体。金融市场的交易工具是金融交易的证明，简称金融工具。金融市场的发展与创新使金融工具品种繁多。传统的金融工具包括各种债权和产权凭证，如存款单证、商业票据、股票、债券等，还有各种以传统金融工具为基础开发出来的衍生金融工具，如期权合约、期货合约、认股权证、掉期合约等。金融工具以其本身制作成本而论是没有什么价值的，只是因为它所表示的交易的内在价值而被标价，随着金融交易超出货币资金余缺调剂的范围，金融工具成了名副其实的交易工具，像期权合约之类的金融工具，本身就有标准价格，该价格与其中潜在的交易对象的价值并无联系，有些合约如股票指数期货合约，则连潜在的交易对象都没有。金融工具对于卖方代表的是负债或资本，对于买方代表的是资产。

（三）交易主体

在货币信用制度高度发达的今天，任何有经济收入的单位和个人都自觉或不自觉地成为金融市场的参加者。与经济学中的划分类似，金融市场的众多参与者也可以按五大部门归类：企业、个人、财政、金融机构和国外部门。这五大交易部门往往都同时既是资金供给者，又是资金需求者。通常，企业和财政是资金净需求者，个人和金融机构是资金净供给者。国外部门的身份要依一国的国际收支状况而定，当一国出现贸易顺差时，按国民收入的定义，该国对外处于储蓄状态，为资金供给者，反之，则为资金需求者。不过，一国的对外贸易活动与其资本输出、输入活动往往是相互独立的，常常出现一国贸易收支与资本收支同顺或同逆的情况。如果我们考虑把国外部门作为一个可利用的资金来源，则可把它划入资金供应者的行列。还有一个处于特殊地位的参与者——中央银行。中央银行不是为商业的目的而参与交易的，中央银行参与金融市场运营旨在运用经济手段进行宏观调控。而且，中央银行与企业和个人（有些国家还包括财政）都没有业务往来关系，其主要业务对象是存款货币银行。

（四）交易价格

每笔金融交易都是按照一定的价格成交的，其交易价格同其他市场价格一样，也是由金融工具所代表的交易价值决定的。不是所有人都能认识到这一点，再要说出该价格是否符合其价值就更难了，而这却是赚与赔的关键。市场的买卖规律是当价格大于价值时卖出，当价格小于价值时买入。因为价格高于价值意味着实际收益高于均衡收益，反之，实际收益则低于均衡收益。交易者如能把握住时机，低价买入，高价卖出，自然就会赚了。在激烈竞争的推动下，这种买卖活动会很快使价格接近价值，机会稍纵即逝。由此看来，金融工具的估值成了判断价格高低的关键。估值的方法有很多，如计算金融工具的现值，还有多种资产定价模型可供选择。金融交易的价格通常以收益或收益率来表示。均衡价格是市场供求实现均衡时的交易价格，被认为是与实际价值相吻合的收益。

（五）交易的组织系统

金融交易都是在特定的制度安排下进行的。传统上，与金融中介机构发生的交易都在这些机构的营业场所内按规定程序完成，证券市场的交易组织系统划分为交易所交易和场外交易两种。随着信息技术的普及和应用，现在越来越多的金融交易组织系统在朝电子化、网络化方向发展。

三、金融市场的分类

（一）从市场的职能角度划分

从市场最初的职能出发，金融市场可以分成发行市场和流通市场。

发行市场也称“一级市场”或“初级市场”，是筹资者通过股票、债券等传统金融工具的发行，从市场上筹集资金的市场组织机制。金融市场在国民经济运行中发挥资金余缺调剂作用就是通过发行市场实现的，因此，发行市场与国民经济的发展有着密切的关系。

证券发行市场一般是无形的，就是证券发售的一种市场组织机制，由发行者、投资者和金融中介机构三类主体组成。

发行者是指符合证券发行条件、申请进行证券发行的政府机构、金融机构或企业。为保护投资者的利益，维护证券市场的正常秩序，各国都对证券发行者的主体资格、净资产值、经营业绩和发起人责任设有限制条件。

证券发行中的投资者是有关法规或招募契约中规定的合法投资对象。如我国证券投资基金的发行对象至今仅限于本国自然人，机构投资者只能从流通市场上购买证券投资基金。

证券发行中的金融中介机构通常是负担承销义务的投资银行、证券公司或信托投资公司等金融机构，在我国是综合类证券公司。在现代社会中，证券的发行很少由发行者直接销售给投资者，通常都是由金融机构负责承诺全部或部分包销。也就是说，证券发行过程首先是发行者与证券承销者之间的某种非标准化交易，只是在这一交易条件确定的基础上，才可能由证券承销者将标准化的证券分售给社会投资者。我国现行证券法规就明确规定，股票和企业债券的公开发行应当由证券经营机构承销。证券承销者是媒介发行者和投资者的桥梁，一方面，要对发行者负责，提供最恰当的发行建议；另一方面，要对投资者负责，尽职审查发行者的经营状况，对其承销证券的招募说明书的真实性和完整性负有连带责任。

有价证券的发行方式从发行对象方面来划分，可分为公募发行和私募发行两种。公募发行又称公开发行，是向社会公众的发行。私募发行又称不公开发行或内部发行，通过私下安排的方式，只对少数特定的投资者发行。

从在证券发行中金融中介机构所承担的责任方面来划分，证券发行方式又可分为直接发行和间接发行。在直接发行中，金融中介机构只负责办理证券的发售工作，而不参与发行的决策；在间接发行中，金融中介机构不仅负责办理证券的发售，还要参与有关发行对象、发行价格、发行数量等的决策，提供全面的发行服务，甚至包销证券。

流通市场是已发行金融工具的流通市场和衍生金融工具的发行及流通市场，它以发行市场为基础，反过来，又成为发行市场发展的制约因素，流通市场增强了金融工具的流动性。流通市场的交易只是金融工具的易手，不改变市场上的金融工具总量。在流通市场上，既有投资者，又有投机者；既有在交易所里进行的交易，也有通过经纪人以电讯联系进行的交易。二级市场的交易量远远大于初级市场的交易量。

流通市场的参与主体包括经纪人、交易商和一般投资者。规范的流通市场交易无论是交易所的场内交易还是场外交易，都不是由一般买卖双方直接完成的，而是通过交易中介机构进行，如我国的证券公司。

在西方国家，经营证券业务的机构按业务性质可分为经纪人和交易商两类。经纪人代客买卖有价证券以赚取佣金，佣金的高低取决于市场的一般规定、交易规模大小和经纪人所提供的服务，通常为1%～10%。原则上，小额交易的佣金提取率要高于大额交易，只代为执行交易的经纪人收取的佣金要低于提供咨询、保管等全面服务的经纪人收取的佣金。前者称为折扣经纪人（discount broker），后者称为全服务经纪人（full-service broker）。经纪人在交易所内都设有场内交易代表（floor broker），交易商为自己的账户交易。通常，大多数经纪人也都有自营交易，因此，一家公司往往同时身兼经纪人和交易商双重角色。

流通市场的两种基本组织形式是交易所交易市场和场外交易市场。交易所交易是指投资者参与买卖在证券交易所上市的有价证券的交易机制。世界各地的证券交易所各有自己的特色，简而言之，它们的市场结构可归纳为两种类型：订单驱动市场和报价驱动市场。

在订单驱动市场中，经纪人的职能是帮助客户选配合适的交易对象，这一选配过程可以在交易所的交易大厅内人工完成，也可以通过使用计算机交易系统来完成（如我国深沪交易所的交易系统），或两者兼用（见图13-1）。

图 13-1　订单驱动市场的结构图

在报价驱动市场中，经纪人接受客户的买卖委托后，不是去寻找价格合适的对家经纪人，而是去找专门的做市商交易（如图 13-2 所示）。做市商是一种特殊的交易商，他们在交易所内的职责是维持所负责证券的市场秩序，保持价格稳定和交易顺畅。当然，做市商也是要追求盈利的，他们的盈利来自买卖价差，做市商会根据市场供求情况同时报出买价与卖价。例如，报出某只股票的价格为 24～26 美元，这表示做市商愿意从投资者那里购买该股票的价格为 24 美元，愿意向投资者出售该股票的价格为 26 美元，前者称为递价（bid price），后者称为要价（offer price or ask price）。

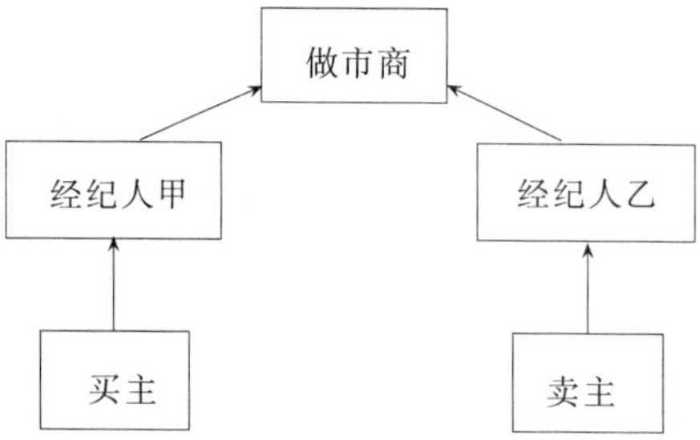

图 13-2　报价驱动市场的结构图

所有不在交易所内进行的证券交易统称为场外交易。场外交易市场是无形的，在经纪人和交易商之间直接进行，现代化的通信网络设备使经纪人和交易商能够了解每一种证券的所有报价。普通投资者参与场外交易既可通过经纪人进行，也可直接与交易商交易。在美国，非交易所会员经纪人、交易商和机构投资者通过柜台交易买卖在交易所上市的有价证券被定义为第三市场。机构不借助经纪人直接通过电子系统交易上市股票或其他证券被定义为第四市场。

此外，从市场职能的发展来看，金融市场又可分为传统金融市场和衍生金融市场。传统金融市场执行金融市场媒介资金融通等传统职能，是金融市场的主体，也是国民经济运行不可缺少的组成部分。衍生金融市场则是为进一步发展和完善传统市场而创造的以套期保值和价格发现为基本功能的市场机制，它的健康发展对金融市场的深化有着积极的促进作用。

（二）从金融工具的存续期限角度划分

这是最常用的一种分类方法，以金融工具的期限为分类标准。货币市场上金融工具的期限在一年及一年以下，资本市场上金融工具的期限都在一年以上。因此，货币市场又称短期资金市场，资本市场又称长期资金市场。货币市场上完全是债权交易，资本市场上则既有债权交易又有产权交易。衍生金融工具的交易由于交割期限都在一年以内，因此，也都属货币市场范畴。

资本市场是筹集长期资本、实现储蓄向投资转化的重要市场机制，是社会经济发展的基本保障之一。高效率的资本市场将实现社会资源的最佳配置，促进全社会经济效益的提高，实现全社会的共同富裕。换言之，资本市场的完善与否将直接影响一国的投资水平、投资结构、资源的合理配置和利用以及国民经济的协调发展。

由于在资本市场发行的金融工具期限较长，其中股票甚至根本没有偿还日期，因此，良好的流通市场对发行市场的发展至关重要。活跃的流通市场有助于提高长期金融工具的流动性，增强投资者对长期金融工具的需求，对金融市场供求双方都有利。

货币市场也有发行市场和流通市场之分，但因金融工具期限短，所以，货币流通市场的地位和作用不像资本流通市场那样重要。货币发行市场主要用于解决筹资者的短期资金使用和周转的需要，投资者主要用它来满足资产流动性管理的需要。货币市场尽管不能为社会投资做出直接的贡献，却是金融市场的一个重要组成部分，对资本市场健康稳定发展也有积极的支持和促进作用。首先，货币市场形成的利率往往能够代表一国市场利率的总水平，带有指标或称风向标的性质；其次，短期投融资也是市场参与者资产负债管理的一项重要内容，发达的货币市场使社会资金的利用率更高；再次，货币市场可以成为资本市场的积极支撑，如回购市场可以为资本市场融通资金，衍生金融工具市场可以为资本市场提供进行风险管理的有效工具；最后，货币市场是进行货币政策操作的主要领域，可以为实现中央银行货币政策服务。

（三）从交割的角度划分

交割是金融交易的最终环节，在这一环节资金和金融工具在购买者和卖出者的账户间发生实际的转移，现货市场的交割在成交后很快完成，而期货市场的交割都明确规定在成交后的一段时间内或未来某一特定日期进行。

理想的现货交割当然是在交易确立后立即进行，但出于技术的和管理的需要，实际交割都有一定的滞后期，不同国家所规定的交割期会有所不同，但一般都是采用“$T+$日期”的模式，如“$T+1$”代表在交易日后的1个工作日交割。我国沪深证券市场采用的是无纸化的、交易所集中统一登记托管的交易组织机制，因此，实现成交后立即交割在技术上是没有问题的。在20世纪90年代初我国曾实行过“$T+0$”的交割模式，后来，为了抑制市场投机活动而改为实行“$T+1$”模式。其他国家如美国、日本和欧洲债券采用的是“$T+3$”模式，英国采用的是“$T+5$”模式。政府债券的交割期一般较短，像英国和美国的国债都是按“$T+1$”模式交割的。

期货市场的交割都明确规定在成交后的一段时间内或未来某一特定日期进行。其中，美式期货市场的交割可在规定的未来一段时间内的任何一天交割，而欧式期货市场的交割则只能在规定的未来某一特定日期进行，期权市场也是如此。

（四）其他考察角度综述

按金融工具的种类划分，金融市场可分为股票市场、债券市场、投资基金市场、认股权证市场、期权市场、期货市场、掉期市场、保险市场、信托市场、租赁市场、存款单市场、抵押市场、商业票据市场；从市场参与者的国籍身份角度考察，金融市场可分为国内金融市场和国际金融市场；按市场参与者的性质和交易数量划分，金融市场可分为零售市场和批发市场。

第二节　货币市场

货币市场按交易工具的不同，一般包括国库券市场、商业票据市场、大额可转让定期存单市场、同业拆借市场、回购市场等。

一、国库券市场

国库券市场是短期政府债券发行和流通的市场。这种市场的存在，一方面，为政府提供了弥补经常性财政收支差额的资金来源；另一方面，也为金融市场的投资者提供了一种进行资产流动性管理的工具。

国库券通常有 3 个月、6 个月、9 个月、12 个月四个品种，基本没有违约风险。由于期限短，通常采用贴现发行方式。

西方市场经济发达国家的国库券通常是定期滚动发行的，发行价格通过市场竞价决定，由此形成的利率被认为是对市场资金供求状况的灵敏反应，是市场基准利率水平的代表，如加拿大中央银行就是在每周二，根据国库券发行市场 3 个月期国库券的拍卖结果公布中央银行基准利率的。美国在使用联邦基金利率之前也是如此。

国库券不仅发行市场很有影响力，流通市场也很活跃，其中一个重要原因就是：在现代银行体制下，国库券是中央银行进行公开市场业务操作的主要工具。同时，商业银行、养老金基金、共同基金、保险公司等机构投资者也是国库券市场的积极参与者，国库券是这些机构投资者进行流动性管理的一项重要选择。

国库券市场具有期限短、交易金额大、价格波动小的特点，不适合个人的小额投资，由此带来了货币市场基金这类集合投资工具的创新。

二、商业票据市场

这里所说的商业票据指的是在西方发达国家由具有高信用等级的大企业和财务公司发行的短期无担保债券。它是一种纯市场融资工具，期限从 2 天到 270 天，30 天以下的商业票据的市场最为活跃，一般只有发行市场，少有二级市场。

商业票据的利率常常低于银行贷款利率，这使其对于发行人非常具有吸引力，特别是在银根紧和利率高的时期。自 20 世纪 70 年代起，商业票据一直是美国大企业短期资金的主要来源之一。

在美国，与银行相关的商业票据大约占商业票据市场的 25%，但通常不是商业银行的负债，而是银行持股公司或非银行附属机构的负债。美联储准许商业银行作为代理人直接将商业票据销售给投资者。

三、大额可转让定期存单市场

大额可转让定期存单是由大银行以大面额（通常在 100 万美元以上）发行的可转让定期存单，期限短至 14 天，长至 12 个月，平均期限为 3 个月，到期前可以在二级市场卖出，交易最小量为 100 万美元，通常为 500 万美元。大额可转让定期存单既可以以贴现的方式发行，也可以以到期还本付息的方式发行。

大额可转让定期存单最早产生于 20 世纪 60 年代的美国，它是作为一种货币市场工具推出的，是银行积极主动筹集短期资金、实施负债管理的一种工具，与普通定期存单有所不同。大额可转让定期存单的投资者一般是保险公司、财务公司等机构投资者。美国最大的 25 家银行发行的大额可转让定期存单的二级市场非常活跃。

四、同业拆借市场

同业拆借市场是银行等金融机构间的短期资金借贷市场。典型的同业拆借市场是为调剂商业银行结算资金余缺而设立的隔夜拆借市场，参与者现已扩大到银行以外的金融机构，交易对象扩大至银行承兑汇票、商业票据、大额可转让定期存单、回购协议等，市场功能也已发展成为一种金融机构进行资产负债流动性管理的工具。美国联邦基金市场就是一种同业拆借市场，联邦基金利率现已成为美国的基准利率。

五、回购市场

回购市场实质上是一种以有价证券为抵押的贷款市场。在这个市场上，资金需求者以自己所拥有的有价证券为基础，出售回购协议而获取资金，并于规定的日期再以规定的价格向回购协议的购买者购回证券。它可以使有价证券的所有者在不丧失对有价证券所有权的情况下不断地根据需要融通资金，具有极大的灵活性；对于投资方而言，购买回购协议具有期限短、保证性强的优点，在市场资金需求旺盛的时期收益率也极高。

第三节　资本市场

一、股票市场

股票是股份有限公司发行的、用以证明投资者股东身份的有价证券。股票发行可以为股份有限公司带来资本金，股票投资使投资者拥有对股份有限公司的所有权。股票市场不仅仅具有融通资金的功能，还具有风险管理、信息生产和公司治理的功能。

一个企业可以根据不同的需要，发行不同的股票，按照股票投资者权益的不同，股票可分为普通股和优先股两大基本类型。

（一）普通股和优先股

普通股是股票最普遍的一种形式，具有以下特点：

（1）不带有固定的定期收益和本金偿还的承诺。股息或红利的多少取决于公司经营效益的好坏和股息分配政策。这既增加了投资的风险，也提供了获得高收益的机会。普通股的收益主要来自股息红利收入和股价上升带来的资本升值收入两个方面，其风险当然也来自这两个方面。

（2）普通股股东享有对公司经营决策的参与权。这一权利是通过参加股东大会实现的。普通股股东有权参加股东大会，听取公司董事会的业务和财务报告，对公司经营管理发表意见，在股东大会上行使表决权和选举权，选举公司的董事和监事。

（3）普通股股东具有优先认股权。在优先认股权制度下，现有的股东有权保持对企业所有权的现有百分比，因此，当公司为增加资本而决定增发普通股时，现有的普通股股东有权优先认购。

（4）普通股股东有权享受红利。红利是在正常股息分配之外额外支付给股东的利润额，当公司利润特别丰厚时，普通股股东便有权在董事会决定后，从公司利润中分取红利，这是普通股股东经济权益的直接体现。

（5）普通股股东具有剩余索偿权。当股份有限公司破产或解散清理时，在公司资产满足了公司债权人的清偿权及优先股股东优先分配资产的请求后，普通股股东有权参与公司剩余资产的分配。

优先股是股份有限公司发行的、在分配公司收益和剩余资产方面比普通股具有优先权的股票。优先股的特征有：

（1）有约定的股息。优先股的股息在发行时就已确定，不随公司利润的增减而波动。当然，这一点也并不绝对，因为优先股毕竟是股权凭证而非债权凭证，如果公司没有获得足够优先派息的利润，也可以少派息，甚至不派息，公司方面也不会因此而承担法律上不履行债务的责任。

（2）具有优先分配股息和清偿资产的权利。在领取股息方面和当公司破产或解散清理时，优先股股东的利润分配权和资产索偿权虽位于债务人之后，但在普通股股东之前。

（3）表决权受到限制。优先股股东的表决权受到严格限制，在通常情况下不享有公司经营决策参与权，也没有选举权，只有当公司活动或议案涉及优先股股东的权益时，优先股股东才有相应的表决权。

（二）普通股筹资的利弊

采用普通股筹资的优点主要有：发行普通股筹集的资金具有永久性，无到期日，无须归还，可以保证公司的最低资本需要，在公司存续期间自主安排使用；无固定的股利负担，支付股利与否、支付多少视公司的经营情况、盈利多少和分配政策而定，在经济波动时给公司带来的财务负担较小，且没有还本的压力；普通股筹集的资金作为公司的基本资本来源，代表着公司的资金实力，可作为其他方式筹资的基础，为债权人提供保障，增强公司的举债能力；普通股发行后可以申请上市，股票上市可以扩大公司及其产品的知名度，提高股票的流动性，增强公司的筹资能力，便于确定公司的价值，有利于股东财富的增值。

采用普通股筹资的不利因素主要有：普通股的资金成本较高，因为投资者投资于普通股风险较高，其要求的投资报酬率也相应较高，并且公司支付普通股股利时，要用税后利润支付，没有抵税的作用，另外普通股的发行费用一般也比其他证券高；以普通股筹资会增加新股东，分散公司的控制权，对老的控股股东产生威胁；增发新股会降低普通股的每股收益，引发股价下跌；股票上市对公司也有不利之处，如公司需定期公布财务状况，保密性差，股票交易易被操纵，影响公司形象。

（三）优先股筹资的利弊分析

优先股筹资对公司有利的方面在于：优先股筹集的资金既是公司的长期权益资金，无到期日，无须归还，资金成本又相对固定；公司发行优先股筹集的资金，同样也可以增强公司的资金实力和举债能力；优先股股东一般无表决权，不会分散股东控股权。

优先股筹资的缺点在于优先股的资金成本固然比普通股低，但较债券要高；优先股股息固定，发行数额过大仍会给公司带来沉重的财务负担，在无力支付股息时，还会损害公司形象。

（四）股票投资的收益与风险

股票投资既可赚取股息分红收益，又可赚取流通市场上的价差收益。而股票的价格最低为零，最高却没有界限，因此，股票投资的收益从理论上说是无上限的，只要企业能持续、高速发展，股票市场健康稳定，股票投资对投资者来说就具有极大的潜在盈利能力。

此外，普通股的股东可以参加股东大会，有利于了解公司的生产经营情况和未来发展战略，对公司重大经营决策行使表决权，可以在一定条件下扩大自己的影响。

与股票诱人的潜在权益相伴随的是股票投资的高风险性。股票没有到期日的规定，视同于投资者对企业的直接投资，在企业经营状况不好的时候，投资者不仅得不到股息收入，连投资的资本金也要遭受损失。对于从二级市场购买股票的投资者来说，股票市场的价格不仅取决于企业的生产经营状况，还取决于二级市场供求因素的影响，即使企业自身没有什么问题，但若遇到整个市场不景气，或者本企业股票遭市场冷落、被人为操纵或自己决策失误等，也会遭受资本损失。而且，二级市场的价格一般都比面额高，有的甚至高几十倍、上百倍，在企业被摘牌或被实施破产清理时，可能血本无归，因此投资风险是相当大的。

二、长期债券市场

长期债券由于期限较长而一般采取附息债券的方式发行，即在到期日前每年或每半年定期支付利息，到期还本。公债和公司债券是典型的长期债券市场工具。

（一）公债和公司债券

公债通常是指长期的政府债券，主要用于公共设施建设等长期财政投资的需要。

公司债券在西方国家是指由企业发行的长期债券，期限大多为10～30年，与公债相比，违约风险相对较大，票面利率也较高。在实际经济生活中，公司债券的种类繁多，服务于不同公司的不同需要。如在美国债券市场上，主要的公司债券有以不动产为抵押的抵押债券、以动产为抵押的设备信托证券、信用债券、可转换债券等。

债券发行前一般都要进行信用评级，只有达到一定信用等级的企业才可以发行债券，同时，信用等级越高，表明债券发行人的偿债能力越强，债券的发行成本就越低（如较低的利率）。随着发达国家市场环境、法制环境和信息环境的健全，大企业发行债券成本的降低和市场对大企业债券接受能力的增强，20世纪90年代中期以后，在美国等发达国家，发行公司债券已经成为大公司外部融资的首选。

（二）长期债券投资的收益与风险

违约风险和利率风险是债券投资面临的基本风险。一般来说，公债基本没有违约风险，流动性强，利率也高于银行储蓄存款。公司债券违约风险相对较大，二级市场不甚活跃，流动性较差，但票面利息收益较公债高。

无论是公债还是公司债券，都有利率风险和收益。利率上升，会引起债券市场价格下跌，给投资者带来资本损失；利率下跌，会引起债券市场价格上升，给投资者带来资本收益。不过，由于债券一般有固定的到期期限和票面利率，因此，债券的价格上升和下跌都是有限的，整体风险小于股票。

（三）债券投资的基本策略

由于利率变动是债券价格波动的直接影响因素，利率上升，债券价格下跌，利率下跌，债券价格上升，因此，进行债券投资管理必须重视利率变化。在西方国家，债券投资者在判断利率走势时，常常用到的一种工具就是利率的期限结构。利率的期限结构指的是在一定时点上，各种不同期限的债券到期收益率的结构。同时，由于利率风险是所有债券都面临的风险，因此，债券投资管理的核心是利率风险管理。

人们管理利率风险的策略有多种，这些策略可被归为三种类型：消极保守型、积极进取型和混合型。

常见的消极保守型的利率风险管理策略有两种：一种是购买后一直持有至到期的策略。由于债券到期偿还本金是以债券的票面金额为准的，与债券市场价格无关，自然也就没有利率风险。另一种是利率免疫的策略。这种策略是指债券管理者通过建立一定形式的债券组合，如保持资产负债收支流量结构对称，使债券投资的现金回流符合对现金的需求，从而避免在市场价格不利的情况下买卖债券，来满足投资或现金支付的需要。

积极进取型的利率风险管理策略就是通过利率预测和选择市场时机，来确定短线投资的债券收益会高还是会低，从而决定交易行为。

采用混合型策略的人不完全依赖利率预测，而是把前两种技术的长处结合起来加以运用。

三、投资基金市场

(一) 投资基金的基本特点

投资基金是一种收益共享、风险共担的集合投资机制。投资基金的发起人通过向投资者出售基金单位（或基金份额）的形式筹集资金，交由专业的基金管理人在约定的领域进行约定性质的投资。基金管理人根据基金净资产值提取管理费（有些基金还可根据投资盈利状况提取业绩报酬），基金投资者（即基金受益人）可通过基金收益分配和资本增值获得投资回报。

我国证券投资基金就是一种利益共享、风险共担的集合证券投资方法，即通过发行基金单位，集中投资者的资金，由基金托管人托管，由基金管理人管理和运用资金，从事股票、债券等金融工具投资。

投资基金具有多元化投资、专家理财、流动性强的特点。基金管理人受人之托、代人理财，要在保证资产安全的前提下，追求投资收益的最大化，风险管理是首要的。多元化的投资是风险管理的基本做法。

基金管理人是职业投资管理者，是专家，较一般社会大众在专业知识、投资技巧和市场信息等方面都具有更强的优势。专家理财既符合社会分工的发展趋势，又有助于提高投资的收益率。

投资基金对于基金投资者来说是一种间接投资工具，不涉及具体的投资对象或企业，投资基金单位不仅有发行市场，还有流通市场。封闭式投资基金可通过交易所卖出交易变现，其流通性与股票相似；开放式投资基金可通过柜台赎回交易变现，正常情况下，可在任何一个营业日，按基金管理人公布的以基金单位净资产值为基础的赎回价变现，流动性更强。

(二) 投资基金的基本类型

按基金组织设立方式划分，投资基金可分为公司型基金和契约型基金两类。公司型投资基金是依据《中华人民共和国公司法》设立的基金，依基金公司章程运作，基金投资者购买的是基金的份额（shares），投资者类似于股份有限公司的股东，但其权利相对有限。契约型投资基金设立的法律依据是《中华人民共和国信托法》，依基金合同运作，基金投资者与基金管理者是信托关系。我国证券投资基金属于契约型基金。

按发行后基金单位可否赎回划分，投资基金可分为开放式投资基金和封闭式投资基金两类。开放式投资基金的基金单位总量是可变的，在每个营业日，投资者可以向基金管理人申购基金单位，也可以要求基金管理人赎回基金单位。封闭式投资基金一经设立，基金单位总规模就固定了，投资者再要购买基金单位，只能到流通市场上从基金投资者那里购买，基金投资者要想变现所持基金单位，也不能要求基金管理人赎回，只能在流通市场上卖出。

按基金投资目标划分，投资基金可分为避税型、收入型、增长型、收入和增长混合型、货币市场型、国际型及指数型等。

避税型投资基金以避税为首要目的，主要服务于处于高税率档次的富人，通常投资于政府债券，这种债券在大多数国家都是免税的。在西方国家，投资管理要考虑的一个重要因素就是投资者的税收地位。一个处于高税率档次的富人，如果投资于高股息或高利息的证券，纳税后他实际上剩不下多少钱。

收入型投资基金追求的是低风险和基本收益（即利息、股息收益）的稳定，能够满足这种需求的证券有：附息债券、优先股及一些避税债券等。一般而言，年纪较大的投资者、需要负担家庭生活及教育费用的投资者及有定期支出的机构投资者（如养老基金等）会偏好这种基金。这种基金的主要功能是为投资者实现基本收益的最大化，定期从基金获得的收入可能要用于满足投资者的部分或全部日常开支的需要。当然，这也并不是说收入型投资基金仅适用于中等收入阶层。作为一种投资目标，富人也可能有此需要，只是他们不仅要考虑基本收益的最大化，还要考虑避税的问题。

增长型投资基金以资本升值（即未来价格上升带来的价差收益）为目标，投资者往往愿意通过延迟获得基本收益来求得未来收益的增长，投资风险较大。增长型证券的组合管理要想获得成功就一定要严格遵守组合管理的基本步骤和基本原则。所谓增长型是指收益要远远高于市场，因此，选股极为重要，在分析中可借助预期收益、标准方差、贝塔值等工具。多元化的原则也不应被忽视，因为证券太少风险太大，证券太多又影响效益。此外，还需对企业做深入细致的分析，如产品需求、竞争对手的情况、经营特点、公司管理状况等。年轻人及高税率阶层往往偏好这种组合。年轻人希望通过延迟眼前的收益来获得未来收益的增长，富人们则是看重长期资本收入的所得税税率低于基本收入所得税税率。

收入和增长混合型投资基金试图在基本收入与资本增长之间、收益与风险之间达到某种均衡，因此也称为均衡基金。二者的均衡可以通过两种方式获得，一种是使基金组合中的收入型证券和增长型证券达到均衡，另一种是选择那些既能带来基本收益，又具有增长潜力的证券进行投资组合管理。

货币市场型投资基金投资于各种货币市场工具，如国库券、高信用等级的商业票据等。货币市场交易具有规模大、价差波动小的特点，不适宜小额投资，这种基金使中小投资者得以参与货币市场投资。在西方国家，货币市场基金还赋予投资者以基金账户为基础签支票的权利，使之具有结算账户的功能，资产管理账户中的货币通常在投资者做出再投资决策前自动转入货币市场基金。由于很多货币市场基金都是基金家族的一员，使得投资者可以免费将货币从一种基金转入另一种基金。

国际型投资基金投资于海外不同国家，是基金管理的时代潮流，是经济、金融全球化的必然结果，与资本的国际流动密切相关。实证研究结果表明，这种基金的业绩总体上强于只在本土投资的基金。因为它可以分散个别国家或地区的风险，在世界范围内追求收益最大化。20世纪90年代初期，发达国家普遍实行低利率政策导致国际资本大规模流入新兴市场，基金的国际化投资也在其中，但在1997年对冲基金的投机活动引发了波及全球的东南亚金融危机后，大量国际型基金从新兴市场中抽逃出来流回欧美等发达国家市场，不仅对东南亚等新兴国家的股市和汇市下跌起了推波助澜的作用，也大大缩减了国际型投资基金的规模。

在国际型投资基金中有一类被称为主权财富基金（sovereign wealth funds，SWFs）的基金，最近受到了越来越多的关注。主权财富与私人财富相对应，主要是指一国政府通过特定税收与预算分配、可再生自然资源收入和国际收支盈余等方式积累形成的，由政府控制与支配的，通常以外币形式持有的公共财富。据估计，1990年全球SWFs的规模只有约5亿美元，在最近10～15年间，得益于油价上涨和新兴市场经济体国际收支大幅盈余，SWFs才获得惊人的增长。中国于2007年成立中国投资有限责任公司（中投公司），负责管理中国的部分外汇储备，注册资本金为2 000亿美元。之后，我国的主权财富基金规模迅速扩大，2014年，中国投资有限责任公司和华安投资有限公司分别以6 527亿美元和5 679亿美元的财富规模排在全球所有主权财富基金第四、五位。随着主权财富基金的数量与规模的迅速增大，主权财富基金的投资管理风格也更加趋于主动活跃，并开始影响国际政治基金的运行。

指数型投资基金模拟某种市场指数进行投资管理。信奉有效市场理论的机构投资者通常会倾向于这种基金，以求获得市场平均的收益水平，因此，也常被称为追踪基金或被动基金。根据模拟指数的不同，指数型投资基金可以分为两类：一类模拟内含广大的市场指数，这属于常说的被动投资管理；另一类模拟某种专业化的指数，如道琼斯公共事业指数，这种基金不属于被动管理之列，因为它对指数是有选择的。

（三）投资基金的收益-风险分析

投资者投资于投资基金的收益可来自两个方面：一是买卖投资基金的价差收益，二是投资基金的分红派息。无论是开放式投资基金还是封闭式投资基金，其价格都是波动的。开放式投资基金的价格由单位基金的资产净值和手续费两部分组成，封闭式投资基金的价格则取决于市场供求（其中当然也包含基金的单位资产净值）。投资基金分红派息的资金主要来自基金投资的股息、利息收益和资本升值收益。由于投资基金主要是一种代人理财的投资机制，因此，基金分红派息收入应是投资者的主要追求对象。

尽管投资基金具有多元化投资和专家理财的优势，但由于投资基金的收益分配不是固定的，价格也是波动的，故投资于投资基金仍然是有风险的。首先，由于投资多元化只能分散个别证券造成的非系统风险，而对影响整个市场的系统风险无能为力，因此，当市场整体下跌时，只能做投资不能做卖空的投资基金也不能幸免于难，基金资产净值会随整个市场的下跌而下跌，这将直接降低开放式投资基金的价格。影响封闭式投资基金市场价格波动的因素更多，其投资自然也就更难把握。其次，投资基金本质上是一种委托投资机制，因此，基金投资者还面临来自基金管理者的风险，包括经理人经营管理水平的风险和道德风险。

第四节　衍生金融工具市场

金融市场的剧烈波动和投资管理职业化、科学化的发展，使风险管理成为现代投资管理的主旋律。利率、汇率及产权价格的波动与金融资产价值和收益直接相关，任何意外的不利波动都可能给投资管理者带来严重的后果，因此，投资管理者总是希望能使自己的资产获得“免疫”，即免受不利因素的影响。例如，养老金基金的经理往往会担心利率上升造成他所拥有的固定收益证券贬值，为此，他便需要采取某些措施来防备和抵消利率上升对他的资产总价值的侵蚀。

套期保值是获得“免疫”的途径之一。在金融市场上，可以用来进行套期保值的金融工具和交易技术近年来已经有了很大的发展，如期货、期权、掉期及各种形式的资产组合保险技术等。这些衍生金融工具及交易技术除了可以用来进行套期保值外，还具有资产组合、价格发现和投机等多种功能，深受金融市场交易者的欢迎。

一、远期合约

远期合约是相对较简单的一种衍生金融工具。它是指合约双方在未来某个日期按约定的价格买卖约定数量的相关资产。远期合约的交易一般不在规范的交易所内进行。目前，远期合约主要有货币远期和利率远期。

在远期合约的有效期内，合约的价值随着相关资产市场价格的波动而变化。如果合约到期时市场价格高于合约约定的执行价格，则由卖方向买方支付价差金额；如果市场价格低于执行价格，则由买方向卖方支付价差金额。这意味着远期合约的买卖双方都有可能形成无限大的收益或损失（见图 13－3）。

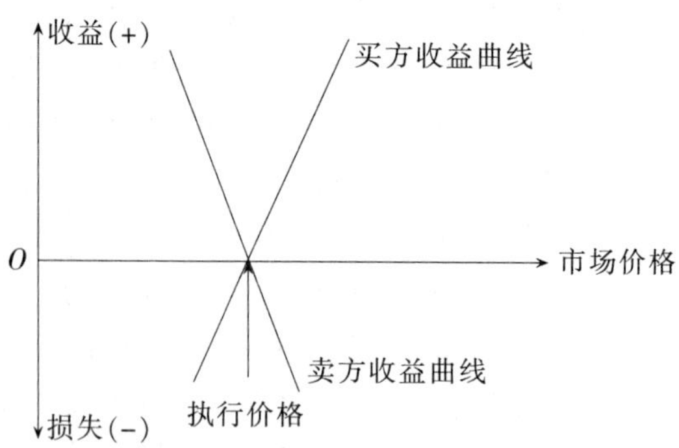

图 13－3　远期合约的收益与损失

二、期货合约

期货合约是远期合约的一个变种，也是交易双方按约定价格在未来某个期间完成特定资产交易行为的一种方式，其收益曲线与远期合约一致。两者的区别是：期货合约是在交易所内交易，远期合约一般是在交易所外交易。也是因为这个原因，会有期货合约的流动市场。

三、期权合约

期权是一种赋予持有人在某个给定日期或该日期之前的任何时间以固定价格购进或售出一种资产的权利的合约，持有人也可以放弃行使这一权利，但要损失期权费。

期权的要素包括：

（1）执行期权：通过期权合约购进或售出标的资产的行为。

（2）执行价格：持有人据以购进或售出标的资产的期权合约的固定价格。

（3）到期日：期权到期的那一天。

（4）标的资产：期权合约中规定的双方买入或售出的资产。

（5）期权费：买卖双方购买或出售期权的价格，又称期权价格。

例如，“IBM 11 月份 100 买权”，就是指执行价格为 100 美元，到期日为 11 月份，标的资产为 IBM 公司普通股股票的买权。

期权有美式期权和欧式期权。美式期权可以在到期日或到期日之前的任何时间执行；欧式期权则只能在到期日执行。

期权有看涨期权和看跌期权。看涨期权赋予持有人在一个特定时期以某一固定价格购进一种资产的权利。最常见的是股票和债券的看涨期权。例如，某股票每股的执行价格为 100 元，假如该股票在期权到期日是每股 140 元，期权购买者有权行使看涨期权，在到期日，该权利的价值为 40 元。如果在期权到期日股价更高，则看涨期权更有价值。如果股价低于执行价格，持有者将不会执行期权，即放弃期权。但由于期权是一种有限责任工具，这意味着持有人可能遭受的损失是其购买期权时所支付的期权费。

看跌期权是看涨期权的反面，是指赋予持有人以固定的执行价格售出资产的权利，所以看跌期权的价值与看涨期权相反。假如看跌期权的执行价格是每股 60 元，并且到期日的每股股价是 50 元，看跌期权的持有者有权以超过价值的价格卖出股票，即可以 50 元的市场价格购买股票并以 60 元的执行价格售出，从而得到 10 元的利润。此时，该看跌期权的价值是 10 元。如果股价更低，则利润更高。但是，如果期权到期时，股价是 70 元或者更高，看跌期权的持有者就不会行权，而损失期权费。

期权的最大魅力在于，期权买方可以将风险锁定在一定范围之内，见图 13 - 4 和图 13 - 5。

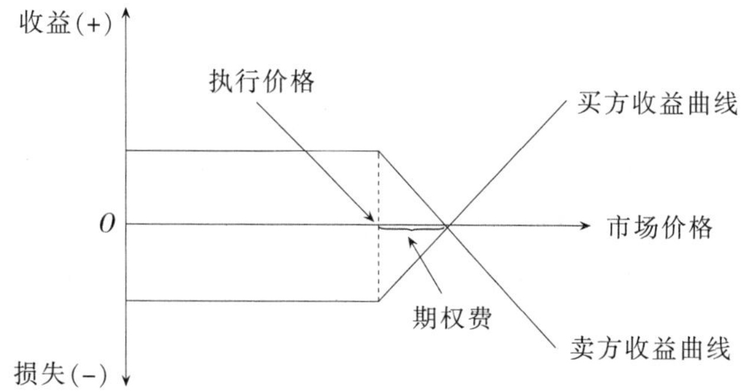

图 13－4　看涨期权的收益与损失

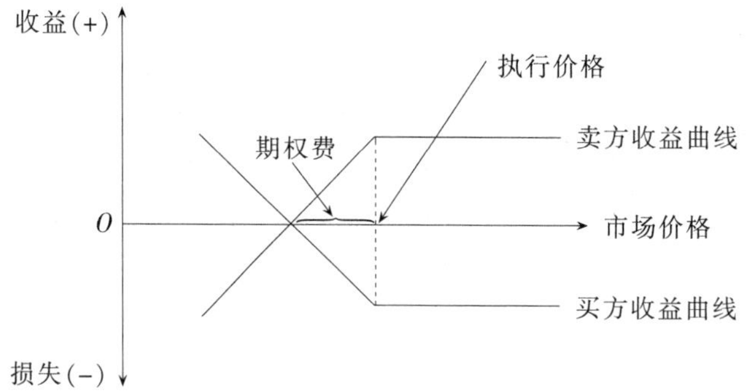

图 13－5　看跌期权的收益与损失

四、互换合约

互换也称为“掉期”，是指交易双方约定在合约有效期内，以事先确定的名义本金额为依据，按约定的支付率（利率、股票指数收益率等），相互交换支付的约定。互换合约的基本形式是利率互换和货币互换。利率互换通常是双方约定：一方按期根据本金额和固定利率计算的金额向对方支付，另一方按期根据本金额和浮动利率计算的金额向对方支付。实际只需支付差额。

货币互换是以按一种货币支付现金流量的债务交换按另一种货币支付现金流量的债务。货币互换是作为对国际贸易风险套期保值的工具而产生的。例如，某美国公司产品出口到日本，从而得到日元收入，而公司必须支付美元给它的雇员和供应商。由于美元与日元的汇率经常波动，当日元升值时，在日本的收益会值更多的美元，当日元贬值时，得到的美元数额会下降。如果公司希望每年在日本售出 1 亿日元的货物，假设汇率为 100 日元兑换 1 美元，企业将得到 100 万美元。但如果汇率上升到 120 日元兑换 1 美元，企业只能得到 83.3 万美元。为此，公司可以签订货币互换合约。假设该互换合约是含有每年以 1 亿日元交换 100 万美元的固定条款的 5 年期合约。现在，不论在今后 5 年期间日元和美元之间的汇率如何变动，只要公司每年从其产品销售中收入 1 亿日元，那么每年它都能将此金额转换成 100 万美元。

第五节　外汇市场和黄金市场

外汇市场和黄金市场也是金融市场的重要组成部分。

一、外汇市场

（一）外汇市场的定义

外汇市场指的是方便个人和机构进行外汇交易的组织机制。国际经贸活动的存在和各国实行不同的货币制度是外汇市场存在的两大前提。

外汇市场有广义和狭义两个层次，广义的外汇市场指的是银行间的外汇市场，参与者包括中央银行、外汇银行或专门的外汇经纪人，属于批发市场；狭义的外汇市场指的是外汇银行或外汇经纪人与客户之间的交易，这些客户既可以是企事业单位，也可以是个人，属于零售市场。

（二）外汇市场的基本交易种类

外汇市场的交易主要有外汇现货交易、外汇期货交易和掉期交易三种基本类型。

外汇现货交易也称即期外汇或现汇交易，指的是买卖双方成交后于当日或两个工作日内办理交割。即期外汇交易是按买卖外汇当日的汇率成交的，故其汇率称为即期汇率。即期外汇交易的汇款方式一般分为电汇、信汇和票汇三种形式。

外汇期货交易也称远期外汇或期汇交易，指的是买卖双方成交后，根据合同的规定，按约定的外汇金额、汇率和到期日办理交割。

掉期交易是指交易双方约定在未来某一时期相互交换某种资产的交易形式。更为准确地说，掉期交易是当事人之间约定在未来某一期间内相互交换他们认为具有等价经济价值的现金流的交易。较为常见的是货币掉期交易和利率掉期交易。货币掉期交易是指两种货币之间的交换交易，在一般情况下是指两种货币资金的本金交换。利率掉期交易是同种货币资金的不同种类利率之间的交换交易，一般不伴随本金的交换。掉期交易与期货、期权交易一样，已成为国际金融机构规避汇率风险和利率风险的重要工具。

（三）中国的外汇市场

我国的外汇市场分两个层次：银行间外汇批发交易市场和客户与外汇指定银行之间的外汇零售交易市场。

我国银行间外汇市场采取有形市场的组织形式，正式名称为中国外汇交易中心系统，总中心位于上海，实行会员制，凡是在中国境内注册、经主管机关批准设立，并被允许经营外汇业务的机构及其授权代表上述机构在外汇交易中心系统进行交易的分支机构，均可向中国外汇交易中心申请会员资格。中国人民银行的“公开市场操作室”作为会员，对外汇市场进行适时的干预和调控。银行间市场交易以美元对人民币的交易为主。

外汇零售市场在中国被称为银行结售汇市场。在结售汇制度下，办理结售汇业务的银行是外汇指定银行。外汇指定银行根据中国人民银行公布的基准汇率，在规定的幅度内制定挂牌汇率，办理对企事业单位和个人的结售汇。

银行结售汇包括结汇、售汇和付汇。结汇是指企事业单位和个人通过银行或外汇经纪人卖出外汇换取本币，售汇是指企事业单位和个人通过银行或外汇经纪人用本币买入外汇，付汇是指企事业单位和个人通过银行对外支付外汇。

二、黄金市场

尽管早在20世纪70年代国际货币基金组织就已经宣布黄金非货币化了，但至今，黄金还是很多国家国际储备资产的一部分，黄金市场的波动对国际金融市场依然有着不可低估的影响。

（一）黄金市场简介

黄金市场具有悠久的历史，世界上最早的国际黄金市场诞生于19世纪的伦敦。目前，国际黄金市场一般分为世界主要黄金市场和地区性黄金市场两大层次。世界主要黄金市场在世界黄金价格的确定中起主导作用，伦敦、苏黎世、纽约-芝加哥、香港被称为四大主要黄金市场。地区性黄金市场是随着黄金交易的扩大和地区性交易的需要而发展起来的分散的、规模不太大的市场，如欧洲的法兰克福、亚洲的东京、非洲的开罗等。

黄金市场的参与者主要有产金国的采金企业、各国中央银行、需要黄金作原料的工商企业、机构和个人投资者，一些国际金融组织也参与黄金交易。

黄金市场也有现货交易、期货交易和期权交易三种。

（二）世界主要黄金市场

在世界主要黄金市场中，伦敦黄金市场历史最为悠久，早在1919年，伦敦就成为一个组织比较健全的世界黄金市场。由于伦敦具有国际金融中心的各种便利条件，加上英国长期掌握西方黄金主要产地南非的黄金产销，因而，伦敦黄金市场发挥着世界黄金产销、转运和调剂的枢纽作用。现在，伦敦黄金市场的交易量不一定是最大的，但其黄金报价一直是具有代表性的世界黄金行市。

苏黎世黄金市场是在第二次世界大战爆发后，因伦敦黄金市场受战争影响关闭而发展起来的。苏黎世黄金市场通过给予南非储备银行信贷优惠来同伦敦黄金市场争夺优势地位，是仅次于伦敦的黄金市场。

美国是黄金期货交易的中心。纽约商品交易所和芝加哥国际货币市场都是重要的黄金期货市场。黄金期权交易也是美国黄金市场重要的组成部分。

香港黄金市场在20世纪70年代伴随着香港经济的发展和金融市场的国际化，以本地伦敦金市场的开办为标志，由一个地区性的黄金市场发展为国际性黄金市场。目前香港并存着多个各具特色的黄金批发市场，包括金银业贸易市场、本地伦敦金市场和香港期交所的期金市场。

（三）中国黄金市场的发展

1921 年上海成立了上海金业交易所，中国有了正规的黄金交易市场，早在 20 世纪 30 年代中期以前，中国上海每年标金的成交量为约 3 000 万～5 000 万条，仅次于伦敦、纽约，居于世界第三位。1937 年因抗日战争全面爆发而停业。中华人民共和国成立后计划经济时期中国对黄金的生产和流通实行严格管制，至 2001 年 4 月中央银行才宣布取消黄金统购统配的计划管理体制。2002 年 10 月 30 日上海黄金交易所成立，该交易所实行会员制形式。中国黄金市场自起步发展以来取得了令人瞩目的成就，建立了以上海黄金交易所为中心的多层次黄金现货交易体系，丰富了交易品种，形成了市场化的运作机制和定价机制。

复习思考题

1. 什么是金融市场？
2. 如何理解金融市场的各项要素？
3. 如何认识发行市场和流通市场？
4. 货币市场具有什么特征？货币市场有哪些基本种类？
5. 股票市场投融资的利弊如何？
6. 长期债券市场的投融资利弊如何？
7. 什么是投资基金？它有何基本特征？
8. 衍生金融工具市场包含哪些内容？
9. 以期货合约为例，说明衍生金融工具市场的作用。
10. 中国外汇市场的市场结构如何？
11. 世界主要黄金市场有哪些？

第 14 章
金融机构

第一节　金融机构及其体系的一般构成

一、金融机构

金融机构也称金融中介或金融中介机构，是专门从事各种金融活动的组织机构。在现代社会，很大一部分资金是通过金融中介机构进行融通的，尤其是在金融市场不发达或不甚发达的国家更是如此。

二、金融机构体系的一般构成

金融机构体系一般是指一国在一定时期内所有的金融机构按照一定结构形成的整体。根据各金融机构从事金融活动目的的不同，现代各国金融机构体系大致包括如下三种类型：

（一）商业性金融机构

商业性金融机构是指主要以营利为目的从事金融活动的金融机构。这类金融机构按其所从事的具体业务活动可分为商业银行、专业银行、非银行金融机构三大类别。商业性金融机构的服务对象主要是工商企业和居民个人。

（二）政策性金融机构

政策性金融机构是指主要为政府政策目标实现而开展金融业务的金融机构。其服务对象主要是符合政府在某一时期的政策规定条件的各经济主体。

与商业银行等一般商业性金融机构相比，政策性金融机构的特征主要有：

（1）经营目标是实现政府的政策目标。一般商业性金融机构的经营活动更多地考虑自身的盈利；而政策性金融机构是隶属于政府的金融机构，它严格执行政府的意图，其经营不以营利为主要目标，而是为了实现政府的政策目标。政策性金融机构作为金融机构，也要在经营活动中实行独立核算、自主经营和自负盈亏。

（2）资金来源主要是国家预算拨款。商业银行的资金来源主要是存款，非银行金融机构的资金来源有的主要是存款（如信用合作社），有的主要靠发行股票或债券；政策性金融机构的资金来源主要是国家预算拨款，另外还有一部分资金来源于向政府借款、向国内外发行由政府担保的债券、向国内其他金融机构借款、向国际金融机构借款等。

（3）资金运用以发放中长期贷款为主。商业银行的资金运用中虽然也有中长期贷款，但一般不以此为主；非银行金融机构的资金运用有的和银行基本相同，有的则是经营某项专门的金融业务，但很少是专门经营中长期贷款的。政策性金融机构则以经办政府的中长期项目贷款为主，并且贷款利率一般低于同期限的商业性金融机构的贷款利率。

（4）政策性金融机构的贷款重点是政府社会经济发展计划中由政府产业政策重点扶植的项目，如发放基础设施建设贷款、重点发展的产业开发贷款、社会福利建设项目贷款、改善环境的建设贷款等。这些贷款由于利微、期限长、风险大，商业性金融机构不愿经营，因而多由政策性金融机构经营。

世界各国政策性金融机构的种类，按业务范围可以划分为：①开发型政策性金融机构，即专门为政府经济开发和发展提供中长期贷款的政策性金融机构。②农业政策型金融机构，即以经营农业或与农业有关的信贷业务，来贯彻政府支持农业发展政策的政策性金融机构。③进出口型政策性金融机构，即以经营与进出口有关的信贷业务推动国家进出口贸易发展的政策性金融机构。

从业务范围看，世界各国的政策性金融机构除了上述三种类型之外，还有住房政策性金融机构和中小企业政策性金融机构。前者专门为住房的生产、经营、分配和消费各个环节提供政策性融资，后者主要服务于中小企业，为支持中小企业增强市场竞争力，开辟就业渠道，推动技术创新与进步提供政策性金融服务。

我国在 1994 年为适应金融改革的需要，组建了国家开发银行、中国农业发展银行、中国进出口银行三家政策性金融机构。

（三）中央银行

中央银行也叫货币金融当局，其一方面通过一定的金融业务活动进行宏观金融调控，并为全国其他类别的金融机构提供有关服务，另一方面，有些国家的中央银行还代表政府负责监管商业银行等金融机构的活动。中央银行的服务对象是政府和商业银行等金融机构。

三、我国的金融机构体系

新中国的金融机构体系是通过在1948年12月1日组建中国人民银行，之后合并解放区银行，没收官僚资本银行，改造私人银行与钱庄，以及建立农村信用合作社、中国人民保险公司等途径建立起来的。

1956年我国在社会主义改造基本完成以后，形成了高度集中的金融机构体系，习惯上称为“大一统”的人民银行体系。

党的十一届三中全会后，随着改革开放政策的实行，“大一统”的人民银行体系已经不能适应我国经济金融的发展。为适应改革开放的新形势，国家对金融机构体系进行了重大改革，于1984年建立了中央银行制度下的金融机构体系。

改革至今，我国的金融机构由一元化向多元化方向发展，目前已经形成由银行、证券、保险、信托、金融租赁等机构构成的功能齐全、形式多样、分工协作、互为补充的多元化、多层次的金融机构体系。中国人民银行作为中央银行是金融体系领导核心，主要制定和执行货币政策，防范和化解系统性金融风险，维护国家金融稳定。中国银行保险监督管理委员会和中国证券监督管理委员会分别依法履行对全国银行业、保险业和证券业金融机构及其业务活动的监督管理职责。在银行类金融机构中三家政策性银行、多家大型国有控股商业银行、股份制商业银行为银行业的主体，其他城乡商业银行、合作性金融机构、新型农村合作信用社、邮政储蓄银行和外资银行的总体规模尚小。

第二节　商业银行

商业银行是一国金融机构体系中面向工商企业和居民个人等社会公众，具体经办存款、贷款和结算业务，并提供其他金融服务，以获取利润为经营目的的金融机构。在各类金融机构中，它是历史最为悠久、业务范围最为广泛、对社会经济生活影响面最大的一种。

商业银行是现代经济生活中存款货币的主要创造金融机构，通常也被称为存款货币银行。

一、商业银行的职能

（一）信用中介

信用中介就是指商业银行一方面通过吸收存款等方式，动员和集中社会上暂时闲置的货币资金，另一方面以贷款等方式使这些货币资金流向需要资金的社会经济部门，从而巧妙地把借贷双方联系起来，成为借贷双方的中介人。这是商业银行最基本的、最能说明其经营活动特征的职能。

商业银行通过发挥信用中介职能，在资金盈余者与短缺者之间架起一座桥梁，从而在资金所有权不发生转移的前提下，使闲置的货币资金得到最大限度的利用，促进了经济的发展。

（二）将社会各阶层的货币收入和储蓄转化为资本

个人货币收入是用来满足消费需求的；储蓄是准备用作未来消费或满足不测之需的。它们都不是资本，金额也比较小。由于商业银行具有信用中介职能，能把个人的货币收入和储蓄集中起来，再运用出去，从而把非资本的货币转化为资本，扩大了社会资本总量，有利于加速经济的发展。

（三）支付中介

商业银行为顾客办理与货币有关的技术性业务，如保管货币、贵金属、证券，以及办理现金收付和存款转账等，发挥支付中介职能。在这里，商业银行成为社会的“账房”和“出纳”。商业银行的这一职能，可以最大限度地节约社会流通费用，同时，还加速了货币资金的周转，为社会化大生产的顺利进行提供了一个前提条件。

商业银行的支付中介职能主要体现在其中间业务上。

（四）创造存款货币等信用流通工具

商业银行在经营各项业务的过程中成为银行券和存款货币这两种信用货币的创造者。随着商业银行的发展和中央银行的产生，商业银行发行银行券的权力被中央银行所取代，银行券由中央银行垄断发行，而商业银行在信用中介和支付中介职能的基础上，通过存贷业务和转账结算业务的开展，完成了对存款货币的创造。另外，商业银行还通过发行银行本票、大额可转让定期存单等，在流通中提供信用流通工具，这样也可节约与现金流通相关的流通费用，并可将节约的非生产性流通费用用于生产过程。

二、商业银行的类型和组织形式

（一）商业银行的类型

从商业银行的业务经营范围划分，商业银行有两大类型：职能分工型和全能型。

所谓职能分工型，是指商业银行根据法律规定，主要经营短期工商信贷业务。在有些国家，法律对各种金融机构的业务范围有严格的限定，有的经营长期金融业务，有的经营短期金融业务，有的则专营证券，有的则只经营信托等，而商业银行主要经营短期工商信贷业务。美国、英国、日本等国家的商业银行在 20 世纪 90 年代以前的半个多世纪的时间里，属于这种类型。

所谓全能型商业银行，也称为综合型商业银行，是指商业银行可以经营一切金融业务，包括各种期限和种类的存贷款，各种证券买卖以及信托、支付清算等金融业务。采用这种类型分工的国家以德国、奥地利和瑞士为代表。

从业务经营范围看，我国目前实行金融分业经营、分业管理的政策，我国现有的商业银行就属于职能分工型商业银行。

（二）商业银行的组织形式

1. 商业银行的外部组织形式

商业银行的外部组织形式是指商业银行在社会经济生活中的存在形式。由于各国的政治经济情况不同，各国商业银行的外部组织形式也有所不同。归纳起来，有如下几种形式：

（1）单元银行制，也称单一制或独家银行制，是指业务只由一个独立的银行机构经营而不设分支机构的银行组织形式。目前，只有美国采取这种形式，但美国许多州也在逐步放松对银行开设分支机构的限制。

（2）总分行制，也称分支行制，是指在大城市设立总行，并在该市及国内或国外各地设立分支机构的银行组织形式。在这种形式下，分支行的业务和内部事务统一遵照总行的指示办理。目前，世界上大多数国家均采用这种形式，我国的商业银行也采用这种形式。

（3）集团银行制，也称控股公司制，是指由一个集团成立控股公司，再由该公司控制或收购两家以上的若干银行，这些银行在法律上仍保持独立性，但业务经营都采用由同一控股公司控制的银行组织形式。

（4）连锁银行制，也称联合银行制，是指两家以上商业银行受控于同一个人或同一集团，但又不以控股公司的形式出现的银行组织形式。这种形式下的成员银行在法律上是独立的，但实际上所有权由一人或一个集团控制。它与集团银行制的区别在于没有控股公司的形式，不需成立控股公司。

（5）代理行制，是指银行相互间签有代理协议，委托对方银行代办指定业务，这在国际上是十分普遍的。被委托的银行为委托行的代理行，相互间的关系是代理和被代理关系。

2. 商业银行的内部组织结构

一般而言，股份制商业银行的内部组织结构由决策机构、执行机构和监督机构组成。决策机构包括股东大会、董事会；执行机构包括总经理（行长）领导下的各种职能部门和业务部门；监督机构主要有监事会和各种检查委员会。

三、商业银行的主要业务

（一）负债业务

负债业务是指商业银行筹措资金、借以形成资金来源的业务。它是商业银行资产业务和其他业务的基础。

1. 资本金

资本金是商业银行的本钱，是商业银行获得市场准入资格和开展存贷款等业务的基础，它代表商业银行所有者的权益。它一般有两个来源：一是商业银行创立时所筹措的资本，二是商业银行经营利润的一部分。不论来源如何，资本金都属于商业银行的长期性资金来源，因此可以进行长期性的运用。商业银行资本金占其整个资金来源的比重不高，但意义非常重大。一方面，它表明商业银行的实力，是其树立的信誉的物质基础；另一方面，它表明商业银行的清偿力与抗拒风险能力的强弱。

需要说明的是，商业银行资本金反映在其资产负债表中的负债方，只是表明它与下面将要介绍的各种负债共同构成商业银行的资金来源，但与其他负债在性质上是不同的。

2. 吸收存款业务

吸收存款是指商业银行接受客户存入的货币款项，存款人可随时或按约定时间支取款项的一种信用业务。这是商业银行的传统业务，是商业银行最重要的一项负债业务。

存款的种类一般有三种：

（1）活期存款，即存款人把款项存入商业银行时不约定提取时间，可以随时提取或开出支票进行转账的存款。由于这类存款的客户的频繁支出会增加商业银行的业务量，加大其经营成本，商业银行对这类存款一般不支付利息或支付的利息很低。虽然活期存款时存时取，流动性很强，但存取交替之中总会沉淀一笔相对稳定的余额，可供商业银行运用。

（2）定期存款，即存款人把款项存入银行时约定时间，到期才能提取的存款。由于定期存款期限较长，原则上到期之前不能支取，银行给予较高的利息。这类存款的稳定性较好，可作为商业银行中长期贷款的资金来源。

（3）储蓄存款，主要是居民个人为积蓄货币而将款项存入银行的存款。这类存款由客户以银行开具的存单或存折办理存取，不能透支，但可以随时提取。

3. 其他负债

（1）借款是指商业银行通过借入资金方式而形成资金来源的业务。它包括向中央银行借款（通过再贴现或再贷款）、同业借款（通过同业拆借、转贴现、转抵押）、回购协议、国际金融市场借款等。一般而言，借款只形成商业银行的短期资金来源。

（2）发行金融债券，即商业银行通过发行债券，以形成资金来源。通过这种方式形成的一般都是长期资金来源，对此可长期运用。

（3）占用资金是指商业银行在同业往来及办理中间业务中占用的资金，如占用委托款。占用结算资金也可以形成资金来源，但随着资金清算电子化和自动化的发展，占用资金特别是占用结算资金将日益减少。

相对于吸收存款而言，商业银行在借款、发行金融债券时拥有较大的主动权，所以借款、发行债券属于商业银行的主动型负债。

（二）资产业务

资产业务是指商业银行对通过负债业务形成的资金来源加以运用的业务，是商业银行获得收益的重要途径。商业银行的资产一般有三类：现金资产、贷款资产、投资。

1. 现金资产

现金资产包括：（1）库存现金，即存放在银行金库中的现钞和硬币，以应付客户取现、日常业务开支及收付需要。（2）存放在中央银行的超额准备金，对这部分存款，银行可随时用作支付或清算，是银行的一般性账户，如商业银行吸收的活期存款，流动性非常强。（3）存放在同业的存款，是为了同业间往来及清算的方便而在其他行开设的往来账户。（4）托收中现金，是指在商业银行经营中，银行每天都会收到开户人拿来的支票或现款，其中有些支票可能是非本行付款，需要向付款行收取，这种需要向别的银行收款的支票称为“托收中现金”。

以上各种现金资产都是为保持必要的流动性而保留的。随着货币市场、证券市场的发展，现金作为保持流动性的唯一办法被打破，商业银行只保留少量现金资产，而通过持有较多的能带来收益的短期证券如国库券、央行票据等来应付流动性需要。

2. 贷款资产

贷款也称放款，是指商业银行将所吸收的资金按照一定的利率提供给客户使用的一种资产业务。这是商业银行最重要的资产业务，是商业银行运用资金的主要途径，也是商业银行利润的主要来源。

按照不同标准，贷款种类有不同的划分方法：

（1）按贷款主体的不同可分为单独贷款和联合贷款。单独贷款是指贷款发放主体由一家银行来承担；联合贷款又称银团贷款或辛迪加贷款，是指由数家银行联合、共同发放的一笔数额较大的贷款，这是在国际金融市场上经常使用的一种贷款形式。

（2）按贷款的客体，即借款人所提供的申请贷款的保证可分为抵押贷款、信用放款和票据贴现放款。抵押贷款是商业银行开展的一种风险较低的贷款。信用放款是指银行放款时不收任何担保品，完全凭借款人的信用发放的贷款，能获得这种贷款的企业一般都具有较高的信用级别，银行也熟悉它们的经营情况。票据贴现放款是指持票人所持票据未到期而又临时资金短缺时，持票人可持票到银行办理贴现。贴现时，由银行买进未到期票据，但并不是全额照付，而是要从票面金额中按一定贴现率扣除贴现利息。其公式为：贴现付现额＝票据面额×(1－年贴现率×未到期天数/360)。从形式上看，票据贴现是一种票据买卖，实质上是一种特殊形式的放款。

（3）按贷款的期限，可以分为一年以下的短期贷款和一年以上的中长期贷款。

（4）按贷款的用途，可以分为投资贷款、商业贷款、消费贷款和农业贷款。

3. 投资

商业银行投资，是指商业银行购买有价证券的业务活动。商业银行投资的目的主要是增加收益和增加资产的流动性，因此，银行投资的对象主要是信用可靠、风险较小、流动性较强的政府债券。此外，一些财力雄厚、信用卓著的大公司的债券也是商业银行投资的对象。商业银行投资债券，一方面为其一时多余的资金找到投放渠道，增加盈利；另一方面，需用资金时又可在金融市场上迅速出售变现。至于投资股票，在实施金融业职能分工的国家，一般是不允许的；在允许商业银行全能经营的国家中，也有限制性的规定。之所以限制商业银行投资股票，目的在于保证银行的稳定经营和避免银行对企业的控制。

(三) 中间业务

商业银行的中间业务是指商业银行不需要运用自己的资金，而是代理客户承办支付和其他委托事项，并据以收取手续费的业务。这类业务是在资产负债业务发展的基础上产生的，因为商业银行与客户存在存贷款关系，它要接受客户的各种委托，要提供结算、汇兑等各种服务；同时，商业银行通过提供多种金融服务，又可以进一步增加其对存款的吸引力和扩大资产业务的规模。为此，各国商业银行非常注重发展中间业务。

典型的中间业务主要有：

(1) 结算业务。结算业务是指银行承办的客户有关资金收付的业务，是由银行的存款业务衍生出来的一种业务。

(2) 承兑业务。承兑业务是指银行为客户开出的汇票或票据签章，承诺到期一定付款的业务。由于票据的兑付一般无须银行投入自己的资金，所以对票据的承兑实际上是以其银行的信用来确保客户的信用。

(3) 代理业务。代理业务是指银行接受客户委托，以委托人的名义代办经济事务的活动，主要是代收业务、代客买卖业务和代保管业务。

(4) 信托业务。信托业务是指银行作为受托人，接受他人委托，代为经营、管理、处理有关经济事务的行为。委托人可以是自然人，也可以是法人。

(5) 租赁业务。租赁是出租人（银行）以收取租金为条件，在一定期限内将某项财产交付承租人使用的经济行为。它由财产所有者出租人按合同规定将财产出租给使用者（承租人）使用，按期收取租金，承租人只有使用权，所有权仍归出租人。

现代租赁业务按其性质可分为融资性租赁、经营性租赁和服务性租赁三大类：①融资性租赁，又称金融租赁，是由出租人出资购买承租人选定的设备，并按协议将设备出租给承租人使用。融资性租赁的目的是在融物的同时实现融资。融资性租赁的具体形式有自营租赁、委托租赁、转租赁、回租租赁、杠杆租赁等。②经营性租赁，又称管理型租赁或操作性租赁，是指承租人只在一定期间内获得某种物件的使用权，以解决对物件短期或临时需要的租赁。③服务性租赁。这是兼有融资性租赁和经营性租赁特征的一种租赁，即在融资性租赁的基础上附加各种服务项目，如租赁设备的保养、维修、配件供应以及培训技术人员等的一种租赁。

(6) 银行卡业务。银行卡是由银行发行、供客户办理存取款和转账支付的新型服务工具的总称，它包括信用卡、支票卡、记账卡、智能卡等。

信用卡是代替现金和支票使用的支付工具，发卡人可以是银行，也可以是公司或零售商店。目前，信用卡正向国际化、安全、多用途方向发展。像维萨卡、万事达卡等信用卡的影响已遍及世界主要国家和地区。

当商业银行业务活动的空间跨越国界时，上面介绍的各类业务也就演变成商业银行的国际业务了。商业银行经办的国际业务主要有：国际结算业务，包括国外汇款、信用证和托收；国际信贷业务，包括出口信贷、打包放款、进出口押汇、包买票据等；外汇买卖业务，包括即期外汇买卖、远期外汇买卖、掉期外汇买卖等。当然，由于国情的不同，商业银行跨国经营上述业务与在国内经营又有所差别。

附：我国商业银行的业务。

根据《中华人民共和国商业银行法》（简称《商业银行法》），商业银行可以经营下列部分或者全部业务：(1) 吸收公众存款；(2) 发放短期、中期和长期贷款；(3) 办理国内外结算；(4) 办理票据承兑与贴现；(5) 发行金融债券；(6) 代理发行、代理兑付、承销政府债券；(7) 买卖政府债券、金融债券；(8) 从事同业拆借；(9) 买卖、代理买卖外汇；(10) 从事银行卡业务；(11) 提供信用证服务及担保；(12) 代理收付款项及代理保险业务；(13) 提供保管箱服务；(14) 经国务院银行业监督管理机构批准的其他业务。

四、商业银行的经营原则和管理理论

（一）商业银行的经营原则

作为经营金融业务的企业，商业银行从其业务特点出发，在经营过程中，一般遵循安全性、流动性和盈利性原则，通常简称为商业银行的“三性”原则。

1. 安全性原则

安全性原则是指商业银行在经营中，应尽量减少经营风险。银行经营的风险主要来自贷款的信用风险和投资证券的市场风险，银行在经营中一定要注意避免风险或将风险降到尽可能低的程度。这是因为：(1) 银行主要靠负债开展资产业务，自有资本占总资产的比率非常低（西方国家一般工商企业的自有资本达到50%，而商业银行的自有资本一般不到10%），为保证充分的支付能力，银行在经营中必须加强管理，以保证安全；此外，由于商业银行地位比较特殊，其经营的好坏必然会对社会经济产生重大影响。(2) 银行经营对象的特殊性也使得商业银行必须以安全性为基本原则。银行经营的是货币，它在经济生活中最活跃，也就最易受各种复杂因素的影响，资金运用能否按期如数收回，确实难以预料。在竞争激烈的市场经济中，商业银行要盈利且得到发展必须强调安全性。

在银行经营中，抵御风险、保证安全的能力主要取决于银行资本金的大小，因此应通过提高银行资本的实力，来确保银行安全经营。另外，还可以通过及时调整资产的结构、降低风险资产比重的办法来抵御风险。

2. 流动性原则

流动性原则是指商业银行在经营中应能及时满足存款人随时支取的要求。银行在经营中一定要充分满足客户随时付现的要求。这是因为：(1) 银行是信用中介，一旦不能应付客户兑现要求，银行就会失去信用，引起挤兑，甚至引起政治动荡。(2) 在竞争环境中，银行可以选择客户，客户也可以选择银行。银行要想留住客户，并吸引新客户，就必须特别注意自己的资信状况，也就是必须做到客户要求支付就立即支付。(3) 银行经营活动中有可以预测的规律性支付活动，也有不可预测的非规律性支付活动，如意外变故、灾害、战争、动乱等。

为保证坚持流动性，西方商业银行经营中有“三道防线”之说。第一道防线是银行的库存现金。第二道防线是银行所拥有的流动性较强的债权，如在中央银行的超额存款准备金、在同业的存款等。因为可随时支配、随时调度，上述二者被称为一级准备。第三道防线是银行所持有的流动性很强的短期有价证券，因为有很强的流动性，这道防线常被称为二级准备。

3. 盈利性原则

盈利性原则是指商业银行在经营中，在保证安全性的前提下，追求利润最大化，这是商业银行经营的最终目标。盈利的大小直接影响股东红利的多少，同时也会影响银行的信誉和实力。可以说追求盈利是商业银行改进服务、开拓业务和改善管理经营的内在动力。盈利性是银行生存发展之本，有利于增资，有利于吸引更多的客户，更有利于增强银行对风险的承受力。商业银行的利润为各项业务收入减去经营成本后的余额。

以上三个经营原则是统一的，也是对立的。银行经常会面临这样的选择：为增强经营的安全性、流动性，就要把资金投入短期运用上，但这又影响到银行的盈利水平；为了增加盈利，银行就要把资金投入期限较长的运用上，这又不可避免地会影响银行经营的流动性、安全性。但是，没有资金的安全，就不可能有盈利；没有资金的正常流动，就不能顺利开展各项信用中介业务；没有盈利，则不必谈安全性和流动性。因此，安全性是前提，流动性是条件，盈利性是目的，商业银行要从实际出发，统一协调，寻求最佳组合。

（二）商业银行经营管理理论

商业银行在经营管理中如何实现上述三个经营原则与各个时期的经营条件有很大关系。西方商业银行经营管理理论经历了资产管理、负债管理、资产负债（综合）管理的演变过程。

1. 资产管理理论

资产管理是指在负债结构一定时，通过调整资产的各种组合以获得所需的流动性，并减少和分散风险，使银行资产的安全性、流动性和盈利性得到充分兼顾。资产管理的主要特点是商业银行只有在不断增加存款的情况下才能相应增加贷款或投资；如果存款没有增加，而客户的借款需求增加，银行要满足客户的要求，就只有变卖有价证券等资产，即银行只有通过调整和改变资产的组合来适应新情况，而负债结构则保持原状。

资产管理是商业银行传统的管理方法。在 20 世纪 60 年代以前，银行的资金来源主要是存款。对于银行而言，存款的主动权在客户手中，自己起不了决定性影响；而银行对资金运用则相对掌握着主动权。因此，商业银行就把业务经营过程中兼顾“三性”的重心放在资产管理方面。

在资产管理中，资产流动性的管理占有特别重要的地位。随着经济环境的变化、银行经营业务的发展，其理论经历了如下三个不同发展阶段。

第一阶段：商业贷款理论。该理论认为为了保持资产的高度流动性，贷款应是短期和商业性的；用于商品生产和流通过程的贷款具有自偿性，最理想。

第二阶段：可转换性理论。这是 20 世纪初提出的。该理论认为，为了应付提现所需保持的流动性，商业银行可以将其资金的一部分投资于具备转让条件的证券。由于这些营利性资产能够随时出售，转换为现金，所以贷款不一定非要局限于短期和自偿性投放范围。显然，这种理论是以金融工具和金融市场的发展为背景的。

可转换性理论的产生使商业银行资产的范围扩大，业务经营更加灵活多样。但是在人们竞相抛售证券的时候，银行也很难不受损失地将所持证券顺利转让以达到保持流动性的预期目的。

第三阶段：预期收入理论。这种理论产生于20世纪40年代末。第二次世界大战后经济的发展带来了贷款需求的猛增，并且资金需求多样化。在这样的背景下，预期收入理论应运而生。这种理论认为：一笔好的贷款应当以根据借款人未来收入或现金流量而制订的还款计划为基础。这样，无论放款期限长短，只要借款人具有可靠的预期收入，就不至于影响流动性。换言之，这种理论强调的不是贷款能否自偿，也不是担保品能否迅速变现，而是借款人的确有可用于还款的预期收入。

这种理论的提出，推动商业银行业务向经营中长期设备贷款、分期付款的消费贷款和房屋抵押贷款等方面扩展。但它显然也有缺陷，银行将资产经营建立在对借款人未来收入的预测上，而这种预测不可能完全准确，尤其是在长期放款和投资中，借款人的经营情况可能发生变化，因而届时并不一定具备偿还能力，这就会损害银行的流动性。

2. 负债管理理论

负债管理理论是在20世纪60年代金融创新过程中发展起来的一种指导商业银行兼顾“三性”的经营管理理论。这种理论认为，资产管理不是唯一解决流动性的办法，而通过负债管理，也可以实现业务经营过程中的流动性，即商业银行可以积极地通过各种负债方式，如发行大额可转让定期存单、各种借款等，以应付各种新的资金需要，而无须对资产组合进行不断的调整。并且这种理论还认为，负债管理比资产管理有效，即商业银行通过负债管理，可以将资产安排于收益较高的项目上，以增加盈利，而无须经常保有大量高流动性资产而使自己的盈利水平下降。

负债管理开创了保持银行流动性的新途径，由单靠吸收存款的被动型负债方式发展成向外借款的主动型负债方式，即可根据资产的需要调整或组织负债，让负债去适应或支持资产，这就为银行扩大业务规模和范围创造了条件。

负债管理存在的明显缺陷是：（1）提高了银行的融资成本。因为一般通过借款方式融进资金需要支付高于一般存款的利息。（2）增加了经营风险。因为借款主要借助金融市场，而市场则是变幻莫测的。（3）不利于银行稳健经营。因为这往往使银行忽视自身资本的补充。

3. 资产负债（综合）管理理论

无论是资产管理还是负债管理，实际上都只是侧重一个方面来对待银行的“三性”，很难避免重此轻彼现象的发生。比如资产管理过于偏重安全性和流动性，往往以牺牲盈利性为代价，这不足以鼓励商业银行的积极进取；而负债管理过分强调依赖外部筹款，这增大了商业银行的经营风险，不利于其稳健经营。因此，人们逐渐认识到，一个能将“三性”有效结合的管理，应该是对资产和负债并重的管理，这就是资产负债（综合）管理。

资产负债（综合）管理就是指商业银行在业务经营过程中，应对资产和负债进行全面综合考虑，要从资产负债的结合上保证银行经营“三性”的实现，不能偏重任何一方。

该理论的基本思想是对资产和负债两个方面加以对照及做对应分析，围绕所谓缺口或差距，通过调整资产和负债双方在某种特征上的差异达到合理搭配。

资产负债（综合）管理是西方商业银行经历了相当长的历史时期而总结出来的先进的经营管理方法。我国商业银行在业务经营过程中，借鉴西方商业银行的资产负债管理经验，也实行资产负债管理。

资产负债比例管理是资产负债管理的一种方式，它是指通过确定一定的比例关系，约束商业银行的资产业务和负债业务活动，以达到商业银行业务经营安全性、流动性和盈利性的均衡。根据《商业银行法》的有关规定，商业银行在业务经营过程中，应当遵守下列资产负债比例管理的规定：

（1）资本充足率不得低于8%；

（2）流动性资产余额与流动性负债余额的比例不得低于25%；

（3）对同一借款人的贷款余额与商业银行资本余额的比例不得超过10%；

（4）国务院银行业监督管理机构对资产负债比例管理的其他规定。

4. 资产负债外管理理论

进入20世纪90年代以后，西方发达国家商业银行的表外业务迅猛发展，使得立足于资产负债表内业务管理的资产负债（综合）管理理念显示出其局限性，资产负债外管理理论悄然兴起。该理论主张商业银行应从正统的负债和资产业务以外去开拓新的业务领域，如期货、期权等多种衍生金融工具的交易，开辟新的盈利源泉。同时，该理论还提倡将原本资产负债表内的业务转化为表外业务，如将贷款转让给第三者，将存款转售给急需资金者等。

资产负债外管理理论的兴起不是对资产负债（综合）管理理论的否定，而是补充。二者目前都被发达国家的商业银行应用于业务经营管理，分别被用于管理表外和表内业务。

五、不良贷款与贷款风险分类

不良贷款，或称不良资产，也常称为不良债权，在商业银行的经营中一直是一个重要问题。目前，它已成为关系到银行体系稳定性的最为关键的一个问题。近年来，我国国有商业银行的不良债权已成为各方关注的一个热点问题，并且这一问题能否解决好，也关系到金融改革的推进和金融事业的进一步发展。

不良贷款，在我国曾指逾期贷款、呆滞贷款和呆账，简称“一逾两呆”。逾期贷款是指逾期未还的贷款，只要超过一天即为逾期；呆滞贷款是指逾期两年或虽未满两年但经营停止、项目下马的贷款；呆账是指按财政部有关规定确已无法收回，需要冲销呆账准备金的贷款。

这种分类方法有缺点，如未到期的贷款，不论事实上是否有问题，都视为正常，标准不明；而把逾期一天的贷款归入不良贷款又过于严格。当不良贷款问题突出之后，改进分类方法就成为十分迫切的要求。

通过比较，我国决定吸取以美国为代表并受到国际金融组织推荐的贷款风险五级分类方法。从 2002 年 1 月 1 日起，我国全面推行贷款风险分类管理。

五级分类各档次的定义分别如下：

正常类：借款人能够履行合同，有充分把握按时足额偿还本息；

关注类：尽管借款人目前有能力偿还贷款本息，但是存在一些可能对偿还产生不利影响的因素；

次级类：借款人的还款能力出现了明显的问题，依靠其正常经营收入已无法保证足额偿还本息；

可疑类：借款人无法足额偿还本息，即使执行抵押或担保，也肯定要造成一部分损失；

损失类：在采取所有可能的措施和一切必要的法律程序之后，本息仍然无法收回，或只能收回极少部分。

上述分类中，后三类属于不良贷款。

六、金融创新

金融创新是近年全球特别是西方金融业迅速发展过程中所呈现出的一种趋势。这种趋势从 20 世纪 60 年代即已开始，70 年代各种创新活动日益活跃，到 80 年代已形成全球性的浪潮。这股"浪潮"至今势头未减，商业银行的经营活动呈现出业务经营综合化、金融资产证券化与经营手段电子化的趋势，给整个金融体制、金融宏观调节乃至整个经济都带来了深远的影响。

（一）金融创新的含义和内容

熊彼特 1912 年在其成名作《经济发展理论》（*Theory of Economic Development*）中对于创新所下的定义是：创新是指新的生产函数的建立，也就是企业家对企业要素实行新的组合。按照这个观点，创新包括技术创新（产品创新与工艺创新）与组织管理上的创新，因为两者均可导致生产函数或供应函数的变化。具体地讲，创新包括五种情形：（1）新产品的出现；（2）新工艺的应用；（3）新资源的开发；（4）新市场的开拓；（5）新的生产组织与管理方式的确立，也称为组织创新。后来创新概念基本以熊彼特的定义为蓝本。

所谓金融创新，是指来自金融业内部的各种创造性的变革。具体而言，金融创新是指金融业突破多年传统经营局面，在金融工具、金融方式、金融技术、金融机构以及金融市场等方面所进行的创新和变革。

金融创新的内容非常广泛，大体包括如下几方面：

第一，新技术在金融业的运用，如银行资料处理电脑化、票据交换清算电脑化、证券市场交易电脑化、电子出纳机、售货场所终端机、多用途电子卡等。

第二，国际新市场的开拓，如欧洲美元市场、亚洲美元市场等。

第三，国内和国际金融市场上各种新工具、新方式、新服务的出现。新工具如大额可转让定期存单、回购协议、可转让支付命令账户、货币市场互助基金、浮息票据、浮息债券；新方式如信用卡、银行电话付款；新服务如租赁、期货、期权，等等。

第四，银行业组织和管理方面的创新，如银行与非银行金融机构之间的相互交叉与合并、金融联合体及跨国银行的出现、负债管理等。

（二）金融创新的影响

金融创新对金融制度和金融业务本身都产生了深远的影响。这主要表现在：(1) 使得金融工具多样化、灵活化。创新的金融工具一般具有更高的流动性，且金额大小均有，适合不同投资者的需要。(2) 使金融机构传统的分工格局被突破，彼此业务交叉。如商业银行普遍开始涉足证券业务，不少其他金融机构也开始办理支票存款这一商业银行的传统业务。金融业务日趋综合化、全面化的格局正在形成。(3) 使一些国家被迫放宽某些金融行政管制或取消、修改一些法令法规。这又成为推动和鼓励金融创新的因素。(4) 增加了各国货币政策的复杂性。由于创新后的金融工具大多增强了流动性，这必然增大了货币当局进行宏观调节时在货币层次划分及控制上的难度，不宜准确掌握变动货币供给量产生的效应。

第三节　专业银行和非银行金融机构

一、专业银行

专业银行是指从事专门经营和提供专门性金融服务的银行，一般都有其特定的客户。它们的业务活动方式有别于或部分有别于一般商业银行的存、放、汇业务活动方式。专业银行的存在是社会分工发展在金融领域中的表现。随着社会分工的不断发展，它要求银行必须具有某一方面的专门知识和专门技能，从而推动着各式各样的专门银行不断出现。

西方的专业银行种类甚多，名称各异。这里只介绍其中主要的几种。

（一）投资银行

投资银行是专门对工商企业办理投资和长期信贷业务的银行。投资银行的名称通用于欧洲大陆及美国等工业化国家，在英国称商人银行，在日本则称证券公司。此外，具有这种银行性质的机构还有其他各种各样的名称，如长期信贷银行、实业银行、金融公司、持股公司、投资公司等。

投资银行与商业银行不同，其资金来源主要依靠发行自己的股票和债券筹集；即便有些国家的投资银行获准接受存款，也主要是定期存款。此外，它们也从其他银行取得贷款，但都不构成其资金来源的主要部分。

投资银行的业务主要有：对工商企业的股票和债券进行直接投资；为工商企业代办发行或包销股票与债券；参与企业的创建和改组活动；包销本国政府和外国政府的公债

券；提供投资及合并的财务咨询服务。有些投资银行也兼营黄金、外汇买卖及资本设备或耐用商品的租赁业务，等等。

（二）储蓄银行

储蓄银行是指办理居民储蓄并以吸收储蓄存款为主要资金来源的银行。与我国几乎所有的金融机构均经营储蓄业务的情况不同，在西方不少国家，储蓄银行大多是专门的、独立的，对储蓄银行也大多有专门的管理法令，其主要内容一方面旨在保护小额储蓄人的利益，另一方面则规定它们所集聚的大量资金应该投向何处。

西方国家的储蓄银行既有私营的，也有公营的，有的国家绝大部分储蓄银行都是公营的。

储蓄银行所汇集起来的储蓄存款余额较为稳定，所以主要用于长期投资，如发放不动产抵押贷款（主要是住房贷款）；投资于政府公债、公司股票及债券；对市政机构发放贷款等。有些国家明文规定储蓄银行必须投资于政府公债的比例。储蓄银行的业务活动所受到的约束，如不得经营支票存款，不得经营一般工商贷款等，近些年来已有所突破。有些储蓄银行已经经营过去只有商业银行才能经营的许多业务。

（三）不动产抵押银行

不动产抵押银行是经营以土地、房屋等不动产为抵押的长期贷款业务的银行，其资金主要来源于发行不动产抵押债券。其资金运用有两类：一类是以土地为抵押的长期贷款，贷款对象是土地所有者或购买土地的农业资本家；另一类是以城市不动产为抵押的长期贷款，贷款对象是房屋所有者和经营建筑业的企业。

事实上，商业银行正大量涉足不动产抵押贷款业务；不少不动产抵押银行除经营抵押贷款业务外，还经营一般信贷业务。

二、非银行金融机构

非银行金融机构也叫做其他金融机构，是商业银行、专业银行以外的，以利润最大化为目的，具体经办某一类金融业务的金融机构的统称。非银行金融机构与商业银行的区别主要表现在：第一，资金来源不同。商业银行以吸收存款包括吸收活期存款为主要资金来源，而非银行金融机构则依靠发行股票、债券筹措主要的资金来源或以某种特殊方式吸收资金，如保险公司的保险费收入。即使有些非银行金融机构可以吸收存款，也都有专门的来源限制，一般不能吸收活期存款。第二，资金运用不同。商业银行的资金运用以发放贷款，特别是短期贷款为主，而非银行金融机构的资金运用则主要以从事非贷款的某一项金融业务为主，如保险、信托、证券、租赁等金融业务。第三，商业银行具有信用创造功能，而非银行金融机构由于不能从事存款的划转，即转账结算业务，因而不具备信用创造功能。正是因为商业银行具有信用创造功能，西方国家在过去相当长时期内对商业银行和非银行金融机构的业务范围曾加以严格的限定。不过近些年来，随着金融创新的发展，商业银行与非银行金融机构之间的业务出现交叉，两者的界限日趋模糊。

非银行金融机构不仅是现代各国金融机构体系中的重要组成部分，而且从现代金融发展的角度来看，它的发展状况是衡量一国金融体系是否成熟的重要标志之一。能否与商业银行构成一个平衡且有竞争力的非银行金融机构体系，使非银行金融机构在经济发展中更具有活力，是现代金融发展的一项重要内容。

非银行金融机构主要有如下几种：

（一）保险公司

保险公司是一种专门经营保险或再保险业务的非银行金融机构。

保险是一种经济补偿措施（制度），是为弥补在生产和生活中发生的意外（如房屋住宅失火、船舶沉没、飞机失事、车祸伤人等）给人们带来的不同程度的经济损失，并使生产不致中断、生活有所保障而通过订立合同采取的一种补偿措施。保险公司的资金来源是从投保人（购买保险的客户）那里收取的保险费，集中起来建立保险基金，一旦有某一投保人发生意外，保险公司将在契约（保险合同）规定的责任范围内担负损失的补偿责任。保险公司收入的保险费，除支付赔偿款和业务开支外，剩余的款项形成一笔巨大资金以备巨额赔款的支付需要，这笔款项在用作赔偿之前可以进行投资。这笔资金比银行存款还稳定，运用起来更可靠，因而往往被运用到有价证券的投资方面。因此，保险公司成为金融市场上重要的资金供给者之一。

保险业务的种类，因划分标准不同，分类也不一样。按照保险标的的不同，分为人身保险（包括死亡保险、生存保险、年金保险和养老金保险等）、财产保险、责任保险和信用保险等；按保险人是否承担全部责任，可分为保险和再保险；按保险经营性质，可分为政策性保险和商业保险；按保险实施方式，可分为自愿保险和强制保险。

为此，西方各国按照保险种类建有形式多样的保险公司，如财产保险公司、人寿保险公司、火灾和事故保险公司、老年和伤残保险公司、信贷保险公司、存款保险公司，等等。其中，普遍以人寿保险公司的规模为最大。人寿保险公司兼有储蓄银行的性质。实际上，保险费的缴纳等于储蓄。

（二）信用合作社

信用合作社是一种互助合作性质的金融机构，通常分为城市信用社和农村信用社两种，前者是城市小工商业者的组合，后者是农村经济单位的信用组合。信用合作社在建立初期是直接为小商品生产者服务的，因为在现代社会化大生产条件下，小商品生产者很难取得大银行贷款的支持，而正常的生产和流通又需要解决资本不足的困难，于是他们以缴纳股金和存款的方式组织这样一种信用机构，满足自身的资金融通需求及其他金融服务需求。

开始时，信用合作社主要发放短期生产贷款和消费贷款；现在，一些资金充裕的信用合作社已开始发放中长期贷款，以解决社员生产设备更新的资金需求。

（三）投资基金

投资基金是一种间接金融机构，在不同的国家也有不同的称谓，比如在美国称为共同基金或互助基金，在英国则称为单位投资信托。投资基金通过向投资者发行股份或受益凭证募集社会闲散资金，再以适度分散的组合方式投资于各种金融资产，从而为投资者谋取最大利益。在这里，投资者把资金投入基金，购买基金股份，所以是一种间接投资。另外，由于基金的股份可以随时买进或卖出，所以也可以视之为金融工具的一种。可见，投资基金的特点及其优势是：投资组合、分散风险、专家理财、规模经济。

投资基金具有多种投资功能，可以用来积累个人财富，可以作为价值储藏工具，同时也是一种追求高收益的手段。参加基金投资的最低金额一般都不高，所以极受小投资者欢迎。

（四）消费信用机构

消费信用机构是为刺激生产、促进消费而建立的一种信用组织。这种机构主要有两种：各种消费信用公司和典当业。它是在第二次世界大战后，随着消费信用的扩大而相应发展起来的。消费信用公司的资金来源主要是向商业银行借款，其运用则是以分期付款方式贷款给商业部门，也可以对一般居民发放这种贷款。典当业实际上是一种带有一定程度高利贷性质的金融组织。其资金来源也是向大银行的借款，资金运用则是以物品为抵押的放款；其放款对象多是贫困的居民，放款的特点是利息高、期限短、条件较为苛刻。

（五）养老或退休基金

这是一种向参加养老金计划者以年金形式提供退休收入的金融机构。它们提供退休年金的资金主要来自：(1) 劳资双方的积聚，即雇主的缴款以及雇员工资中的扣除或雇员的自愿交纳；(2) 运用积聚资金的收益，如投资于公司债券、股票以及政府债券的收益等。

这类基金是第二次世界大战后才迅速发展起来的，目前普遍存在于西方各国。西方国家政府关于要求建立养老金计划的立法以及纳税优惠，对这类基金会的建立和发展起到了推动作用。有些国家，如英国，养老基金、退休基金业务相当大的部分由保险公司经办。

（六）信托公司

信托是指接受他人委托，代为管理、经营或处理有关财产事务的经济行为。在这里，以受托人身份经营各种信托业务的金融机构就叫做信托机构。由于该类机构除信托业务外，还有很重要的一项业务就是信托投资，故多取名为信托投资公司。其信托业务以受人之托、代人理财为主要经营内容，如信托存、贷款，养老金信托，有价证券信托，公益事业信托等。信托投资主要以自有资金和组织的信托存款、发行证券筹集的资金直接向企业或项目投资。信托公司也办理委托、代理、咨询等业务。

（七）租赁公司

租赁公司是一种通过融物的形式起融通资金作用的金融机构。租赁公司在一定时期内以收取租金为条件将某项物资财产交付承租人使用，实际上等于为承租人筹措了该项物资财产的购货款，差别只在于所有权不属于承租人。租赁公司的业务范围很广，涉及各个领域，从单机设备到成套设备，从生产资料到消费品、工商业设施、办公用品等，无所不包。租赁方式也有多种。

（八）证券公司

证券公司是专门从事各种有价证券经营及相关业务的金融机构，其主要业务是：有价证券的自营买卖、受客户委托代理证券买卖、销售有价证券、认购有价证券等。

（九）财务公司

财务公司是经营部分银行业务的非银行金融机构，其中有的专门经营抵押放款业务；有的专门吸收大额定期存款进行贷款或投资；有的由产业集团各公司集资而成并主要为集团内企业提供信贷和其他金融服务等。

第四节　中央银行

当今世界上大多数国家都实行中央银行制度。中央银行也是客观经济进程发展到一定阶段的必然产物。在现代金融机构体系中，中央银行处于领导核心地位，它一方面面向政府和商业性金融机构提供金融服务；另一方面，它还代表政府制定和执行货币政策。有些国家的中央银行还负责对商业银行等金融机构实施监管。

一、建立中央银行的必要性

中央银行首先是在西方资本主义国家产生的，是由私人商业银行演化而来的。一般认为 1844 年英国通过的《英格兰银行条例》使英格兰银行垄断了英国银行券的发行权，标志着中央银行的诞生。

中央银行产生的必要性在于：

(1) 统一发行银行券的需要。随着资本主义的发展，商品流通规模不断扩大，原来由众多的商业银行自行发行银行券的状况，给扩大的市场交易带来了困难：一是周期爆发的经济危机，常使一些小银行经不起冲击而倒闭，导致其发行的银行券不能兑现，并引起连锁反应，影响经济的稳定；二是众多小银行发行的银行券，限于其自身的信用能力，一般只能在有限的范围内流通，不能适应日益扩大的生产和流通需要。因此，客观上要求有一种能在全国范围内流通的银行券，而这必须由一家实力雄厚、信用卓著的大银行来发行。

(2) 集中办理全国票据清算的需要。银行产生以后，随着其业务范围的不断扩大，经济生活的债权关系日趋复杂。在这种情况下，票据交换及清算若得不到及时处置，则会阻碍经济活动的顺畅进行。于是，客观上需要建立一个全国统一的权威机构，集中办理全国的票据清算。

(3) 为商业银行提供最后的资金支持的需要。在经济周期性的发展过程中，商业银行时常陷于资金周转困难，甚至因支付能力不足而可能破产的境地。银行缺乏稳固性，不利于经济的发展，也不利于社会的稳定。因此，客观上需要有一家金融机构作为其他众多银行的靠山，在某家银行发生支付困难时，提供必要的资金支持。

(4) 代表政府管理全国金融业的需要。由于银行业的竞争日趋激烈，银行经营的稳定性受到威胁，而竞争中银行的破产、倒闭将会给经济带来巨大的震荡；同时，随着国家对经济生活干预的加深，客观上要求有一个代表政府意志对金融业进行管理、监督和协调的机构。

正是为适应上述需要，并经历了漫长的过程，中央银行才得以形成并不断丰富了其职能。

二、中央银行的特点和性质

中央银行的特点可以从它作为一种金融机构和它作为国家的一个管理机构两方面来认识。

中央银行作为一种金融机构，其主要业务活动同样具有银行所固有的“存、贷、汇”业务的特征，但更重要的是与普通金融机构的业务活动又有所不同，表现在：(1) 不以营利为目的。一般地，中央银行在其业务经营过程中会取得利润，但营利不是目的。中央银行以金融调控为己任，稳定货币、促进经济发展是其宗旨。如果以营利为目的，势必导致为追求利润而忽视甚至背弃金融管理这一主旨。(2) 不经营普通银行业务，即不对社会上的企业、单位和个人办理存贷、结算业务，只与政府或商业银行等金融机构发生资金往来关系。这是从原则上说的。有的国家的中央银行目前还有一部分对私人部门的业务，但均不占主要地位。(3) 国家赋予中央银行一系列特有的业务权力，如垄断货币发行、管理货币流通、集中存款准备金、维护支付清算系统的正常运行、代理国库、管理国家黄金外汇储备等。

从中央银行作为国家的一个管理机构看，它是保障金融稳健运行、调控宏观经济的国家行政机构。中央银行通过国家特殊授权，承担着监督管理普通金融机构和金融市场的重要使命。同时，由于中央银行处于整个社会资金运动的中心环节，是国民经济运行的枢纽，是货币供给的提供者和信用活动的调节者。因此，中央银行对金融业的监督管理和对货币、信用的调控对宏观经济运行具有直接的、重要的影响。由此，中央银行又是宏观经济运行的调控中心。作为国家管理金融业和调控宏观经济的重要部门，中央银行自然具有一定的国家机关的性质，负有重要的公共责任。并且随着国家对金融和经济实施干预或调控的加强，中央银行的国家机关性质也趋于强化。中央银行具有国家机关的性质，但与一般的行政机关又有很大不同：（1）中央银行履行其职责主要是通过特定金融业务进行的，对金融和经济的管理调控基本上是采用经济手段如调整利率和准备金率、在公开市场上买卖有价证券等。这些手段的运用更多地具有银行业务操作的特征，这与主要依靠行政手段进行管理的国家机关有明显的不同。（2）中央银行对宏观经济的调控是分层次实现的，即通过货币政策工具操作调节金融机构的行为和金融市场运作，然后再通过金融机构和金融市场影响到各经济部门，其作用比较平缓，市场的回旋空间较大，这与一般国家机关的行政决定直接作用于各微观主体而又缺乏弹性有较大不同。(3) 中央银行在政策制定上有一定的独立性，这是由中央银行在金融机构体系和国民经济中处于特殊的地位，承担着特殊的职责所决定的。当然，这种独立性是相对的。

总之，从中央银行业务活动的特点和发挥的作用看，中央银行既是为商业银行等普通金融机构和政府提供金融服务的特殊金融机构，又是制定和实施货币政策、监督管理金融业、规范与维护金融秩序、调控金融和经济运行的宏观管理部门。

三、中央银行的职能

（一）发行的银行

所谓发行的银行就是垄断银行券的发行权，成为全国唯一的现钞发行机构。目前，世界上几乎所有国家的现钞都由中央银行集中垄断发行。一般硬币的铸造、发行，有些国家由中央银行经营，有些国家则由财政部负责，发行收入归财政。

中央银行集中与垄断货币发行权是其自身之所以成为中央银行最基本、最重要的标志，也是中央银行发挥其全部职能的基础。

中央银行作为一国发行货币和创造信用货币的机构，在发行现钞、供给货币的同时，必须履行保持货币币值稳定的重要职责。这一点，它主要通过制定和实施货币政策来实现。

货币发行是中央银行的重要资金来源，也为中央银行调节金融活动和全社会货币、信用总量，促进经济增长提供了资金力量。因此，具有“发行的银行”这一基本职能是中央银行实施金融宏观调控的充分与必要条件。

目前对银行券发行的实际控制措施，有的国家是限制现钞使用范围，有的国家则没有这种限制。如果说控制，那就是只有当商业银行在中央银行有准备存款时，在存款限度之内，才有权提取现金。

（二）银行的银行

银行的银行是最能体现中央银行这一金融机构的特殊性的职能之一。第一，作为银行固有的业务特征，办理“存、放、汇”仍是中央银行的主要业务内容，只不过业务对象不是一般企业和个人，而是商业银行与其他金融机构。第二，作为金融管理的机构，中央银行对商业银行和其他金融机构的活动施以有效的影响也主要是通过这一职能。这一职能具体表现在三个方面：

（1）集中存款准备金。通常法律规定，商业银行及有关金融机构必须向中央银行交存一部分存款准备金，目的在于：一方面保证存款机构的清偿能力，以备客户提现，从而保障存款人的资金安全以及银行等金融机构本身的安全；另一方面有利于中央银行调节信用规模和控制货币供给量。交存准备金的多少，通常是对商业银行及有关金融机构所吸收的存款确定一个交存的法定比例，有时还分别对不同种类的存款确定几个比例。同时，中央银行有权根据宏观调节的需要，变更、调整存款准备金的上交比率。集中统一保管商业银行存款准备金的制度，是现代中央银行制度的一项极其重要的内容。

（2）最后贷款人。19 世纪中叶前后，连续不断的经济动荡和金融危机使人们认识到，金融恐慌或支付链条的中断往往是触发经济危机的导火线。因此有人提出应有一个“最后贷款人”的主张，其责任是全力支持资金周转困难的商业银行及其他金融机构，以免银行挤提风潮的扩大而最终导致整个银行业的崩溃。“最后贷款人”原则的提出确立了中央银行在整个金融机构体系中的主导地位。商业银行从中央银行融进资金的主要方式，是将其持有的票据（包括国库券）向中央银行办理再贴现、再抵押，或直接取得贷款，从而获得所需资金。有时为配合政府经济政策，中央银行主动采取降低或提高再贴现率的措施，以调节商业银行的信贷规模。

（3）组织全国的清算。这一职能始自英国。19 世纪中期，随着银行业务的扩大，银行每天收受票据的数量日趋增加，各银行之间的债权债务关系日趋紧密，必须及时清算。1854 年英格兰银行采取了对各种银行之间每日清算的差额进行结算的做法，后来其他国家也相继效仿。与集中存款准备金制度相联系，由于各家银行都在中央银行开有存款账户，则各银行间的票据交换和清算业务就可以通过这些账户转账和划拨，整个过程经济而简便。

中央银行作为银行的银行，通过国家授权开展特定的金融业务活动，为其履行调控金融和管理金融的基本职责提供了稳定有效的途径。

（三）国家的银行

所谓国家的银行，是指中央银行代表国家贯彻执行财政金融政策、代理国库收支以及为国家提供各种金融服务。作为国家的银行的职能，主要通过以下几方面得到体现：

（1）代理国库（我国多年习惯称之为“经理”国库）。国家财政收支一般不另设机构，而交由中央银行代理。政府的收入与支出均通过财政部在中央银行内开立的各种账户进行，具体包括按国家预算要求协助财政、税收部门收缴库款，根据财政支付命令向经费单位划拨资金，随时反映经办预算收支上缴下拨过程中掌握的预算执行情况，以及经办其他有关国库的事务。

（2）代理国家债券的发行。当今世界各国政府均广泛利用发行国家债券的有偿形式以弥补开支不足。中央银行通常代理国家发行债券以及债券到期时的还本付息事宜。

（3）对国家给予信贷支持。中央银行作为国家的银行，在国家财政出现收不抵支的情况时，一般负有提供信贷支持的义务。这种信贷支持主要是采取以下两种方式：

第一，直接给国家财政以贷款。这大多是用以解决财政先支后收等暂时性的矛盾。除特殊情况外，各国中央银行一般不承担向财政提供长期贷款的责任，因为人们普遍认为那样做容易导致中央银行沦为弥补财政赤字的简单货币供给者，从而可能有损于货币的正常供给及金融稳定，所以，在正常情况下国家的长期性资金大多需要通过其他途径解决。

第二，购买国家公债。中央银行在一级市场上购进政府债券，资金直接形成财政收入，流入国库；若中央银行在二级市场上购进政府债券，则意味着资金是间接地流向财政。无论采用直接方式还是间接方式，从中央银行某一时点的资产负债表来看，只要持有国家证券，就表明是对国家的一种融资。

(4) 为国家持有和经营管理包括外汇、黄金和其他资产形式的国际储备。世界各国的国际储备一般都是由中央银行持有并进行经营管理。国际储备包括外汇、黄金、在国际货币基金组织中的储备头寸、国际货币基金组织分配的尚未动用的特别提款权等。中央银行对国际储备的管理包括：①对储备资产总量进行调控，使之与国内货币发行和国际贸易等所需的支付需要相适应；②对储备资产结构特别是外汇资产结构进行调节；③对储备资产进行经营和管理，负责储备资产的保值及经营收益；④保持国际收支平衡和汇率基本稳定。

(5) 制定并监督执行有关金融管理法规。有些国家的中央银行自身，或与其他金融管理机构一道，对各商业银行及其他金融机构的经营管理、业务活动进行监督管理。为此，需制定一系列金融管理法令、政策、基本制度，以使商业银行等金融机构的活动有章可循、有法可依。同时，这些国家的中央银行在国家的授权下，根据政策、法令，对银行等机构的设置、撤并、迁移等进行审查批准，注册登记；对它们的业务活动范围、清偿能力、资产负债结构、存款准备金交存等情况，进行定期或不定期的检查监督；对银行和金融机构的各种业务账表、报告进行查对、稽核和分析，了解情况，发现问题，促使它们严格遵守有关金融管理法规，合法、稳健经营，避免金融动荡。通常，把对这方面的任务称为金融行政管理。

此外，中央银行作为国家的银行，还代表政府参加国际金融组织，出席各种国际性会议，从事国际金融活动以及代表政府签订国际金融协定；在国内外经济金融活动中，充当政府的顾问，提供经济、金融情报和决策建议。

附：中国人民银行的职责。

《中华人民共和国中国人民银行法》规定中国人民银行的职责是：(1) 发布与履行其职责有关的命令和规章；(2) 依法制定和执行货币政策；(3) 发行人民币，管理人民币流通；(4) 监督管理银行间同业拆借市场和银行间债券市场；(5) 实施外汇管理，监督管理银行间外汇市场；(6) 监督管理黄金市场；(7) 持有、管理、经营国家外汇储备、黄金储备；(8) 经理国库；(9) 维护支付、清算系统的正常运行；(10) 指导、部署金融业反洗钱工作，负责反洗钱的资金监测；(11) 负责金融业的统计、调查、分析和预测；(12) 作为国家的中央银行，从事有关的国际金融活动；(13) 国务院规定的其他职责。

中央银行的三大职能是通过各项业务活动而实现的。中央银行的业务活动也可以分为资产业务、负债业务和中间业务三大类。中央银行的资产是指中央银行在一定时点上所拥有的各种债权；中央银行的资产业务主要包括再贴现业务、贷款业务、证券买卖业务、黄金外汇储备业务等。中央银行的负债是指金融机构、政府、个人和其他部门持有的对中央银行的债权；中央银行的负债业务主要由存款业务、货币发行业务、其他负债业务和资本业务构成。中央银行的中间业务是指中央银行从事的但不进入其资产负债表的业务，主要有清算业务、经理国库业务、代理政府向金融机构发行及兑付债券业务、会计业务、调查统计业务、对金融机构的稽核和审计等业务。

四、中央银行的类型

就各国的中央银行制度来看，大致可归纳为四种类型：单一型、复合型、跨国型及准中央银行型。

（一）单一的中央银行制度

单一的中央银行制度是指国家单独建立中央银行机构，使之全面、纯粹地行使中央银行职能的制度。单一的中央银行制度中又有如下两种具体情形：

第一，一元式。这种体制是在一个国家内只建立一家统一的中央银行，机构设置一般采取总分行制。目前世界上绝大部分国家的中央银行都实行这种体制，我国也是如此。

第二，二元式。这种体制是在一国内建立中央和地方两级中央银行机构，中央级机构是最高权力或管理机构，地方级机构也有其独立的权力。根据规定，中央和地方两级中央银行分别行使职权。它是一种带有联邦式特点的中央银行制度，属于这种类型的国家有美国、德国等。

（二）复合的中央银行制度

复合的中央银行制度是指一个国家没有设专司中央银行职能的银行，而是由一家大银行集中中央银行职能和一般存款货币银行的经营职能于一身的银行体制。这种复合制度主要存在于过去的苏联和东欧等国。我国在 1984 年以前也一直实行这一银行制度。

（三）跨国的中央银行制度

跨国的中央银行制度是由参加某一货币联盟的所有成员国联合组成的中央银行制度。第二次世界大战后，许多地域相邻的一些欠发达国家建立了货币联盟，并在联盟内成立参加国共同拥有的统一的中央银行。这种跨国的中央银行发行共同的货币和为成员国制定金融政策，成立的宗旨在于推进联盟各国经济的发展及避免通货膨胀。比如，由贝宁、科特迪瓦、布基纳法索、马里、尼日尔、塞内加尔、多哥和毛里塔尼亚等八国组成的西非货币联盟所设的西非国家中央银行，包括喀麦隆、乍得、刚果共和国、赤道几内亚、加蓬和中非共和国的中非国家银行，以及东加勒比海货币管理局，等等，都是完全的或不完全的跨国的中央银行制度。

目前，在该种类型的中央银行制度中，对全球最具影响的是欧洲中央银行。该银行正式成立于 1998 年 7 月，总部设在德国的法兰克福，其基本职责是制定和实施欧洲货币联盟内统一的货币政策，以维持欧元区内的币值稳定为首要目标。

（四）准中央银行制度

准中央银行制度是指有些国家或地区只设置类似中央银行的机构，或由政府授权某个或几个商业银行行使部分中央银行职能的体制。新加坡、中国香港属于这种体制。此外，斐济、马尔代夫、利比里亚、莱索托、伯利兹等国也都实行各具特点的准中央银行制度。

第五节　国际金融机构

一、国际金融机构的形成和发展

为适应世界经济发展的需要，先后出现了多个进行国际金融活动的政府间国际金融机构。其发端可以追溯到 1930 年 5 月在瑞士巴塞尔成立的国际清算银行（Bank for International Settlements，BIS）。

第二次世界大战后建立了布雷顿森林国际货币体系，并相应地建立了几个全球性国际金融机构，作为实施这一国际货币体系的组织保证。它们是目前最重要的全球性国际金融机构：国际货币基金组织（International Monetary Fund，IMF），国际复兴开发银行（International Bank for Reconstruction and Development）、国际开发协会（International Development Association，IDA）和国际金融公司（International Finance Corporation，IFC）。

从 1957 年到 20 世纪 70 年代，欧洲、亚洲、非洲、拉丁美洲、中东等地区的国家为发展本地区经济的需要，同时也为抵制美国对国际金融事务的控制，通过互助合作方式，先后建立起区域性的国际金融机构，如泛美开发银行（Inter-American Development Bank，IDB）、亚洲开发银行（Asian Development Bank，ADB）、非洲开发银行（African Development Bank，AFDB），等等。

国际金融机构在发展世界经济和区域经济方面发挥了积极作用。例如，组织商讨国际经济和金融领域中的重大事件，协调各国的行动；提供短期资金，缓解国际收支逆差，稳定汇率；提供长期资金，促进许多国家的经济发展。不过，这些机构的领导权大都被西方发达国家控制；发展中国家的呼声和建议往往得不到应有的重视和反映。

二、全球性的国际金融机构

（一）国际清算银行

国际清算银行由英国、法国、意大利、德国、比利时、日本的中央银行和代表美国银行界的摩根保证信托公司、纽约花旗银行和芝加哥花旗银行共同组成。现在其宗旨是促进各国中央银行间的合作，为国际金融往来提供额外便利，以及接受委托或作为代理人办理国际清算业务等。

目前，这家银行依然很活跃，对国际银行实施监管的著名的《巴塞尔协议》及相关文件就是出自这家银行。

它的业务范围可以分为以下四部分：

（1）商讨国际金融合作问题。世界各国的中央银行行长和其他官员经常在巴塞尔举行会议。会议的目的是在货币和经济领域就共同感兴趣的问题交换意见，加深了解，以促进国际合作。对国际金融体系的稳定进行监测和维护，一直是会议的中心议题。

（2）从事货币和金融问题研究。其研究工作偏重于与中央银行有关的问题，如收集并公布国际银行业和金融市场的数据；管理一个供各国中央银行合作的经济数据库；出版有关经济论文、文件和报告等。

（3）为各国中央银行提供各种金融服务，主要包括吸收中央银行存款（大部分是外汇储备）；为中央银行提供投资服务；为中央银行进行融资并提供过渡性信贷等。

（4）作为协助执行各种国际金融协定的代理和受托机构，为执行协定提供便利。

国际清算银行在促进各国中央银行交流，推动国际金融合作，健全国际金融监管体系，提高国际金融领域抵抗风险能力等方面都发挥着明显的作用。该行建立时只有 7 个成员，现已发展到拥有 60 家中央银行或货币当局成员。2019 年，国际清算银行宣布分阶段在不同城市设立创新中心，首先设立的两个中心位于瑞士巴塞尔和中国香港，第三个位于新加坡。中国人民银行于 1996 年 11 月成为该行股东并积极参与该行的各项活动。国际清算银行于 1998 年 7 月在中国香港设立首家海外代表处。

（二）国际货币基金组织

国际货币基金组织是根据 1944 年联合国国际货币金融会议通过的《国际货币基金组织协定》建立的，1945 年 12 月正式成立，1947 年 3 月开始工作，同年 11 月 15 日成为联合国的一个专门机构。建立之初，会员有 39 个，截至 2019 年会员数量已达 189 个。国际货币基金组织的宗旨是：通过会员共同研讨和协商国际货币问题，促进国际货币合作；促进国际贸易的扩大和平衡发展，开发会员的生产资源；促进汇率稳定和会员有条不紊的汇率安排，避免竞争性的货币贬值；协助会员建立多边支付制度，消除妨碍世界贸易增长的外汇管制；协助会员克服国际收支困难。

基金组织的资金来源主要是会员认缴的基金份额、借入资金和出售黄金。其中，会员认缴的基金份额是国际货币基金组织最主要的资金来源。国际货币基金组织的主要业务活动除了对会员的汇率政策进行监督，与会员就经济、金融形势进行磋商和协调外，则是向会员提供借款和各种培训、咨询服务。国际货币基金组织设有多种贷款，根据不同的政策向会员政府提供资金。国际货币基金组织的贷款主要有以下几种：

（1）普通贷款。这是国际货币基金组织最基本的一种贷款，用于解决会员一般国际收支逆差的短期资金需要。

（2）中期贷款。它用于解决会员国际收支困难的中、长期资金需要。会员由于生产、贸易、价格等方面的结构性失调，可能出现较长期的国际收支逆差，需要较长期的资金支持。贷款期限为 4～10 年。

（3）出口波动补偿贷款。主要解决发展中会员因初级产品的国际市场价格下降而面临的国际收支逆差不断扩大的困难。贷款期限为 3～5 年。

（4）缓冲库存贷款。它被用于帮助初级产品出口国建立缓冲库存的资金。贷款期限为 3～5 年。

（5）补充贷款。它被用于补充普通贷款和中期贷款的不足，以帮助会员解决持续的国际收支逆差问题。贷款期限为 3.5～7 年。必须与普通贷款和中期贷款相结合才能获得补充贷款。

（6）信托基金贷款。它是为支持较穷的发展中会员的经济发展而设立的一项贷款。贷款利率优惠，年利率为 0.5%，期限为 5 年。

我国本是国际货币基金组织的创始会员之一，1949 年之后，由于美国等少数国家的阻挠，我国在国际货币基金组织的席位一直未能恢复。1980 年 4 月，国际货币基金组织通过了恢复中国代表权的决定，我国从此恢复参加了国际货币基金组织的工作。

（三）世界银行

世界银行是世界银行集团的简称，国际复兴开发银行的通称，是与国际货币基金组织同时组建的国际金融机构。它有两大附属机构：国际开发协会和国际金融公司。

这三者的共同宗旨是通过提供和组织长期贷款和投资，解决会员恢复和发展经济的资金需要，资助它们兴办特定的基本建设工程。三者的贷款对象和方式有所不同。世界银行主要是向会员提供长期的优惠贷款；国际开发协会则致力于向低收入国家提供长期低息援助性贷款；国际金融公司主要是向会员的私人部门提供贷款。

世界银行建立之初有 39 个会员，截至 2019 年已增至 189 个。

世界银行的资金来源主要有：（1）会员缴纳的股金。（2）向国际金融市场借款，特别是发行中长期债券。（3）出让债权，即世界银行将其贷出款项的债权转让给私人投资者（主要是商业银行），以收回部分资金。（4）经营中的利润收入。

世界银行的主要业务活动是向发展中国家提供长期的生产性贷款。贷款只提供给会员中低收入国家和由政府担保的国营企业或私营企业，贷款条件一般比国际资金市场上的贷款条件优惠。世界银行的贷款一般要与特定的工程项目相联系，称项目贷款。这些项目要经世界银行精心挑选，认真核算，严密监督和系统分析。

除贷款以外，世界银行还提供技术援助，提供国际联合贷款团的组织工作，以及协调与其他国际机构的关系等。

我国与世界银行的业务往来远比与国际货币基金组织的业务往来多。

（四）国际开发协会

国际开发协会是专门对较穷的发展中国家发放条件优惠的长期贷款的金融机构。成立协会的建议是 1957 年提出的，正式成立于 1960 年 9 月。它是世界银行的附属机构之一。

国际开发协会的组织机构与世界银行相同，其资金来源主要有：（1）会员认缴的股本；（2）工业发达国家会员提供的补充资金；（3）世界银行从净收益中拨给协会的资金；（4）协会业务经营的净收益。

一个国家是否符合其贷款条件首要的决定因素是它的相对贫困状况。后者的定义是人均国民总收入低于某个确定的每年更新的临界点。

（五）国际金融公司

国际金融公司建立于1956年7月。申请加入国际金融公司的国家必须是世界银行的会员。国际金融公司的组织机构和管理方式与世界银行相同。

国际金融公司的主要任务是为发展中国家会员中私人企业的新建、改建和扩建等提供资金；促进外国私人资本在发展中国家的投资；促进发展中国家资本市场的发展。其资金来源主要是会员认缴的股本、借入资金和营业收入。国际金融公司提供贷款的期限为7～15年，贷款利率接近于市场利率，但比市场利率低。贷款无须政府担保。

三、区域性的国际金融机构

（一）亚洲开发银行

亚洲开发银行1966年在东京成立，同年12月开始营业，行址设在菲律宾的首都马尼拉。亚洲开发银行成立之初仅有31个成员，目前其成员已经发展到68个，其中49个来自亚太地区，19个来自其他地区。

亚洲开发银行的宗旨是通过发放贷款和进行投资、技术援助，促进本地区的经济发展与合作。其主要业务是向亚太地区加盟银行的政府及其所属机构，境内公私企业以及与发展本地区有关的国际性或地区性组织提供贷款。贷款分为普通贷款和特别基金贷款两种。前者贷款期为12～25年，利率随金融市场的变化调整；后者贷款期为25～30年，利率为1%～3%，属于长期低利率优惠贷款。

亚洲开发银行的资金来源主要是加入银行的国家和地区认缴的股本、借款和发行的债券，以及某些国家的捐赠款和由营业收入所积累的资本。

我国在亚洲开发银行的合法席位于1986年恢复。

（二）非洲开发银行

非洲开发银行于1963年9月成立，1966年7月开始营业，行址设在科特迪瓦的阿比让。我国于1985年5月加入非洲开发银行，成为正式成员。

非洲开发银行的宗旨是：为成员经济和社会发展服务，提供资金支持；协助非洲大陆制订发展的总体规划，协调各国的发展计划，以期达到非洲经济一体化的目标。其主要业务是向成员提供普通贷款和特别贷款。特别贷款条件优惠，期限长，最长可达50年，贷款不计利息。非洲开发银行的资金主要是成员认缴的股本。为解决贷款资金的需要，它还先后设立了几个合办机构：非洲开发基金、尼日利亚信托基金、非洲投资开发国际金融公司和非洲再保险公司。

(三) 亚洲基础设施投资银行

亚洲基础设施投资银行 (Asian Infrastructure Investment Bank, 简称亚投行, AIIB) 是由中国政府倡导建立的一个政府间性质的亚洲区域多边开发机构，重点支持基础设施建设，成立宗旨是促进亚洲区域的建设互联互通化和经济一体化的进程，并且加强中国及其他亚洲国家和地区的合作。亚投行总部设在北京，法定资本有 1 000 亿美元。亚投行初期投资的重点领域主要包括五大方向，即能源、交通、农村发展、城市发展和物流。

亚投行坚持国际性、规范性和高标准，确保专业运营、高效运作、透明廉洁。亚投行将借鉴现有多边开发银行在环境及社会框架、采购政策、项目管理、债务可持续性评价等方面好的经验和做法，制定严格并切实可行的高标准业务政策。同时，亚投行将避免其他多边开发银行曾走过的弯路，寻求更好的标准和做法，以降低成本和提高运营效率。

2016 年 2 月 5 日，亚投行正式宣布任命 5 位副行长。这 5 位副行长分别来自英国、德国、印度、韩国、印度尼西亚。亚投行的治理结构分理事会、董事会、管理层三层。理事会是最高决策机构，每个成员在亚投行都有正副理事各一名。董事会有 12 名董事，其中域内 9 名，域外 3 名。管理层由行长和 5 位副行长组成。2019 年 7 月 13 日，亚投行理事会批准贝宁、吉布提、卢旺达加入亚投行，至此，亚投行成员总数达到 100 个。

复习思考题

1. 现代各国金融机构体系一般由哪几部分构成?
2. 与商业性金融机构相比，政策性金融机构有何特点?
3. 如何认识商业银行的特征?
4. 商业银行的职能有哪些?
5. 简述商业银行的类型和外部组织形式。
6. 简述商业银行负债业务、资产业务和中间业务的内容。
7. 商业银行在经营活动中应坚持哪些原则?
8. 简述商业银行经营管理理论的演变。
9. 简述商业银行开创负债管理的意义及其存在的问题。
10. 商业银行为什么要实行资产负债综合管理?
11. 简述贷款质量五级分类法的内容。
12. 简述金融创新的内容与影响。
13. 说明专业银行和非银行金融机构的种类。
14. 建立中央银行的必要性何在?
15. 试说明中央银行的性质和特点。
16. 试说明中央银行的职能。
17. 中央银行的类型有哪些?

第 15 章 现代货币的创造机制

第一节 信用货币的产生

一、信用的产生

信用是在私有制和商品交换的基础上产生的。在原始社会末期，出现了两次社会大分工，劳动生产率明显提高，从而出现了剩余产品和商品交换。在此基础上私有制出现，产生了贫富分化，贫者在经济拮据时不得不向富人借入自己所急需的东西，于是便产生了借贷关系。

从借贷内容来看，最早的信用是实物借贷。实物借贷能直接满足借者的某种需要，直接性、及时性是其优点。然而实物借贷有着与物物交易类似的缺点，因此，货币产生后，货币借贷逐渐取代实物借贷而占据主导地位。

从借贷的性质看，早期的信用是属于高利贷性质的，以利率高、剥削重而得名，称为高利贷信用。它是奴隶社会和封建社会中广泛存在的一种古老的信用关系。

随着资本主义关系的确立，高利贷信用严重阻碍了资产阶级获取平均利润率的企图，于是，资本主义国家立法限制高利贷，特别是现代银行业的产生逐渐冲垮了高利贷的生存基础。借贷资本取代高利贷资本，并逐渐形成了高度发达的资本主义信用关系。在现代资本主义经济中，债务和信用是广泛存在的经济现象，比如所有的信用货币由债务关系组成，纸币是财政部和中央银行的负债，存款则是商业银行的负债。社会上多数的支付方式都是使用支票、汇票或付款票据等信用凭证，把银行存款从付款人转给收款人。

由于技术进步和激烈的市场竞争，大多数商品交易都是以延期付款的方式进行的，同时，有些大型的机器设备（如飞机、轮船等），由于价值高、生产时间较长，供求双方多采用预付部分货款的方式签订购销合同。

我国实行社会主义市场经济体制，作为商品货币关系的产物——信用，必然也是普遍存在的，但是由于过去不重视，加上体制的原因，造成我国信用体系不完善，社会信用环境差，已经较严重地制约了我国市场经济的健康、良性发展。如何重建中国的社会信用体系，特别是加入 WTO 以后需要按照国际规则和惯例办事，许多国际规则和惯例本身就是信用制度，就显得特别重要了。

二、信用的运行

在现代商品经济中，信用资金已成为相对独立的一部分货币资金，参与经济运行过程。信用的产生源自普遍存在的债权债务关系。

一个国家经济行为的主体有四类：厂商、金融机构、政府机构和居民。在现代经济中，收支正好相等的经济单位并不普遍，而收支不符则是经常现象。从这个角度看，应该有三类部门：第一类是收入大于支出的单位，称为盈余部门，它们可以自主进行储蓄和投资。第二类是支出大于收入的单位，称为赤字部门，它们必须举债或动用积蓄才能维持正常的生产和生活。第三类是收支相等的单位，称作平衡单位或平衡部门。经济社会中广泛存在盈余部门和赤字部门，由于平衡单位在经济中不占主导地位，因而不在讨论范围之内。资金在有偿的原则下从盈余部门向赤字部门流动，形成了借贷行为或信用。

经济主体之间借贷行为产生的原因有：首先，从家庭收支看，家庭收支不平衡的主要原因是家庭收入与支出在时间上的不一致。由于人们的收入是有限的，不同的家庭或个人可能对目前消费和未来消费有不同的时间评价，因而会对消费在时间上做出选择，有些家庭对未来消费效用的评价大于目前消费（如预计子女未来的教育费用、个人养老费用、意外事件的储蓄等），愿意放弃一部分目前消费而增加储蓄或减少负债；而有些家庭则持相反的态度，偏爱当前消费，愿意降低未来消费而减少储蓄或举债消费。很明显，两者相交换的结果就是产生了信用。

其次，从厂商看，在其生产和经营过程中，一方面，一些经济单位为了更新固定资产、补充流动资金而追加投资，但其自身积累不足，需要补充资金，成为信用资金的需求者；另一方面，一些单位存在着暂时闲置的资金，资本是追逐利润的，客观上要求在有偿的原则下转让给资金短缺者使用，以求增值，这部分闲置的资金便形成了信用资金的供给。

从政府来看，在经济繁荣的年份，收入可能大于支出，成为资金的供给者；在经济萧条或战争、自然灾害频繁的年份，预算支出大于收入，需要举债才能平衡财政收支。在现代经济中，财政举借债务，尤其以国库券的形式举借债务已成为政府理财的经常形式，政府成为市场信用资金的主要需求者。

由于经济中广泛存在着专门调剂资金余缺的金融机构，借贷双方融通资金的速度和效率大大提高，成本也相应降低，金融机构的介入进一步促进了信用和信用关系的发展。同样，信用的发展又大大促进了生产力和经济的发展。

三、信用的基本功能

（一）调剂资金余缺和分配闲置资源

在现代商品经济社会中，信用关系表现为货币资金从盈余单位流向赤字单位，在宏观上实现储蓄向投资的顺利转化。然而调剂资金余缺仅仅是信用功能表现的一个方面，从表面上看，信用资金的运动一般与商品的运动没有直接的关系，但赤字部门借用资金的目的往往是购买商品、劳务或进行真实资产投资。从再生产的角度看，信用资金的转移将最终引起资源的转移。因此信用资金在调剂资金余缺的同时，也起到了分配资源、使资源得以充分利用的作用。

信用在调剂资金余缺、分配社会闲置资源的过程中，大大促进了生产的发展和消费质量的提高。首先从资本的形成过程来看，一方面，信用促进了资本的积累和积聚，使小规模生产转化为社会化大生产。信用把零星的资金集中起来，转化为实际使用的生产要素，从而使企业取得规模经济效益，提高了生产的效率。另一方面，信用还可以促进资金使用效率的提高。因为信用是以有偿付息为特征的，资金以信用的方式流动，不仅可以使企业尽量减少资金占用，加速资金周转，而且也使资金和资源从效益低的部门流向资本边际生产率高、经济效益好的部门，从而提高整个社会的投资效率和生产力。信用不仅能促进生产力的发展，而且还能提高消费质量和数量。信用有助于实现消费时间的转移，提高消费的总效用，也能发挥消费指导生产的作用。

（二）提供和创造流通工具

信用在发挥调剂资金和分配闲置资源功能的同时，还发挥提供和创造流通工具的功能。现代信用在分配或转移闲置资金和资源时，必须借助于某种形式的流通工具进行，如商业信用中的商业本票和商业汇票，银行信用中的支票、银行本票和银行汇票以及银行承兑汇票等。这些信用工具经过背书能转让流通，具有很大的流动性，从而大大节约了金属货币和现钞的使用，促进了货币形式的发展，也极大地、方便地加速了商品的流通。

（三）调节国民经济的运行

从宏观调控的角度看，信用具有调节国民经济的功能。它包括两方面的含义：一是信用具有自发地调节国民经济运行的功能；二是人们可以自觉地利用信用调节国民经济。信用的自发调节功能表现在：当经济繁荣时，资金需求旺盛，市场利率上扬，从而自动抑制信用规模，抑制过热的投资和需求；当经济萧条时，资金供给大于需求，市场利率下降，从而刺激投资和需求，信用扩张，促进经济复苏。因此，信用具有自发地调节和平衡经济增长的功能，尽管这种功能的作用是有限的。

人们自觉地利用信用调节国民经济表现在：政府通过信贷总量和利率的变动调节货币供求，达到社会总供求的平衡；通过信贷结构政策和利率结构政策，扩张或紧缩某些信贷以鼓励或抵制某些产业、部门的发展，调节国民经济的结构。

由以上可以看出，信用实际上就是一种以偿还和付息为条件的借贷行为，体现一定的债权债务关系。信用有借方和贷方两个关系人，贷方为授信者，即债权人，借方为受信者，即债务人。授信过程是债权人提供一定的有价物给债务人，到约定时间，债务人将有价物归还并付一定利息。有价物可以是商品、劳务、货币或某种金融要求权（如股票、债券）。无论是何种信贷，通常可以用货币偿付。

作为信用中介和支付中介的银行，在其调剂货币资金余缺和组织客户相互结算的基础上，也同时发展了创造信用货币的这一重要功能，在前面的章节我们已经介绍过商业银行在经营各项业务过程中成为银行券和存款货币这两种信用货币的创造者。这里所说的信用货币是指银行券和存款货币。

第二节　存款货币的创造与收缩

一、存款货币创造的必要条件

商业银行创造存款货币是有条件的，即实行部分准备金制度和非现金结算。

部分准备金制度是相对于全额准备金制度而言的。在全额准备金制度下，银行必须保持 100%的准备金，即银行每增加一元存款，必须相应有一元的准备金。在部分准备金制度下，银行每增加一元存款，不需要保持同等规模的准备金，银行可以通过保留部分准备金，而将其余的存款用于发放贷款和投资。如果准备金率为 20%，则意味着银行只需保持 20%的准备金，而将存款的 80%用于投资和贷款。

非现金结算是相对于现金结算而言的。在非现金结算下，银行可以通过记账的方式来发放贷款，从而可以通过创造存款来提供信用。

商业银行创造存款货币需要同时具备以上两个条件。具备部分准备金制度只为吸收存款后能够动用部分存款来发放贷款提供了条件，但这必须建立在非现金结算的条件下；如果仅具备非现金结算的条件，而实行全额准备金制度，则不能创造存款货币。

二、原始存款、派生存款和准备金

原始存款是客户以现金存入银行形成的存款。由于各国基本上都实行部分准备金制度，因此商业银行可以将一小部分现金作为付现准备金，其余部分用于放款。同时又因为实行非现金结算方式，客户在取得贷款后，一般不立即提取现金，而是转入其在银行的活期存款账户，这时银行一方面增加了放款，另一方面又增加了活期存款。银行用转账方式发放贷款时创造的存款，就是派生存款。在信用制度发达的国家，银行的大部分存款都是通过这种营业活动创造出来的。

商业银行的存款准备金，由其现金库存和在中央银行的存款两部分构成。为了合理地控制货币数量，各国一般都以法律形式规定商业银行必须保留的最低数额的准备金，这就是法定准备金。同时规定商业银行必须按存款总额的一定比例保留准备金，这个比例就是法定准备金率。准备金超过法定准备金的部分，称为超额准备金。

法定准备金的计算公式为：

$$R_d = D \cdot r_d \qquad (15-1)$$

式中，R_d 代表法定准备金；D 代表活期存款总额；r_d 代表法定准备金率。

超额准备金是商业银行的实有准备金与法定准备金之差。公式为：

$$E = R - D \cdot r_d \qquad (15-2)$$

式中，E 代表超额准备金，R 代表商业银行的实有准备金。上式的结果如果为正，则说明商业银行的实有准备金有余；结果为负，则准备金不足。

法定准备金率的高低直接影响银行创造存款货币的能力。法定准备金率越高，银行吸收的存款中可用于放款的资金越少，创造存款货币的数额越小；反之，法定准备金率越低，创造存款货币的数额则越大。由此可见，法定准备金率决定银行创造存款的能力，与信贷规模的变化有密切关系，也使得法定准备金率成为各国中央银行调控货币供给的重要手段。

三、存款货币的创造与收缩过程

在广泛采用非现金结算的情况下，银行吸收的原始存款中的超额准备金用于发放贷款，客户取得借款后，不提取现金，全部转入另一个企业的银行存款账户。接受这笔新存款的银行，在存款增加的同时，也增加了存款准备金。同样它在保留一部分法定准备金后，又可将超额准备金用于发放贷款，于是又会出现另一笔存款。如此延续下去，商业银行可创造出大量存款。

为了更清楚地说明商业银行创造存款货币的过程，我们做如下假定：第一，银行体系由中央银行及两家以上的商业银行构成；第二，法定准备金率为 20%；第三，存款准备金由商业银行的库存现金及其在中央银行的存款构成；第四，银行客户将其所有货币收入都存入银行体系。

现假设 A 企业将 10 000 元存入第一家银行，该银行增加原始存款 10 000 元，按 20% 提留 2 000 元作为法定准备金后，将超额准备金 8 000 元全部贷给 B 企业，B 企业用来向 C 企业支付货款，C 企业将款项存入第二家银行，使其准备金和存款均增加 8 000 元。该银行提留 1 600 元法定准备金后，又将超额准备金 6 400 元贷给 D 企业，D 企业又用来向 E 企业支付货款，E 企业将款项存入第三家银行，该银行又继续贷款，如此循环下去，可将整个过程列表如下（见表 15－1）。

表 15-1　　　　存款货币的创造过程

银行名称	存款增加数（元）	法定准备金（元）	增加放款（元）
第一家银行	10 000.00	2 000.00	8 000.00
第二家银行	8 000.00	1 600.00	6 400.00
第三家银行	6 400.00	1 280.00	5 120.00
第四家银行	5 120.00	1 024.00	4 096.00
第五家银行	4 096.00	819.20	3 276.80
第六家银行	3 276.80	655.36	2 621.44
⋮	⋮	⋮	⋮
总计	50 000.00	10 000.00	4 000.00

表中的数字说明，在部分准备金制度下，一笔原始存款由于整个银行体系产生扩张信用的结果，可产生大于原始存款若干倍的存款货币。扩张的数额主要决定于两大因素：一是原始存款的大小；二是法定准备金率的高低。原始存款量越多，创造的存款货币量越多；反之，则越少。用公式表示为：

$$D=A\cdot\frac{1}{r_d} \tag{15-3}$$

$$\Delta D=D-A \tag{15-4}$$

式中，D 代表经过派生以后的活期存款总额；r_d 代表法定准备金率；A 代表原始存款规模；ΔD 为派生存款总额。

如果把上例代入公式，则有：

$$D=10\ 000/20\%=50\ 000（元）$$

显然，活期存款的变动与原始存款的变动之间存在一种倍数关系（K），用公式表示为：

$$K=D/A=\frac{1}{r_d} \tag{15-5}$$

K 为存款派生倍数，它是法定准备金率的倒数。法定准备金率越高，存款扩张的倍数值就越小；法定准备金率越低，存款扩张的倍数值就越大。

银行系统派生存款的倍数创造原理在相反方向上也适用，即派生存款的紧缩过程也呈倍数紧缩过程，仍以上例说明。

当一客户从银行提取 10 000 元现金时，会引起原始存款减少，在银行体系无超额准备金的前提下，也必然会出现削减存款货币的过程。即该银行为了维持其法定准备金水平，必须收回一笔同等数量的贷款，以弥补法定准备金出现的不足。而贷款的收回是通过自己的客户收到其他银行的客户如 A 银行的客户所签发的支票实现的，从而 A 银行将减少 10 000 元活期存款和 10 000 元准备金。按 20%的法定准备金率计算，活期存款减少 10 000 元，法定准备金至多减少 2 000 元。但 A 银行由于准备金已被转出 10 000 元，因而法定准备金少 8 000 元。如果 A 银行收回的贷款是通过客户由 B 银行得来的，那么，B 银行由于法定准备金短缺6 400元，也必须要收缩自己的贷款或投资，以补足准备金。而 B 银行收回贷款的结果，也是以减少其他银行同等数额的活期存款，从而减少其准备金为条件的。这一过程一直进行下去，直到银行系统的活期存款变化到以下水平：

$-10\ 000-8\ 000-6\ 400-5\ 120-4\ 096-\cdots=-50\ 000$(元)

可见，派生存款的缩减过程与其扩张过程一样，都有倍数效应，两者是相互对称的。

四、对倍数的修正

从前例可以看出，商业银行创造存款货币的能力取决于原始存款和派生倍数。但在实际经济活动中，派生倍数还会受到其他因素的影响而大为缩减。

（1）现金漏损率。客户从银行提取现金与存款总额的比率称为现金漏损率或提现率。当出现现金漏损时，银行系统的存款准备金会减少，由此减少银行创造派生存款的能力。

（2）超额准备金率。银行并非一定将超额准备金全部贷出。为了安全或应付意外之需，银行实际持有的存款准备金总是高于法定准备金，这也相应减少了银行创造派生存款的能力。银行超过法定要求而保留的准备金与存款总额的比率，称为超额准备金率。

（3）存款可至少分为活期存款和定期存款两种，政府通常对不同性质的存款分别规定不同的法定准备金率。如果把 D 和 r_d 分别视为活期存款和相应的法定准备金率，那么准备金就有 $r_t \cdot T_D/D$ 的部分不能成为创造存款货币 D 的基础。r_t 代表定期存款法定准备金率，T_D 代表定期存款总额，T_D/D 是指有多大比例的活期存款转为定期存款。

考虑以上三个因素之后，银行吸收一笔存款可以派生多少存款，决定的要素不仅有法定准备金率，还包括现金漏损率、超额准备金率和定期存款法定准备金率。因此，公式（15－5）可以修正为：

$$K=D/A=\frac{1}{r_d+c'+e'+r_t\cdot t'} \qquad (15-6)$$

式中，c'和 e'分别代表现金漏损率和超额准备金率；t'代表 T_D/D，即定期存款对活期存款的比率。

由以上可知，银行吸收一笔原始存款能够创造多少存款货币，要受到法定准备金、现金流出银行的数量、超额准备金、定期存款的数量等因素的影响。

第三节　中央银行与货币创造

一、中央银行的资产负债表

中央银行的业务分为两大类：负债业务和资产业务，具体可以通过中央银行的资产负债表来反映。中央银行的资产负债表由三部分组成：资产项目、负债项目和资本项目（见表 15－2）。

表 15-2　中央银行资产负债表

资　产	负　债
政府债券和财政借款	流通中的货币
贴现及放款	商业银行和金融机构存款
黄金和外汇储备	财政部存款
特别提款权证券	外国和其他存款
其他资产	其他负债
	中央银行资本
合计	合计

中央银行资产表明中央银行的资金运用，负债表明中央银行资金的来源，资本项目是指中央银行的自有资本。它们之间的关系为：

资产＝负债＋资本项目

负债＝资产－资本项目

从中央银行资产负债表中可以看出，流通中的货币是中央银行的负债来源；中央银行与商业银行等金融机构之间的业务关系则表现为负债方的商业银行和金融机构存款与资产方的贴现及放款；中央银行与政府的关系表现为负债方的财政部存款与资产方的政府债券和财政借款，以及黄金和外汇储备等项；资产方的特别提款权证券与负债方的外国和其他存款则体现了中央银行的对外金融关系。

二、基础货币与货币供给

基础货币也称高能货币、强力货币，是指起创造存款货币作用的商业银行在中央银行的存款准备金与流通于银行体系之外的通货两者之和。基础货币由现金和存款准备金两部分构成，二者都是中央银行的负债。前者包括商业银行持有的库存现金、在中央银行的法定准备金以及超额准备金。用公式表示为：

$$B=R+C \tag{15-7}$$

式中，B 为基础货币，R 为商业银行保有的存款准备金，C 为流通于银行体系之外的现金。基础货币是中央银行的负债。

作为银行体系内存款扩张、货币创造的基础，基础货币数量的大小对货币供给总量有决定性的影响。

基础货币的增减变化，通常取决于四个因素：

（1）由外汇、黄金占款、特别提款权和中央银行在国际金融机构的净资产构成。如果追求稳定汇率目标，通过外汇买卖投放基础货币受外汇市场供求状况的影响，具有相当的被动性。

（2）对政府债权净额。中央银行通过认购政府债券或贷款给财政部门弥补赤字，把基础货币注入流通领域。

（3）对商业银行再贷款、再贴现。中央银行对此项具有较强的控制力。

（4）其他资产。固定资产的增减变化以及中央银行在资金清算过程中应收应付的增减变化会对基础货币量产生影响。

商业银行创造存款货币规模的首要决定因素是其获得的原始存款。原始存款正是来源于中央银行创造和提供的基础货币：中央银行把通货投入流通，公众用通货向银行存款可以增加商业银行新的原始存款；中央银行扩大信贷可以直接增加商业银行的准备金，从而增加商业银行体系的原始存款量。相反，如果中央银行缩减或收回对商业银行的信用支持，从而减少基础货币的供给，则必然引起商业银行准备金持有量的减少，因此导致商业银行体系对贷款和存款的多倍收缩。可以说，中央银行提供的基础货币与商业银行创造的存款货币之间的关系，实际上是源与流的关系。商业银行作为直接货币供给者，其创造存款货币的存贷活动，以及提供的货币数量，均建立在基础货币规模的基础上。当经济中原有的基础货币已最大限度地为商业银行所利用并创造出多倍存款货币而仍然不能满足经济发展的需要时，唯一的办法是由中央银行补充基础货币，即随着社会扩大再生产的不断发展，新的基础货币不断被中央银行创造出来，又经商业银行体系不断创造出满足经济需要的追加货币供给。

三、乘数

由中央银行提供的基础货币能够引出数倍于自身的货币供给量。把货币供给量与基础货币相比的比值就是乘数，公式为：

$$Ms=m\cdot B \tag{15-8}$$

式中，m 是乘数，Ms 代表货币供给，B 为基础货币。又因为：

$$B=C+R,\ Ms=C+D$$

所以有：

$$m=(C+D)/(C+R)$$

把上式分子、分母各项均除以 D，则有：

$$m=\frac{\frac{C}{D}+1}{\frac{C}{D}+\frac{R}{D}} \tag{15-9}$$

式中，C/D 称为通货-存款比，其大小取决于私人部门的行为；R/D 称为准备-存款比，其大小取决于存款货币银行的行为。这两个比率决定乘数的大小，与基础货币一起决定货币供给量的大小。

对于决定货币乘数的具体因素，中央银行不能直接控制，但可以通过对其施加影响来控制货币供给量，一般有以下四项：

（1）现金比率，即流通中现金与商业银行活期存款的比率。现金比率对乘数的确定有重大影响，现金比率越高，货币乘数越高，反之亦然。

（2）超额准备金率。商业银行的超额准备金率越高，货币乘数就越小，反之越大。

（3）定期和活期存款法定准备金率。法定准备金率越高，货币乘数越小，反之越大。

（4）定期存款对活期存款的比率。定期存款对活期存款的比率变大，货币乘数变小，反之变大。

复习思考题

1. 简述信用的运行。
2. 信用有哪些功能?
3. 什么是信用货币?存款货币创造过程是怎样的?
4. 存款货币创造的条件有哪些?
5. 存款货币创造倍数受哪些因素的影响?
6. 基础货币的含义是什么?
7. 试述基础货币与货币供给量的关系。

第 16 章
对外金融关系

第一节 外汇和外汇市场

一、外汇及其构成

所谓外汇，从广义上说，是指外币以及用外币表示的用于国际结算的支付凭证和信用凭证。

由此可见，外汇的范围远远超出了外币现钞的范围，就如同货币的范围超出了现钞的范围一样。在国际经济交往中，以现钞来支付和结算只占很小的比重，大量的国际支付是通过银行运用各种金融工具来进行的。这些金融工具包括银行存款凭证、支票、汇票等，都构成外汇。此外，以外币表示的信用凭证，如国家债券、公司债券和股票等，也都属于外汇。

外汇一般具有三个特征，即国际性、可偿还性和可兑换性。国际性是指外汇必须是在国际上能被普遍接受的外币金融资产；可偿还性表明这种外币债权保证可以得到偿付；可兑换性就是可以自由兑换成其他外币资产。

《中华人民共和国外汇管理条例》规定，外汇的具体形式包括：(1) 外币现钞，包括钞票、铸币；(2) 外币支付凭证或者支付工具，包括票据、银行存款凭证、银行卡等；(3) 外币有价证券，包括债券、股票等；(4) 特别提款权 (special drawing right，简称 SDR)；(5) 其他外汇资产。其中，特别提款权亦称“纸黄金”(paper gold)，最早发行于 1969 年，是国际货币基金组织根据会员认缴的份额分配的，可用于偿还国际货币基金组织债务、弥补会员政府之间国际收支逆差的一种账面资产。会员在发生国际收支逆差时，可用它向国际货币基金组织指定的其他会员换取外汇，以偿付国际收支逆差或偿还国际货币基金组织的贷款，还可与黄金、自由兑换货币一样充当国际储备。因为它是国际货币基金组织原有的普通提款权以外的一种补充，所以称为“特别提款权”。特别提款权最初发行时每一单位等于0.888克黄金，与当时的美元等值。发行特别提款权旨在补充黄金及可自由兑换货币以保持外汇市场的稳定。2015年11月30日，国际货币基金组织正式宣布人民币2016年10月1日加入特别提款权货币篮子。2016年10月1日，特别提款权的价值由美元、欧元、人民币、日元、英镑这五种货币所构成的一篮子货币的当期汇率确定，这五种货币所占权重分别为41.73%、30.93%、10.92%、8.33%和8.09%。

狭义的外汇概念仅指用外币表示的用于国际结算的支付手段。只有为各国普遍接受的支付手段，才能用于国际结算。因此，以外币表示的有价证券和黄金不能视为外汇，因为它们不能直接用于国际结算（黄金已不是世界货币），而只有把它们变为在国外的银行存款时才能用于国际结算。严格地讲，外币现钞也不能算作外汇，因为它们一旦流入他国，便立即失去法定货币的身份与作用，外币持有者需将这些外币向其所在国银行兑换成该国货币才能使用。即使是银行，也需将这些外币运回其发行国或境外的外币市场出售，变成国外的银行存款，才能用于国际结算。由此可见，狭义的外汇概念不包括外币和外币信用凭证。只有在国外的银行存款，以及可以索取这些存款的外币票据与外币凭证，才是狭义的外汇。

二、外汇市场

外汇市场是指专门从事外汇买卖的市场，它包括金融机构之间相互进行同业外汇买卖的市场和金融机构与顾客之间进行外汇买卖的外汇零售市场。

外汇市场的参与者主要有：

（1）商业银行。这主要是指专营或兼营外汇业务的本国商业银行、在本国的外国银行分行或代办处以及其他一些金融机构。业务范围包括：接受进出口商及其他客户的委托，办理结售汇业务，充当外汇买卖的中介人。另外商业银行也自行买卖外汇来获取利润。

（2）外汇经纪人。这是专门撮合外汇交易，从中收取手续费的公司或经纪商。它们主要依靠与外汇经营银行的密切联系，熟知外汇供求情况等优势，促使多种多样的市场参与者找到合适的交易价格和合适的交易对手成交。

（3）中央银行。各国中央银行参与外汇市场活动有两个目的：一是直接或者代理财政经营本国的外汇储备，使本国的国际储备资产升值或保值；二是为防止外汇市场上汇率因受国际游资的冲击而剧烈波动，适时进行干预。从这一点上看，中央银行在一定程度上是外汇市场的实际操纵者。

（4）外汇的实际供应者或需求者。这是指那些从事进出口贸易的厂商企业、旅行者、投资者、投机者等通过外汇专业银行进行外汇买卖，以获得或兑换外汇。

目前交易量大而具有国际影响的外汇市场主要有纽约（美国）、伦敦（英国）、巴黎（法国）、法兰克福（德国）、苏黎世（瑞士）、东京（日本）、米兰（意大利）等。在这些外汇市场上买卖的外汇主要有美元、英镑、欧元、日元、瑞士法郎、加拿大元、港元等多种货币。

现在大多数外汇市场都无固定交易场所，主要通过电信设备，如电报、电传、电话等手段与各种外汇机构和个人联系，完成外汇交易。而且，随着电子技术的广泛应用，现代化通信设施使得世界各大金融中心的外汇市场都相互连接，消除了时间和空间的限制，构成了一个紧密联系的复杂网络。当西欧从早上开始到下午2时结束营业时，纽约外汇市场刚好开张，而当纽约市场结束营业时，正是东京市场一天中开始营业的时候，然后东京市场收盘又与西欧市场连接，周而复始，一天24小时可在世界各个外汇市场进行交易，外汇市场已经形成了一个横跨全球的统一市场。

外汇市场交易的基本形式有：现汇交易、期汇交易和互换交易。

现汇交易是指银行与顾客或银行与银行之间在外汇买卖成交后，立即办理收付的外汇业务。这种办理实际收付的行为称为交割。

期汇交易也称远期外汇交易，是指外汇买卖成交后，双方先签订合同，到预约时间再办理交割的外汇业务。预约交割期一般为3个月，也有1个月、6个月或1年。

互换交易是指在买进（或卖出）某种外汇的同时，又卖出（或买进）同等金额的该种货币，但买进与卖出的交割日期不同。进行互换交易的目的是避免汇率变动造成的风险。

三、我国现行的外汇管理体制

1994年我国对外汇管理体制进行了一次重大改革，2005年建立了以市场供求为基础的、有管理的浮动汇率制度和统一规范的外汇市场，逐步使人民币成为可兑换货币。主要内容有：

（1）进行汇率并轨，实行以市场供求为基础的、参考一篮子货币进行调节、有管理的浮动汇率制度。现在中国人民银行根据前一日银行间外汇交易市场形成的价格，每日公布人民币对美元等主要货币的汇率；各外汇指定银行以此为依据，在中国人民银行规定的浮动幅度内自行挂牌。

（2）实行银行结售汇制，取消外汇留成和上缴。境内所有企事业单位、机关团体的各类外汇收入必须及时调回国内，结售给外汇指定银行。相应有经常项目下的对外支付用汇，取消原来的用汇计划审批，可持有效的进口合同和支付通知书等凭证，用人民币到外汇指定银行办理兑付。在实行结售汇制后，国家取消了原来的各类外汇留成、上缴和额度管理制度。

（3）建立银行间外汇交易市场。在这个市场上，外汇指定银行是外汇交易市场的主体。市场的职能是为各外汇指定银行相互调剂余缺和提供清算服务，并由中国人民银行通过国家外汇管理局监督管理。

（4）禁止外币在境内计价、结算和流通；禁止指定金融机构以外的外汇买卖。

（5）取消外汇收支的指令性计划，国家主要运用经济法律手段实现对外汇和国际收支的宏观调节。

（6）有选择、有步骤地开放证券投资，拓宽资金流出流入渠道，推出合格境外机构投资者制度（QFII）。

（7）放宽个人购汇用汇限制，便利个人外汇收支。对个人结汇和境内个人购汇实行年度总额管理。年度总额分别为每人每年等值5万美元。

（8）香港和澳门银行可以办理人民币业务。

第二节 汇率

一、汇率及其表示方法

汇率也称汇价，是两国货币相互兑换的比率，是衡量两国货币价值大小的标准。

汇率的表示方法有三种：

（1）直接标价法。即以一定单位的外国货币为基准来计算应收或应付多少本国货币。这是大多数国家所采用的方法，我国人民币汇率也采用这种表示方法。如2019年10月31日我国人民币对美元的汇价约为100美元＝786.76元人民币。

（2）间接标价法。即以一定单位的本币为基准来计算应收或应付多少外币。英国采用这种标价法。1978年以后，纽约外汇市场也开始采用这种表示法，每天公布一美元合多少外币。

（3）美元标价法。这是对美国以外的国家而言的。从20世纪50年代起，西方大银行开始采用这种表示方法，各国都以美元为基准衡量各国货币的价值，非美元外汇买卖时，则根据各自对美元的比率换算出买卖双方货币的汇价。

二、汇率制度

汇率制度是一国政府对汇率所制定的政策、确定的原则和采取的措施的总括。汇率制度有两种：固定汇率制度和浮动汇率制度。

（一）固定汇率制度

布雷顿森林体系下的固定汇率制度是第二次世界大战以后较长时期所实行的一种汇率制度，该制度规定本国货币与其他国家货币之间维持一个固定比率，汇率波动只能限制在一定范围内，由官方干预来保证汇率稳定。当时许多国家参加了国际货币基金组织，该组织规定：美元与黄金挂钩，其他国家的货币与美元挂钩，并与美元建立固定比价；有关国家货币汇率只能在一定幅度内波动，超过规定的上、下限，该国中央银行有义务进行干预，使汇价保持在规定的幅度内。各国干预的方法主要是在外汇市场上买进或售出某种外汇，影响汇价。

（二）浮动汇率制度

在1971年和1973年美元连续两次贬值、固定汇率制度难以继续维持之后，多数国家改行了浮动汇率制度，即各国对汇价波动不加限制，而由本国政府自主调节，或由外汇供求关系自行决定其涨落。各国中央银行只是根据需要，自由选择是否进行干预以及把汇价维持在什么样的水平上。在浮动汇率制度下，有实行单独浮动的，即本国货币不与任何国家货币保持固定联系，完全由本国政府自行考虑汇率的变动；有实行联合浮动的，即几个国家组成货币集团，在集团内实行固定汇率，对外则实行浮动汇率；还有一些国家实行钉住汇率制度，即对本国货币与本国主要贸易伙伴国的货币确定一个固定的比价，使本国货币随着某一种或几种货币进行浮动。

三、我国人民币的汇率制度

现行人民币汇率制度是在 1994 年我国外汇管理体制改革以后确立的，2005 年再次进行了改革。主要内容包括：

2005 年 7 月 21 日，我国开始了对完善人民币汇率形成机制的改革。我们现行的汇率形成机制是以市场供求为基础，选择若干种主要货币组成一个货币篮子，同时参考一篮子货币计算人民币多边汇率指数的变化，以此为依据进行调节的、有管理的浮动汇率制度。

2005 年 7 月 21 日人民币汇率形成机制改革后，中国人民银行于每个工作日闭市后公布当日银行间外汇市场美元等交易货币对人民币汇率的收盘价，作为下一个工作日该货币对人民币交易的中间价。自 2006 年 1 月 4 日起，中国人民银行授权中国外汇交易中心于每个工作日上午 9 时 15 分对外公布当日人民币对美元、欧元、日元和港元汇率中间价，作为当日银行间即期外汇市场（含 OTC 方式和撮合方式）以及银行柜台交易汇率的中间价。

2007 年 5 月 18 日，中国人民银行发布公告称，自 5 月 21 日起，银行间即期外汇市场人民币对美元交易价浮动幅度由千分之三扩大至千分之五。

2008 年，我国适当收窄了人民币波动幅度以应对国际金融危机，在国际金融危机最严重的时候，许多国家货币对美元大幅贬值，而人民币汇率保持了基本稳定。

2010 年 6 月 19 日，中国人民银行决定“进一步推进人民币汇率形成机制改革，增强人民币汇率弹性”。

2012 年 4 月 14 日，中国人民银行对外宣布，自 2012 年 4 月 16 日起，银行间即期外汇市场人民币对美元交易价浮动幅度由千分之五扩大至百分之一。这是自 2007 年以来人民币对美元汇率单日波动幅度的再度扩大。

2014 年 3 月 15 日，中国人民银行对外宣布，自 2014 年 3 月 17 日起将人民币对美元交易浮动区间从当前的 1%扩大至 2%，即每日银行间即期外汇市场人民币对美元的交易价可在中国外汇交易中心对外公布的当日人民币对美元中间价上下 2%的幅度内浮动。近年来，随着我国外汇市场进一步成熟发育，交易量持续增长，交易品种不断增加，交易主体控制风险的能力逐步提高，自主定价的意愿日渐增强，也需要更大的波幅区间，以适应外汇市场的进一步发展。为增强中间价的市场化程度和基准性，2015 年 8 月 11 日中国人民银行完善人民币对美元汇率中间价报价机制。按照这一机制，做市商在每日银行间外汇市场开盘前，参考上日银行间外汇市场收盘汇率，综合考虑外汇供求情况以及国际主要货币汇率变化向中国外汇交易中心提供中间价报价。中间价报价机制的完善使得人民币对美元汇率中间价更能反映外汇市场供求力量的变化，参照一篮子货币进行调节，提高了中间价报价的合理性。

自 2006 年 1 月以来，人民币对美元汇率变动趋势见图 16－1。

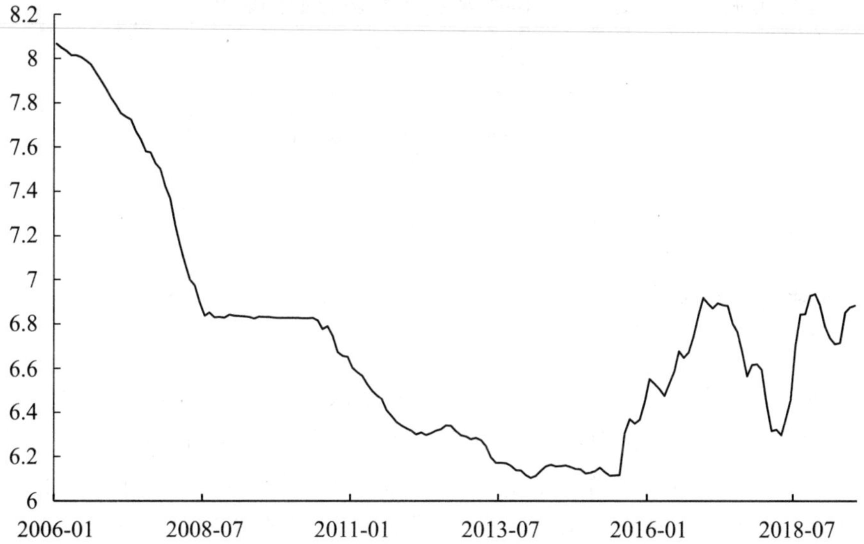

图 16－1　自 2006 年 1 月以来人民币对美元汇率变动趋势

资料来源：中国人民银行。

四、汇率变动对经济的影响

在市场经济条件下，汇率是重要的经济杠杆，其变动对经济会产生重大的影响。

（一）汇率变动对进出口的影响

通常，汇率下降有利于出口，不利于进口，从而可以改善一国对外贸易收支状况。因为汇率下降意味着本币贬值，出口商出口所得外汇收入按新汇率折算要比按原来汇率折算获得更多的本国货币，从而从中获得额外利润；而进口商为支付货款兑换货币时却要付出较多的货币，增加了进口成本。相反，汇率上升不利于出口，而有利于进口。

（二）汇率变动与物价

从进口看，汇率下降会引起进口商品国国内价格上涨，其影响程度取决于进口商品在一国国民生产总值中的比重；相反，汇率上升会起到抑制物价的作用。从出口看，汇率下降有利于扩大出口，在国内出口商品供给弹性较大时，不会引起出口商品价格上涨，但如果出口商品供给弹性较小，则会引起该类商品价格上涨，并影响到国内整体物价水平。

（三）汇率变动与资本流动

汇率变动对短期资本流动影响明显。当汇率下降时，本国投资者和外国投资者就不愿持有以贬值国货币计值的各种金融资产，因此会发生资本外逃现象；同时，加剧外汇供求紧张，促使汇率继续下跌；相反，汇率上升会吸引外国资本流入。长期资本的流动主要受利润和风险影响，因此，汇率变动对长期资本流动的影响较小。

由以上分析可见，汇率变动对一国经济会产生多方面的影响。

第三节　国际收支

一、国际收支的概念

国际收支的概念有狭义和广义之分。狭义的国际收支是指一国在一定时期内（通常为一年），同其他国家为清算到期的债权债务所发生的外汇收支的总和。这个概念十分强调到期立即清算和以现金（外汇）做出支付。某些国际借贷的债权债务关系虽已产生，但由于国际信用的存在，使到期结清的时日可以延缓，在到期之前，不用办理结清收付，对一国的外汇收支不产生实际影响。按此概念，未到期的债权债务则不应计入该年的国际收支范围以内。此外，那些没有外汇收支的交易，如易货贸易和无偿援助等，也都不算入国际收支的范围。随着国际交往规模和范围上的扩展，这种狭义的国际收支已不能完全反映国际交易的全貌，也不能满足分析的需要，因而许多国家转而采用拓宽了内涵的广义的国际收支。

广义的国际收支是指一国在一定时期内与其他国家和地区之间各种经济交易和往来的全部记录，而不问其是否具有外汇收支。目前国际货币基金组织采用的则是这一广义概念，具体表述为：国际收支是某一时期的统计，它表明：（1）某一经济体同其他国家或地区之间在商品、劳务以及收益方面的交易；（2）该经济体所持有的货币性黄金、特别提款权以及对其他国家和地区的债权、债务的所有权变化和其他变化；（3）为平衡不能相互抵消的上述交易和变化所进行的无偿转移和对应项目。这个概念说明，只要是国际性的经济交易，包括商品、劳务和金融资产所有权的有偿或无偿转移，都属于国际收支的范畴，不论是在报告期内已经实现外汇收支的国际经济交易，还是在报告期内未实现外汇收支的国际经济交易，都要计入报告期的国际收支。

二、国际收支平衡表

按照一定的编制原则和格式，将一国一定时期国际收支的不同项目进行排列组合，列表对比，以反映和说明该国的国际收支状况，此种表格就称为该国某一时期的国际收支平衡表。它是对一个国家一定时期内发生的国际收支行为的具体系统的统计与记录。

国际收支平衡表是按照会计学的复式簿记原理编制的。所有的项目都可以归纳为两类：资金占用类科目（或借方科目）和资金来源类科目（或贷方科目）。凡是属于对外国人支付的项目，也就是引起本国外汇支出的项目，都属于借方科目，其增加记借方，前面加“一”号，其减少记贷方，前面加“+”号；凡是属于从外国人那里收入的项目，也就是引起本国外汇收入的项目，都属于贷方科目，其增加记贷方，前面加“+”号，其减少记借方，前面加“一”号。从国际收支平衡表的编制方法上讲，由于设置了储备资产和净误差与遗漏两个项目，一国的国际收支平衡表永远都是平衡的，但并不等于说该国的国际收支就是平衡的。

各国的国际收支平衡表的格式基本相同，所列项目略有差异。表 16-1 就是我国现行的国际收支平衡表格式。

表 16-1　中国国际收支平衡表（2016—2018 年）　（亿元）

项目	行次	2016 年	2017 年	2018 年
1. 经常账户	1	13 352	13 120	3 527
贷方	2	163 214	185 159	193 053
借方	3	−149 862	−172 039	−189 526
1. A 货物和服务	4	16 976	14 578	7 054
贷方	5	146 177	163 847	175 694
借方	6	−129 201	−149 268	−168 640
1. A. a 货物	7	32 490	32 076	26 366
贷方	8	132 324	149 470	160 237
借方	9	−99 834	−117 393	−133 871
1. A. b 服务	10	−15 515	−17 498	−19 312
贷方	11	13 853	14 377	15 457
借方	12	−29 368	−31 875	−34 769
1. A. b. 1 加工服务	13	1 221	1 208	1 137
贷方	14	1 232	1 220	1 155
借方	15	−11	−12	−18
1. A. b. 2 维护和维修服务	16	215	251	307
贷方	17	346	403	475
借方	18	−131	−152	−168
1. A. b. 3 运输	19	−3 110	−3 777	−4 429
贷方	20	2 250	2 515	2 805
借方	21	−5 360	−6 292	−7 234
1. A. b. 4 旅行	22	−13 687	−14 824	−15 657
贷方	23	2 953	2 603	2 668
借方	24	−16 640	−17 427	−18 325
1. A. b. 5 建设	25	278	242	327
贷方	26	843	825	896
借方	27	−565	−583	−569

续前表

项目	行次	2016 年	2017 年	2018 年
1. A. b. 6 保险和养老金服务	28	−587	−499	−441
贷方	29	270	274	325
借方	30	−857	−773	−766
1. A. b. 7 金融服务	31	76	122	82
贷方	32	211	231	221
借方	33	−135	−109	−139
1. A. b. 8 知识产权使用费	34	−1 515	−1 617	−1 992
贷方	35	78	324	368
借方	36	−1 593	−1 941	−2 360
1. A. b. 9 电信、计算机和信息服务	37	841	507	428
贷方	38	1 689	1 814	1 988
借方	39	−848	−1 307	−1 559
1. A. b. 10 其他商业服务	40	978	1 143	1 266
贷方	41	3 851	4 003	4 377
借方	42	−2 874	−2 860	−3 111
1. A. b. 11 个人、文化和娱乐服务	43	−93	−134	−161
贷方	44	49	52	63
借方	45	−142	−185	−225
1. A. b. 12 别处未提及的政府服务	46	−131	−119	−180
贷方	47	81	115	116
借方	48	−211	−234	−295
1. B 初次收入	49	−2 987	−655	−3 394
贷方	50	14 987	19 410	15 526
借方	51	−17 974	−20 065	−18 920
1. B. 1 雇员报酬	52	1 372	1 011	535
贷方	53	1 785	1 468	1 193
借方	54	−413	−456	−657
1. B. 2 投资收益	55	−4 382	−1 696	−4 046
贷方	56	13 165	17 896	14 197
借方	57	−17 547	−19 591	−18 243
1. B. 3 其他初次收入	58	23	30	117
贷方	59	37	47	137
借方	60	−14	−17	−20
1. C 二次收入	61	−637	−804	−133
贷方	62	2 050	1 902	1 833
借方	63	−2 687	−2 706	−1 966

续前表

项目	行次	2016 年	2017 年	2018 年
1.C.1 个人转移	64	/	−173	−25
贷方	65	/	472	408
借方	66	/	−644	−433
1.C.2 其他二次收入	67	/	−631	−108
贷方	68	/	1 431	1 425
借方	69	/	−2 062	−1 533
2. 资本和金融账户	70	1 951	1 212	7 231
2.1 资本账户	71	−23	−6	−38
贷方	72	21	15	20
借方	73	−44	−22	−58
2.2 金融账户	74	1 974	1 218	7 269
资产	75	−15 426	−28 604	−24 436
负债	76	17 400	29 822	31 705
2.2.1 非储备性质的金融账户	77	−27 647	7 354	8 306
资产	78	−45 047	−22 468	−23 399
负债	79	17 400	29 822	31 705
2.2.1.1 直接投资	80	−2 658	1 825	6 964
2.2.1.1.1 资产	81	−14 323	−9 314	−6 393
2.2.1.1.1.1 股权	82	−9 732	−9 185	−5 244
2.2.1.1.1.2 关联企业债务	83	−4 591	−129	−1 149
2.2.1.1.1.a 金融部门	84	/	−1 202	−1 376
2.2.1.1.1.1.a 股权	85	/	−1 191	−1 326
2.2.1.1.1.2.a 关联企业债务	86	/	−10	−49
2.2.1.1.1.b 非金融部门	87	/	−8 112	−5 017
2.2.1.1.1.1.b 股权	88	/	−7 993	−3 918
2.2.1.1.1.2.b 关联企业债务	89	/	−119	−1 100
2.2.1.1.2 负债	90	11 664	11 139	13 357
2.2.1.1.2.1 股权	91	11 002	9 440	10 203
2.2.1.1.2.2 关联企业债务	92	663	1 699	3 154
2.2.1.1.2.a 金融部门	93	/	816	1 161
2.2.1.1.2.1.a 股权	94	/	605	989
2.2.1.1.2.2.a 关联企业债务	95	/	211	172
2.2.1.1.2.b 非金融部门	96	/	10 323	12 196
2.2.1.1.2.1.b 股权	97	/	8 835	9 214
2.2.1.1.2.2.b 关联企业债务	98	/	1 487	2 982

续前表

项目	行次	2016 年	2017 年	2018 年
2.2.1.2 证券投资	99	−3 466	1 951	6 954
2.2.1.2.1 资产	100	−6 858	−6 374	−3 481
2.2.1.2.1.1 股权	101	−2 532	−2 203	−1 138
2.2.1.2.1.2 债券	102	−4 327	−4 172	−2 343
2.2.1.2.2 负债	103	3 392	8 326	10 435
2.2.1.2.2.1 股权	104	1 559	2 440	3 997
2.2.1.2.2.2 债券	105	1 833	5 886	6 439
2.2.1.3 金融衍生工具	106	−359	24	−415
2.2.1.3.1 资产	107	−433	104	−326
2.2.1.3.2 负债	108	75	−80	−89
2.2.1.4 其他投资	109	−21 164	3 553	−5 198
2.2.1.4.1 资产	110	−23 433	−6 884	−13 199
2.2.1.4.1.1 其他股权	111	0	3	0
2.2.1.4.1.2 货币和存款	112	−4 302	−3 860	−4 716
2.2.1.4.1.3 贷款	113	−7 352	−3 051	−5 355
2.2.1.4.1.4 保险和养老金	114	−24	−4	−35
2.2.1.4.1.5 贸易信贷	115	−6 858	−1 220	−4 530
2.2.1.4.1.6 其他	116	−4 896	1 250	1 437
2.2.1.4.2 负债	117	2 269	10 437	8 002
2.2.1.4.2.1 其他股权	118	0	0	0
2.2.1.4.2.2 货币和存款	119	552	7 391	3 416
2.2.1.4.2.3 贷款	120	−1 094	3 457	2 056
2.2.1.4.2.4 保险和养老金	121	−45	44	15
2.2.1.4.2.5 贸易信贷	122	1 157	−155	2 776
2.2.1.4.2.6 其他	123	1 699	−300	−261
2.2.1.4.2.7 特别提款权	124	0	0	0
2.2.2 储备资产	125	29 621	−6 136	−1 037
2.2.2.1 货币黄金	126	0	0	0
2.2.2.2 特别提款权	127	22	−49	2
2.2.2.3 在国际货币基金组织的储备头寸	128	−348	146	−47
2.2.2.4 外汇储备	129	29 947	−6 233	−992
2.2.2.5 其他储备资产	130	0	0	0
3. 净误差与遗漏	131	−15 303	−14 332	−10 758

资料来源：国家外汇管理局。

三、国际收支平衡表的内容

表 16－1 列出了国际收支的具体项目，每个项目各反映不同性质的收支。根据国际货

币基金组织《国际收支和国际投资头寸手册（第六版）》制定的标准，国际收支平衡表包括经常账户、资本和金融账户。经常账户可细分为货物和服务账户、初次收入账户、二次收入账户。资本和金融账户可细分为资本账户和金融账户，金融账户可细分为非储备性质的金融账户（包括直接投资账户、证券投资账户、金融衍生工具账户、其他投资账户）和储备资产账户。

（一）经常账户

经常账户即经常项目，也称往来项目，是指一国与外国交往而经常发生的项目，在一国的国际收支中占最基本、最重要的地位，包括货物和服务、初次收入和二次收入。

（1）货物和服务。货物和服务项目又称贸易项目，包括货物和服务两部分。货物是指经济所有权在我国居民与非居民之间发生转移的货物交易。贷方记录货物出口，借方记录货物进口。服务则包括加工服务，维护和维修服务，运输，旅行，建设，保险和养老金服务，金融服务，知识产权使用费，电信、计算机和信息服务，其他商业服务，个人、文化和娱乐服务以及别处未提及的政府服务。贷方记录提供的服务，借方记录接受的服务。

（2）初次收入。初次收入是指由于提供劳务、金融资产和出租自然资源而获得的回报，包括雇员报酬、投资收益和其他初次收入三部分：a）雇员报酬是指根据企业与雇员的雇佣关系，雇员因在生产过程中的劳务投入而获得的酬金回报。贷方记录我国居民个人从非居民雇主处获得的薪资、津贴、福利及社保缴款等，借方记录我国居民雇主向非居民雇员支付的薪资、津贴、福利及社保缴款等。b）投资收益是指因金融资产投资而获得的利润、股息（红利）、再投资收益和利息，但金融资产投资的资本利得或损失不是投资收益，而是金融账户统计范畴。贷方记录我国居民因拥有对非居民的金融资产权益或债权而获得的利润、股息、再投资收益或利息。借方记录我国因对非居民投资者有金融负债而向非居民支付的利润、股息、再投资收益或利息。c）其他初次收入是指将自然资源让渡给另一主体使用而获得的租金收入，以及跨境产品和生产的征税和补贴。贷方记录我国居民从非居民处获得的相关收入。借方记录我国居民向非居民进行的相关支付。

（3）二次收入。二次收入是指居民与非居民之间的经常转移，包括现金和实物。贷方记录我国居民从非居民处获得的经常转移，借方记录我国向非居民提供的经常转移。

（二）资本和金融账户

资本和金融账户即资本和金融项目，主要涉及资本金的国际转移。它包括资本项目和金融项目两个子项目。

（1）资本项目。资本项目是指居民与非居民之间的资本转移，以及居民与非居民之间非生产非金融资产的取得和处置。贷方记录我国居民获得非居民提供的资本转移，以及处置非生产非金融资产获得的收入，借方记录我国居民向非居民提供的资本转移，以及取得非生产非金融资产支出的金额。

（2）金融项目。金融项目是指发生在居民与非居民之间、涉及金融资产与负债的各类交易。根据会计记账原则，当期对外金融资产净增加记录为负值，净减少记录为正值；

当期对外负债净增加记录为正值，净减少记录为负值。金融账户细分为非储备性质的金融账户和储备资产。其中，非储备性质的金融账户包括直接投资、证券投资、金融衍生工具和其他投资；储备资产则是指我国中央银行拥有的对外资产，包括货币黄金、特别提款权、在国际货币基金组织的储备头寸、外汇储备和其他储备资产。

（三）净误差与遗漏

编制国际收支平衡表的原始资料来自各个方面，在这些原始资料上，有些当事人为了各种原因，故意改变、仿造或压低某些项目的数字，从而造成资料失实或收集资料不齐；另外，由于某些交易项目属于跨年度性的，因而会导致统计口径不一；再有，短期资本的国际移动由于投机性非常强，流入流出异常迅速，且为了逃避外汇管制或其他官方限制，经常采取隐蔽的形式，超越正常的收付渠道出入国境，因而很难得到其真实资料。出于上述各种原因，官方统计所得到的经常项目、资本项目和平衡项目三者之和实际上并不能真正达到平衡，从而导致国际收支平衡表的借方与贷方之间出现差额。因此，在平衡项目之下再设立一个净误差与遗漏项目，以净误差与遗漏项目的数字来抵补前面所有项目借方与贷方之间的差额，从而使借贷双方最终达到平衡。

四、国际收支平衡表的差额

国际收支平衡表是按照会计学的借方与贷方相互平衡的复式簿记原理编制的，因而借方总额与贷方总额是相等的，其差额必为零。但我们又常常说某国国际收支不平衡，这是为什么？

实际上，我们说某个国家国际收支不平衡并不是针对整个国际收支平衡表而言的，而是指各个具体的差额，这些差额包括：

（1）经常项目差额。经常项目差额是指经常项目下货物与服务、初次收入和二次收入的差额相抵后的净差额。经常项目差额与贸易项目差额往往是同方向的。贸易收支状况在国民经济中意义重大：它是一国国际收支中最主要的项目，对国际收支总体状况影响很大，也对国内生产、投资和消费等产生重要作用。同时，资本和金融项目的逆差最终也要靠贸易顺差解决。经常项目差额则说明了一国对外债权债务关系的变动情况。逆差表示对外资产的减少或对外负债的增加，顺差表示对外资产的增加或对外负债的减少。经常项目差额能精确地反映一国对外债权债务关系的变化。

（2）资本和金融项目差额。资本与金融项目差额是指本国一定时期内对外资本输出入与金融交易收支的汇总差额，反映本国资本输出入与金融产品跨国交易等收支的平衡状态。差额为正值，代表该国资本与金融资源流入大于流出的净盈余；反之，差额为负值，代表该国资本与金融资源流出大于流入的净赤字。

（3）国际收支总差额。它等于经常项目、资本和金融项目的差额之和。它与一国国际储备的增减相对应。顺差意味着国际储备的增加，逆差则意味着国际储备的减少。国际货币基金组织和我国在计算国际收支差额时都采用总差额。

国际收支的以上差额都是自主性交易的结果。自主性交易是经济实体和个人出于某种经济动机和目的，独立自主进行的交易。一国货币当局往往要对自主性交易导致的不平衡进行弥补性交易，以防止汇率波动，这类交易称为调节性交易。整个国际收支表的平衡是调节性交易弥补的结果。

五、我国的国际收支

我国的国际收支平衡表从 1981 年起开始编制，由中国人民银行公布。我国的国际收支变化大体上可分为五个阶段。第一阶段：1982—1984 年。经常项目出现大量顺差，外汇储备逐渐上升。第二阶段：1985 年。经济发展速度过快，经常项目出现较大逆差，资本项目由逆差转为顺差，外汇储备下降。第三阶段：1986 年。经过调整，国际收支逆差已经缩小，并向基本平衡方向发展。第四阶段：1987—2013 年。国际收支状况明显好转，经常项目由 1993 年的逆差转为顺差，资本项目保持净流入状况，储备资产增加。1995 年以后国际收支中经常项目和资本项目都呈现顺差，国际储备大幅度增长，到 2007 年 1 月，外汇储备已突破 1 万亿美元。2010 年 12 月，国家外汇储备为 2.847 万亿美元，比上年末增加 4 481 亿美元，2011 年 12 月达 3.181 万亿美元，2012 年第 1 季度又增加了1 238亿美元。第五阶段：2014 年至今。从 2014 年下半年开始，受到国际经济环境变化以及我国经济发展进入“新常态”等因素的综合影响，我国外汇储备首次出现趋势性下降，并且呈现出下降幅度逐步扩大的局面，随后趋于稳定。截至 2018 年末，我国外汇储备规模为 30 727 亿美元（见图 16－2）。从 2018 年全年来看，外汇储备规模出现小幅波动，但总体保持稳定。

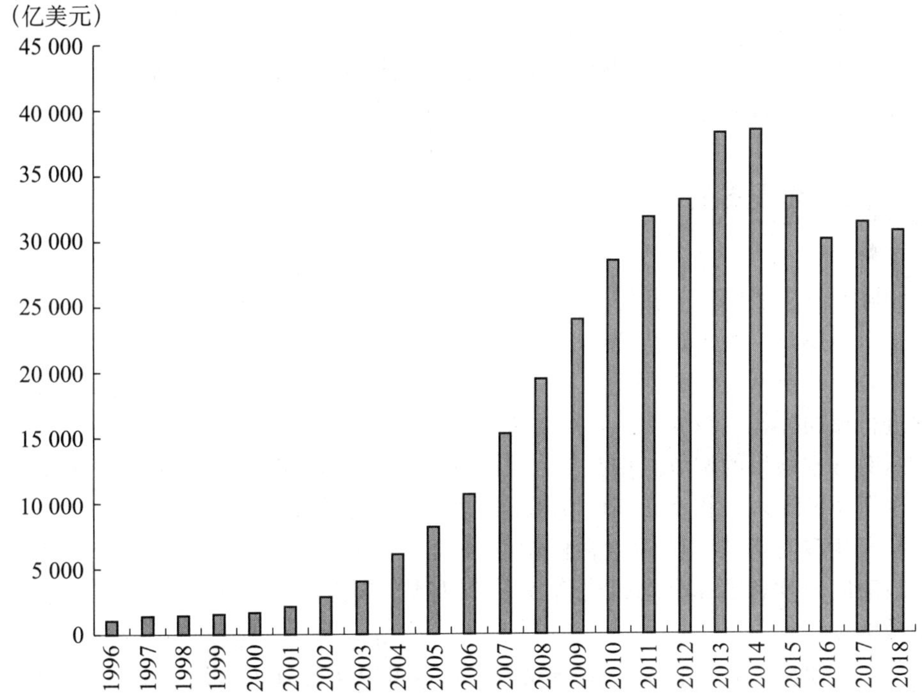

图 16－2　1996—2018 年我国的外汇储备情况

资料来源：国泰安 CSMAR 数据库。

在全球经济增长分化、金融市场波动性明显加大的背景下，我国经济持续健康发展，人民币汇率及市场预期总体稳定，跨境资金流动和国际收支保持基本平衡，为我国外汇储备规模稳定提供了坚实基础。

六、国际收支失衡

一国国际收支状况经常会处于不平衡状况，原因大致有：

（1）受一定时期一国经济发展水平的影响，对进口依赖程度较高，而出口能力相对较弱，从而会出现贸易和国际收支逆差。如发展中国家普遍存在对发达国家技术设备的依赖，而出口能力短期内不会有大的提高，因此会造成发展中国家的贸易逆差。

（2）受一国经济结构的影响。各国都有自己特殊的经济结构，也就形成了各自的商品出口结构。当国际上对某些商品的生产和需求发生变化时，一国若不能及时调整自己的生产结构，就会引起国际收支的失衡。

（3）受物价上涨和货币贬值的影响。当一国发生通货膨胀时，国内物价上涨，货币贬值，出口商品的竞争能力会下降，而进口商品则相对价格较低，由此会引起国际收支状况的恶化。

（4）受汇率和利率变动的影响。当汇率上升时，不利于出口，而有利于进口，因此可能会导致国际收支失衡。同时，对一国来说，如果周边国家汇率下降，会对该国的国际收支状况带来不利影响。利率水平的变动会引起资本的流出或流入，利率下降，资本会流出，从而使国际收支状况恶化。即使本国利率水平不变，如果周边国家利率下降，由于资本流出，本国的国际收支状况也会恶化。

此外，国际收支状况还受到经济周期等因素的影响。各种影响因素可能会同时出现，一国政府若不能采取有力的措施，也会导致国际收支的失衡。

七、对国际收支失衡的调节

对国际收支失衡的调节就像国际收支失衡的原因一样也是多种多样的，主要有：

（1）对贸易收支逆差的调节。政府可以采取降低税收或出口退税等方式鼓励出口，改善贸易收支状况；也可以降低汇率，使本国货币贬值，达到刺激出口、抑制进口的目的，或进行反向操作，减少出口，增加进口。

（2）对资本项目的调节。中央银行可以提高贴现率，以带动市场利率水平的上升，吸引外国资本的流入；相反，则可以降低贴现率，刺激资本流出。

（3）利用政府贷款和国际金融机构的贷款调节国际收支。这是国际上通用的做法。借助于政府间贷款和国际金融机构贷款，可以迅速改善一国国际收支状况，它是一条快捷、有效的途径。

此外，如果国际收支状况恶化得较为严重，可以实行外汇管制。如政府对外汇收入进行控制，对外汇支出进行限制等。

一国的国际收支活动与国内经济活动有着紧密的联系，因此，对国际收支的调节也必须与对国内经济的调节共同进行，否则，无法从根本上解决国际收支失衡问题。

第四节 我国利用外资情况

一、利用外资的必要性

经济发展的约束是很多的，如外汇储备、储蓄规模、技术能力、财政可用资金规模等。在宏观经济学中，隐含着一个基本假设前提，即储蓄等于投资是经济增长的基本条件。但当国内资源（储蓄）不足以支持理想的经济增长速度时，便会出现储蓄-投资缺口，即资金不足（如在储蓄、外汇、政府收入等方面）。当缺口阻碍了经济发展时，引进外部资源（如外国资本）弥补这些缺口便成为必要。

20世纪60年代美国经济学家钱纳里和斯特劳德提出了双缺口理论，用以说明发展中国家利用外资来弥补国内资金短缺的必要性。

一国国民收入与国民支出之间存在平衡，总收入等于总供给，也等于总需求，用公式表示为：

$$Y=C+S+T+M \tag{16-1}$$

式中，Y代表总供给，C代表消费，S代表储蓄，T代表税收，M代表进口。

$$Y=C+I+G+X \tag{16-2}$$

式中，Y代表总需求，I代表投资，G代表政府支出，X代表出口。

$$C+S+T+M=C+I+G+X \tag{16-3}$$

整理该式可得，

$$X-M=(S-I)+(T-G) \tag{16-4}$$

若税收等于政府支出，即$T=G$，则上式变为：

$$X-M=S-I \tag{16-5}$$

这就是“双缺口模型”，也称“双缺口理论”。双缺口理论有两层含义：一是$S-I$是储蓄与投资差额，为储蓄缺口，也称资金缺口，即为保持一定的经济增长速度所需要投入的资金（投资）与国内本身所能积累的资金（储蓄）的差额；二是$X-M$是出口与进口的差额，为外汇缺口，即为尽快提高本国生产和技术水平，促进经济增长，需要进口相当数量的外国先进技术和设备，但是出口一时难以相应增长满足进口的需要，出现进口与出口的差额。

在宏观经济学中，为了维持一定的经济增长速度，投资与储蓄之间的差额（储蓄缺口）同进口与出口之间的差额（外汇缺口）必须保持平衡。为了促使其达到平衡，可以有两种调节方式：一种是不利用外资。当国内储蓄缺口大于外汇缺口时就压缩投资或增加储蓄；当储蓄缺口小于外汇缺口时就减少进口或增加出口。这种方式要求储蓄和出口能按照需要增加，然而在发展中国家，由于经济条件限制而很难做到，因此会减缓经济增长速度。另一种是利用外资。利用外资进口机器设备，这项进口一方面暂时不用出口来抵付，另一方面也不需要国内储蓄来弥补。可见，利用外资可以同时弥补两个缺口，既可以满足投资需要，又可以减轻支付进口的压力，还能够实现经济快速增长。

目前就我国情况而言，保持经济长期快速持续增长需要大量的资金和先进的技术与机器设备，客观上存在巨大的储蓄缺口，所以在保持一定的国内资金积累率的前提下，大力引进外资是必要的。但是外资最终是要偿还的，因此，需要提高外资的利用效率，使其能够直接或间接地促进出口的增长和储蓄的增加，提高偿还能力。

二、利用外资的主要形式

（一）出口信贷

出口信贷是国家为鼓励本国出口，加强出口商品的竞争能力，对本国出口方或外国进口方所提供的一种贴补性的贷款。其特点是利率优惠，使用方向仅限于购买提供贷款国家的商品。它包括两种方式：一是卖方信贷，即出口国银行向出口商（卖方）提供贷款，以便出口商向进口商提供延期或分期付款等优惠条件来增强其产品对进口商的吸引力。二是买方信贷，即出口国银行直接向进口商或进口方银行提供一种利率优惠的贷款。此种信贷一般限于合同金额的85%，其余15%作为进口商订货时所付的订金。由于此种贷款主要用于向提供贷款国家购置技术设备，所以也称设备贷款。目前，我国银行与英、法、意、美、加、澳等国有关银行都签订了这种信贷协议。

（二）银行信贷

银行信贷是国际上银行之间相互提供的各种信贷，主要用于解决建设项目或其他用途的资金需要，由借款方自由使用，不受限制，但利率较高。

（三）政府贷款

政府贷款的特点是利息优惠，期限较长，但数额不大，具有双边经济援助性质。

（四）国际金融机构信贷

国际金融机构信贷是由国际金融机构（如国际货币基金组织、世界银行及其附属机构国际金融公司和国际开发协会等）对会员所提供的信贷。其特点是具有特定用途、期限长、利率优惠。

（五）合资合营

合资合营是指我国同外国联合投资经营企业。企业由双方组成的管理机构共同管理，共担风险。外方投资者主要提供成套设备、专利技术和培训人员，我国主要提供土地、厂房、原材料、劳动力等，企业利润按双方股份分取。

（六）外商直接投资

外国投资者在我国建立独资企业，已成为近些年外资流入我国的重要方式。

（七）发行债券

在外国或国际金融市场上发行债券可以筹措资金。发行债券具有筹集资金大、借款期限长等特点。我国已经分别在日本、美国、德国等金融市场上发行了政府债券，这对我国吸引外资、发展本国经济起到了一定的作用。

三、引进外资的积极作用

我国利用外资是和改革开放紧密联系在一起的，特别是加入 WTO 后增速显著。目前我国累计利用外资额相当大。1996—2018 年我国实际利用外资额见表 16－2。

表 16－2　　我国实际利用外资额（1996—2018 年）

年份	金额（亿美元）	年份	金额（亿美元）
1996	548.05	2008	952.53
1997	644.08	2009	918.04
1998	585.57	2010	1 088.21
1999	526.59	2011	1 176.98
2000	593.56	2012	1 132.94
2001	496.72	2013	1 187.21
2002	550.11	2014	1 197.05
2003	561.4	2015	1 262.67
2004	640.72	2016	1 260.01
2005	638.05	2017	1 310.35
2006	670.76	2018	1 349.66
2007	783.39		

资料来源：国泰安 CSMAR 经济金融数据库。

我国利用外资的主要方式有外商直接投资（FDI）、对外借款、发行债券以及其他投资等。外资的引入及其带来的先进技术和管理经验推动了我国企业竞争力的提高。但是在中国引进外资的过程中也存在一些问题，比如中国的政策环境透明度有待加强，一些政策缺乏过渡期和连续性。各地在引进外资的过程中，不同程度地存在着多头领导、分散管理的现象。有些地方片面追求数量而不讲求实际效益，有些地方缺乏有效约束机制，使引进外资工作成为腐败滋生的一块沃土。

我国经济能够取得今天这样令世界瞩目的巨大成就，外商投资也做出了重要贡献。外商投资形成的新经济态势已经成为中国经济的重要组成部分，成为经济增长不可或缺的推动因素。

第一，外资的进入促进了我国经济的增长。吸收外资可以缓解我国经济建设中的资金紧张，带来先进的技术设备和管理经验，推动我国工业化进程和产业结构的升级，促进民族产业生产水平的提高。外资的大量流入增加了我国的总产出、出口、税收和就业。

第二，外商投资在促进经济体制转变和建立现代企业制度方面起到了引导、借鉴和推动作用，提高了我国国民和国内企业的市场竞争意识，推动了我国市场竞争机制的建立和市场化进程。外资的进入为民族产业引进了外部竞争机制，促使民族产业在竞争中立足于对资源的有效利用和生产效率的提高来谋求自身的生存和发展，同时还促进了我国经济管理体制的改革。

第三，外资的进入促进了我国经济运行的国际化进程。吸收外资有助于我国更加广泛地参与国际分工，可以构建商品、资金、技术、劳务、信息和人才等各种要素和产品的国内国际双向流动机制，有利于消除资源配置过程中国内资源不足或缺乏的限制，为民族产业的发展提供更广阔的空间。

我国经济发展的实践证明，外商投资对国民经济的健康、稳定增长有重要贡献。

四、外资带来的不利因素

外资的进入为我国带来了急需的资金、技术和管理经验，对我国的经济建设和发展起到了巨大的推动作用，但是外资对于我国经济的发展也有着一定的负面效应。

（一）引进外资对国内储蓄产生了负面影响

外资与内资的关系存在两种情况：一是外资对内资的追加，弥补内资的不足，如前所述；二是外资对一定量内资的替代，即引进外资并没有让一国可以支配的资金总量得到真正的增加，只是一部分外资代替了内资。产生第二种情况的原因主要有两个：一是引进外资的国家并没有把借入的全部外资用于生产性投资，而是用于进口一些消费品，扩大了国内的消费需求，引起国内储蓄的减少。二是国内资金的边际成本高于外资的边际成本，从而引起对外资需求的增加，用以代替对内资的需求。这样，在一国投资机会有限的情况下，外资流入就会挤出内资，使一部分内资转化为消费资金。从本国经济发展的角度考察，外资对内资的这种替代会影响到国内资源的充分利用，增加本国经济对外资的依赖，抑制国内储蓄的增长，影响一国国内经济的长期发展。同时，外资的综合成本总是要高于内资，外资的利息、利润要流向国外，外资进入对国内市场的占有和冲击等，实际上都是利用外资所付出的成本。

（二）引进和利用外资也可能会带来投资效率的降低

随着资本流入数量的增加，资本的边际收益率呈递减趋势，国内对外资吸收能力的约束也会引起投资效率的下降。因此，外资的数量并不是越多越好，外资达到一定量，如果吸收能力不能得到相应有效的提高，则投资效率会下降，实际生活中反映为一部分外资被浪费了。这时，引进外资在国内投资效率下降的情况下，并不能对经济增长做出贡献。

(三) 外资进入也可能破坏市场竞争的有效性

跨国公司能够增强东道国的生产能力，帮助东道国扩大其产品出口市场，引入有效的竞争机制，并通过与当地企业增强联系带动东道国经济的增长，降低成本，提高质量，增加消费者福利，促进相关产业的发展。但是，跨国公司还可能以其成本的绝对优势、对专有技术的垄断等对其他国内外公司进入东道国市场形成进入障碍，从而增加市场经营集中度，限制竞争，降低东道国市场竞争的有效性。

(四) 引进外资对民族产业的不利影响

利用外资对民族产业的发展既有有利的一面，也有不利的一面。外资的大量涌入必然会在一定程度上挤压民族产业的生存和发展空间。外资对我国民族产业造成了一定的冲击。

五、引进外资的转变

经过多年的改革，我国的市场经济正逐步建立和发展，经济基础、经济实力、产业结构都发生了巨大变化，我国巨大的市场潜力对国际资本具有强大的吸引力。但同时处于经济增长方式转型期的中国经济，在市场结构和宏观管理等方面仍存在着一系列问题。

面对国际国内竞争的加剧，中国经济迫切需要解决的中心任务是尽快完成结构调整和经济增长方式的转变，实现我国国际经济竞争实力的飞跃。在这样的背景下，引进外资工作应当实现从单纯满足资金数量需求、促进增量增长向有利于中国经济结构调整，有利于实现外资与内资平等竞争、共同发展的战略方向转变，应当全面调整我国引进外资的战略和政策，从外延型增量增长转变为存量调整型增长，构造出内外资平等竞争、统一规范管理的环境。同时进一步深化国内经济体制和金融体制的改革，创造出有效发挥外资的正面作用、抑制负面效应的内部条件，使外资作为推动我国现代化发展因素的重要作用真正发挥出来。

复习思考题

1. 什么是外汇？外汇的构成有哪些？
2. 外汇市场的参与者有哪些？外汇市场交易有哪些基本形式？
3. 什么是汇率？其表示方法有哪些？
4. 简述汇率制度的类型及我国汇率制度的选择。
5. 汇率变动对经济有何影响？
6. 简述国际收支平衡表的内容。
7. 简述国际收支失衡的原因及其调节措施。
8. 简述我国利用外资的必要性。

第17章 货币供求及其调节

第一节　货币层次的划分

一、货币范畴的扩展

在简单的商品经济时期，充当货币的必须是有价值和使用价值、能够为交换双方共同接受的商品。因此，出现了贝壳、牲畜、金属等货币形式。

银行券出现以后，它不能以其自身的价值充当价值尺度，也不能以自身的价值被贮藏。银行券之所以成为货币，在于它是黄金的价值符号。银行券作为货币执行价值尺度、流通手段、支付手段、贮藏手段职能是以可随时兑换金、银，有金银作后盾为前提的。但银行券不具备世界货币的职能。

当纸币取代金属货币，成为流通中唯一的货币形式时，它只执行流通手段与支付手段职能。其本身不能执行价值尺度职能，纸币可以贮藏的程度取决于币值的稳定程度。人们判断货币的准则在发生变化。

自20世纪以来，银行的普遍设立以及银行业务的广泛开展，使得活期存款可以执行货币的支付手段职能，从而进入货币范畴。现在，由于定期存款和其他类型的存款，甚至某些流动性很强的短期证券，可以很容易地转换为现金及活期存款，而后者也很容易转换为前者，同时，如在前面章节曾经指出的，以电子货币为代表的新型货币形式也大量出现了，货币的范畴在进一步扩大，因此，在定义货币时，不能不考虑各种非现金金融资产的存在，但作为货币，它们之间存在重大区别。因此，有必要对货币层次进行划分。

二、划分货币层次的目的和标准

20 世纪 60 年代，美国联邦储备系统为实施货币政策，率先对货币进行了层次的划分，公布了不同层次的货币供给量。目前各国中央银行已普遍采用将货币供给量划分成若干层次的做法，并以此为基点选择某一层次作为控制的重点。将货币划分为不同层次的目的在于方便中央银行进行宏观经济运行的监测和货币政策的操作。特别是当中央银行把货币供给量作为货币政策中介指标时，货币层次的划分则有十分明显的政策操作意义。

货币当局对不同层次的货币进行监测和控制，也可以促使金融机构相应做出反应，增强政府的宏观调控能力。

划分货币层次，大多数国家的中央银行都以金融性资产的流动性为标准。所谓流动性，就是指金融资产转化为现金而不受损失或少受损失的能力，也就是变为现实的流通手段和支付手段的能力。

三、货币层次的划分

关于货币层次的划分，国际货币基金组织采用两个口径：货币和准货币。“货币”等于银行以外的通货与私人部门的活期存款之和，相当于各国通常采用的 M1；“准货币”相当于定期存款、储蓄存款与外币存款之和。“准货币”与“货币”之和相当于各国通常采用的 M2。

以流动性为标准把货币划分为多少个层次，这在各国是不统一的。由于各国经济环境和金融状况不同，可充当货币的金融证券的种类也不同，因此，将货币划分为几个层次应从各国的具体情况出发。美国将货币划分为四个层次：

M1，包括处于国库、联邦储备系统和存款机构之外的通货；非银行发行的旅行支票；商业银行的活期存款，不包括存款机构、美国政府、外国银行和官方机构在商业银行的存款；其他各种与商业银行体系活期存款性质相近的存款。

M2，等于 M1 加上：存款机构发行的隔夜回购协议和美国银行在世界上的分支机构向美国居民发行的隔夜欧洲美元；货币市场存款账户资金；储蓄和小额定期存款；货币市场互助基金余额等。

M3，等于 M2 加上：大额定期存款，长于隔夜的限期回购协议和欧洲美元等。

L，等于 M3 加上非银行公众持有的储蓄券、短期国库券、商业票据和银行承兑票据等。

日本银行对货币层次的划分为：

M1＝现金＋活期存款（包括企业活期存款、活期储蓄存款、通知即付存款、特别存款和纳税准备金存款）

M2＝M1＋定期存款＋可转让存款＋可转让定期存单

M3＝M2＋邮局、农协、渔协、信用合作社和劳动金库的存款及信托存款

我国对货币层次的划分如下：

M0＝流通中的现金

M1＝M0＋企业活期存款＋机关团体存款＋农村存款＋其他存款

M2＝M1＋城乡储蓄存款＋企业机关定期存款＋其他存款＋证券公司客户保证金

其中，M1 称为狭义的货币量，M2 称为广义的货币量，M2－M1 称为准货币。

但是货币层次的口径并不是一成不变的。自 2011 年 10 月起，货币供给量（M2）纳入住房公积金中心存款和非存款类金融机构在存款类金融机构的存款。2018 年 1 月，中国人民银行完善货币供给量中货币市场基金部分的统计方法，用非存款机构部门持有的货币市场基金取代货币市场基金存款（含存单）计入 M2 统计口径。

第二节　货币需求

一、如何理解货币需求的概念

货币需求理论是货币理论中的重要内容之一，是货币政策选择的理论依据。一般认为，货币需求是指社会各部门在既定的收入或财富范围内愿意而且能够以货币形式持有的数量。

在理解货币需求概念时要注意把握以下几点：

第一，货币需求是一个存量的概念。它考察的是在特定时点和空间范围内社会各部门在其拥有的全部资产中愿意以货币形式持有的数量或份额。

第二，货币需求是有效需求。只有同时满足两个基本条件才能形成货币需求：一是有能力获得或持有货币，二是愿意以货币形式保有其资产。

第三，现实中的货币需求包括对现金和存款货币的需求。

第四，货币需求的职能范畴包括执行流通手段、支付手段、贮藏手段职能的货币需求。

二、马克思的货币需求理论公式

马克思的货币需求理论集中反映在他的货币必要量公式中。马克思以完全的金币流通为假设条件，提出了货币流通规律公式。

$$\text{执行流通手段职能的货币量}=\frac{\text{商品价格总额}}{\text{同名货币的流通次数}}$$

即

$$M=PQ/V \qquad (17-1)$$

该公式说明：货币量取决于商品价格 P、流通的商品量 Q 和货币流通速度 V 这三个因素。流通中的货币量与价格总额成正比，而价格总额主要取决于单位货币的价值量，与货币流通速度成反比。

首先，马克思的公式不是一个交易恒等式，公式反映的是一种实际交易过程，商品数量和商品价格的多少决定需要多少金币来实现，因此，恒等时刻存在。其次，根据马克思劳动价值论，商品价格由价值决定，商品价值取决于生产过程，所以，商品是带着价格进入流通的。由于价格是先于流通过程确定的，因此，商品价格总额是一个既定的值，必要的货币量是根据这一既定的值确定的。再次，商品与货币交换后，商品退出流通，货币仍留在流通中多次充当商品交换的媒介，从而一定数量的货币流通几次，可实现相应倍数的商品进行交换。最后，公式中的货币流通量总是等于货币必要量，因为马克思认为货币具有贮藏功能，可以自动进行调节。

马克思进而还分析了纸币流通规律，认为在纸币为唯一流通手段的条件下，商品价格水平会随着纸币数量的增减而涨跌。

我们在掌握这一理论时要注意：一是直接运用公式测算实际生活中的货币需求还存在很多困难；二是该公式仅反映执行流通手段职能的货币需要量。

三、费雪方程式和剑桥方程式

（一）费雪方程式

20世纪初，美国耶鲁大学教授欧文·费雪提出了交易方程式，也称费雪方程式，即：

$$MV=PT \text{ 或 } P=MV/T \quad (17-2)$$

式中，M代表一定时期内流通货币的平均数量，V为货币流通速度，P为各类商品价格的加权平均数，T为各类商品的交易数量。

从方程式看，P值取决于M、V、T这三个变量的相互作用。费雪认为，M是一个由模型之外的因素所决定的外生变量；V由于制度性因素在短期内不变，基本上是一个常数；T值也是基本稳定的。因此，P与M的关系最紧密，P的大小取决于M的变化。

从公式（17-2）中还可以推导出以下关系：由于$MV=PT$，则$M=PT/V$。这说明仅从货币的交易媒介角度考察，全社会一定时期一定价格水平下的总交易量与所需要的名义货币量具有一定的比例关系，即$1/V$。费雪方程式没有考虑微观主体动机对货币需求的影响。

（二）剑桥方程式

以马歇尔和庇古为代表的剑桥学派，在研究货币需求问题时，更注重研究微观主体的行为，提出个人对货币的需求实质是资产选择的问题。决定人们持有多少货币的影响因素有个人的财富水平、利率变动，以及持有货币可能拥有的便利等因素。而且，名义货币需求与个人名义收入水平之间保持一个较稳定的比例关系。用公式表示为：

$$M_d=k \cdot Y \cdot P \quad (17-3)$$

式中，Y代表总收入，P代表价格水平，k是货币形式的财富占名义总收入的比例，M_d为名义货币需求。

比较费雪方程式和剑桥方程式，两者的区别在于：（1）对货币需求分析的侧重点不同。费雪方程式强调的是货币的交易手段功能，而剑桥方程式重视货币的资产功能。

(2) 费雪方程式中重视货币支出的速度和数量，因此称为现金交易说；而剑桥方程式从保有资产存量的角度考察货币需求，因此称为现金余额说。(3) 费雪方程式没有考虑微观主体动机对货币需求的影响，而只是用货币数量的变动来解释价格变动的原因及交易商品量和价格一定时对货币的需求量。剑桥方程式则从微观角度分析了影响货币需求的因素，认为微观主体会在保有货币的成本和收益之间进行选择，从而决定货币需求。因此可以说，剑桥方程式中对货币需求的决定因素分析已从宏观转向了微观。

四、凯恩斯学派的货币需求分析

（一）凯恩斯的货币需求函数

凯恩斯在早期是剑桥学派的一员，1936 年出版了对经济学理论和政府经济政策产生巨大影响的著作《就业、利息和货币通论》，提出了有效需求理论。凯恩斯对货币需求理论的突出贡献是关于货币需求动机的分析。他认为，人们的货币需求行为是由三种动机决定的，即交易动机、预防动机和投机动机。

所谓交易动机是指个人和企业为了应付日常的商品交易活动而需要持有货币的动机。用于交易媒介的货币需求量与收入水平存在稳定的关系。收入越高，交易数量越大。交易数量越大，所交换的商品和劳务的价格越高，从而为应付日常支付所需要的货币量就越大。

所谓预防动机，也称谨慎动机，是指为了应付可能遇到的意外支出等而持有货币的动机。如个人或企业为应付事故、失业、疾病等意外事件而需要事先持有一定数量的货币。从全社会看，这一货币需求量也是收入函数，与收入也成正比。

所谓投机动机，是指人们根据对市场利率变化的预测，需要持有货币以满足从中获利的动机。投机性货币需求同利率的高低呈反方向变化，是利率的递减函数。

凯恩斯把用于贮藏财富的资产分为两类：货币与债券。货币是不生利的资产，债券是生利资产。人们持有货币时，收益为零。人们持有债券有两种可能：如果利率上升，债券价格下跌；如果利率下降，债券价格上升。因此，人们的投机性货币需求与利率存在负相关关系。

由于交易动机和谨慎动机而产生的货币需求一般用于商品或劳务交易，称为交易性货币需求，用 L_1 表示，是收入 Y 的递增函数，即 $L_1=L_1(Y)$；投机性货币需求 L_2 则与利率有关，是利率的递减函数，即 $L_2=L_2(r)$；货币总需求 L 由交易性货币需求和投机性货币需求构成，其货币需求函数为：

$$M=M_1+M_2=L_1(Y)+L_2(r) \tag{17-4}$$

式中，M_1 是由交易动机和预防动机决定的货币需求，是收入 Y 的函数；M_2 是指投机性货币需求，是利率 r 的函数。

在此基础上，凯恩斯提出，虽然为满足交易动机和预防动机所持有的现金量和为满足投机动机所持有的现金量并非完全无关，但实际上这两种现金持有量仍可看成是基本不相关的。

(二) 凯恩斯学派的发展

自20世纪50年代以来，凯恩斯的追随者对凯恩斯货币需求理论的发展主要在两个方面：一是提出交易性货币需求和预防性货币需求同样也是利率的函数；二是人们多样化的资产选择对投机性货币需求会产生影响。

凯恩斯学派的经济学家从微观主体的持币行为入手，论证出利率对交易性货币需求也有影响，提出了“平方根法则”，即

$$M=K\cdot Y^{\frac{1}{2}}\cdot r^{-\frac{1}{2}} \tag{17-5}$$

该公式表明，交易性货币需求是收入 Y 的函数，随着用于交易的收入的增加，货币需求量相应增加，但 Y 的指数 1/2 又说明其增加的幅度较小，即交易性货币需求有规模节约的特点。同时，该公式又表明货币需求是利率 r 的函数；而 r 的指数 $-1/2$ 说明，交易性货币需求与利率呈反方向变化，其变动幅度较利率变动幅度小。

此外，凯恩斯学派的追随者还认为，在现实生活中，微观主体的选择并非或仅是货币，或仅是债券，而是多样化的资产选择，既持有货币，又持有债券。

在现实生活中，人们事实上并非只考虑收益，而且还考虑风险；收益高低和风险大小是相关的，通常较大的风险意味着超过预期值和低于预期值的机会都会增大。从债券角度考虑，在存在多种不确定因素的情况下，既要考虑持有债券能够获得利息收入，同时也必然考虑将要冒多大的债券跌价的风险。而货币既没有风险，也没有收益，等于是保有流动性。因此，微观主体会全面权衡，并找出持有货币和债券的最佳比例关系。

五、弗里德曼的货币需求函数

弗里德曼是货币主义学派的主要代表。他既继承了传统货币数量论的观点，重视货币数量与物价水平之间的因果联系，同时，也接受了剑桥学派和凯恩斯学派对货币需求的微观分析方法，他提出的货币需求函数式为：

$$M_d/P=f\left(y,\ w;\ r_m,\ r_b,\ r_e;\ \frac{1}{P}\cdot\frac{\mathrm{d}P}{\mathrm{d}t};\ \mu\right) \tag{17-6}$$

式中，M_d/P 表示实际货币需求，y 表示实际恒久性收入；w 代表非人力财富占个人总财富的比率或得自财产的收入在总收入中所占的比率；r_m 代表货币预期收益率；r_b 是固定收益的证券利率；r_e 是非固定收益的证券利率；$\frac{1}{P}\cdot\frac{\mathrm{d}P}{\mathrm{d}t}$ 是预期物价变动率；μ 是主观偏好及客观技术与制度等因素的综合变数。

总财富可分为人力财富和非人力财富，人力财富所占比例越大，货币需求越大；而非人力财富所占比例越大，货币需求就越小。因此，非人力财富占个人总财富的比率与货币需求呈负相关关系。

除 μ 外，其余则为机会成本变量。其中，物价变动率与货币需求成反比。在其他条件不变时，货币以外的资产如债券、证券收益率越高，货币需求量越小。

弗里德曼认为，货币需求解释变量中的四种资产——货币、债券、股票和非人力财富的总和是人们持有的财富总额，其数值大致可以用恒久性收入 y 作为代表性指标。恒

久性收入是最近各期实际收入的平均值，波幅较小。在繁荣阶段，恒久性收入的上升幅度小于实际收入，在衰退时期，恒久性收入的下降幅度又小于实际收入。货币流通速度（恒久性收入除以货币存量）也相对稳定，因此，货币需求的变化也是比较稳定的。

六、影响我国货币需求的主要因素

（1）收入。收入与货币需求总量同方向变动。在经济货币化的过程中，货币需求有增加的趋势。

（2）价格。价格和货币需求尤其是交易性货币需求之间是同方向变动的关系。

（3）利率。利率变动与货币需求量之间的关系是反方向的。

（4）货币流通速度。货币流通速度与货币总需求是反向变动的关系，且在不考虑其他因素的条件下，二者之间的变化存在固定的比率。

（5）金融资产的收益率。它更多的是影响货币需求的结构。

（6）企业和个人对利率与价格的预期。对利润的预期与货币同方向变化，对通货膨胀的预期与货币需求反方向变化。

（7）财政收支状况。收大于支有结余，对货币的需求减少；支大于收有赤字，对货币的需求增加。

（8）其他因素。例如信用的发展状况、金融机构技术手段的先进程度和服务质量的优劣、国家的政治形势对货币需求的影响等。

第三节　货币供给

一、货币供给

上一章阐述了中央银行和商业银行在存款货币创造过程中的作用，说明现代经济生活中的货币都是由银行体系创造和提供的。所谓货币供给，就是指银行系统对货币量的供给。货币供给的形成过程是货币供给量的创造过程，它包含以下几方面的内容。

（一）货币供给的形成

1. 中央银行的货币供给

中央银行的货币供给是通过运用其资产业务来实现的，中央银行通过信贷资金运用创造出信贷资金来源，这便是中央银行供给货币的过程。其资金运用的具体过程有四个：

（1）中央银行向商业银行贷款。中央银行以自己的信用流通工具向商业银行授信，供给基础货币，这些货币经由各商业银行的贷款转化为个人和企业的存款和现金货币。

（2）中央银行购买财政部债券或直接向财政透支。中央银行用自己的信用流通工具购买财政部发行的国债或直接向财政部门授信透支，使货币经由财政部门注入生产流转过程，转化为个人和企业的货币收入。

（3）中央银行收兑外汇。银行通过收兑外汇投放的货币一方面表现为国家的外汇储备增加，另一方面表现为投入国内市场中流通的货币量增加。

（4）中央银行收兑金银。通过收兑社会公众的金银向流通中投放货币。银行收兑金银一方面表现为银行的金银库存增加，另一方面表现为银行的货币投放增加。

2. 商业银行的货币供给

商业银行的货币供给也是通过运用其资产业务来实现的，这一货币供给的过程就是派生存款的创造过程。

（二）影响货币供给量变化的因素

一般来说，影响货币供给量变化的主要因素是中央银行的货币政策和商业银行的贷款意愿、能力。但是社会各部门、各主体在一定经济状况下对货币的需求程度相互作用会影响货币有效供给量。通过对公式（15－9）和公式（15－6）的分析，可以深刻理解微观主体行为对货币供给量的影响。中央银行和商业银行对货币供给量的影响是指根据潜在货币供给量的多少，而将多大比例的潜在货币供给量变成现实货币供给量，将取决于微观主体的行为。

二、对货币供给的调控

在市场经济条件下，货币供给的控制机制由两个环节构成：基础货币和乘数。货币当局的调控手段通常有三个：公开市场操作，贴现率调整，改变法定准备金率。

（一）公开市场操作

公开市场操作是指货币当局在金融市场上出售或购入政府债券，特别是短期国库券，用以影响基础货币。当中央银行购入债券时，基础货币增加，从而货币供给量增加；当中央银行出售债券时，基础货币减少，从而货币供给量减少。

（二）贴现率调整

贴现率调整是指中央银行通过变动贴现率影响贷款的数量和基础货币。中央银行提高贴现率，商业银行从中央银行借款的成本提高，会相应减少贷款数量；贴现率下降，商业银行从中央银行借款的成本降低，从而产生鼓励商业银行扩大贷款的作用。

（三）改变法定准备金率

当中央银行提高法定准备金率时，商业银行资金来源减少，放款能力下降，货币供给量减少；当中央银行降低法定准备金率时，则会增大商业银行的资金来源，从而增加货币供给量。

三、财政收支与货币供给的关系

财政收支活动与货币供给之间存在紧密的关系，特别是当财政收支出现赤字时，对货币供给量将产生明显的影响。通常财政赤字可以采用三种形式弥补：增加税收、发行债券和向中央银行借款（透支）。

（一）增加税收

增加税收通常被认为是政府的紧缩性措施。从短期看并不会直接减少货币供给量，因为政府的收入总是会被用于支出，因此货币供给总量不会改变。但从长期看，增加税收会降低投资需求，从而降低对贷款的需求，成为控制货币供给量的手段。

（二）发行债券

政府发行债券用以弥补财政赤字对货币供给量的影响取决于债券的购买者。如果债券的购买者是社会公众，则对货币供给量的影响是中性的。如果债券的购买者是商业银行，则取决于商业银行购买政府债券的资金来源：当动用商业银行的超额准备金时，意味着基础货币量的增加，从而会增加货币供给量；当商业银行以压缩贷款方式增加对政府债券的持有规模时，只是其资产方式的改变，不会影响货币供给量。但现代商业银行通常还会以政府债券作为抵押，向中央银行借款，此时则意味着商业银行准备金的增加和基础货币的投放；当中央银行收回借款时，则基础货币收缩，货币供给量相应减少。在现代经济条件下，政府债券的持有者还有中央银行，而且政府债券已成为中央银行资产的重要形式。当中央银行购买政府债券时，意味着等量的基础货币被创造出来，货币供给量呈倍数扩张。

（三）向中央银行借款（透支）

如果财政赤字以向中央银行借款或透支的方式弥补，则意味着基础货币被等量地创造出来，货币供给量产生倍数扩张效应。

总之，财政收支与货币供给之间的关系取决于财政赤字的弥补方式。

第四节　货币供求均衡的调节

一、货币供求与社会总供给和总需求

在现代经济中，社会需求总和与社会供给总和这对矛盾是客观存在的。社会总需求由四部分构成，即消费需求 C、投资需求 I、政府支出 G 和出口需求 X，总需求为 D，则公式为：

$$D=C+I+G+X \tag{17-7}$$

总需求的实现手段和载体是货币，而货币供给是通过银行体系创造出来的。因此，银行贷款活动直接调节货币供给规模，货币供给规模又直接关系到社会总需求的扩张水平。在货币经济中，所有供给的目的都是为取得等值的货币，以做进一步的购买，并进行连续的生产与消费过程，表现为商品与劳务的供给和货币需求的联系；而货币的供给又会在一定程度上形成对商品与劳务的需求。社会总供求与货币总供求的关系可以表示为图 17－1：

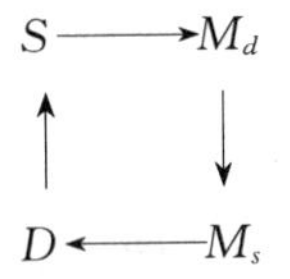

图 17－1　社会总供求与货币总供求关系图

图 17－1 说明：首先，总供给决定货币需求，但并不一定相等。如果总供给较大，而货币需求不足，市场就不能出清；相反，则会引起物价上涨。其次，货币需求引出的货币供给也不是等量的，这要取决于微观主体对货币的需求状况。再次，货币供给与总需求之间也不是等量的。最后，总需求对总供给影响很大。总需求过大，有可能推动总供给增加，也可能推动物价上涨；总需求过小，有可能导致总供给减少，也可能导致物价下降。

二、货币供求均衡

货币供求均衡是指货币供给与货币需求之间是相匹配的，即货币供给量等于货币需求量。

在完全市场经济条件下，货币均衡的实现是通过利率机制完成的。

利率与货币供给之间存在同方向变化的关系；利率与货币需求之间是反方向变化的关系。当货币供给与货币需求相等时，即达到了货币均衡，货币供给曲线和货币需求曲线的交点（图 17－2（a）中的 E 点）为均衡点，此点决定了均衡利率和均衡货币量。

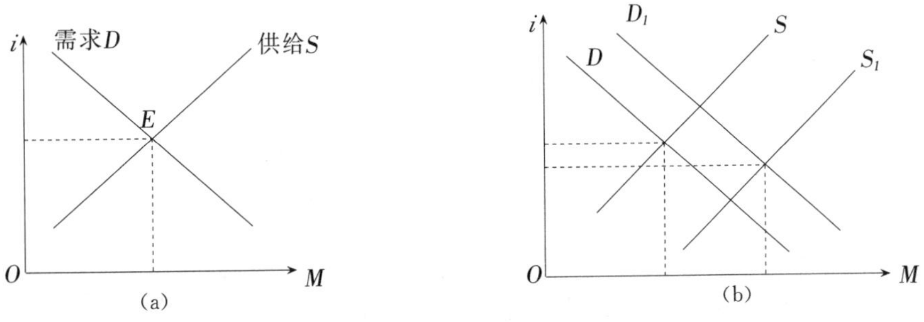

图 17－2　货币供求均衡

市场利率和货币供给量是经常变化的，如图 17－2（b）所示，如果 S 变化到 S_1，表明供大于求，利率下降，利率与货币需求反方向变动，货币需求上升，导致 D 变化到 D_1，货币供给与货币需求又重新实现均衡。

三、实现货币供求均衡的条件

由于货币供求与社会总供求之间存在密切的联系，而且社会总供求均衡与否必然影响货币供求能否实现均衡，因此，实现货币供求的均衡必须从恢复社会总供求的均衡入手。实现社会总供求的均衡可以借助于货币政策和财政政策。

（一）货币政策调节

在总需求不足时，可以采取扩张性货币政策，如扩大货币供给量，降低利率等，以刺激投资和消费；在总需求过大时，采取紧缩性货币政策，如提高利率等，以降低需求。

（二）财政政策调节

财政政策对社会总供给与总需求的调节比货币政策更为直接。当总需求不足时，可以适当实行赤字财政政策，增加政府支出，减少税收，带动总需求的有效增加；当社会总需求过大时，应实行紧缩性财政政策，缩减政府开支，增加税收收入，使社会总供求实现大致均衡。

复习思考题

1. 货币层次划分的标准和目的是什么？
2. 简述马克思的货币需求理论。
3. 简述费雪方程式和剑桥方程式。
4. 简述凯恩斯学派的货币需求分析。
5. 基础货币与货币供给量的关系是什么？
6. 对货币的调控手段有哪些？
7. 如何实现货币供求均衡？

第18章 通货膨胀

第一节　通货膨胀的定义、度量与分类

一、什么是通货膨胀

关于通货膨胀的定义，我国目前较为流行的说法是：货币供给过多，超过流通中对货币的客观需要量而引起的货币贬值、物价上涨的现象。

现代西方经济学中通常把通货膨胀定义为：商品和劳务的货币价格总水平的持续上涨现象。这个定义包括：通货膨胀把商品与劳务的价格作为考察对象，以区别于金融资产的价格；通货膨胀所考察的价格是指商品与劳务价格的总水平，即各种商品和劳务价格水平的加权，而不仅仅是某类或某些商品和劳务的价格水平；通货膨胀是物价总水平持续上涨的状态，而不是仅指某个月的物价上升。

二、通货膨胀的度量

通货膨胀是通过物价水平的变动而得以反映的，因此，反映物价水平变动的相对指标可以作为衡量通货膨胀程度的标准。它主要有消费物价指数、批发物价指数和国民生产总值平减指数。

消费物价指数是根据家庭消费的代表性商品和劳务的价格变动状况而编制的指数。其优点在于它能够反映消费品供给与需求的对比关系。我国编制的社会商品零售物价指

数就属于这一类。使用这个指数的缺陷是不能全面说明物价变动情况，因为消费品只是社会最终产品的一部分。

批发物价指数反映商业部门或批发商从生产厂家购买商品所支付的价格的变动程度。它包括生产资料和消费品等全部商品的批发价格，但不包含劳务价格。使用这个指数的优点是能够在最终产品价格变动之前获得工业投入品及非零售消费品的价格变动信号，进而能够判断其对最终进入流通的零售商品价格变动可能带来的影响。但是该指数的变化幅度要小于零售商品价格波动幅度，因此可能会出现价格信号失真现象。

国民生产总值平减指数是指按当年价格计算的国民生产总值与按不变价格计算的国民生产总值的比率。它能全面反映物价水平变动情况，但也易受价格结构因素的影响。

三、通货膨胀的分类

为了分析通货膨胀的成因及其效应，有效地治理通货膨胀，有必要对通货膨胀进行分类。

按市场机制的作用程度可以把通货膨胀分为公开型通货膨胀和抑制型通货膨胀。前者是指通货膨胀状况可以灵敏地通过物价变动反映出来。后者是指货币工资水平没有下降，物价总水平也没有提高，但居民实际消费水平下降的现象。这种通货膨胀主要不是通过物价变动反映出来，而表现为商品供求紧张，商品的官定价格与黑市价格差异较大。发生抑制型通货膨胀的情况，一是存在国家对商品价格实行严格管制，市场机制作用不完全；二是经济中存在货币供给过多，社会需求压力过大，而又不能通过市场价格变动反映出来。

按价格上涨的幅度可以把通货膨胀分为爬行通货膨胀、温和通货膨胀和恶性通货膨胀。一般把年通货膨胀率为1%～3%看做爬行通货膨胀，但这不是世界公认的统一标准，因为不同的国家，由于社会、经济状况不同，即使是同一水平的通货膨胀，其对一国经济社会产生的影响也会有很大差别，如要规定一个准确的界限，会带有一定的随意性。另一个极端的情况是恶性通货膨胀，但我们也无法确定究竟价格上涨多少就可以认为是恶性通货膨胀，一般认为通货膨胀率在10%以上。介于两者之间的是温和通货膨胀，它是具有代表性的通货膨胀，大部分国家的通货膨胀都属于这个类型。

第二节　通货膨胀的成因

一、西方国家关于通货膨胀成因的理论

西方国家关于通货膨胀成因的理论主要有三种：需求拉上型通货膨胀、成本推动型通货膨胀、结构型通货膨胀。

（一）需求拉上型通货膨胀

需求拉上型通货膨胀是指在社会再生产过程中社会总需求过度增加，超过了既定的价格水平下商品和劳务的供给，而引起货币贬值、物价总水平上涨。社会总需求包括投资需求和消费需求。在总供给既定的条件下，如果投资的增加引起总供给同等规模的增加，物价水平可能不变；如果总供给不能以同等规模增加，物价水平上升缓慢；如果丝毫不能引起总供给的增加，需求的拉动将完全反映到物价水平上。

（二）成本推动型通货膨胀

成本推动型通货膨胀是指在社会商品和劳务需求不变的情况下，由于生产成本提高而引起物价总水平的上涨。

由供给因素变动形成的通货膨胀可归结为两个原因：一是工会力量对提高工资的要求；二是垄断行业中企业为追求利润而制定的垄断价格。前者称为工资推进型通货膨胀，后者称为利润推进型通货膨胀。工资推进型通货膨胀是以存在强大的工会组织，从而存在不完全竞争的劳动力市场为前提的。

在不完全竞争的劳动力市场上，工资由工会和雇主集体议定，工资会高于竞争工资。当工资增长率超过劳动生产率时，企业成本增大，从而会提高产品价格，以维持盈利水平。工资提高引发价格上涨，价格上涨又带动工资提高，这就是工资-价格螺旋上升。但并不是所有工资提高都会导致工资推进型通货膨胀，只有在工资增加超过劳动生产率，而且是由于工会的作用，才是工资推进型通货膨胀。

利润推进型通货膨胀存在的前提条件是存在商品和劳务销售的不完全竞争市场。在垄断竞争条件下，生产厂商有可能操纵价格，使价格上涨幅度超过成本开支的增长速度，以获取垄断利润。如果这种行为作用较大，就会形成利润推进型通货膨胀。

（三）结构型通货膨胀

结构型通货膨胀是指在社会总需求不变的情况下，由于需求的组成发生结构性变化，相应导致物价总水平的上涨。在经济发展中，由于产业结构的变化，社会需求将会随生产的变化而发生转移。需求增加的部门，商品价格和工资会上涨；需求减少的部门，由于工资和价格的刚性，工资和价格不会随之下跌，从而最终造成价格总水平的上涨。结构型通货膨胀的发生，也可以从一国开放部门与不开放部门的角度进行解释。

二、我国通货膨胀的成因

改革开放以来，我国发生过几次较大的通货膨胀，其成因也日趋复杂化。归纳起来，有以下几个方面：

（一）投资膨胀

投资膨胀是我国经济体制转轨过程中较明显的特征。产生投资膨胀的原因主要是投资主体至今仍然没有形成有效的投资约束机制。从投资增长带动有效供给增加的角度来说，扩大投资是增加供给、平衡供求矛盾的有力措施。但投资增长所带来的有效供给增加需要一定的时间，而且还取决于投资效率。此外，投资增加形成的是当期的有效需求。在需求已经过大的情况下，投资需求增长必然会引发通货膨胀。从投资效率角度而言，我国长期以来在投资领域存在的严重问题之一就是投资规模大，效率低，投入与产出之比大大高于西方发达国家。因此，投资规模过大，短期内会明显地增大社会总需求，而对增加社会总供给则表现得不很明显。

我国投资膨胀所引发和带动的通货膨胀，从资金供给体制的角度也有一定的特殊性。财政作为全社会资金供应的重要主体，在改革开放后，出现了持续的财政赤字。我国政府在从计划经济向市场经济过渡的过程中，财政职能不但没有减少反而财政负担更加沉重，在政府的财政收入连续下滑的条件下，支出却在不断膨胀，尤其是财政承担着国家产业结构调整的任务，在政府向基础产业和基础设施不断增加投入的背后，必然是日益增大的财政赤字。财政赤字与通货膨胀的关系，无论以何种方式弥补，都会构成对通货膨胀的压力，因此可以认为财政赤字是导致近年来我国通货膨胀的原因之一。

在财政赤字连年出现的同时，预算外资金规模却在不断膨胀。各地方政府为了发展本地区经济，将预算外资金的一部分用于投资，这是带动我国投资膨胀的重要原因。

从银行信贷资金供应体制看，国有商业银行改革还远没有到位，银行自我约束机制没有形成，信贷资产质量很差。一方面，这会进一步刺激企业对投资资金的需求；另一方面，由于投资效益差，不得不再扩张投资，形成了一种恶性循环。银行大量的不良资产说明，银行体系供应资金没有形成有效供给，却形成了当期的有效需求，这会进一步加剧已经紧张的社会供求矛盾。

（二）消费膨胀

投资膨胀意味着消费的膨胀。因为投资资金中至少有40%会转化为对消费品的需求。因此，投资膨胀和消费膨胀是并存的，它们共同构成对社会总需求的压力，从而带动和加剧通货膨胀。

（三）成本推动

改革开放以来，经济领域中发生的重大变化之一就是国民收入分配格局的转变，由原来的政府主导型转变为居民个人占有国民收入份额的大部分。在居民收入快速增长的背后是企业经营成本的提高。同时，价格体制改革后，一些重要的原材料价格上涨，使得经营成本提高。以上两个因素综合作用的结果是企业经营成本增大，但又不能自我消化，必然会以抬高价格的方式转移出去。

（四）结构性失调

结构性失调在我国表现为生产结构和消费结构的双失调。生产结构失调是我国长期以来都没能解决的老问题。一部分长线产品长期供过于求，而一部分短线产品市场需求过旺。对国民经济发展起长远影响作用的基础产业已经成为经济发展的瓶颈部门，而加工工业等已处于过剩状态。经济结构的失调引发了通货膨胀的产生。

以上几个方面只是对我国近年来发生通货膨胀原因的主要方面所进行的分析。就我国目前的经济发展状况而言，发生通货膨胀的原因是错综复杂的，甚至还包括心理因素、体制因素及国外通货膨胀的影响等多个方面。

第三节 通货膨胀的效应

一、通货膨胀对经济增长的效应

通货膨胀对经济增长的效应究竟如何，大体上有三种观点，即促进论、促退论和中性论。

所谓促进论，是指通货膨胀具有刺激产出增加的效应，特别是政府在社会有效需求不足时，可以采取赤字财政政策，扩大投资支出，用增加货币供给的手段带动全社会需求的增加，以此促进经济增长。持这种观点的人认为，通货膨胀对经济增长的促进效应尤其在发展中国家表现得更为明显。在大部分发展中国家，政府对经济的干预较发达国家程度要高，政府可以在保证不减少或不排斥私人投资增长的条件下，实施扩张性财政、货币政策，从而扩大投资，促进经济增长。

促退论认为，通货膨胀对经济增长有害无利，持续的通货膨胀会降低经济效率从而阻碍经济增长。从生产角度看，连续的通货膨胀使投资风险增大，而且使投资风险更加难以预测，由此会降低投资者的积极性，不利于经济发展。另外，长期的通货膨胀会增大整个金融机构的运行风险，不利于经济的稳定。

中性论认为，通货膨胀对产出和经济增长既无正效应也无负效应。公众由于预期，在一段时间内会对物价上涨做出合理的调整，因此，通货膨胀各种效应的作用就会相互抵消。

二、通货膨胀的收入分配效应

在存在通货膨胀的条件下，人们的实际收入会因为通货膨胀的因素而发生改变。有些人的实际收入水平会随着通货膨胀水平的提高而提高，甚至实际收入水平提高超过通货膨胀水平。但也有一些人的名义收入在增加，而实际收入却在下降。这种由物价上涨造成的收入再分配，就是通货膨胀的收入分配效应。

通常，在通货膨胀时期，企业工人的工资收入水平的提高如果滞后于通货膨胀，那么企业的利润会增加，企业主会因此而获得通货膨胀带来的收益。针对这一不利于工人的通货膨胀收入分配效应，西方经济学家提出了收入指数化理论来解释和解决通货膨胀造成的收入分配不公平问题。

三、通货膨胀的资产结构调整效应

资产结构调整效应就是财富分配效应。社会成员的财富分为实物资产和金融资产两种形式，同时也可能有负债，通货膨胀对社会成员的财富分配效应最终取决于在通货膨胀条件下财富净值的变化。

对持有实物资产而言，通货膨胀的影响程度要取决于持有的实物资产在货币形态上的自然升值与物价总水平上涨之间是否一致。如果实物资产名义价格上涨超过物价上涨幅度，则投资者收益水平提高；反之，则投资者会受到损失。

持有金融资产则比较复杂。相当部分的金融资产价格会在通货膨胀时期不断变化，即使持有股票，往往也难以避免通货膨胀的损失。特别是持有货币资产，在通货膨胀时期，货币不断贬值，持有者因此受到损失是肯定的。因此，从这个意义上说，通货膨胀时期持有货币性债务更有利。

由于社会成员财富结构存在差异，因此，他们所受通货膨胀的影响也不同。注意到这一点，及时调整资产结构是非常重要的。

通货膨胀从表面上看是一种经济现象，但发展严重的话则会诱发社会的不安定。因此，通货膨胀的效应实际上是多方面的。

第四节　通货膨胀的治理

各国在治理通货膨胀方面有着某些共同的措施和手段。

一、实行紧缩性宏观经济政策

紧缩性宏观经济政策主要由货币政策与财政政策构成。紧缩性货币政策包括：

（1）中央银行提高法定准备金率，从而控制商业银行的贷款能力，达到压缩货币供给量的目的。

（2）提高贴现率和再贴现率。提高贴现率会影响借款者的借款成本，可以达到抑制货币供给量的目的，但会由此带来投资和经济的萎缩等负面影响。提高再贴现率主要是为了影响商业银行的借款成本，进而影响市场利率。

（3）通过公开市场业务出售政府债券，相应减少流通中的货币存量。紧缩性财政政策主要包括削减财政支出，减少军费开支和政府在市场上的采购，限制公共事业投资，增加税收等。

二、实行币制改革

实行币制改革通常是在经历严重的通货膨胀时采取的措施。其主要做法是废除旧币，发行新币，并制定一些保证新币稳定的措施。发行新币的目的是增强居民对货币的信任，增加居民储蓄存款，使货币恢复执行其原有职能。但发行新币后，通货膨胀如果仍得不到遏制，则会导致币制改革失败。

三、控制工资和物价

控制工资和物价是为了抑制物价上涨过猛而采取的权宜之计。控制工资和物价有两类措施：一是冻结工资和物价，工资和物价在一定时期内不得作任何变动；二是管制工资和物价，即将工资和物价上涨的幅度限制在一定范围内，一定时间内不允许其突破该限制。

四、我国对通货膨胀的治理

改革开放以来，我国对发生的几次通货膨胀采取的治理措施包括：

（1）控制投资规模。从历次通货膨胀的成因不难看出，我国存在的投资规模膨胀是导致高通货膨胀率的主要原因，因此，对通货膨胀的治理也就必须控制投资。这会相应缩小社会总需求的规模，平衡供求关系，抑制通货膨胀。

（2）实行紧缩性财政政策，努力实现财政收支平衡。为控制通货膨胀，财政实行增收节支的措施，从而有效地控制了社会总需求的膨胀。

（3）控制信贷规模和货币供给增长率。1994 年以来我国对通货膨胀的治理主要采用的就是这种措施。

（4）增加商品的有效供给。上述三种措施都是针对社会总需求而采取的，从社会总供给角度说，调整产业结构，支持农业发展，增加有效商品供应，提高投资效益恐怕是治理通货膨胀的最根本的途径。为此，我国出台了一系列保护农业、鼓励和支持国民经济薄弱部门和紧缺商品生产的政策，收到了良好的效果。

应该指出的是，无论是哪一个国家，在治理通货膨胀的过程中都会付出一定的代价，如紧缩政策所导致的经济萎缩、失业增加等问题。这要求政府在制定治理通货膨胀政策时要全面考虑，相机抉择。

复习思考题

1. 什么是通货膨胀？通货膨胀的种类有哪些？如何度量通货膨胀？
2. 简述西方国家关于通货膨胀的成因分析。
3. 我国发生通货膨胀的主因是什么？
4. 简述通货膨胀的效应。
5. 我国对通货膨胀的治理措施有哪些？

第19章 货币政策

第一节 货币政策的含义及其目标

一、货币政策的含义

货币政策是指中央银行为实现其既定的宏观经济目标而采取的控制和调节货币供给量和利率，进而影响宏观经济的各项政策措施的总和。它包括三方面的内容，即货币政策目标，货币政策工具，货币政策效应。中央银行是制定和执行货币政策的国家权威机构。

二、货币政策的目标

由于各国经济发展水平和制度的差异，货币政策的目标是有所不同的。即使在同一个国家，在不同的历史发展时期，货币政策的目标也在发展变化。

20世纪30年代以前的国际金本位时期，各国中央银行货币政策的主要目标是稳定币值和汇率。到了40年代中期，由于凯恩斯主义经济理论在西方国家的应用，高就业成为各国货币政策的目标之一，从而使货币政策目标由单一化走向多元化。50年代起，由于西方国家普遍面临持续的通货膨胀，因此，稳定物价便被纳入各国中央银行的货币政策目标中。50年代后期，经济增长理论广泛流行，许多国家为增强自身经济实力和国际地位，都把发展经济、促进经济增长作为自己的货币政策目标之一。60年代以来，一些西方国家开始出现国际收支逆差，影响到国内经济的稳定发展，于是，保持国际收支平衡便成为货币政策目标的内容。综上所述，目前西方国家的货币政策目标可以归纳为：高就业、物价稳定、经济增长和国际收支平衡。

（一）高就业

高就业是货币政策最早形成的目标，是指中央银行通过货币政策的实施，实现经济体系内部劳动力最大限度的就业。高就业并不意味着失业率等于零。由于存在摩擦性失业问题，从经济效率的角度来看，保持一定的失业水平是适当的，但无法知道什么是适当的失业，也无法准确地计算实际的失业水平，这就意味着很难确定失业率到底是太高或太低。从理论上说，在最适当的失业水平上，由于闲置劳动力而造成的边际社会损失与因找不到工作而无法增加生产所带来的边际损失相平衡。同时，许多经济学家把最适当的失业率定义为非加速通货膨胀的失业率，但很难确定这样的失业率的准确数字。

（二）物价稳定

物价稳定是指中央银行采用货币政策手段，使国内一般物价水平上涨率保持在一定水平，不至于影响人民生活的稳定和国民经济的增长。物价稳定作为货币政策的目标是通货膨胀作用的结果。由于通货膨胀在现实生活中并不是完全可预测的，经济也不是绝对指数化的，通货膨胀导致了收入和财富的不公平的重新分配，也给经济带来了不确定性和不安全性。这可能导致人们对政府的经济政策失去信心。因此，各国政府都把反通货膨胀、实现物价稳定作为自己重要的经济目标。

（三）经济增长

经济增长是货币政策的根本目标，是指中央银行通过实施货币政策，使社会生产和国民经济得以较快地发展，以提高人们的收入和生活水平。

经济增长通常以人均国民生产总值来表示。中央银行可以影响经济增长率的重要决定因素——投资。高投资率不仅意味着人均资本量增大，而且也是促进技术进步的一个重要途径。增加投资的一种方法是使实际利率保持较低水平，这一点正是中央银行可以控制和引导的。

（四）国际收支平衡

国际收支平衡是指一国对其他国家的全部货币收支相抵略有顺差或逆差。平衡国际收支要根据各国所处的不同发展阶段来决定。中央银行可以通过干预外汇市场、利用外贸政策等办法维持国际收支平衡。

三、货币政策目标之间的冲突

货币政策目标之间的关系是很复杂的，各目标之间存在冲突，因此，中央银行不得不对这些目标进行权衡，以确定牺牲某个目标而实现另一个目标的限度。

首先，高就业与物价稳定之间存在矛盾。著名的菲利普斯曲线解释了在失业率和物价上涨率之间存在此消彼长的替代关系，低失业率通常伴随高通货膨胀率，而高失业率则会伴随较低的通货膨胀率。因此，中央银行的货币政策目标只能根据当时的社会经济条件，寻求物价上涨和失业率之间的某一适当的结合点。事实上，20 世纪 70 年代以来在西方国家发生的“滞胀”现象说明菲利普斯曲线所描述的失业率与通货膨胀率之间的相互替代关系并不是在任何条件下都能成立，有可能会出现高通货膨胀率与高失业率并存的情况，由此加大了货币政策制定和执行的难度。

其次，经济增长与国际收支平衡之间存在矛盾。经济增长并不一定同步伴随国际收支平衡的出现，这要取决于经济增长和进出口以及资本流动之间的关系。

最后，在物价稳定与国际收支平衡之间存在矛盾。政府为反通货膨胀往往采取提高利率的措施，在资本自由流动的情况下，本币与外币的利率差提高会导致资本内流，本币升值，从而减弱本国商品的出口竞争力，使经常项目可能出现逆差。如果资本项目的顺差不能抵补经常项目的逆差，就会使国际收支失衡。相应地，如果为了国际收支平衡而使本币对外贬值则可能导致通货膨胀。

目前，我国的货币政策目标是币值稳定，并以此促进经济增长。

第二节　货币政策工具

货币政策目标的实现是借助于货币政策工具的运用来完成的。货币政策工具可以分为两种类型：一是影响整个经济的最为重要的一般性货币政策工具；二是利用货币政策对特殊经济领域产生作用的选择性货币政策工具。但这种划分不是绝对的。

一、一般性货币政策工具

作为一般性货币政策工具，其特点是对整个经济运行产生影响，该类工具包括公开市场业务、再贴现、法定准备金率。

（一）公开市场业务

公开市场业务是指中央银行在金融市场上买卖有价证券（主要有国库券、央行票据）来调控货币供给量。在西方国家，这是中央银行最重要、最有效的工具。中央银行在进行公开市场业务操作的时候，主要采取回购和反回购的形式。所谓回购是指卖者签订协议同意在未来的某一天按固定价格重新买回这些证券。反回购是指买者在买入证券的同时，签订协议保证在某一特定的时日以固定价格重新卖出这些证券。即公开市场业务是通过对称性的买卖交易来完成的。大多数公开市场业务的活动只是为了给对方以较短时间的影响，通过回购和反回购，中央银行向市场传达中央银行的货币操作信号，让市场知道这些交易将会迅速变化，使市场能配合中央银行的操作，这样可以较好地抵消市场因素波动造成的准备金的较大变化。因此，公开市场业务具有防护性功能。

公开市场业务之所以能作为中央银行最重要的工具，原因在于：第一，中央银行可以通过买卖政府债券控制银行准备金的规模；第二，公开市场业务是按照中央银行的主动意愿进行的，使中央银行具有较大的主动性，可以比较灵活地安排公开市场业务的规模和方向来实现对货币供给量的微调；第三，公开市场业务的规模可大可小，而且可以进行经常性、连续性的操作，使中央银行能够准确地调节商业银行的准备金规模。

但是，中央银行开展公开市场业务的操作必须具备一定的条件，如发达的金融市场，证券种类齐全，政府债券规模和结构合理，中央银行对金融市场走势具有巨大的影响力等，否则，公开市场业务效果要受到很大影响。

（二）再贴现

再贴现是中央银行行使最后贷款人职能的重要表现。再贴现一般包括两个方面的内容：一是再贴现率的调整，即中央银行根据市场资金供求状况，随时调低或调高再贴现率，以影响商业银行借入资金的成本，刺激或抑制资金需求，以达到扩张或紧缩货币供给量的目的。二是规定向中央银行申请再贴现的资格，即中央银行通过对要贴现的票据种类和申请办理机构加以规定或区别对待，起到抑制或增强作用，改变资金流向。

再贴现的政策效果表现在：第一，预告性影响。中央银行改变再贴现率会在某种程度上影响人们的预期。当中央银行提高再贴现率时，社会公众会认为这是中央银行的紧缩性行为。如果中央银行降低再贴现率，这可能被认为是将要实施扩张性政策。第二，中央银行改变再贴现率可以影响商业银行的借款成本，从而影响商业银行的融资政策。

但是，再贴现政策与公开市场业务相比，中央银行没有足够的主动权，调整贴现率后的经济效应不一定符合中央银行的要求，有可能达不到预期的效应。同时，贴现率不可能经常变动，这也使中央银行在运用这一工具时受到一定的约束。

（三）法定准备金率

法定准备金率通常被认为是最强烈的政策工具。中央银行在法定授权范围内通过提高或降低商业银行法定准备金率来削弱或增强商业银行创造信用的能力，达到收缩或扩张信用的目的。提高法定准备金率可以从两个方面影响货币存量：第一，使原来有超额准备金的银行转为符合法定准备金率的要求；第二，法定准备金率是货币乘数分母的一个组成部分。增大法定准备金率就会减小货币乘数，从而缩小银行的存款货币创造能力。相反，降低法定准备金率则会产生与上面相反的效应。这就使法定准备金率成为中央银行一个潜在的有力工具。同再贴现率工具一样，法定准备金率也有告示效应，但由于其效果过于强烈，中央银行不可能将其作为经常性调节工具。它的调整对整个经济和社会心理预期都会产生显著的影响，以至这一工具具有固定化的倾向。

二、选择性货币政策工具

（一）证券市场放款

证券市场放款是指中央银行对使用贷款购买证券市场上已注册上市和某些未注册上市的股票施加控制。对购买股票的订金或保证金做规定的目的是限制用借款购买股票的比重。但近年来有些国家开始逐步取消这一控制，因为有时为控制借款不得不提高利率，这样做又会限制经济发展。

（二）消费信贷

消费信贷是指中央银行对消费者分期购买耐用品的贷款规定最低订金和还款期限。在消费信用膨胀和通货膨胀时期，中央银行采取该项措施，能起到抑制消费需求和物价上涨的作用。近年来，美国等国家已从法律上取消了对消费信贷的控制。

（三）道义劝告

道义劝告是指中央银行运用其说服力影响银行和其他金融机构以使其采取相应的措施。由于中央银行与各个金融机构在长期利益上是一致的，因此，道义劝告形式的控制有时比一般性工具更有效。实际上，道义劝告已不仅仅具有道义上的意义，虽然它没有可靠的法律地位，但它是中央银行的一个强有力的武器，具有相当的威慑力。

第三节　货币政策的传导机制和中介指标

一、货币政策的传导机制

货币政策的传导机制是指一定的货币政策工具如何引起社会经济生活的某些变化，最终实现既定的货币政策目标。对货币政策传导机制的分析，主要有凯恩斯学派和货币学派两种理论。

（一）凯恩斯学派的货币政策传导理论

凯恩斯学派的货币政策传导理论的核心思想是：通过货币供给量 M 的增减影响利率 r，利率的变化影响投资 I 并以乘数形式发挥作用，而投资的增减又会影响总支出 E 和总收入 Y。

$$M \rightarrow r \rightarrow I \rightarrow E \rightarrow Y$$

式中，中心环节是利率。有关的经济变量是通过利率起作用的。

（二）托宾 q 理论

托宾 q 理论的特点是把资本市场、资本市场上金融资产的价格，特别是股票价格纳入传导机制。这一传导过程为：货币影响资产价格，资产价格变动又导致实际投资的变动，并影响实体经济和产出。这一影响机制是：股票价格是对现存资本存量价值的评估，是企业市场价值评价的依据，而企业的市场价值与资本的重置成本相比较，将影响投资行为。q 就是企业市场价值与资本重置成本之比。如果 q 值高，说明企业市场价值高于资本重置成本，厂商将愿意增加投资支出；相反，如果 q 值低，厂商对新的投资没有积极性。这里，q 值的高低成为决定新投资的重要因素。这一过程可以表示为：

$$M \rightarrow r \rightarrow P_E \rightarrow q \rightarrow I \rightarrow Y$$

其中，P_E 为股票价格。

（三）货币学派的货币政策传导理论

货币学派认为，货币政策的传导机制主要不是通过利率间接地影响投资和收入，而是通过货币实际余额的变动直接影响支出和收入。

$$M \rightarrow E \rightarrow Y$$

（四）信贷传导机制理论

信贷传导机制理论认为信贷传导不能由其他所代替。它主要针对紧缩效应，包括两方面的内容：

（1）银行传导机制。当中央银行实施紧缩性货币政策时，商业银行的准备金 R 会减少，存款货币 D 的创造相应减少，如果其他条件不变，银行贷款 L 的供给也会减少，结果导致投资和消费的减少，总支出下降。

$$\text{中央银行的紧缩操作} \rightarrow R \rightarrow D \rightarrow L \rightarrow I \rightarrow Y$$

上述传导过程不需要通过利率。

（2）资产负债表渠道。这是指货币供给量的减少和利率的上升会影响借款人的资产状况，特别是现金流的状况。利率上升直接导致利息等费用增加，减少净现金流；又间接导致销售收入下降，也会减少现金流。同时，利率的上升将导致股票价格下降，恶化资产状况，加重逆向选择和道德风险，使银行减少贷款投放，结果投入和产出会下降。

$$M \rightarrow r \rightarrow P_E \rightarrow NCF \rightarrow H \rightarrow L \rightarrow I \rightarrow Y$$

式中，NCF 是企业的净现金流；H 为逆向选择和道德风险。

二、货币政策中介指标的选择标准

中央银行运用间接货币政策工具，扩张或紧缩货币供给量或信贷规模，以实现货币政策的最终目标。但货币政策工具无法直接影响最终目标，如高就业和物价稳定，并且货币政策工具需要在一段时间以后才间接地影响最终目标，中央银行很难得到经济体系的货币领域和实际领域之间内在联系的完整资料。这就需要在货币政策工具和所要达到的最终目标（高就业和物价稳定）之间选定一些变量作为中间目标，如货币供给量（M1、M2）或利率（短期或长期），进行跟踪。这些中间目标变量对最终目标都有直接影响，以便中央银行能正确、及时地观察货币政策在实际领域存在的问题，及时决定采取或修改政策措施，从而更好地实现最终目标。这就是要在货币政策的工具与最终目标之间建立一个中间目标，也称中介指标，以作为决定采用或修正何种货币政策和检验货币政策效果。

货币政策的传导源于政策工具的运用，使中介指标发生变化，最后使得最终目标产生相应变化。具体传导过程可通过图 19－1 来理解。

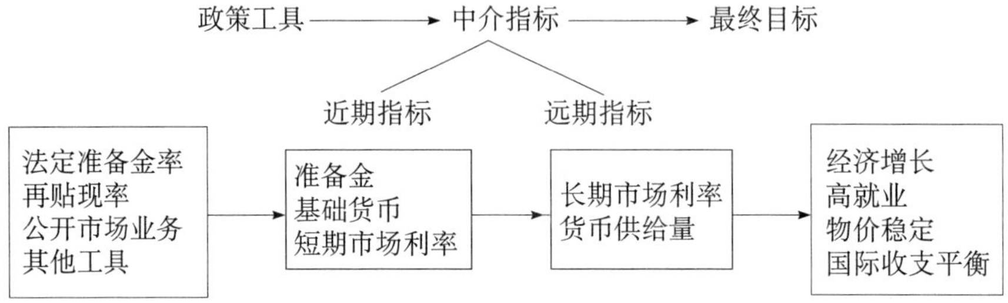

图 19－1　货币政策工具的传导过程

货币政策中介指标的选择是制定货币政策的关键步骤。不同的指标变量往往导致中央银行采取完全不同的行动。在选择货币政策中介指标时，要符合以下五个最主要的条件：

（1）可度量性。这包括两个方面的含义：第一，中央银行可以及时得到准确的数据；第二，中央银行必须明确应该使用的定义以及衡量的标准。

（2）可控制性。这是指中央银行的中介指标要有实现的可能，否则，该指标没有意义。

（3）相关性。这是指只要能达到中介指标，中央银行在实现货币政策目标方面就不会遇到障碍和困难，即要求中介指标与货币政策的最终目标之间要有密切的、稳定的统计数量上的联系。

（4）管理上的可行性。这涉及中央银行能够实施其政策的范围和程度。

（5）指示性。这是指中央银行选择的中介指标要能使金融机构及社会公众了解货币政策的实施状况、货币政策的方向和强度，以便按货币政策的要求相机抉择。

货币政策在实施过程中常会受到许多因素的干扰，不同的国家其经济金融环境不同，相同的货币政策工具可能产生的效用大不一样，中央银行为实现既定的货币政策目标而采用的货币政策工具就有很大的不同，选择作为中介指标的金融变量也有很大区别。

根据以上几个条件，中介指标一般有利率、货币供给量、超额准备金和基础货币等。根据这些指标对货币政策工具反应的先后和作用于最终目标的过程，一般又可以将这些指标分为两类：一类是近期指标，即它们对货币政策工具的反应较快，时滞比较短，但是离货币政策的最终目标较远。这类指标主要包括存款准备金、短期市场利率、基础货币等。另一类是远期指标，即它们对货币政策工具的反应较慢，时滞比较长，但离货币政策的最终目标较近。这类指标主要包括货币供给量、长期市场利率等。

三、货币政策中介指标

（一）利率指标

作为中介指标，它符合上述标准。利率是内生变量，是顺经济周期的。经济繁荣时，利率上升；经济萧条时，利率下降。但是，作为政策变量，利率调节与总需求在同一方向变动：经济过热时，利率提高；经济疲软时，利率降低。因此，利率发挥作用的性质难以区分。

（二）货币供给量

以货币供给量作为中介指标首先要明确货币供给的口径。就指标的可度量性而言，符合标准，但中央银行的控制力不太理想。

（三）基础货币

基础货币是流通中的现金和商业银行的存款准备金的总和，构成货币供给量倍数扩张与收缩的基础，可满足货币政策中介指标的所有要求。因此，许多国家已把它作为较理想的中介指标。

通常情况下，人们把以货币供给量指标为中间目标的货币政策的目标管理规则称为货币供给规则（money supply rule），而把以利率为中间目标的管理规则称为利率规则（interest rate rule）。

一般利率规则在实现货币政策的目标上比货币供给规则更有效，目前已成为西方发达国家主要的货币政策目标管理规则。

第四节　货币政策效应

货币政策效应可以从两方面来衡量，一是政策发挥作用的速度，二是政策发挥作用的力度。货币政策发挥作用的速度，即货币政策时滞。货币政策发挥作用的力度，即货币政策效力。

一、货币政策时滞

所谓货币政策时滞是指从货币政策制定到获得主要的或全部的效果所经历的时间。货币政策时滞的长短是考察货币政策成效的重要依据。

时滞由内部时滞和外部时滞构成。内部时滞是指从政策制定到货币当局采取行动这段时间，分为两个阶段：认识时滞和行动时滞。前者是指从形势变化需要货币当局采取行动到货币当局认识到需要采取行动的这段时间；后者是指从货币当局认识到需要采取行动到实际采取行动的这段时间。内部时滞的长短取决于货币当局的预测能力和管理能力，即对经济形势发展的判断、预测水平，制定政策措施的效率，决策效率等。

外部时滞是指从货币当局采取行动开始到对政策目标产生影响为止的时间间隔。货币当局想要实现充分就业和经济增长，需要先变动货币供给量，以影响利率水平，从而影响投资意愿，最后影响就业水平和国民收入，这需要经过相当长一段时间才会充分发挥作用。外部时滞由一国经济、金融的客观条件所决定。

缩短货币政策时滞是提高货币政策效果的有效途径，因此，提高货币当局的预测能力和决策能力有助于提高货币政策效应。

二、货币政策效力

货币政策效力主要观察货币政策实施后所取得的效果与政策目标之间的偏差。如以控制通货膨胀为政策目标而实施紧缩性货币政策为例，政策实施的结果若是抑制了物价上涨，或使得物价水平下降，同时保持适当的经济增长，那么可以认为货币政策取得了预期的效果；如果政策实施的结果一方面使得通货膨胀得到控制，而另一方面由于紧缩导致经济滑坡，那么货币政策效果就不是最优的。如果政策的实施不仅没有促使物价下降或抑制物价上涨，还抑制了经济增长，甚至使经济增长为负，则可以说紧缩性货币政策无效。评价其他类型的货币政策也可以采用类似的分析思路。

实际上，任何一项货币政策的实施都会带来有利和不利两方面的效应，要取得最佳效果，就必须与其他宏观经济政策密切配合，如收入分配政策、价格政策等，特别是要与财政政策配合。

三、货币政策的局限性

采取货币政策常常是为了稳定经济、减少经济波动，但在实践中存在一些局限性。

第一，一般来说，货币政策在宏观经济处于扩张阶段时对经济增长的拉动作用比较明显；在宏观经济处于收缩阶段或在启动经济时，往往是无效或低效的。因为这时候投资者对经济前景悲观，即使中央银行增加货币供给量，降低利率，投资者也不愿意增加投资，银行考虑宏观经济形势不好，贷款不易安全收回，也不轻易贷款。这样，货币政策反衰退的效果就不显著。有些学者把货币政策抑制通货膨胀的效果比喻为马用绳子拉车前进，意思是效果好；把货币政策拉动经济增长的效果比喻为马用绳子拉车后退，意思是政策效果很微弱。

第二，由于货币流通速度的变化受到许多因素的影响，其不确定性大，因而中央银行通过变动货币供给量来影响利率水平的定量关系不易确定。货币流通速度加快，相当于货币供给增加的效果，流通速度下降，相当于货币供给减少的效果。如在经济繁荣时期，中央银行为抑制通货膨胀需要紧缩货币供给，然而由于物价上涨很快，公众不愿把货币持在手上，会尽快花出去或投资于能从通货膨胀中获益的项目，使货币流通速度加快，从而造成紧缩货币供给的效果被货币流通速度的提高所抵消。反之，在经济衰退时期，货币流通速度下降，这时中央银行增加货币供给对经济的影响也可能被货币流通速度下降所抵消。

第三，货币政策的效果还要受到汇率制度和资本在国家间流动等因素影响。例如，一国实行紧缩性货币政策，导致实际利率上升，国外资金会大量流入以赚取利差。由于国外资金的大量流入会导致本币升值，若实行固定汇率，中央银行为了使本币稳定，会抛出本币，按固定汇率收购外币，于是货币市场上本国货币供给增加，从而削弱原先实行的紧缩性货币政策的效果。若实行浮动汇率，本币的升值会抑制出口，使本国总需求下降，但会刺激进口，使对国外的需求增加，从而削弱货币政策的效果。

第四，如上面所提到的，货币政策的外部时滞也会影响货币政策效果。

第五节 财政政策与货币政策配合

一、财政政策

（一）财政政策的含义

财政政策是指政府为了促进就业水平提高，减轻经济波动，防止通货膨胀，实现稳定增长而对政府支出、税收和借债水平所进行的选择，或对政府收入和支出水平所做的决策。

（二）财政政策的目标

财政政策的目标可以归纳为：物价的相对稳定，收入的合理分配，经济增长，社会生活质量提高。

（三）财政政策的工具及其实现方式

1. 财政政策工具

国家财政由政府收入和支出两个方面构成。政府支出是指整个国家中各级政府支出的总和，由许多具体的支出项目构成，主要包括政府购买性支出和转移性支出。政府购买是指政府对商品和劳务的购买，如购买军需品、购买机关公用品（大的如轿车、计算机等，小的如笔、纸等）、支付政府雇员薪酬、开展公共项目工程所需的支出等都属于政府购买。政府购买是一种实质性支出活动，伴随着商品和劳务的实际交易，因而直接形成社会需求和购买力，是国民收入的一个重要组成部分，其规模直接关系到社会总需求的增减。购买性支出又可分为社会消费性支出和财政投资性支出。社会消费性支出主要是满足纯社会共同需求，保证国家执行政治职能和社会职能，为公民提供国家防务和社会安定，通过法律、行政和社会管理处理并协调公民之间、社会团体之间及其相互间的关系，维系社会关系和商务关系。其主要包括行政管理费，国防费，文教、科学、卫生事业费及工商农等部门的事业费。财政投资性支出即为政府投资，一般是指政府对具有公共产品性质和外部性强，私人投资少，能够极大提高一国生产生活的发展水平，需要大量资本投入，能够创造更多就业机会的领域进行的投资，如基础设施投资、农业投资等。转移性支出是指政府在社会福利保险、贫困救济和补助等方面的支出。它是一种货币支出，政府在付出这些货币时并不相应伴随有商品和劳务的交换发生，是一种不以取得本年生产出来的商品和劳务作为报偿的支出。转移性支出是通过政府将收入在不同社会成员之间进行转移和重新分配，全社会的总收入并没有变动。转移性支出包括社会保障支出，如社会保险、社会救济、社会福利等，以及财政津贴，如农业补贴、企业亏损补贴等。

政府收入包含税收收入和发行债券收入。税收是政府收入中最主要的部分，它是国家为了实现其职能按照法律预先规定的标准，也是强制地、无偿地取得财政收入的一种手段。税收可分为三类：财产税、所得税和流转税。财产税是对不动产或房地产即土地和土地上建筑物等所征收的税。所得税是对个人和公司的所得征税，一般所得税实行累进税，即税率随征税客体（个人或公司）的收入总量增加而增加。流转税是对流通中商品和劳务买卖的总额征税。公债是政府对公众的债务，当政府税收不足以弥补政府支出时，政府会发行公债，使公债成为政府财政收入的一个组成部分。

2. 财政政策的实现方式

（1）变动税收。这是指改变税率和税率结构。改变税率是指当经济高涨时，政府利用加税，减少个人和企业可支配收入，以降低消费需求，从而降低生产和减少就业；当经济萧条时，政府采用减税措施，给个人和企业多留下可支配收入，以刺激消费和投资，从而增加就业和提高产出。改变税率结构主要是指改变所得税结构，是政府将所得税设定为累进税，收入较高者按较高税率纳税，收入较低者按较低税率纳税。累进所得税率也是政府稳定经济的重要工具，当经济过热时，企业、个人的所得会大幅度增加，使得他们进入较高税率档，税收负担增加，这会抑制他们的投资和消费冲动，从而维持经济稳定。

（2）政府发行公债。这一方面能增加财政收入，影响财政支出，属于财政政策；另一方面又能对包括货币市场和资本市场在内的金融市场的扩张和紧缩起到重要作用，影响货币的供求，从而调节社会的总需求。

（3）变动政府支出。这是指改变政府对商品和劳务的购买性支出及改变社会福利的转移性支出。例如，在经济萧条时，政府扩大对商品和劳务的购买，多搞些公共建设，这可以扩大对私人企业产品的需求量，增加消费，刺激总需求。政府还可以通过增加公务员的退休金、城市最低生活保障金、失业救济金、医疗费用等增加社会福利费用，提高转移性支出水平，增加人们的可支配收入和消费支出水平，从而增加社会有效需求。

（四）财政政策的类型

1. 扩张性财政政策

扩张性财政政策是指通过财政收支规模的变动来增加和刺激社会的总需求，在总需求不足时，通过扩张性财政政策使总需求与总供给的差额缩小以至重新达到平衡。扩张性财政政策的主要工具是增加财政支出和减少税收。

在增加支出和减税同时实行的情况下，虽然政策强度更大，但很有可能导致财政赤字，因而，扩张性财政政策也称为赤字财政政策。

2. 紧缩性财政政策

紧缩性财政政策是指通过财政收支规模的变动来减少和抑制总需求。在国民经济出现总需求过旺的情况下，通过紧缩性财政政策来治理通货膨胀，重新实现供求平衡。实施紧缩性财政政策的手段主要是减少支出和增加税收。增加税收与减少支出并举，一般会导致财政盈余的出现，因而，有时紧缩性财政政策也称作盈余财政政策。

3. 中性财政政策

中性财政政策是指财政收支活动对社会总需求的影响保持中性，既不产生扩张效应，也不产生紧缩效应。一般情况下，中性财政政策需要财政支出与收入保持平衡才能实现对经济的中性效应。

二、货币政策与财政政策的配合

货币政策和财政政策都是稳定宏观经济的工具，两政策的目标之间具有某些一致性，各自都有不同的局限性，发挥的作用也不相同。那么财政政策能否与货币政策相互配合以达到宏观经济稳定？

（一）货币政策与财政政策相互配合的必要性

货币政策与财政政策相互配合的必要性是由货币政策与财政政策的不同特点所决定的。首先，货币政策主要是调节货币供求总量，而财政政策的侧重是解决经济中的结构问题。其次，时滞性不同。这是指在制定和执行政策的过程中出现的时间滞后现象。财政政策的外在时滞较短而内在时滞较长，货币政策的外在时滞较长而内在时滞较短。最后，可控性不同。财政政策可以由政府通过直接控制和调节来实现，如刺激需求可以直接通过增加政府支出来实现。货币政策则需要通过操作工具的传导来实现最终目标，其中间要有一个传导过程，并可能偏离目标。

无论是财政政策还是货币政策都是通过影响利率、消费、投资进而影响总需求，使就业和国民收入得到调节的。财政政策和货币政策的相互关系可见表19－1。

由于财政政策与货币政策之间的差异，要求两者密切配合，相互协调，共同实现政府宏观调控的总目标。

表19－1　财政政策和货币政策的影响

政策种类	对利率的影响	对消费的影响	对投资的影响	对GDP的影响
财政政策（减少所得税）	上升	增加	减少	增加

续前表

政策种类	对利率的影响	对消费的影响	对投资的影响	对 GDP 的影响
财政政策（增加政府开支，包括政府购买和转移支付）	上升	增加	减少	增加
财政政策（投资津贴）	上升	增加	增加	增加
货币政策（扩大货币供给）	下降	增加	增加	增加

资料来源：高鸿业．西方经济学．2版．北京：中国人民大学出版社，2000.

（二）货币政策与财政政策相互配合的模式

现实中，货币政策与财政政策可以有四种搭配模式，即“双松”模式、“双紧”模式、“一松一紧”模式和“一紧一松”模式。

一定时期内政府采用何种搭配模式取决于当时的宏观经济运行状况。通常，“双松”模式可以刺激投资，增加社会总需求，扩大就业，带动经济增长。松的货币政策，即扩张性货币政策措施主要是降低法定准备金率、降低贴现率、降低利率，扩大商业银行贷款规模；松的财政政策，即扩张性财政政策措施可以是减少税收或扩大政府支出，增加社会的总需求。但“双松”政策的结果往往会造成通货膨胀的压力。

“双紧”模式则适用于经济生活中通货膨胀较为严重的情况。“双紧”的结果会压缩社会总需求规模，控制经济的过快增长。紧的财政政策，即紧缩性财政政策措施主要是增加税收或压缩财政支出；紧的货币政策，即紧缩性货币政策主要是提高利率和减少商业银行贷款规模，即收紧银根。“双紧”的结果会减少社会投资规模，抑制物价水平。但“双紧”模式运用过度可能带来经济的萎缩。

在大多数情况下，货币政策与财政政策则采取“一松一紧”或“一紧一松”的搭配模式。如总需求过度时，采取紧缩性财政政策，增加税收和削减政府支出，这有利于减轻货币政策的压力，而货币政策则可以是相对宽松的。而当采取紧缩性货币政策时，利率提高，投资收缩，可以利用政府机构贷款为某些特殊部门提供资金，解决它们的资金短缺问题，从而减少利率提高给投资带来的负效应。因此，货币政策与财政政策的紧密、恰当的配合是一国政府实现宏观调控目标的重要保障（见表 19－2）。

表 19－2　货币政策和财政政策配合的政策效果

政策类型	政策混合	产出	利率
一松一紧	扩张性财政政策和紧缩性货币政策	不确定	上升
双紧	紧缩性财政政策和紧缩性货币政策	减少	不确定
一紧一松	紧缩性财政政策和扩张性货币政策	不确定	下降
双松	扩张性财政政策和扩张性货币政策	增加	不确定

第六节 汇率政策

一、什么是汇率政策

所谓汇率政策就是通过变动汇率水平以实现一定的经济政策目标，它是开放经济下一国实现外部均衡的最主要的政策工具，直接影响该国的贸易差额和资本流动，调整并实现一国国际收支的基本平衡。

由于开放经济的宏观政策目标是多元的，这使得开放经济的内外部均衡是多变量和多目标的综合均衡，需要汇率政策与财政政策、货币政策等政策工具相互配合与协调才能实现宏观经济政策目标。

二、汇率政策的种类

一国在采取什么样的汇率政策上可以有多种选择。按照浮动程度，我们可将汇率划分为固定汇率与浮动汇率。固定汇率又可分为调整钉住汇率和爬行钉住汇率；浮动汇率则可分为管理浮动汇率和自由浮动汇率。

理论上认为，汇率政策是一国经济政策的重要组成部分，在资本流动条件下，浮动汇率有助于保持货币政策的独立性，固定汇率会削弱中央银行在货币政策上的自主性。但从各国实践看，汇率浮动程度的选择并无绝对的优劣可言。一国的汇率制度的选择要与本国的经济金融结构与发展水平、金融市场完善与开放程度等相适应，要有利于实现该国的经济政策目标。一种汇率政策能否成功，还取决于多方面的政策因素。

三、汇率政策的目标

由于汇率在国民经济中的重要作用，各国政府都会制定适当的汇率政策，以便在国民经济发展中充分发挥汇率的调节作用。各国在汇率浮动程度安排上虽有很大的不同，但汇率政策所追求的政策目标大体相似，主要包括：第一，保持出口竞争力，实现国际收支平衡与经济增长的目标；第二，有利于稳定物价；第三，防止汇率的过度波动，促进金融体系的稳定。

一般情况下，各国会选择采用财政和货币政策来解决国内经济问题，采用汇率政策来解决国际收支不平衡问题。

四、汇率政策、资本流动控制与货币政策的三难选择

汇率是一个国家在国际经济活动中最重要的综合性价格指标，它包含了该国在国际市场上经济竞争实力的主要信息。它的变化不仅直接决定对外贸易的平衡，而且还深刻影响到国内经济活动的波动。当一国参与国际经济活动时，便面临着如何安排汇率政策、管理资本市场以及实现国内宏观经济目标的三难选择问题，即一国不能够采取固定汇率以获取汇率稳定的收益，同时开放资本市场以吸引国际资本，并实施积极的货币政策以解决国内经济问题。政府只能在这三个目标中选择其二。

（一）固定汇率、开放资本市场与无效的扩张性货币政策

一国货币当局在推行固定汇率政策和完全开放资本市场的条件下，本国市场利率水平既要受国内可贷资金的供给与需求影响，又要受到国际资本追逐利差的套利行为的影响，这会使国内市场利率趋近于国际市场利率。当国内面临经济衰退，政府试图通过放松银根来降低国内市场利率、刺激投资与消费时，相对高的国际市场利率水平将会吸引巨额资本外流，这将会减少国内可贷资金的数量，使市场利率重新上升到接近国际利率水平，从而抵消扩张性货币政策的效果。由于货币当局要维持固定汇率，只得通过被动地吸纳或抛出外币来抵消外部因素产生的冲击。

固定汇率政策使得货币当局不得不放弃使用灵活的货币政策调整国内总需求及取得宏观稳定的能力。同时，固定汇率制也限制了货币当局通过调整汇率改善本国出口产业与进口替代产业在国内外市场上的竞争力的可能性，不利于解决对外贸易失衡和国内经济问题。此外，在开放经济下，与资本自由流动相结合的固定汇率制度极易受到货币投机的冲击。

（二）固定汇率、管制资本流动与有效的扩张性货币政策

如果货币当局能有效地限制各种跨国界的资本流动，即完全封闭资本市场，则它可以避免国际资本市场对国内利率水平的影响，并且还减少国际货币投机对国内市场的冲击。这样，货币当局可以在实现固定汇率目标的同时，自由地运用灵活的国内经济政策解决宏观稳定问题。

但是，实行资本管制会付出巨大的代价，会产生资本供给来源的机会成本、行政管理成本、非法资本外流的交易成本，以及寻租与受贿行为的社会成本，降低资本配置的效率，等等。从长期来看，过于严格的资本管制将不利于该国全面地参加国际经济活动，会严重地影响该国经济发展与效率的提高。并且，它还可能导致资本大规模外逃，并恶化由此产生的社会财富分配的不平衡等问题。

（三）浮动汇率、开放资本市场与有效的扩张性货币政策

在开放资本市场并采取浮动汇率制度的情况下，一国货币当局可以使用积极的货币

政策调节国内的市场利率水平和改变国内的有效总需求。同时，本币将随着国际套利活动引起的资本流动而自由地升值或贬值，降低国际货币投机的冲击。这一政策组合的代价是该国必须承受由于汇率频繁波动而引起的国际贸易中相对高昂的交易成本。

上面所说的三难选择也叫“三元悖论”，也就是说货币政策的独立性、固定汇率、资本自由流动三个目标，从理论上讲，一国只能同时实现两个，不能同时实现三个目标。这也说明任何一种国际货币体系安排都不是完善的，只有根据本国和世界经济发展的具体情况，选择适合于本国的国际货币体系安排才是最恰当的。

五、当代各国汇率政策

（一）发达国家的汇率政策

西方发达国家目前实行浮动汇率制，原则上对汇率不加管理，但在实际中，大多数国家的货币当局仍通过各种途径对汇率进行干预，其基本方式有：

（1）官方参与外汇市场买卖业务，加强汇率的国际协调，促使汇率向政策目标方向变化。

（2）实行资本管理来影响国际资本输出输入的规模和方向，从而影响汇率的变动趋势。

（3）运用货币政策影响汇率通常是利用利率的变动对汇率产生影响，如提高利率、吸引国际资本流入，从而引起汇率上浮。

西方发达国家在浮动汇率制度下对外汇市场干预的具体目标是：第一，平息短期汇率的剧烈变动；第二，引导汇率走势；第三，建立汇率目标区；第四，促进国际经济交易稳定发展。

（二）发展中国家的汇率政策

发展中国家由于国内经济规模、开放程度、相对通货膨胀率、外贸结构、国内金融市场状况等，一般实行钉住制、有限弹性制和较大弹性制，但主要是钉住制。

（1）钉住制。大多数发展中国家由于国力有限，国际储备较少，应付汇率冲击的能力弱，金融市场特别是外汇市场不发达，难以按供求波动产生均衡汇率水平，常采用钉住某种或某些（如美元、欧元、日元等）货币的政策。

（2）弹性制。实行有限弹性制的发展中国家很少，实行较大弹性制的国家主要采用指标浮动（按物价对比、国际收支、外贸、外汇储备等指标调整汇率）、管理浮动（有计划地利用市场机制调节）和单独浮动（汇率主要由本国外汇市场供求关系决定）等三种形式。

对我国来说，由于目前资本项目的外汇交易还没有完全放开，政府能够有效地限制各种跨国界的资本流动（即完全封闭资本市场），可以免除国际资本市场对国内利率水平的影响，并且降低货币投机冲击的可能性，从而能够在实现固定汇率目标的同时，自由地运用灵活的货币政策解决国内宏观经济问题。因此，现阶段在权衡利弊的基础上，我国选择了本国货币政策独立性和汇率稳定，而实行资本管制。

六、汇率政策的有效性

探讨汇率政策的有效性可以从几个方面来判断：一是设定的汇率政策是否能够达到预期的内外经济政策目标；二是该汇率政策在促进国际收支调整方面的效率如何；三是该汇率政策对国际贸易和资本流动有何影响，程度如何；四是该汇率政策对国际经济环境重大变化的适应性如何。

复习思考题

1. 什么是货币政策？货币政策的目标有哪些？货币政策目标之间为什么会有冲突？
2. 货币政策工具有哪些？比较一般性货币政策工具与选择性政策工具的区别。
3. 简述货币政策传导机制理论。
4. 货币政策中介指标有哪些？选择标准是什么？
5. 简述货币政策的效应。
6. 什么是财政政策？财政政策有哪些类型？
7. 简述财政政策与货币政策配合的必要性。
8. 货币政策与财政政策搭配的模型有哪些？
9. 什么是汇率政策？汇率政策的目标主要有哪些？
10. 简述汇率政策与货币政策的关系。

第 20 章
金融监管

第一节 金融监管的含义、目标和原则

一、金融监管的含义及其范围

金融监管有狭义和广义之分。狭义的金融监管是指中央银行或其他金融监管当局依据国家法律法规的授权对整个金融业（包括金融机构以及金融机构在金融市场上所有的业务活动）实施的监督管理。广义的金融监管是在狭义的金融监管之外，还包括了金融机构的内部控制与稽核、同业自律性组织的监管、社会中介组织的监管等。

金融监管涉及金融的各个领域，包括：对商业银行的监管；对非银行金融机构的监管；对货币市场的监管；对资本市场、证券业以及各类投资基金的监管；对外汇市场的监管；对衍生金融工具市场的监管；对保险业的监管；等等。

二、金融监管的目标

金融监管的主要目标可以归纳为以下三点：

第一，保护公众利益。保护公众利益是实行金融监管的基本起因，也是金融监管最根本的目的。金融监管当局根据法律对商业银行进行监督，限制商业银行承担过多风险和从事不良经营活动，从而保护银行存款户的资金安全，保证银行业务的正常进行，保障银行活动不损害国民经济和公众利益。同时，通过实行金融监管来保护公众利益，也

是维护公众对银行业的信心以避免银行倒闭的重要条件。

第二，保障金融体系的安全稳定。一家银行因经营管理不善而倒闭，往往引起其他银行的倒闭，甚至危及整个银行体系的安全。其反应机制有两个：一是引起与其交易的其他银行的资金周转困难，甚至倒闭，随后又会波及其他银行，甚至整个银行体系；二是影响公众信心，导致银行挤兑和金融恐慌，使本来业务相当健全的银行受到影响。当然，保障金融体系的安全稳定，并不意味着不让任何一家银行倒闭，而是防止因某家银行的倒闭而影响整个银行体系的安全。这就需要金融监管当局采取有效措施，防止银行倒闭，在倒闭银行与健康银行之间建造“隔离墙”，以维持公众信心，保障金融体系的安全稳定。

第三，保障金融业公平竞争，提高金融业的效率。通过对金融活动的监督管理，创造一个平等的竞争环境，防止垄断，鼓励商业银行在合理竞争的基础上提供高效率、多样化的金融服务。

三、金融监管的基本原则

为实现以上目标，各国金融监管当局在执行监管时大多遵循以下基本原则：

（一）依法原则

金融监管必须以法律和法规为依据，依法行事；同时，金融机构对法律和法规所规定的监管要求必须接受，不能有例外。只有这样，方能保证监管的权威性、严肃性、强制性、一贯性和有效性。

（二）规范原则

竞争是市场经济条件下的基本规律之一。金融监管当局的监管重心应放在竞争环境的构造上：既要避免造成金融高度垄断，排斥竞争，从而丧失效率与活力，又要防止出现过度竞争和破坏性竞争，影响金融业的安全与稳定。为此，金融监管的主体、对象、目的、内容、手段、管理口径和程度均应统一规范，使同类金融机构获得平等竞争的管理环境。

（三）自我约束和外部强制相结合的原则

如果金融监管的对象对监管不配合、不愿自我约束，甚至对抗，那么金融监管不论多么缜密严格，也难以收到预期的效果；反之，如果将全部希望寄托在金融机构自觉自愿的自我约束上，则一系列不负责任的冒险经营行为和道德风险就难以有效避免。因此，金融监管应遵循自我约束和外部强制相结合的原则。

（四）安全稳健与经济效率相结合的原则

安全稳健是一切金融法规和金融监管的中心目的，但非终极目的。金融业发展的终极目的是满足社会需要，促进社会经济稳健协调地发展。追求发展就必须讲求效率。所以，金融监管不应是消极地单纯防范风险，而应是积极地把防范风险与提高金融效率相结合。

第二节　金融监管体制

一、金融监管体制及其类型

金融监管体制是指金融监管的职责以及权力分配的方式和组织制度。由于各国的历史发展、政治经济体制、法律与民族文化传统等方面的差异，在金融监管体制上各国也存在着一定的差别。

按照监管机构的监管范围划分，金融监管体制有如下两种：

（1）集中监管体制，也称“一元化”监管体制，即一个金融监管机构实施对整个金融业的监管。绝大多数实行这种体制的国家由中央银行来承担监管职责。英国、澳大利亚、比利时、瑞士、瑞典、意大利、巴西、埃及等国实行这种监管体制。

（2）分业监管体制，也称“多元化”监管体制，即根据金融业内不同的机构主体及其业务范围的划分而分别由多个金融监管机构共同承担监管责任。美国、法国、西班牙等国实行这种监管体制。

二、金融业自律

自律是指同一行业的从业者组织，基于共同利益，制定规则，自我约束，实现本行业内部的自我监管，以保护自身利益并促进本行业的发展。

一般来说，金融业自律的组织形式主要为金融行业公会。这是一种金融业自我管理、规范和约束的民间组织，它通过行业内部管理，避免参与主体之间的不正当竞争并促进彼此间的协作，与政府监管当局共同维护金融业的安全和稳定。金融行业公会作为金融业自律的组织形式，主要有如下四个方面的功能：

（1）协调功能。为了维护和增进行业的共同利益，妥善处理各会员单位的利益冲突，加强会员之间的联系，增进彼此间的友谊，避免恶性竞争的出现；促使会员单位能够在国家规定的经营权限内开展业务，从而有利于整个监管目标的实现。

（2）服务功能。它包括建立会员间的服务网络和广泛的信息渠道，了解国内外金融业的发展态势，对金融业的未来发展趋势进行分析、研究和预测，在金融同行间交流经验和教训，推动金融创新的发展。同时，它还肩负着为会员单位培训员工，加强金融业对外交流的职责。

（3）沟通功能。其主要表现为在金融机构和监管当局之间以及各金融机构之间架起沟通的桥梁，促进彼此之间的交流，以达到相互理解、信任和支持的目的。一方面，它作为会员单位的代表，向监管当局反映会员的要求和建议，保护会员单位的合法权益。另一方面，它还接受监管当局的委托，执行某些监管机构不宜执行或执行效果欠佳的管理职能。

（4）监督功能。它通过建立举报监督系统，强化会员金融机构的自律和互律，并对违规会员做出相应的处罚，维护和提高金融业的整体利益和社会形象。

在许多国家和地区，金融行业公会的自律管理一直发挥着重要的作用。随着金融自由化的向前推进和金融创新的发展，各国都越来越重视发挥金融业自律管理的作用。

三、金融机构的内部控制

就整个金融监管体系来说，监管当局的监管是外部的全方位监管。金融行业公会的职能在于通过行业内部的自律和互律，实施行业内部的监管。但不论是政府的监管目标还是行业的监管目标，必须通过金融业微观主体加强内部控制，主动防范和规避风险，进行审慎管理和稳健经营，才能得以实现。金融机构的内部控制在整个监管体系的设计中具有基础性地位。金融机构的内控机制建设，不仅对金融机构自身业务的健康发展，而且对整个金融体系的稳定，都有着重要的影响。

近年来，金融机构的内部控制受到普遍重视。在风险日益加大的背景之下，内控机制的作用显得越来越突出，特别是巴林银行、大和银行、山一证券等大型金融机构的倒闭，更引起了整个金融业界对金融机构内控机制健全与否的警觉。这些事例清楚地说明，如果内部控制不到位，仅仅某一个环节出现纰漏，完全有可能对整个金融机构造成致命的打击。很多金融机构已经将风险管理技术应用于内部控制；并且将审慎、严密的内部控制机制的建设，与公司文化和组织体系等方面的建设紧密结合。

四、中国的金融监管体制

我国目前的金融监管体制基本上仍属于分业监管体制。2018 年国家机构改革前，中国银行业监督管理委员会（简称银监会）、中国证券监督管理委员会（简称证监会）、中国保险监督管理委员会（简称保监会）这三个金融监管部门各司其职，分工合作，共同承担金融业的监管责任。1992 年 10 月证监会成立，1998 年 10 月保监会成立，2003 年 4 月银监会成立，由此形成了我国以机构监管为特征、以合规监管为重点的分业监管体制。这些年来分业监管体制对于规范金融市场的秩序、防范金融风险、保障金融业的稳定发展发挥了重要作用。

分业监管有利于集中专门监管人才，提高监管效率和监管水平，也有利于现行金融业分业经营政策的贯彻。但这种分业监管体制也容易造成监管真空，出现监管漏洞。2018 年 3 月，第十三届全国人民代表大会第一次会议通过国务院机构改革方案，将中国银行业监督管理委员会和中国保险监督管理委员会的职责整合，组建中国银行保险监督管理委员会（简称中国银保监会），作为国务院直属事业单位。至此，“一行三会”的金融监管体制调整为“一行两会”，但仍属于分业监管体制。

此外，绝大部分金融机构都设立了内部稽核部门，金融同业自律组织和社会中介组织的监督已经起步。政府对金融业的审计监督也已走上经常化、法制化和规范化的轨道。因此，可以认为我国已经建立了现代金融监管体制的基本框架。

（一）中国银保监会的监管职能

中国银保监会贯彻落实党中央关于银行业和保险业监管工作的方针政策和决策部署，在履行职责过程中坚持和加强党对银行业和保险业监管工作的集中统一领导。其主要职责是：

（1）依法依规对全国银行业和保险业实行统一监督管理，维护银行业和保险业合法、稳健运行，对派出机构实行垂直领导。

（2）对银行业和保险业改革开放和监管有效性开展系统性研究。参与拟订金融业改革发展战略规划，参与起草银行业和保险业重要法律法规草案以及审慎监管和金融消费者保护基本制度。起草银行业和保险业其他法律法规草案，提出制定和修改建议。

（3）依据审慎监管和金融消费者保护基本制度，制定银行业和保险业审慎监管与行为监管规则。制定小额贷款公司、融资性担保公司、典当行、融资租赁公司、商业保理公司、地方资产管理公司等其他类型机构的经营规则和监管规则。制定网络借贷信息中介机构业务活动的监管制度。

（4）依法依规对银行业和保险业机构及其业务范围实行准入管理，审查高级管理人员任职资格。制定银行业和保险业从业人员行为管理规范。

（5）对银行业和保险业机构的公司治理、风险管理、内部控制、资本充足状况、偿付能力、经营行为和信息披露等实施监管。

（6）对银行业和保险业机构实行现场检查与非现场监管，开展风险与合规评估，保护金融消费者合法权益，依法查处违法违规行为。

（7）负责统一编制全国银行业和保险业监管数据报表，按照国家有关规定予以发布，履行金融业综合统计相关工作职责。

（8）建立银行业和保险业风险监控、评价和预警体系，跟踪分析、监测、预测银行业和保险业运行状况。

（9）会同有关部门提出存款类金融机构和保险业机构紧急风险处置的意见和建议并组织实施。

（10）依法依规打击非法金融活动，负责非法集资的认定、查处和取缔以及相关组织协调工作。

（11）根据职责分工，负责指导和监督地方金融监管部门相关业务工作。

（12）参加银行业和保险业国际组织与国际监管规则制定，开展银行业和保险业的对外交流与国际合作事务。

（13）负责国有重点银行业金融机构监事会的日常管理工作。

（14）完成党中央、国务院交办的其他任务。

（15）职能转变。围绕国家金融工作的指导方针和任务，进一步明确职能定位，强化监管职责，加强微观审慎监管、行为监管与金融消费者保护，守住不发生系统性金融风险的底线。按照简政放权要求，逐步减少并依法规范事前审批，加强事中事后监管，优化金融服务，向派出机构适当转移监管和服务职能，推动银行业和保险业机构业务和服务下沉，更好地发挥金融服务实体经济功能。

（二）中国证监会的监管职能

中国证监会是我国证券市场的监管机构。《中华人民共和国证券法》规定，国务院证券监督管理机构依法对证券市场实行监督管理，维护证券市场秩序，保障其合法运行。

依据有关法律法规，中国证监会在对证券市场实施监督管理中履行下列职责：

（1）研究和拟订证券期货市场的方针政策、发展规划；起草证券期货市场的有关法律、法规，提出制定和修改的建议；制定有关证券期货市场监管的规章、规则和办法。

（2）垂直领导全国证券期货监管机构，对证券期货市场实行集中统一监管；管理有关证券公司的领导班子和领导成员。

（3）监管股票、可转换债券、证券公司债券和国务院确定由证监会负责的债券及其他证券的发行、上市、交易、托管和结算；监管证券投资基金活动；批准企业债券的上市；监管上市国债和企业债券的交易活动。

（4）监管上市公司及其按法律法规必须履行有关义务的股东的证券市场行为。

（5）监管境内期货合约的上市、交易和结算；按规定监管境内机构从事境外期货业务。

（6）管理证券期货交易所；按规定管理证券期货交易所的高级管理人员；归口管理证券业、期货业协会。

（7）监管证券期货经营机构、证券投资基金管理公司、证券登记结算公司、期货结算机构、证券期货投资咨询机构、证券资信评级机构；审批基金托管机构的资格并监管其基金托管业务；制定有关机构高级管理人员任职资格的管理办法并组织实施；指导中国证券业、期货业协会开展证券、期货从业人员资格管理工作。

（8）监管境内企业直接或间接到境外发行股票、上市以及在境外上市的公司到境外发行可转换债券；监管境内证券、期货经营机构到境外设立证券、期货机构；监管境外机构到境内设立证券、期货机构，从事证券、期货业务。

（9）监管证券期货信息传播活动，负责证券期货市场的统计与信息资源管理。

（10）会同有关部门审批会计师事务所、资产评估机构及其成员从事证券期货中介业务的资格，并监管律师事务所、律师及有资格的会计师事务所、资产评估机构及其成员从事证券期货相关业务的活动。

（11）依法对证券期货违法违规行为进行调查、处罚。

（12）归口管理证券期货行业的对外交往和国际合作事务。

（13）承办国务院交办的其他事项。

第三节 银行监管的国际合作

一、《巴塞尔协议》的由来及其主要内容

随着全球经济一体化和金融国际化的发展，跨国银行在经济中发挥越来越大的作用。对跨国银行的监督管理以及国际监督合作，构成各国中央银行监督管理职责的重要组成部分。由于跨国银行在多国设立机构，任何一国中央银行均不能对其实施有效、及时、全面的监督管理，特别是各国中央银行对跨国银行及其国际贷款的监管力度不同，更形成了对跨国银行监管中的漏洞。为了防止跨国银行在一国发生危机而引起各国银行危机乃至国际银行业危机，国际上统一的银行监管趋势不断加强。

早在 1975 年，十国集团国家的中央银行行长在瑞士巴塞尔建立了“巴塞尔银行监管委员会”。1987 年 12 月国际清算银行召开中央银行行长会议通过“巴塞尔提议”。1988 年 7 月，在“提议”的基础上，由巴塞尔银行监管委员会通过的《巴塞尔协议》（全称是《关于统一国际银行资本衡量和资本标准的协议》）就是国际银行监管方面的代表性文件。其目的在于：（1）通过制定银行的资本与其资产间的比例，确定衡量方法和标准，以加强国际银行体系的健康发展；（2）制定统一的标准，以消除在国际金融市场上各国银行之间的不平等竞争。

该协议的主要内容有：

第一，关于资本的组成。把银行资本划分为核心资本和附属资本两档：第一档核心资本包括股本和公开准备金，这部分至少占全部资本的 50%；第二档附属资本包括未公开的准备金、资产重估准备金、普通准备金或呆账准备金。

第二，关于风险加权的计算。协议确定了对资产负债表上各种资产和各项表外科目的风险衡量标准，并将资本与加权计算出的风险挂钩，以评估银行资本所应具有的适当规模。

第三，关于标准比率的目标。协议要求银行经过 5 年过渡期逐步建立和调整所需的资本基础。到 1992 年底，银行的资本与风险加权资产的标准比率目标为 8%，其中核心资本与风险加权资产的比率至少为 4%。

这个协议的影响广泛而深远，面世以后，不仅跨国银行的资本金监管需视协议规定的标准进行，就是各国国内，其货币当局也要求银行要遵循这一准则，甚至以立法形式明确下来。中国也是如此，在《商业银行法》中规定商业银行的资本充足率不得低于 8%。

二、《有效银行监管的核心原则》

进入 20 世纪 90 年代以来，国际银行业的经营环境发生了较大变化。人们发现，即使在

银行资本与风险资产比率基本正常的情况下，以金融衍生产品为主的市场交易风险仍然屡屡发生，致使国际银行业中重大银行倒闭或巨额亏损事件不断出现，严重威胁到各国和全世界的金融稳定。这种情况表明，仅仅靠达到资本充足率的规定已经不足以防范金融风险。因此，巴塞尔银行监管委员会推出了《有效银行监管的核心原则》，将风险管理领域扩展到银行业的各个方面，以建立更为有效的风险控制机制。该核心原则涉及面广，确定了一个有效监管系统所必备的25项基本原则，它共分7大类：(1) 有效银行监管先决条件；(2) 发照和结构；(3) 审慎法规和要求；(4) 持续性银行监管手段；(5) 信息要求；(6) 正式监管权力；(7) 跨国银行业。

概括而言，该核心原则的主要内容有：

第一，必须具备适当的银行监管法律、法规；监管机构要有明确的责任、目标、自主权等。

第二，必须明确界定金融机构的业务范围，严格银行审批程序；对银行股权转让、重大收购及投资等，监管者有权审查、拒绝及订立相关标准。

第三，重申《巴塞尔协议》关于资本充足率的规定；强调监管者应建立起对银行各种风险进行独立评估、监测、管理等一系列政策和程序，并必须要求银行建立起风险防范及全面风险管理体系与程序，以及要求银行规范内部控制等。

第四，必须建立和完善持续监管手段，监管者有权在银行未能满足审慎要求或当存款人安全受到威胁时采取及时的纠正措施，直至撤销银行执照。

第五，对跨国银行业的监管，母国监管当局与东道国监管当局必须建立联系，交换信息，密切配合；东道国监管者应确保外国银行按其国内机构所同样遵循的高标准从事当地业务。

巴塞尔银行监管委员会认为，达到核心原则的各项要求将是改善一国及国际金融稳定的一个重要步骤，但各国实现这一目标的时间会不尽相同。另外，核心原则只是最低要求，各国需针对其金融体系的具体情况与风险加以强化或补充。

三、《巴塞尔协议Ⅱ》

2001年1月16日，巴塞尔银行监管委员会公布了《巴塞尔协议Ⅱ》草案第二稿，并再次在全球范围内征求银行界和监管部门的意见，于2002年定稿，2005年实施，全面取代1988年的《巴塞尔协议》，使之成为各国银行进行风险管理的最新法则。

（一）《巴塞尔协议Ⅱ》出台的背景

20世纪80年代拉美的债务危机对西方银行产生了巨大冲击，促使银行监管理念发生了重大变化，传统的以资产大小为实力象征的观念受到挑战，取而代之的是“资本是上帝”的新理念，《巴塞尔协议》正是在这一背景下应运而生的。

《巴塞尔协议》的制定和逐步推广，为进行有效的银行监管提供了依据，对防范与化解银行业的风险、维护银行体系的稳定发挥了积极作用。然而，银行业发展和创新的步伐却从未停止，特别是20世纪90年代以来，国际银行业的运行环境和监管环境发生了很大变化，其主要表现在以下三个方面：

(1)《巴塞尔协议》中风险权重的确定方法遇到了新的挑战。这表现为在信用风险(credit risk)依然存在的情况下，市场风险(market risk)和操作风险(operational risk)等对银行业的破坏力日趋显现。在银行资本与风险资产比率基本正常的情况下，以金融衍生产品交易为主的市场风险频频发生，诱发了国际银行业中多起重大银行倒闭和巨额亏损事件。而《巴塞尔协议》主要考虑的是信用风险，对市场风险和操作风险的考虑不足。

(2)危机的警示。金融危机的爆发和危机蔓延所引发的金融动荡，使得金融监管当局和国际银行业迫切感到重新修订现行的国际金融监管标准已刻不容缓。一方面，要尽快改进以往对资本充足率的要求，以便能更好地反映银行的基本风险；另一方面，需要加强金融监管的国际合作，以维护国际金融体系的稳定。

(3)技术可行性的提高。20世纪90年代以来学术界以及银行业自身都在银行业风险的衡量和定价方面做了大量细致的探索性工作，建立了一些较为科学而可行的数学模型和信用风险管理模型。这些现代风险量化模型的出现不仅在业界引起了巨大反响，还受到了监管当局的高度重视。而这些研究成果也在技术上为巴塞尔银行监管委员会重新制定新资本框架提供了可能性。

《巴塞尔协议Ⅱ》草案较1988年的《巴塞尔协议》复杂得多，但也较为全面。它将把对资本充足率的评估和银行面临的风险更加紧密地结合在一起，使其能够更好地反映银行的真实风险状况。《巴塞尔协议Ⅱ》不仅强调资本充足率标准的重要性，还通过互为补充的“三大支柱”以期有效地提高金融体系的安全和稳定。

(二)《巴塞尔协议Ⅱ》的三大支柱

《巴塞尔协议Ⅱ》包括互为补充的三大支柱，即最低资本要求、监管当局的监管和市场纪律，并试图通过三大支柱的建设来强化商业银行的风险管理。

1. 第一大支柱——最低资本要求

最低资本要求(minimum capital requirements)仍然是《巴塞尔协议Ⅱ》的重点。该部分涉及与信用风险、市场风险以及操作风险有关的最低总资本要求的计算问题。最低资本要求由三个基本要素构成：受规章限制的资本的定义、风险加权资产以及资本与风险加权资产的最小比率。其中有关资本的定义和8%的最低资本比率没有发生变化。但对风险加权资产的计算问题，《巴塞尔协议Ⅱ》在原来只考虑信用风险的基础上，进一步考虑了市场风险和操作风险。总的风险加权资产等于由信用风险计算出来的风险加权资产，再加上根据市场风险和操作风险计算出来的风险加权资产。

对于信用风险，巴塞尔银行监管委员会允许银行在计算信用风险的资本要求时，在下述两种方法中任选一种。第一种是对现有方法进行适当修改，并将其作为大多数银行计算信用风险资本要求的标准方法。第二种是内部评级方法，主要适用于那些业务复杂程度较高的银行，但银行采用其内部评级系统的前提是必须征得银行监管当局的明确同意。

对于市场风险，该协议特别规定了明确的资本标准，并突出强调了利率风险，认为那些利率风险大大高于平均水平的银行，应考虑到利率风险难以量化的特征，需相应提高其资本数量。与银行内部控制密切相关的操作风险、流动性风险、法律风险和名誉风险归入其他风险的范围，这反映了巴塞尔银行监管委员会逐步推行全面风险管理的思想。但如何衡量与量化这些风险，仍是一个尚待解决的问题。

2. 第二大支柱——监管当局的监管

监管当局的监管（supervisory review process）是为了确保各银行建立起合理有效的内部评估程序，用于判断其面临的风险状况，并以此为基础对其资本是否充足做出评估。监管当局要对银行的风险管理和化解状况、不同风险间相互关系的处理情况、所处市场的性质、收益的有效性和可靠性等因素进行监督检查，以全面判断该银行的资本是否充足。在实施监管的过程中，应当遵循如下四项原则：其一，银行应当具备与其风险相适应的评估总量资本的一整套程序，以及维持资本水平的战略。其二，监管当局应当检查和评价银行内部资本充足率的评估情况及其战略，以及银行监测和确保满足监管资本比率的能力；若对最终结果不满意，监管当局应采取适当的监管措施。其三，监管当局应希望银行的资本高于最低资本监管标准比率，并应有能力要求银行持有高于最低标准的资本。其四，监管当局应争取及早干预，从而避免银行的资本低于抵御风险所需的最低水平；如果得不到保护或恢复，则需迅速采取补救措施。

3. 第三大支柱——市场纪律

市场纪律（market discipline）的核心是信息披露。市场约束的有效性直接取决于信息披露制度的健全程度。只有建立健全的银行业信息披露制度，各市场参与者才可能估计银行的风险管理状况和清偿能力。《巴塞尔协议Ⅱ》指出，市场纪律具有强化资本监管、提高金融体系安全性和稳定性的潜在作用，并在应用范围、资本构成、风险披露的评估和管理过程以及资本充足率等四个方面提出定性和定量的信息披露要求。为了提高市场纪律的有效性，巴塞尔银行监管委员会致力于推出标准统一的信息披露框架。对于一般银行，要求每半年进行一次信息披露；而对那些在金融市场上活跃的大型银行，要求它们每季度进行一次信息披露；对于市场风险，在每次重大事件发生之后都要进行相关的信息披露。

四、《巴塞尔协议Ⅲ》

2007年以后，受次贷危机的影响，巴塞尔银行监管委员会对巴塞尔协议进行了重新评估和修订，2010年9月12日正式出台了《巴塞尔协议Ⅲ》的框架，成为全球银行业风险管理的新标准。

（一）《巴塞尔协议Ⅲ》的基本精神

《巴塞尔协议Ⅲ》的基本精神可以概括为增强资本质量和提高资本要求，引入非风险杠杆率、最低流动性标准、资本留存缓释和逆周期缓释。这些措施旨在从微观谨慎和宏观谨慎两方面增强银行消化损失的能力，确保长、短期流动性，提高银行业抵御系统性风险的能力，使银行更好地抵挡经济和金融压力，对全球长期金融稳定和经济增长起到支持作用。

微观谨慎，即单个银行或其他金融机构对风险的管理，是《巴塞尔协议》一直以来的监管对象。在《巴塞尔协议Ⅲ》中，微观谨慎方面的措施主要包括增强资本质量、提高最低资本要求、引入非风险杠杆率和提出最低流动性标准。

（二）《巴塞尔协议Ⅲ》对我国银行业风险资本监管的意义

《巴塞尔协议Ⅲ》的基本精神和技术方法对我国改革银行业治理结构，提高银行业风险资本管理水平、流动性风险管理水平具有重要而深远的影响。

（1）新的最低资本要求使中国银行业资本金不足的问题更加突出。我国四大国有银行的资本金不足问题尤为突出，究其源头，银行不良资产的累积是重要原因。虽然实施《巴塞尔协议Ⅲ》的过渡期较长，但是在国内金融市场逐渐走向开放的过程中，资本金不足还是会影响我国银行和外资银行竞争的能力。

（2）内部评级法的提出促使我国着手建立完善的银行内部风险评级体系。内部风险评级体系是《巴塞尔协议Ⅲ》的核心之一，而这也是中国银行业风险管理较为薄弱、发展较为落后的环节。《巴塞尔协议Ⅲ》的出台可以为解决这些问题、更好地管理银行风险资本提供起点和基础。

（3）对银行风险管理范围的扩充引导我们从单一的信用风险管理转向全面风险管理。当前，我国银行的风险管理还是以信用风险管理为主，对市场风险、操作风险和顺周期风险、流动性风险的监管缺乏重视，也缺少经验。但在实际的经营当中，各种风险是相互联系、共同作用的，因而在考察银行资本充足水平时，应综合考虑新协议提出的各类风险，推行全面风险管理的理念，真实反映银行资本的风险状况，为风险管理决策提供更可靠的依据。

第四节　金融监管的国际协调

一、金融监管国际协调的形式

第二次世界大战后，尤其是进入20世纪六七十年代，金融业国际化有了飞速发展。与金融业国际化相伴而生的是金融风险的国际化和风险在国际范围内的广泛传播，从而对国际金融监管的协调提出了迫切的需要。目前，国际社会对金融监管的国际协调已经取得了广泛的认同，认为金融监管的国际协调是目前解决国际范围内监管失效和监管空白最有力、最现实的方法。有效的国际金融监管协调将会产生两种效应：一是继续推进金融的国际化和一体化进程，为金融机构的国际化努力创造良好的金融环境；二是提高全球金融市场监管的有效性，保持金融稳定。

目前金融监管的国际协调主要通过以下几种形式进行：

（1）双边的谅解备忘录，即两国就金融监管某一领域的问题进行探讨，取得共识，并通过签订协议来明确双方在这一领域的责任和义务。目前，两国之间的监管协调绝大部分是通过这种形式实现的。

（2）多边论坛。多边论坛一般就某一监管问题进行会谈，并签署监管声明或文件。这些文件一般都不具备法律效力。

（3）以统一的监管标准为基础的协调。各国或国际监管组织通过彼此的协调和交流，制定统一的监管标准，这些监管标准为各成员国监管当局所接受，并被各国监管当局所遵守。比如，巴塞尔银行监管委员会所颁布的资本充足率标准。

（4）统一监管，即由一个统一的监管机构来负责跨国的金融监管。目前，严格意义上的统一监管还没有出现。

二、金融监管国际协调的组织及其协调的基本内容

金融国际化进程的推进以及金融风险传播的加强，都对跨国界的监管合作与协调提出了要求。一些相关的国际组织已经在推进世界范围内的金融监管协调，而一些区域性的带有统一监管雏形的协调性组织也已出现。

根据协调能力，现有的金融监管国际协调组织基本上可以分为两类：一类是对成员国没有法律约束力的国际监管组织，包括巴塞尔银行监管委员会、国际证券委员会组织、国际保险监管联合会等。这类组织主要通过没有法律约束的“君子协议”来推动成员国之间的合作以及国际性监管标准的推广。另一类是以国际法或区域法为基础的监管组织。它们所通过的监管规则对成员国具有法律约束力，可以在一定程度上统一实施对成员国的金融监管，例如，欧盟和北美自由贸易区等。

目前，国际金融监管协调活动主要在以下几个领域进行：改善监管主体之间的信息交流，建立信息共享机制；加强对跨国金融机构的监管；对跨国金融机构实施并表监管；建立统一的国际监管标准；对金融集团的监管以及对区域性的金融监管一体化的努力。

复习思考题

1. 阐述金融监管的目标。
2. 阐述金融监管的原则。
3. 阐述金融监管体制的含义及其类型。
4. 阐述《巴塞尔协议》的主要内容。
5. 阐述《巴塞尔协议Ⅱ》出台的背景。

参考书目

1. 陈共．财政学．4版．北京：中国人民大学出版社，2004.

2. 陈雨露．国际金融．北京：中国人民大学出版社，2005.

3. 黄达．金融学．北京：中国人民大学出版社，2003.

4. 哈维·S. 罗森，特德·盖亚．财政学：第8版．北京：中国人民大学出版社，2009.

5. 弗雷德里克·S. 米什金．货币金融学：第7版．北京：中国人民大学出版社，2006.

6. 托马斯·梅耶，等．货币、银行与经济：第6版．上海：上海三联书店，上海人民出版社，2007.

7. 袁振宇，朱青，何乘才，高培勇．税收经济学．北京：中国人民大学出版社，1995.

8. 约瑟夫·E. 斯蒂格利茨．公共部门经济学：第3版．北京：中国人民大学出版社，2005.

9. 王传纶，朱青．财政与市场经济．南昌：江西人民出版社，1994.

10. 庄毓敏．商业银行业务与经营．北京：中国人民大学出版社，2005.

教学支持说明

1. 教辅资源获取方式

为秉承中国人民大学出版社对教材类产品一贯的教学支持，我们将向采纳本书作为教材的教师免费提供丰富的教辅资源。您可直接到中国人民大学出版社官网的教师服务中心注册下载——http://www.crup.com.cn/Teacher。

如遇到注册、搜索等技术问题，可咨询网页右下角在线 QQ 客服，周一到周五工作时间有专人负责处理。

注册成为我社教师会员后，您可长期根据您所属的课程类别申请纸质样书、电子样书和教辅资源，自行完成免费下载。您也可登录我社官网的"教师服务中心"，我们经常举办赠送纸质样书、赠送电子样书、线上直播、资源下载、全国各专业培训及会议信息共享等网上教材进校园活动，期待您的积极参与！

2. 高校教师可加入下述学科教师 QQ 交流群，获取更多教学服务

经济类教师交流群：781029042

财政金融教师交流群：182073309

国际贸易教师交流群：162921240

税收教师交流群：119667851

3. 购书联系方式

网上书店咨询电话：010－82501766

邮购咨询电话：010－62515351

团购咨询电话：010－62513136

中国人民大学出版社经济分社

地址：北京市海淀区中关村大街甲 59 号文化大厦 1506 室　100872

电话：010－62513572　010－62515803

传真：010－62514775

E-mail：jjfs@crup.com.cn